인물평가의 한국학

최한기 측인론 연구

인물평가의 한국학

최한기 측인론 연구

초판 1쇄 인쇄 2016년 6월 23일
초판 1쇄 발행 2016년 6월 30일

지 은 이 이영찬
펴 낸 이 신일희
펴 낸 곳 계명대학교 출판부
출판등록 제347-1998-1호(1970. 9. 1)
주 소 대구광역시 달서구 달구벌대로 1095
대표전화 053-580-6233
팩 스 053-580-6235
홈페이지 www.kmupress.com

ISBN 978-89-7585-746-1 93120 정가 19,000원

이 도서의 국립중앙도서관 출판예정도서목록(CIP)은 서지정보유통지원시스템 홈페이지(http://seoji.nl.go.kr)와 국가자료공동목록시스템(http://www.nl.go.kr/kolisnet)에서 이용하실 수 있습니다.(CIP제어번호: CIP2016014408)

"본 연구는 2012년도 계명대학교 비사연구기금으로 이루어졌음"

인물평가의 한국학

최한기 측인론 연구

이영찬 지음

계명대학교 출판부

책머리에

Preface

이른바 '유교사회학' 정립이란 기치 아래 유교사상을 통한 자생적 한국사회학의 정립을 화두로 삼아 매진한 지가 벌써 20여년이 지났다. 2001년에 첫 결실로 『유교사회학』을 출간하였고, 2008년에 『유교사회학의 패러다임과 사회이론』을 발간하여 유교의 사회학 이론화 작업의 토대를 닦았다. 자생적 한국사회학의 토대를 유교에서 찾은 이유는 유교가 전통사회의 지배적 이념으로서 현대 한국인의 정신세계의 중요한 가치이자 생활세계의 규범으로 여전히 큰 영향력을 행사하고 있기 때문이다. 유교사회학은 유교사상을 통해 한국인과 한국사회를 심층적으로 이해하기 위한 한국 사회학의 새로운 이론적 패러다임을 모색하는데 목적이 있었다.

앞서 발간한 두 저서가 유학사상을 통해 현대 한국사회를 이해하기 위한 이론적 토대를 마련한 개설서적槪說書的 성격을 가졌다면 『인물평가의 한국학, 최한기 측인론 연구』에서는 한국의 역사와 문화에 뿌리 내린 한국유학을 통해 유교사회학의 한 전문분야를 개척해 보고 싶었다. 이 책은 유교의 윤리와 서양의 과학을 독창적으로 종합하여 근대적 기학을 창시한 최한기崔漢綺(1803-1877)의 인물평가 이론인 측인론測人論을 연구 대상으로 삼았다.

사회학자로서 최한기에게 처음으로 관심을 갖게 된 계기는 그가 사회학 창시자 콩트(Comte Auguste, 1798-1857)를 떠올리게 했기 때문이었다. 최한기는 한국사회가 중세에서 근대로 넘어가는 혼란한 전환기를 살면서 전통사상이 현대과학과 교섭할 새로운 이론적 지평을 모색하였다. 콩트도 구체제에서 근대 사회로 전환하는 혁명기를 살았고 그의 첫 논문이 '사회의 재조직에 필요한 과학적 작업계획(Plan des travaux scientifiques nécessaire pour réorganiser la société, 1822)'이었을 만큼 두 사람은 체제 전환기적 문제의식을 공유하고 있었다. 방법론에 있어서도 최한기는 (성)실학을 강조하여 실증주의를 처음 주창한 콩트의 방법론적 지향과 공통점이 많았다. 콩트는 사회학이 실증학문이 되기 위해서는 종교적 신비주의나 철학적 형이상학을 벗어나 경험주의에 기초해야 한다고 주장하였다. 콩트의 실증주의는 최한기가 상고上古와 중고中古 시대의 미신과 형이상학을 허학虛學으로 규정하고 증험에 기반한 실학을 추구한 것과 방법론적 지향점이 일치한다. 최한기의 기학체계는 한국학의 근대적 토대를 마련했다는 점에서 큰 의의가 있다.

이 책은 최한기가 정립한 기학적 패러다임을 통해 인물평가에 관한 한국학 이론의 정립 가능성을 탐색하는데 목적이 있다. 이를 위해 측인사상의 철학적 배경으로서 기학적 인식론과 인간관을 살펴보고 이어 측인사상에 토대한 인물평가 이론과 방법론의 체계화를 시도하고자 한다. 그리고 최한기 인물평가 이론과 방법론의 현대적 용법을 모색하기 위해 인물평가 척도를 개발하고 대학생을 대상으로 한 경험적 연구를 통해 현대적 적용 가능성과 적실성을 검증해 보고자 한다.

근대 서구의 인물평가 이론이 개체주의적 인간관에 기초하여 개인의 성향, 능력, 자질 등 특성 평가에 주로 관심을 가졌다면, 동양의 전통적 인물평가 사상에는 관계주의적 인간관이 우세하고 인물에 대한 도덕적 평가를 중시한다. 최한기의 측인론은 사람에 대한 헤아림

내지 평가에 관한 이론으로서 유가儒家의 지인知人, 관상가觀相家의 상인相人 사상과 도가道家의 내단학內丹學과 양생법養生法, 그리고 잡가雜家의 재능주의才能主義 등을 기학적 관점에서 비판적으로 종합한 인물평가법이라 할 수 있다. 측인론에는 전통적 인간관과 인물평가 방법이 집약되어 있다고 볼 수 있다.

사람에 대한 평가는 그 사회의 문화에 의해 많은 부분 규정된다. 문화는 미의식뿐만 아니라 사회적 가치와 규범이 형성되는 온상이다. 최한기의 측인론은 한국의 문화적 풍토에서 나온 인물평가 이론이라는 점에서도 관심을 끌 만하다. 그리고 측인론은 한국인 고유의 인물평가 이론과 척도를 개발하는데 도움이 될 만한 많은 이론적 자원을 포함하고 있다. 현대 사회심리학의 대인평가는 성격, 적성, 능력 등에 대한 일면적 평가로 이루어졌고, 평가의 목적도 주로 평가 주체의 자기중심적 입장이 반영된 도구적 성격을 띈다. 반면 최한기의 측인은 다면적, 다층적이며 전인격적 평가를 추구한다. 평가의 목적도 대상의 장단점을 파악하여 적절히 교육시키는데 있으며 궁극적으로는 타인에 대한 평가를 통해 자신의 인격을 수행하는 반면교사反面教師로 삼기 위해서였다. 최한기의 이러한 전인격적 인물평가 방법은 탈근대사회가 요구하는 인간상, 즉 지성과 감성, 도덕성과 사회성을 두루 겸비한 전인격적 인간을 평가하는데 시사하는 바가 클 것으로 본다.

최한기의 측인론은 매우 포괄적이면서도 정교한 인물평가 방법이다. 측인의 범주는 얼굴과 신체, 정신과 기운, 마음에 쌓은 덕, 사업과 행위, 신분과 처지 등이 망라되어 있다. 측인방법도 많은 범주와 다양한 지표를 활용하고 있다. 더욱이 평가범주들에 차별적 가중치까지 부여하며 질적 평가를 병행하였다. 측인론은 토착적 인물평가 이론 구성과 한국형 인물평가 척도 개발을 위한 이론적 자산을 충분히 갖추고 있다. 필자는 이 연구가 한국유학에서 자생한 토착적 한국학의 정립 가능성을 가늠하고 한국사회에 정합적인 토착적 인물평가 이론을 모색하는 계기가 되었으면 하는 바람을 갖는다.

이 책은 3부 13장으로 편성되어 있다. 제 1부는 '측인론의 기학적 기초', 제 2부는 '측인론의 정립', 제 3부는 '측인의 이론적 실천'을 중심으로 구성하였다. 서장에 이어 제 1부의 각 장은 '기학과 한국학의 정체성', '기학적 인간관', '기학적 인간이해', '기학의 인식론'으로 이루어졌다. 제 2부는 '측인론의 개념과 의의', '기학과 측인의 범주', '측인의 요인', '측인의 방법'의 장으로 구성했다. 제 3부는 '측인론과 퇴계의 「인물논평(論人物)」', '측인론에 따른 한·중 대학생의 인물관 비교', '측인범주에 따른 대학생의 타인평가와 자기평가'의 장으로 구성했고 말미에 결론 장을 덧붙였다. 이 책의 각 장은 대부분 논문으로 발표되었으며 전체적인 완결성을 높이기 위해 논문의 상당부분을 수정·보완하였다.

탈고에 즈음하여 최한기의 원서를 함께 윤독한 계명대학교 한국학연구원의 고전강독회 선생님들께 감사드린다. 고전 강독을 하면서 끝없이 이어지는 토론이 가끔 지루하고 낭비적이라는 생각이 들 때도 있었지만 그것은 항상 새로운 발상과 지적 호기심의 발전소였다. 오랜 기간 동양고전을 함께 강독해 온 동료 교수님들의 많은 질정과 특히 통계처리 및 분석에 조언을 아끼지 않으신 유가효 교수님께 깊이 감사를 드린다. 그리고 바쁜 가운데도 자료정리와 교정에 수고한 계명대학교 한국학 연구원의 제자 김보경 연구원에게 감사하고, 무엇보다도 집필에 전념할 수 있도록 배려해 준 아내에게 고마운 마음을 전하고 싶다.

2016. 4. 6

이 영 찬 씀

차 례

Contents

PART 2 측인의 이론과 방법

PART 3 측인의 이론적 실천

Chapter 1

서장

Chapter 1

1장

서장

이 책은 혜강惠岡 최한기崔漢綺(1803-1877)의 인물평가 이론인 측인론을 통하여 현대 한국사회에 정합적인 자생적 인물평가 이론을 모색하고 인물평가를 위한 한국학의 정립 가능성을 탐색하는데 목적이 있다. '측인測人'은 유가의 '지인知人'과 관상가의 '상인相人'에 대비되는 개념이다. 최한기는 지인은 공리공담적이며 상인은 혹세무민적 인물평가라 비판하면서 증험 가능하면서도 유용한 실학적 인물평가 이론을 제시하고자 하였다. 이를 위해 '추측'의 방법을 인물평가에 도입해야한다고 하였다. 추측의 방법은 인물에 대해 감각으로 지각한 경험을 미루어(推) 지각할 수 없는 내용을 헤아리는(測) 방법이다. '측인'이란 말은 최한기의 초기 저서 『추측록推測錄』에서 사람에 대한 추측의 방법으로 제시된 '추기측인推己測人', 즉 '자신을 미루어 남을 헤아리는' 체험적 경험에 근거한 인물평가 방법에서 비롯되었다. 최한기는 일찍이 「감평鑑枰」(1838)을 저술하여 정교한 인물평가 방법을 제시했고 말년의 저서 『인정人政』(1860)의 「측인문測人門」에서 측인의 이론체계를 정립했다. 여기서 그는 측인을 '사람의 일정하지 않은 선악을 분별하고 그의 수많은 견문에 대한 시비를 증험하는 일'이라 정의하였고, '사랑하면서도 그 악을 알고 미워하면서도 그 선을 아는 것'을 요체로 삼는다고 하였다. 말하자면 측인은 타인에 대해 선악의 도덕성과 시비판단의 지적 능력을 주관적인 정감에 빠지지 않고 객관적으로 헤아리는 인물평가 방법이다.

최한기는 1803년 개성에서 태어났고 이후 큰집 종숙부인 최광현에 입양되어 서울에서 자라고 거주했다. 22세(1825)에 생원시에 합격했지만 벼슬길에 나가지 않고 학문에만 평생 전념했다. 최남선은 그를 1000여권을 저술한 우리나라 역대 최고의 저술가라 인정한 바 있다. 당시는 국내적으로 세도정치와 폭정에 따른 민란 등으로 백성은 도탄에 빠졌고 국제적으로는 서세동점의 제국주의적 침략이 시작되면서 서교西教의 만연과 이양선異樣船의 출몰로 위기의식이 고조되고 있었다. 최한기 생전에 일어난 큰 사건만 한정해 보더라도, 순조 11년(1811년)에 홍경래 난이 일어났고 철종 13년(1862년)에 진주민란이 일어났다. 같은 해 개령과 함평, 경상도에서도 민란이 이어졌다. 천주교 선교에 따른 순교도 많이 일어났는데 순조 16년(1816년)에는 대구 옥에서 29명이 사형을 당했다. 현종 4년(1839년)에는 기해사옥이 일어나 앙베르 주교, 샤스땅 신부, 모방 신부 및 신자 다수가 사형 당했고, 고종 3년(1866년)에도 천주교인 남종삼, 홍봉주 및 프랑스인 베르누 등 9명의 선교사가 처형되었다.

이양선으로는 영국 군함과 프랑스 군함이 빈번히 나타나 통상을 요구했고 프랑스 군함은 고종 3년(1866년)에 강화도를 점령하기도 했다. 고종 3년(1866년)에는 미국상선 제네랄 셔어맨호가 평양에서 군민의 공격으로 불탔다. 이를 기화로 고종 8년(1871년)에 아세아 함대를 이끌고 통상을 요구했고 이어 강화도 관성보를 점령했다. 고종 5년

(1868년)에는 독일인 옵벨트가 아산만에 상륙하여 덕산 남연군의 무덤을 도굴하려다 돌아갔다. 일본 군함 운양호는 고종 12년(1876년) 8월에 강화도에 나타나 군민이 포격하여 퇴각시켰고 12월에는 군함을 끌고 부산에 상륙하여 시위하고 운양호 사건에 대해 회담할 것을 요청했다. 이듬 해 한일수호조규(병자수호조약)이 조인되었다.

이러한 국내외 정세에 더하여 홍수와 전염병의 만연으로 혼란과 불안은 극도에 달했다. 이에 편승하여 혹세무민하는 무리가 도처에 출몰하여 민심을 더욱 현혹시켰다. 순조 15년(1811년)과 34년(1834년)에는 도성 안에 출몰하는 무당, 중들을 쫓아내었고, 22년(1822년)에는 전 좌랑 김기서 등이 양주에서 사귀邪鬼의 단壇을 꾸며 사람들을 우롱하다 처벌을 받았다. 고종 7년(1870년)에는 정만식 등이 정감록鄭鑑錄을 이용하여 반란을 도모하다가 귀양가기도 했다. 바야흐로 내·외부적인 충격으로 유교적 세계관과 구체제가 위협받고 붕괴되어 가면서 이에 대처할 새로운 사상과 사회체계가 요구되던 시점이었다.

최한기는 이러한 혼란한 정국과 서구열강의 위협을 기존의 학문에 대한 반성과 서구 학문의 주체적 수용을 통해 극복해야 한다고 믿었다. 그의 학문적 관심은 실로 방대하여 철학, 정치, 사회, 천문, 지리, 수학, 의학, 농학, 공학 등의 분야를 포괄하며 이를 자신의 기학이라는 학문체계 속에 편입시켰다. 그의 철학은 기일원론 내지 유기론唯氣論, 유기론적 유물론 등으로 불리고, 학문적 성과는 실학과 개화사상의 가교架橋, 개항 이전의 동도서기론東道西器論, 동도서기론을 극복한 개화사상의 원류, 동양의 유학과 서양과학의 결합 등으로 평가되고 있다. 측인론에는 이러한 기학의 학문적 지향과 성과가 반영되어 나타났다.

최한기는 만년(1860년)에 그의 지식과 사상을 집대성하여 『인정人政』을 저술하고 우주자연과 조화를 이룬 이상적인 사회 건설을 구상하였다. 그는 '인정'을 자연의 대 질서인 '대정大政'이 인간사회의 질서로 실현되는 정치로 규정하고 하늘과 인간이 일통一統으로 소통하는 정치를 이상으로 삼았다. 그리고 '인정'의 구현은 인간을 바로 헤아려(測人), 교화시키고(教人), 이들을 선발하여(選人), 적절히 임용하여 씀(用人)으로써 실현될 수 있다고 보았다. 그 중에서 측인, 즉 사람에 대한 헤아림이 인정의 출발점이 되며 인정의 관건이 된다고 보았다. 측인이 올바로 되어야 교인과 선인은 물론 적절한 용인이 이루어지고, 적절한 용인을 통해 인정을 실현할 수 있기 때문이다. 인정은 인기人氣가 대기大氣를 승순하도록 다스리는 정치란 의미를 갖고 있다.

최한기의 측인론에는 인정이 실현되는 세상, 즉 대동사회大同社會의 사회에 대한 이상이 반영되어 있다. 어떤 사회에서 사람을 헤아리는 목적과 방식에는 그 사회의 문화적 가치가 반영되기 마련이다. 측인론에도 인정이 실현되는 대동사회의 문화적 가치가 반영되어 있고 그래서 인물평가도 대동사회가 요구하는 인간의 조건을 이상적인 기준으로 삼고 있다고 하겠다.

최한기가 말하는 대동의 사회는 천인운화가 실현되는 사회를 말한다. 천인운화란 인기人氣가 천기天氣를 승순하여 일통을 이룬 운화를 말하며 구체적으로는 대기운화大氣運化, 통민운화統民運化, 인신운화人身運化가 하나로 소통하는 운화를 말한다. 일신운화가 인간 개체의 성장노쇠의 원리라면, 통민운화는 상호 교접하는 사회적 삶의 규범이며, 대기운화는 자연과 사물의 운행법칙에 해당한다고 볼 수 있다. 대동의 사회는 대기의 운화를 이어받고 일신의 운화를 통섭하는 통민의 운화가 실현되는 사회이다. 측인론은 대기의 운화를 승순하고 일신의 운화를 실천할 수 있는 능력을 가진 사람, 대기와 인기를 소통할 조건을 갖춘 사람, 즉 천인운화를 체득한 사람을 인물평가의 이상적인 기준으로 삼았다.

천인운화의 체득은 대기의 본성을 인기에 실현함으로써 성취될 수 있다. 최한기는 우주만물이 공유하는 기의 본성(宇宙萬物所同之性)을 활活·동動·운運·화化라고 밝혔다. 활·동·운·화는 '생생한 기운(生氣)이 항상 움직이고(常動) 두루 운행하여(周運) 크게 변화(大化)하는 본성'을 말한다. 그것이 대기의 본성으로 작용할 때는 뭇 별의 운행과 사시 변화의 법칙이 되고 인기의 본성으로 작용할 때는 인륜상도(倫常)의 근거가 된다. 활·동·운·화가 인기에 구현되면 각각 존양추측存養推測·건순일신健順日新·도량주선度量周旋·변화화융變化和融이라는 인도의 조리로 나타난다. 이 조리는 대기의 활동운화가 실현된 인도이며 이것의 체득 정도가 곧 그 사람의 식량識量과 덕량德量을 결정한다. 측인의 특징은 활동운화가 실현된 식량과 덕량에 따른 인격을 평가하는데 있다.

인기가 대기를 승순하는 데는 선천적인 기질과 후천적인 학습에 의해 영향을 받는다. 선천적인 기질은 하늘의 기와 땅의 토질, 그리고 부모의 정혈에 의해 형성되는 것이며 이것은 증감되지 않는 불변적 요소이다. 후천적인 학습은 공부의 정도에 따라 변통되는 요소이다. 인간이 천인운화를 이루기 위해서는 천지와 부모로부터 타고난 기질을 잘 양육하고 기질의 결함이나 부족함이 있을 때는 공부를 통해 변통할 필요가 있는 것이다. 이 점이 최한기의 측인학이 관상학과 같이 단지 고정된 신체적 특징으로 운명과 길흉화복을 점치며 혹세무민하는 '낭유학稂莠學'이 아니라 자신을 미루어(推己) 인물평가의 기준을 삼는 수기치인修己治人의 학문이 되는 까닭이다. 그리고 측인하는 방법에서도 성리학과 같이 증험되지 않은 무형의 도덕적 본성보다는 유형의 기질과 형모를 중시함으로써 있어도 그만 없어도 그만인 '췌마학揣摩學'이 아니라 실용적인 실학이 될 수 있는 까닭이다.

최한기는 인물평가 방법을 설명한 『인정』의 「감평鑑枰」에서 측인의 범주로 기품氣稟, 심덕心德, 체용體容, 문견聞見, 처지處地 등을 제시하였다. 기품은 사람이 태어날 때 천지의 기운을 받고 타고난 본래의 기氣로서 인물의 바탕이 된다. 기품에는 강약强弱과 청탁淸濁의 구분이 있다. 심덕은 학문과 수행을 통해 마음에 얻은 바의 덕을 말한다. 심덕에는 성위誠僞, 순박純駁의 구분이 있다. 체용은 기가 형체를 이룬 것을 체體라 하고, 마음이 밖으로 나타난 것을 용容이라 하는데, 이 둘을 합해서 체용이라 했다. 체용에는 후박厚薄, 미추美醜의 구분이 있다. 문견은 감각기관을 통해 받아들인 것을 분별하여 취하고 버릴 줄 아는 능력을 말한다. 문견에는 주비周比, 아속雅俗의 구분이 있다. 그리고 처지는 인물평가에서 고려해야 할 사회적 지위와 처해 있는 상황적 조건이다. 처지에는 귀천貴賤과 부빈富貧의 구분이 있다. 이 범주들은 측인의 범주이지만 동시에 이상적인 인격이 갖추어야 할 조건이기도 하다. 이것은 인간이 갖추어야 할 신체와 정신, 지성과 도덕성, 지식과 실천 등이 통합된 전인격적 인간의 조건이 되기 때문이다. 이상적인 인격은 이들 범주 사이에 천인운화가 실현됨으로써 완성될 수 있다. 범주들 간에 다소 중복의 여지는 있지만, 대체로 기품은 대기운화 차원에서 천인운화가 실현된 것이라면, 체용과 행사는 통민운화 차원에서, 심덕과 문견은 인기운화 차원에서 천인운화가 실현된 것이라 할 수 있다.

이렇게 최한기의 측인은 현대 서구 사회심리학의 대인지각 방법과 비교하면 훨씬 다층적이고 종합적인 인물평가 방법임을 알 수 있다. 사회심리학적 대인지각 방법은 자신의 심적 기제에 의존한 성격분석적 지각에 제한되어 있다. 반면, 최한기의 측인법은 유교의 지인법知人法과 관상학의 상인법相人法, 도교의 내단법內丹法과 양생법養生法, 그리고 여불위呂不韋와 유소劉劭 등 잡가雜家의 중인법重人法 등을 비판적으로 수용하였다. 지인은 사람의 선악이나 도덕적 우열을 주관적으로 단정하여 객관성이 없다는 단점이 있지만 도덕성과 인도를 인물평가의 중요한 요인으로 간주하고 있다. 상인은 얼굴과 체형 등 외형적인 모습에 한정하여 길흉을 점치는 편협하고 비합리적인 방법이지만 인물평가에서 징험할 수 있는 기틀을 갖고 있다. 측인은 이들 지인과 상인의 방법을 비판적으로 종합하였다. 그리고 기품의 강약과 청탁, 신기神氣의 명암 등 도교의 내단학의 양생법과 인물의 재국才局, 응변應變, 경륜經綸 등을 참작함으로써 잡가의 중인법을 일정부분 수용하였다. 측인법은 기학체계에 입각하여 측인의 대상을 일신, 통민, 대기운화의 차원에서 일통적으로 평가하고, 측인의 방법에 있어서는 유가, 관상가, 도가, 잡가의 인물평가 방법을 종합하였다.

측인론의 측인범주와 측인방법을 관통하는 근본이념은 천인운화의 '일통적 소통'으로 특징지을 수 있다. 예컨대, 측인에서 '기품'의 범주는 신체라는 생리적, 물리적 특성에 의한 인물의 대기운화적 차원이라 할 수 있다. 기품은 천지의 기와 부모의 정기와 혈기에 직접적으로 영향을 받기 때문이다. 그런데 기품은 품부 받은 바 기의 청탁, 수박에 따라 심덕에 영향을 준다. 심덕은 학문을 통하여 얻는데, 기품에 따라 학문의 성실성과 조예의 깊이에 차이가 난다. 그 차이는 보고 듣고, 분별하여 취하고 버리는 능력인 '문견'에도 반영된다. 이로써 범주 간의 소통적 통합을 엿볼 수 있다. 그리고 측인방법에서 볼 때, 기품은 관상가들이 용모를 통하여 관찰하고자 하는 주요한 평가대상이다. 측인은 형색形色과 언행言行을 통해 기품을 관찰하지만 상인과는 달리 운명이나 길흉을 점치기보다는 일에 대한 재국才局, 즉 재능과 능력을 평가하는 데 목적을 둔다. 기품의 범주는 문견의 범주와 상관되어 있고, 관상가의 상인과 잡가의 재능주의와도 소통되어 있다. 이렇듯 기품을 포함한 심덕, 체용, 문견, 처지 등의 모든 평가 범주들은 그것이 실현되는 운화의 차원 간에, 또한 평가의 방법 간에 상호 통합되어 있음을 볼 수 있다. 이러한 범주적, 방법적 소통은 측인론의 다원적, 종합적 인물평가 특성을 잘 드러내고 있다.

최한기의 소통적, 통합적 측인론은 탈근대적 인간관을 내포하고 있다. 데카르트에서 비롯된 근대적 인간관은 많은 점에서 최한기가 상정하는 인간관과는 다른 본질을 갖고 있다. 근대적 인간은 '사유하는 실체(res cogitans)'로서 주체가 되며 '연장하는 실체(res extensa)'인 사물과 완전히 독립하여 존재하며 언제나 통합되어 있고 일관성을 가진 실체였다. 그러나 니체Nietzsche 이후 다수의 포스트모던 사상가들은 근대적 인간관을 부정하고 인간에 대한 새로운 견해를 제기했다. 그들이 말하는 포스트모던적 인간은 세계와 분리된 독립적 존재가 아니며, 이성적 능력을 갖추고 자율성을 향유하는 독자적 존재도 아니다. 탈 근대적 자아는 사회적 상황이나 역사적 조건, 사회구조의 변화에 따라 끊임없이 재생산되고 외부와 항상 소통하는 가변적인 자아를 갖고 있다는 점에서 기학적 자아와 상통한다.

최한기의 측인론이 기학에 이론적 배경을 두고 있고, 기학이 서구의 과학적 이론과 성과를 흡수하였기 때문에 측인론에 전통적 인간관과 근대적 인간관이 통합되어 있다. 또한 측인론은 유교, 관상학, 도교, 잡가의 인간관을 종합함으로써 이성중심의 합리적 인물보다는 육체성과 도덕성, 그리고 인격성이 통합된 인물을 높이 평가하고자 한다. 기학적 인간은 인기운화와 통민운화, 대기운화가 체화된 존재이다. 인간은 '자아 개별화(self-individuation)'된 독립된 존재가 아니라 대기운화, 통민운화, 그리고 일신운화와의 소통적 맥락에 지배되는 열려있는 존재이다. 기학적 인간은 데카르트에게서 보듯 대상이 저편에 마주 선 주체가 아니라 대상이 자신 안에서 소통하는 비주체적 존재이다. 인물을 구성하는 '기품'에서는 대기운화와의 소통이 이루지고 '덕성'에서는 통민운화와의 소통이 이루어진다. 즉 인물은 자연과 사회와의 소통의 산물일 뿐 그것과 분리되거나 대립적인 존재가 아니다.

측인론에서 인간을 삼등운화의 통합과 소통의 산물로 간주함으로써 기학적 인간은 몸과 마음, 지성과 덕성이 소통되는 전인격인 인간을 지향한다. 기학에서 인식의 주체를 마음(心) 대신 신기神氣라 했다. 신기는 대기의 신령스런 영역이며 신체의 기와 본질적으로 동일하다. 신기는 신체의 일부이며 마음의 기능을 갖는다는 점에서 몸과 마음의 경계를 해체한다. 그리고 기학에서 문견은 견문지지見聞之知에 속하고 심덕은 덕성지지德性之知에 속한다고 볼 수 있는데, 이들은 기질변화를 통해 통합된다. 최한기는 지식과 도덕성은 서로 무관하며 지식의 축적이 도덕성을 높일 것이라는 '자연주의적 오류(Naturalistic Fallacy)'를 기학의 천인 일통적 세계관 안에서 해명할 수 있다. 즉 지식은 신기에 축적되어 기질의 변화를 가져오고 기질의 변화를 통해 신기에 우주자연의 유행지리가 습염됨으로써 지성이 덕성으로 전화된다. 지식이 몸을 변화시킴으로써 자연스럽게 도덕성이 체화된다는 것이다. 측인론의 소통적 인간관은 몸과 마음을 이원화하고 지식과 도덕성을 분리시키는 근대적 인간관과 이로부터 파생되는 소외되고 분열된 인간성을 극복하는데 시사하는 바가 크다.

최한기의 기학은 조선의 실학적 이상을 공유하면서도 독창적 방법론과 일관된 이론체계를 정립하였다는 점에서 한국학의 효시라 해도 과언이 아닐 것이다. 나아가 측인론은 기학에 토대한 인물평가 이론으로서 토착적 한국학 이론 정립의 가능성을 보여준다는 점에서 의미가 있다. 측인론에서는 전통적 윤리와 근대적 과학의 이념이 통합되고 지배층의 유교와 민중의 관상학의 방법이 소통하였다. 측인학의 이념과 방법은 한국의 현대 생활세계에서 익숙하며 토착적 인물평가 이론으로 주목할 충분한 가치가 있다. 우리는 서구 학문의 이론만 수입해 맹신할 것이 아니라 한국인의 역사와 문화를 반영한 자생적 이론을 생산할 필요가 있다. 최한기의 측인론은 고유의 이론적 정체성과 보편적 방법론을 확보하고 있다는 점에서 한국학 발전의 하나의 이정표로 삼을 만하다. 최한기의 측인론을 인물평가 방법으로 주목하는 이유를 다음과 같이 정리할 수 있겠다.

첫째, 최한기의 측인론은 전인격적 인물평가를 지향하고 있다. 측인론은 유가의 지인이 주목하는 행사行事의 '도덕성'과 잡가의 재능주의가 주목하는 '재능'과 도가의 신체이론이 주목하는 '기품'과 관상학의 상인이 주목하는 '형모形貌' 등을 측인의 범주로 삼는다는 점에서 전인격적 인물평가법이라 평가할 수 있다. 측인론은 현대사회심리학의 대인지각이 기능주의적 관점에서 개인의 성격이나 능력 등 인격의 일부에 대한 전문화된 평가가 이루어지고 있는 것에 비해 통합적 인격평가란 장점을 갖고 있다.

둘째, 최한기의 측인론은 객관적인 성격분석의 차원에만 머무는 것이 아니라 인물에 대한 예언적 평가를 어느 정도 포함하고 있다. 그것은 측인론이 일정 부분 관상학에 의존하고 있고 그래서 생물학적으로 타고난 항상적 요소에 기초하기 때문이다. 측인의 예언적 기능은 보다 안정적인 근거 위에서 대인지각을 가능하게 하며 관상학적 인식모델은 주관적인 편견을 배제하는데 일정 부분 기여할 수 있다.

셋째, 최한기의 측인론에는 한국의 전통 문화가 잘 반영되어 있다. 측인론은 유교의 지인론과 관상학의 상인학을 내포하는데, 지인론이 전통사회의 지배층 문화인 유교문화를 반영했다면 상인학은 피지배층인 민중의 기층문화와 밀착되어 있었다. 따라서 측인론은 전통사회의 모든 신분층 문화가 반영된 통합적 인물평가 이론이라 할 수 있다.

넷째, 최한기의 인물평가 영역과 차원, 그리고 평가요인과 방법은 매우 포괄적이면서도 실증적이다. 그의 인물평가 영역은 용모, 행사, 인도 등 언행과 도덕성을 포함하고, 평가차원도 단순한 감각적 경험에 머물지 않고 마음의 덕성과 몸의 기질까지 다원적이다. 최한기의 인물평가법은 사회심리학의 대인지각 이론과 방법론에 비해 매우 포괄적인 평가대상과 평가지표를 갖는다.

다섯째, 관상학에 많이 의존한 최한기의 인물평가법은 현대 한국인들의 인물관과도 매우 친화적이다. 최근 관상학과 연계한 캐릭터 표현과 분석에 관한 많은 연구에서 보듯이 관상학적 관점은 캐릭터의 성격과 능력, 도덕성 등을 평가하는 문화적 토대로 작용하고 있음을 본다. 최한기의 인물평가 이론은 한국적 문화 풍토에서 일상적으로 이루어지는 대인지각과 인상형성을 이해하는데 많은 도움을 줄 수 있을 것이다.

제1부

측인론의 기학적 기초

1. 머리말

2. 한국학의 전개와 학문적 성격

3. 기학과 한국학의 정립

4. 기학이 한국학 정체성 형성에 갖는 의의

Chapter 2

기학과 한국학의 정체성

PART 1

Chapter 2

2장

기학과 한국학의 정체성

1. 머리말

최한기의 측인론 연구는 자생적 한국학을 정립하기 위한 목적의식에서 출발하였다. 자생적 한국학의 정립은 궁극적으로 한국학의 정체성을 확립하는데 기여함으로써 진정한 의의를 가질 수 있다. 이 장에서는 측인론의 이론적 토대인 기학에서 자생적 한국학 정립의 이론적인 가능성에 대해 먼저 검토해 보고자 한다. 기학에서 한국학의 정체성 확립을 위한 이론적 토대를 확인함으로써 '측인론을 통한 자생적 한국학 정립'이라는 우리의 문제의식에 이론적 정당성을 확보할 수 있을 것이다.

한국학은 오늘날까지 뚜렷한 학문적 정체성을 갖지 못하고 외재적 혹은 상대적 관점에서 피동적으로 정의되어 왔다. 일제 강점기 때에는 식민지 사관에 대응하는 민족주의적 관점에서 '대항 한국학'이 성립되었다면, 근대 시기에서는 열강의 세계경영의 필요성에서 비롯된 '한국연구(korean studies)'를 수용한 '수입 한국학'이 주류를 이루었다. 한국학은 독자적 영역이 없는 '한국에 관한 모든 연구'를 통칭하는 '명목적 한국학'이거나 각 전문 분과학문이 한국을 하위 연구분야로 할 때 일컫는 '침입의 한국학'으로서 고유한 실체를 갖지 못했다. 따라서 세계화의 도도한 물결 속에서 지역학으로서의 한국학은 정체성과 독립된 학문적 지위를 확보할 필요성이 절실하다. 우리는 최한기의 기학을 국학적 한국학의 출발점으로 재조명함으로써 한국학의 정체성과 독립성 확립의 반성적 계기로 삼고자 한다.

물론 최한기의 기학 이전에 한국학의 자생적, 주체적 토대가 전혀 없었다고는 할 수 없다. 17세기에서 19세기까지 전개된 실학적 흐름에서 한국학의 태동을 볼 수 있다. 실학은 학파에 따라 강조점의 차이는 다소 있지만 모두 '실용'을 원칙으로 삼았다. 실학자들은 학문은 반드시 쓸모가 있어야 하며 현실에 적실한 내용이어야 한다고 주장하였다. "그들이 말한 쓸모 있는 학문이란 나라를 부강하게 하고 백성을 넉넉하게 하는 정치·경제·군사·교육 등의 사회 개혁 문제였다. 또 자국의 역사·언어·문학·지리·풍속 등을 연구하는 것도 실학이며, 천문학·수학·지리학·의학·농학 등의 자연 과학과 기술에 관한 것도 실학이었다."[1] 실학은 현실(實事)에서 그 바름(求是)을 얻고자 하기 때문에 현실의 문제를 떠나 공리공담적으로 논의될 수 없었다. 그래서 실학자들은 국가와 민족의 문화적 전통과 역사적 현실에 대해 먼저 반성하고 성찰하는 계기를 갖게 되었으며 이것이 한국학을 탄

---

1 홍원식 외 지음. 1998. 『실학사상과 근대성』. 예문서원. 180쪽

생시킨 모태가 되었다.

조선 후기의 실학은 유학의 실사구시實事求是, 이용후생利用厚生의 현실 지향성, 조선의 국제적 환경과 위상에 대한 자각, 서양의 과학과 제도에 대한 지식, 봉건적 정치체제에 대한 개혁 의지 등을 반영하고 있다는 점에서 분명 자립적 한국학 발전의 토양이 되었다. 그러나 한국학이 학문으로서의 독자적 정체성을 갖기 위해서는 고유한 이론체계를 구축해야 한다. 실학을 집대성한 정약용에 이르러서도 실학은 기존의 주자학을 극복한 새로운 이론체계를 제시하지 못했으며 다만 주자학에 대한 진지한 반성과 실용적 적용을 모색한 탁고개제托古改制에 머물렀다고 평가되고 있다. 그러나 최한기의 기학은 조선의 실학적 이상을 공유하면서도 독창적 방법론과 일관된 이론체계를 정립하였다는 점에서 한국학의 효시라 해도 과언이 아닐 것이다. 우리는 그의 인물평가 이론에서 이를 확인할 수 있을 것으로 본다. 이에 앞서 이 장에서는 최한기의 기학이 한국학 정립에 어떤 함의를 갖는지를 기학의 이론적 정체성, 학문적 가치성, 그리고 방법론적 보편성을 통해서 살펴보고자 한다. 이를 위해서 먼저 한국학의 전개과정과 한국학 논의의 쟁점, 그리고 고유한 한국학 방법론 모색의 필요성에 대해 살펴보고자 한다.

2. 한국학의 전개와 학문적 특성

1) 한국학의 전개

역사적으로 한국학이 대두된 배경에는 항상 한국이 학문적으로 상대화되고 대상화되는 계기가 있었다. 한국학의 선구자로 정약용을 비롯한 실학자들을 지목하는 것도 그들이 서학西學을 대면하면서 비로소 조선의 유학을 상대적으로 성찰하기 시작했기 때문이다. 서학의 유입은 유교적 정통성에 대한 신념과 유교적 세계관에 큰 균열을 초래했다. 서학을 비판하든 수용하든 간에 조선의 유학자들은 조선의 역사적 현실에 정합적인 학문을 모색하는 계기를 갖게 되었다. 그런 의미에서 조선후기의 실학에서 한국학의 정체성이 형성되기 시작했다고 볼 수 있다. 최한기는 실학자로서 서구의 근대 과학적 성과를 적극 수용하여 유기적唯氣的 기일원론에 토대한 실학을 정립하였다. 한국학은 최한기의 기학으로 말미암아 고유한 논리체계와 방법론을 갖출 수 있었고 독자적 정체성을 확보할 수 있게 되었다. 그러나 기학은 일제 식민지 시기를 거치면서 자생력을 잃게 되었으며 해방 이후 오늘날까지도 국학으로 제대로 계승, 발전되지 못하고 있다.

한편 한국학이 지역학적 정체성을 갖고 본격적으로 대두된 것은 한국이 일제의 식민지가 되면서부터이다. 일제에 의한 조선 지배의 전략적 필요성에 의해 조선에 대한 연구가 시작되었다. 일본과 중국은 자국의 학문을 '본국학' 내지 '국학'으로 규정한 반면, 식민지 한국에 대한 연구는 지역학으로서 '조선학'으로 타자화하였다. 그리하여 주체적 국학자에 의해 '조선학'에 대항한 민족주의적 '본국학'이 거의 동시에 시작되었지만 방법론적 자립은 이루지 못했다. '조선학'과 '본국학'은 이념적으로 구분되지만 이에 따른 방법론까지 뚜렷이 구분되는 것은 아니었다. 조선학 학자는 주로 서구적 학문방법을 사용했지만, 본국학 학자는 내부적으로 외래적 방법을 사용한 '관학파'와 우리 학문의 고유성을 강조하는 '국학파'로 나뉘어졌다.[2] 이는 본국학을 지향하는 학자들 가운데 전통교육을 받은 사람이 많았을 뿐만 아니라 서구의 근대교육을 받은 사람도 적지 않았기 때문이다.

조선학 학자들은 물론이거니와 비록 탈 식민지적 한국학을 지향했던 많은 국학자들도 여전히 방법론과 이론은 외래학에 의지하고 있었다. 그들은 대체로 서구와 일본의 제국주의적 침략으로부터 조국의 해방과 독립을 쟁취하기 위한 방법으로 자신의 전통보다는 외래의 근대 문명과 과학에서 해답을 찾았기 때문이다. "박은식이나 김교헌·신채호·정인보를 비롯한 초기 연구자들은 전통적인 유교 교육의 배경에서 성장했음에도 불구하고 서구 일본의 신사조와 아울러 이른바 신식 학문을 기꺼이 받아들였다. 이들 대부분은 국내에서 독학을 하거나 근대 학교교육을 받았으며, 일부는 일본에서 교육을 받았다."[3] 2차 대전 이후 미국에서 출발한 지역학으로서의 '한국학(korean studies)'이 대두될 때 별 거부감 없이 이를 받아들이게 된 것도 이와 같이 국학이 고유한 이론을 갖추지 못했고 또한 국학자들마저 일찍이 근대교육에 젖어 있었기 때문이었다. 이것이 해방과 더불어 국학이 식민지로부터 정치적 해방은 이루었지만 다시 서구의 오리엔탈리즘적

2 임현진 · 정일준. 2012. 「사회학에서의 한국학 연구동향: 한국학의 세계화 전략 모색」. 『한국학연구』. 43집. 464쪽

3 김경일. 2003. 「한국학의 기원과 계보」. 『사회와 역사』. 64집. 133쪽

근대화 이론과 과학적 방법에 쉽게 종속될 수밖에 없었던 이유이기도 하다.

해방 이후 1960년대까지만 해도 이렇다 할 자생력을 갖추지 못한 국학은 결국 미국을 중심으로 한 세계열강들의 세계전략의 필요성에 따라 지역학으로 편입되었다. "한국학은 제 2차 세계대전 이후 세계 질서의 중심국이라 할 미국의 대외정책 이해관계 아래 주도되었다고 해도 과언이 아니다. 미국이 세계전략이라는 구도 아래 전 지구에 대한 지식과 정보를 확보하기 위하여 지역연구에 대해 관심을 갖고 전문가를 양성하게 되면서 한국학도 그 범주의 하나로 자리 잡게 된 것이다. 주로 미국에서 교육받았거나 활동하는 미국인은 물론 한국계 출신을 포함하는 외국인 출신 학자들이 한국학을 주도하여 온 이유이다. 지역연구로서 한국학은 이후 미국뿐만 아니라 유럽, 일본, 중국 등에서 한국에 대한 정치, 군사, 외교, 경제, 사회, 문화, 환경 등에 대한 다양한 이해관계 아래 전개되고 있다."[4] 이제 '국학'이란 용어가 생소하게 느껴지고 보통 '한국학(korean studies)'으로 지칭되는 한국연구는 비록 식민지적 종속성에서 지역성으로 성격이 바뀌었을 뿐 여전히 학문적 독립성 확보는 미약할 뿐이다. 한국학이 이러한 종속성과 지역성으로부터 탈피하여 학문적 정체성을 확립하기 위해서는 이와 같은 굴곡진 역사에서 도출된 현대 한국학의 주요 쟁점들에 대한 적절한 해답이 제시될 필요가 있다.

---

4 위의 책, 465쪽

2) 현대 한국학의 쟁점

한국학은 여전히 성립과정에 있는 학문이며 내부에는 다양한 관점이 경쟁 중에 있다. 한국학은 연구의 주체, 목적, 시각, 이념, 방법 등에 따라 다양한 모습을 갖고 있다. 우선 한국학은 연구주체의 내부적 시각이 강조될수록 국학적 성격과 민족중심적이고 과거지향적인 성격을 많이 가졌다. 반면 지역학적 연구가 강조될 때에는 오히려 외부적 시각을 통해서만이 한국학이 성립될 수 있다는 주장이 펼쳐지기도 하였다. 이를테면, "미국의 유명한 정치학자 로버트 달(Robert A. Dahl)과 사회학자 윌리암 돔호프(G. William Domhoff)의 연구를 보기로 들어보자. 달과 돔호프의 연구 중에는 미국 지역사회의 권력구조를 다룬 것들이 있다. 그렇다고 그들을 '미국 전공자'라고 하는 것처럼 우스꽝스러운 일은 없을 것이다. 그들은 어디까지나 미국을 대표하는 정치학자, 사회학자이지 미국학 전공자는 아니다. ... 미국학이라 하면 미국의 바깥에서 미국을 지역연구의 대상으로 하는 경우 미국학일 뿐이다. ... 마찬가지로 한국에서 이루어진 연구는 인문과학, 사회과학, 자연과학 분야의 학문체계의 일부이지 '한국학'이라 할 수 없다."[5] 그러나 내·외부적 두 시각은 오늘날 세계가 경계없이 소통하는 지구화 시대에는 국학의 세계화를 통해 두 시각의 종합이 모색되기도 하였다. "'국학'의 자기중심적이고 과거지향적인 시각에서 벗어나 남들과 함께 하는 개방적이고 진취적인 학문으로서의 '한국학'이 요구되며 국내의 학문인 국학에서 세계의 학문인 한국학으로 나아가 이룬 성과의 타당성을 널리 입증하는 것이 이제부터 한

---

5 앞의 책, 임현진 · 정일준, 463쪽

국학의 할 일"[6]이라는 견해가 설득력을 얻고 있다.

또한 한국학에서는 학문 영역을 인문학과 사회과학 사이의 어느 지점에 위치시켜야 하는지에 대한 논쟁이 있어 왔다. 한국학의 학문적 성격은 역사적 시기에 따라 인문학과 사회과학 사이에서 비중을 달리했다. "한국학의 성립 및 발전 과정을 볼 때, 한국학의 특징은 양가성(ambivalence)에 있다고 볼 수 있다. 일제 강점기부터 국학으로 발전해온 한국학은 해방 이후로는 1980년대까지 민족문화연구와 문화적 정체성을 보존하기 위하여 문·사·철을 중심으로 하는 인문학으로서 입지를 가지고 있었다. 그런데 1970년대 이후로 한국사회에서 사회과학이 발전하였고, 1980년대 말 88 서울올림픽 이후로 한국에 대한 세계적인 인지도가 높아지면서 국학이라기보다는 지역학으로서 한국학이라는 위상이 강화되기 시작했다. 즉, 사회과학자들의 한국연구가 한국학에서 비중이 높아지면서 인문학보다는 사회과학적인 한국학이 발전하게 되었다. 또 한편으로는 1990년대 이후 세계화, 전지구화라는 시대적 흐름 속에서 한국의 민족적, 문화적 정체성의 정립이 절실히 요구되어져서 국학이라는 용어보다는 세계 속의 한국이라는 의미로서의 한국학이 대두되게 된 것이다."[7] 이처럼 한국학이 역사적으로 전개되어오면서 인문학에서 사회과학으로 외연을 넓혀왔지만 내부적으로는 두 학문적 지향 간의 관계는 오히려 단절되고 소원해졌다.

세계화·지구화 시대를 맞아 한국학은 이러한 '인문학적 한국학'과 '사회과학적 한국학'보다는 '민족학으로서의 국학'과 '지역학으로서의 한국학'이라는 학문적 양가성이 더욱 부상하였다. "민족학으로서

---

6 조동일, 2009, 「한국학 연구의 새 방향」, 『한국학논집』, 제29집, 8쪽

7 윤택림, 2003, 「한국학 연구방법의 모색: 문화기술지적 방법(ethnographic method)을 중심으로」, 『정신문화연구』 통권 90호(봄), 110쪽

의 국학은 주로 한국인 학자들이 민족의 전통 문화를 내부의 시각으로 연구하여 문화적 정체성을 확인하기 위한 지적 작업을 말한다. 그것에 비해서 지역학으로서의 한국학은 주로 외국인 학자들이 한국의 문화와 사회를 외부의 시각에서 연구하여 타문화 이해의 폭을 넓히고자 하는 일종의 지역 연구를 일컬을 때 쓰는 말이다. 국학은 주로 문·사·철의 인문학 중심으로 전개되고 한국학은 '한국에 관한 모든 연구'를 일컫는 것으로서 인문학과 사회과학을 포함하는 좀 더 넓은 학문 영역에서 이루어지고 있다. 국학자들은 한국의 과거나 전통에 대한 이해의 틀로 현재와 미래를 조망하는 경향이 있으며 한국학자들은 대체로 한국의 현재에 대한 이해의 바탕 위에서 그 전통적 연원을 탐구하거나 미래를 투시하는 경향이 있다."[8] 그런데 이들 두 계열의 학자들은 서로 불신하며 상대의 연구를 존중하지 않는 경향이 있어 왔다. 국학자들은 한국학자들이 학문적으로 천박하고 피상적인 연구를 한다고 비판하고 한국학자들은 국학자들이 편협한 시각과 애국주의적 편견에 사로잡혀 있다고 비판한다.

이러한 상반된 시각과 지향성은 한국학의 정체성에 많은 혼란을 야기하지만, 상대가 지적한 약점을 보완한다면 도리어 한국학의 지평을 넓히고 한국에 대한 보다 심층적인 이해에 도움이 될 수도 있을 것이다. "국학과 한국학은 서로로부터 배우고 서로에게 도움을 주어야 한다. 국학자들은 해외의 한국학자들로부터 역사·문화 연구를 위한 보편적 이론과 객관적 방법론을 배워야 한다. 국학자들은 자국문화에 대한 자민족중심주의를 극복하고 민족주의적 배타성과 국수주의적 자기도취로부터 벗어나는 데 외국의 한국학자로부터 도움을 받

---

8 이상주, 2001, 「인문 · 사회과학의 위기와 한국학의 전망」, 『정신문화연구』, 통권 84호(가을), 303쪽

을 수 있다. 한국문화를 세계화하고 한국학을 세계 학계에 널리 전파하는 데도 외국학자들의 도움이 절대적으로 필요하다. 반대로, 외국의 한국학자들은 한국 사회의 특수성을 더 깊이 이해하고 한국문화에 대한 감정이입 능력(empathetic capability)을 기르는 데 국학자들로부터 도움을 받아야 한다. 외국의 한국학자들은 지식 생산의 원료라고 할 수 있는 문헌 자료를 공급받고 한국문화를 직접 체험할 수 있는 기회를 갖는 데서도 한국의 국학자들로부터 도움을 받아야 한다."[9] 한국학이 한국에 대한 지식체계라면 한국문화에 대한 인문학적 통찰과 사회과학의 보편적 이론들이 창조적으로 융합할 때 한층 발전할 수 있을 것이다. 여기서 창조적 융합이라 한 것은 한국학이 단순히 한국사회와 문화 자료에 서양의 사회과학이론을 적용하는 차원에 머무는 것이 아니라 종국에는 한국 전통문화에 토대한 자생적 사회과학이론 정립을 지향하기 때문이다.

한편 한국학 내부에서 제기되고 있는 또 다른 중요한 쟁점 가운데 하나는 방법론에 관한 것이다. 한국학 방법론에 대한 쟁점은 한국학 내부의 다양한 방법론적 갈래에서 연유한다. 하나는 한국학에 내포된 국학과 근대학문 간의 특성에 따른 방법론의 갈래이고, 다른 하나는 인문학과 사회과학적 특성에 따른 방법론의 차이이다. 국학과 지역학의 방법론 차이는 일제 강점기 때부터 시작되었다. "이 시기의 국학은 두 부류의 학자가 있었다. 하나는 경성제국대학이나 일본에 있는 대학에서 수학함으로써 근대학문 방법론의 세례를 받은 학자군學者群이고, 다른 하나는 한국의 전통적 학문방법론, 특히 조선 후기 실학 계열의 학문의식을 계승·발전시킨 학자군이다. 이 둘은 각각 장단점이 있었으니, 전자는 실증성, 논리적 엄격성, 학문적 체계성이 강

9 위의 책, 306쪽

점인 반면, 분과과학을 강조한 결과 학문 간의 상호소통을 점점 닫아간 폐단이 있고, 후자는 논리적 엄격성과 체계성은 상대적으로 떨어지지만, 그 대신 문학·역사·사상(철학)·언어·민속·문화를 딱히 분리시키지 않고 가능한 한 서로 연관시켜 이해하려는 태도를 갖고 있었다는 점이 장점일 터이다."[10] 근대적 학문방법과 전통적 학문방법은 각각 한국학 방법론에 필수적인 부분이다. 현대 한국사회는 서구화된 영역과 전통적인 영역이 공존하는 이중적 구조를 가졌다. 전자가 대체로 한국사회의 공적·제도적 영역으로서 표층을 이룬다면, 후자는 사적·비제도적 영역으로서 심층을 이루고 있다. 한국학의 근대적 방법은 한국사회의 근대화된 영역에 정합적이라면 전통 학문적 방법은 전통적 영역에 높은 설명력을 갖기 때문에 상호 보완적인 역할을 할 수 있을 것이다.

한국학 방법론의 다른 한 갈래는 인문학적 방법론과 사회과학적 방법론의 차이에 근거한다. "한국학의 양 대 줄기인 인문학과 사회과학에서 사용되어온 연구방법들을 보면, 인문학은 해방 이후 문·사·철 중에서도 국사학의 주도 아래 국학이 발전해 왔다고 볼 수 있다. 국사학은 실증주의에 입각하여 문헌고증 중심의 사학을 발전시켜 왔다. 그러나 실증주의적 연구방법은 가치중립적인 방법론에 한정되어서 전근대 사회를 이해하는데 한정되어 왔다. 반면 사회과학적 한국학은 정치학, 경제학, 사회학을 중심으로 양적 방법론을 사용하여 현대 한국사회를 이해하여 왔다. 그런데 사회과학적 한국학은 그 현재성이 객관성, 비판성보다는 체제 긍정적 방법론으로 나타난 경우가 많았다고 볼 수 있다. 그래서 한국문화를 다루는 국사학과 사회

---

10 박희병, 2005, 「통합인문학으로서의 한국학」, 『21세기 한국학, 어떻게 할 것인가』, 푸른역사, 45쪽

과학 사이에 방법론적으로도 문헌고증적 해석학과 양적 방법론이라는 일종의 방법론적 차별성 또는 단절이 있어 왔다."[11] 한국학에서 인문학적 방법론과 사회과학적 방법론의 차이는 문헌 고증적 해석학과 양적 방법론의 차이로 부각되지만, 개별화적 방법과 일반화적 방법 혹은 개성 기술과 법칙 정립의 방법으로 대비되기도 한다. 인문학이 인간의 개성과 주체성을 전제하는 반면 사회과학은 인간을 사물로 간주하여 자연과학적 법칙성을 추구한다. 한국학은 이와 같이 문헌 고증적 해석학과 양적 방법론, 개별화적 혹은 개성 기술적 방법과 일반화적 혹은 법칙정립적 방법을 조화롭게 통합시켜야 할 과제를 해결해야 한다. 그렇지 않으면 한국학은 실제적으로 인문학과 사회과학의 각 분과학문으로 해체되거나, '모든 분과학문의 한국에 관한 연구'를 통칭하는 명목으로서만 존재하게 될 뿐 독립된 정체성을 갖지 못할 것이다.

3) 한국학 방법론 모색

지금까지 한국학의 역사적 전개와 대두된 쟁점을 살펴보면서 우리는 한국학이 한 지붕 다세대 가족 같다는 인상을 갖는다. 한국학이 당면한 가장 중요한 문제는 통합된 학문적 정체성을 갖는 것일 것이다. 한국학은 인문학과 사회과학의 넓은 학문적 범주를 아우르고 있다. 그래서 이를 관통하고 포괄할 공통된 관점과 패러다임을 공유할 때 여러 분야 연구들이 통일성을 이룰 수 있게 될 것이다. "한국학의 여러 분야를 꿰뚫고 있되 단순히 해박하기만 한 것이 아니라

---

11 앞의 책, 윤택림, 112쪽

분야들 사이의 본질적 연관성과 기저원리基底原理를 거시적으로 통찰해냄으로써 그것을 자신의 정제된 언어로 개념화하고, 궁극적으로 높은 수준에서 이론과 체계를 창조해내는, 한국학의 진정한 대가도 이런 연구의 흐름 속에서 탄생될 수 있을 것이다."[12]

학문의 정체성 확립은 무엇이 연구대상인가 하는 것과 더불어 고유한 연구방법을 얼마나 발전시켰는가에 달려있다. 지금까지 국학 중심의 한국학은 학문의 이념적 지향이 분명하고 특히 통합 학문적 성격이 강했다. 이 시기의 국학은 분과학문으로 한정되지 않고 문학, 역사, 사상, 민속, 문화, 예술의 제 영역을 넘나드는 통합적 문제의식을 보여주었다. 그러나 국학은 그의 문제의식에 걸맞은 체계적인 방법론을 개발하지 못했다. "무엇보다도 당시 국학은 다분히 파편적이고, 자료 나열적이며, 파토스가 있기는 해도 엄정한 로직과 이론이 부족하거나 결여되어 있다."[13]

반면 지역학 중심의 한국학은 서구의 사회과학적 방법을 많이 활용하지만 한국적 현실과 괴리된 문제점을 안고 있었다. "비유컨대, 외국의 학문을 물고 오는 '개미'의 역할이나 외국의 학문 이론과 방법론으로 거미줄을 쳐서 사회 문제의 이해와 해결에 적용하는 '거미'의 역할은 어느 정도 해왔다고 본다. 그러나 한국 사회의 연구를 통해 한국의 사회 현실에 대한 체계적 자료를 축적하지는 못했고 독창적 이론의 발전도 이루어내지 못했다. 즉 꿀을 만들어 내는 '꿀벌'의 역할은 제대로 해내지 못했다."[14] 특히 지역학으로서의 한국학은 서구의 오리엔탈리즘 관점에 근거한 방법론을 가져 한국학의 정체성을 훼손

12 앞의 책, 박희병, 60쪽

13 위의 책, 52쪽

14 앞의 책, 이상주, 310-311쪽

시키는 결과를 가져오기도 했다.

서구에서 한국사회 연구에 적용된 가장 대표적인 방법론은 근대화 이론이라 할 수 있다. "1950년 말부터 1960년대를 거쳐 1970년대에 이르기까지 근대화론은 미국에서 지역연구자의 지배적인 지적 패러다임이었다. 학자들은 근대화론을 거의 모든 비 서구 사회들의 사회변동을 이해하고 예언하는 분석틀로 활용했다."[15] 근대화론은 외국학자뿐만 아니라 국내 한국학자들도 이를 받아들여 한국연구의 이론적 도구로 수용함으로써 한국학 연구의 지배적 관점이 되어 왔다. 근대화론과 더불어 한국에 대한 지역연구 방법으로 활용되는 방법론으로 종속이론, 세계체제론, 발전국가론 등이 있는데 모두 오리엔탈리즘을 기본 시각으로 갖고 있다는 점에서 공통점이 있다.

한국학은 서구의 오리엔탈리즘에 대항할 수 있는 독창적인 이론과 방법론을 발전시킬 필요가 있다. 한국학이 서구의 이론과 방법론을 차용하여 한국의 현실을 설명하거나 이해하려고 해서는 안 된다. 한국의 역사와 문화에서 배태된 문제는 한국인의 시각에서 문제 상황을 구성하고 이를 위한 해결책을 제시할 수 있어야 한다. 한국학은 한국적 이론과 방법론이 정립되어 서구적 이론의 현실 부정합성을 드러내고 그 대안으로 자리매김할 때 독창성을 부여받을 수 있다. 현대 한국학의 독창적인 이론정립은 한국의 고전적 인문학 사상을 사회과학의 방법에 접목함으로써 이론적 정체성과 방법론적 보편성을 확보할 수 있을 것이다. 그리하여 한국사회와 문화의 특수성을 토대로 구성된 이론이 전 지구적 미래를 선도할 보편적 이론으로 자리매김할 때 한국학은 보편학으로서의 지위를 갖게 될 것이다.

최한기의 기학은 오늘날의 한국학이 당면하고 있는 문제와 이를

---

15 앞의 책, 임현진 · 정일준, 471쪽

해결할 실마리를 찾는 데 많은 시사점을 제시한다. 기학은 서구의 근대 과학적 성과를 수용하지만 그의 기철학 체계 안에서 재해석함으로써 많은 토착적 이론구성을 시도하였다. 최한기의 기학은 인문과학, 사회과학, 자연과학 전 분야를 가로지르는 일통적 정체성을 가지며, 세계인이 공유하는 대동적 가치를 추구하였다. 더욱이 기학의 방법론은 자연의 물리적 법칙을 최종적 원리로 간주함으로써 방법론적 보편성을 확보하고자 하였다. 아래에서는 최한기의 기학에서 한국학의 이론적 정체성과 학문적 가치성, 그리고 방법론적 보편성의 확립 가능성을 탐색해 보고자 한다.

3. 기학과 한국학의 정립

1) 이론적 정체성

한국학의 정체성이 빈곤한 이유로 임현진·정일준은 다음과 같이 지적한 바 있다. "첫째, 일제식민지 공간에서 역사와 문화의 뿌리가 부정되는 상황에서 한국학이 왜곡되었다면, 해방이후 타율적 발전과정에서 한국학계가 자기중심을 세우지 못했다. 둘째, 해방이후 국토분단과 이후 한국전쟁에 따른 국민국가의 결손이 이데올로기적 제약은 차치하고라도 한국학의 발전에 커다란 장애가 되었다. 한국의 사회와 역사에 대한 온전한 연구를 기대하는 것 자체가 무리이듯 반 조각 한국학이 만들어져 온 셈이다. 셋째, 역사를 포함하는 인문학과 달리 사회과학 분야에서는 한국학의 전통이 외래이론의 범람 아래 소홀히 취급되었다. 외래이론의 비판적 적용을 넘어서 우리 고유의 문제틀에 의한 한국적 지평에서의 사회과학적 이론화에 기여하지 못했던 것이다."[16] 이러한 이론적 정체성의 빈곤으로 말미암아 한국학은 자문화중심주의 아니면 방법론적 맹목주의에 빠지기 쉬웠다.

최한기의 기학은 한국학의 이론적 정체성의 빈곤을 극복할 일관된 세계관과 원리를 내포하고 있다. 최한기는 기학을 유교와 서학에 대한 비판적 종합 위에 성립시켰다. 그는 서학에서 과학을 수용하면서 종교는 거부했다. 그리고 유교에서 심학과 형이상학은 비판했지만 인도를 밝히고 인의를 내세운 유교윤리 그 자체는 이미 검증된 진리로서 인정했다. 최한기가 비판한 것은 유학의 형이상학과 서양의 종교이념이며, 수용한 것은 서양의 과학과 유교의 인도적 규범이다. 그는 기존의 실학과 기학적 전통에서 출발하여 경험할 수 없고 검증되지 않은 형이상학적, 종교적 신념을 부정하고 경험과 증험에 바탕한 새로운 차원의 실학을 세우고자 했다.

최한기는 이전의 형이상적 기학 대신 서양과학의 대기설大氣說을 수용하여 과학적인 기학 이론체계를 수립하고자 하였다. 그가 말하는 기는 단순히 사물을 구성하는 물질적 구성요소가 아니라 사물의 운동·변화(運化)의 주체가 되는 역동적 실체이며[17], 인간에게 있어서는 신

---

16 앞의 책, 임현진 · 정일준, 465쪽

17 최한기는 기의 본성을 활 · 동 · 운 · 화라 규정하여 물리적 역동성을 강조했다.

기神氣가 되어 플라톤이 말하는 '정신'에 해당하는 실체가 된다.[18] 최한기의 기학은 단순히 물리적, 객체적 존재로서의 물질적 기에 대한 인식이 아니라 대기大氣와 인기人氣의 운화에 관한 학문이며, 대기운화에 승순하는 인기운화, 즉 천인운화의 원리와 작용에 관한 학문이라 할 수 있다. 천인운화의 학문이야말로 한국학이 추구하는 이론적 지향점이 될 수 있다.

> 천天이 대기운화 함에 지구·달·별·태양이 차례로 공전하여 신묘한 공효를 이루는 것이다. 나라의 정치는 인기의 운화를 통솔해서 경·대부·사가 순서대로 직분을 행하여 다스림의 길(治道)을 이루는 것이다. 집안의 다스림(家政)은 일가친척의 운화를 한데 합쳐서 남녀노소가 각기 그 직분을 닦아 집안의 규범을 이루는 것이다. 수신이란 자기 한 사람의 운화를 따라서 어린이·장년·늙은이의 생애에서 먼저 할 바와 나중 할 바를 알아서 학업을 닦는 것이다. 이렇게 볼 때 대·중·소의 범위가 각각 있다. 그러나 이것들은 모두 대 범위, 곧 天(대기운화)과 일체를 이룬다. 수신·제가·치국·평천하는 인기운화와 관계되나, 만약 천기운화를 승순하여 인기운화를 행한다면, 백성들이 모두 귀의하여 순종하기가 간단하고도 쉬울 것이다. 그러나 천기운화를 내팽개치고 인기운화를 구하고자 한다면, 상하가 서로 반목하여 떨어

---

18 최한기는 기학에서 인식의 주체를 신기라 규정하고, 그것의 작용으로 기억 · 명오 · 애욕을 언급하였다. 이 개념의 근원을 거슬러 올라가면 플라톤의 정신 개념에 닿아있다. 플라톤은 정신에는 사유(理性, reason) · 의지(氣槪, spirit) · 욕망(appetite)이 있다고 한 것과 일치한다. 플라톤의 '정신'을 마테오 리치의 『천주실의』 와 삼비아소의 『영언여작』에서는 '신' 또는 '영혼'으로 표현했고 "영혼에는 내삼사內三司가 있는데 첫째는 기함記含이라 말하는 것이요, 두 번째는 명오明悟라 말하는 것이요, 세 번째는 애욕愛欲이라 말하는 것이다."(권오영. 1999. 『최한기의 학문과 사상 연구』, 집문당, 139쪽 재인용)라고 했다. 최한기는 이들을 통해서 플라톤 철학의 '정신' 개념을 기학의 중심 개념인 '신기'로 변용해서 흡수했다.

> 져서 각자 사사로움만을 노출시킬 것이다. 만약 천인기天人氣의 운화를 알지 못하고 수·제·치·평의 일을 행하고자 한다면 우활하지 않으면 치우쳐 막히게 될 것이다. 그래서 천인운화天人氣運化는 그 근원을 말한다면 학문의 근기根基요, 그 끝을 말한다면 학문의 표준이 되는 것이다.[19]

최한기가 학문의 근기이자 표준으로 삼는 천인운화는 곧 대기의 물리를 승순하는 인신人身과 통민統民의 도리를 말한다. 근대 학문체계로 말하면 기학은 자연과학 분야뿐만 아니라, 인문학, 사회과학도 천인운화의 근기와 표준에서 벗어나지 않는다.

이제 천인운화의 관점에서 기학의 일통적 이론체계를 정치, 경제, 교육이론을 통하여 살펴보자. 최한기의 기학적 정치이론은 『대학』의 8조목을 천인운화로 해석한 것에서 잘 드러난다. "천인운화는 여러 번 증험하여 그것을 밖에서 얻고, 모습(象)을 이루어 그것을 안에 간직하고, 기회에 따라 그것을 밖에서 쓰니, 곧 『대학』 8조목의 격물·치지는 그것을 밖에서 얻는 것이요, 성의·정심은 그것을 안에 간직하는 것이요, 수신·제가·치국·평천하는 그것을 밖에서 쓰는 것이다. 그러한 격물·치지의 일은 곧 수신·제가·치국·평천하 하는 길이다. 만약 격물·치지의 일이 천인운화가 아닌 다른 물건에 있으면, 수·제·치·평하는 도를 본디 보존하여 기를(存養) 수 없을 것이니 장차 어떻게 기

---

19 『기학』(1-78): 天以大氣運化而地月日星循序輪轉 以成神功 國政統人氣之運化而卿大夫士次序遵行 以成治道 家政合親屬之運化 老少男女各修其職 以就家範 修身隨一氣之運化而少壯老衰 知所先後 以做學業 大則有大範圍 中則有中範圍 小則有小範圍 以成其大範圍之一體也 修身齊家治國平天下係是人氣運化 而承天氣之運化 而爲人氣運化 則民皆歸順簡且易焉 拂天氣之運化 要作人氣運化 則上下睽離 各逞其私 不識天人氣之運化而欲行修濟治平之事 如非迂闊 卽是偏滯 是以天人運化 語其源 則乃學問根基 語其委 則爲學問之標準. 이하에서『기학』은 손병욱의 역주서 (최한기 지음, 2004, 손병욱 역주, 『기학』, 통나무)에서 인용했다. 권수에 따라 붙인 문단의 번호는 원문에는 없지만 역주서의 체제를 그대로 따라 인용했다.

회가 왔을 때 쓸 수 있겠는가? 그래서 천인운화를 여러 번 증험하여 그것을 얻으면 격·치가 되고, 천인운화가 모습을 이루어 그것을 간직하면 성·정이 되고, 천인운화를 기회에 따라 쓰면 수·제·치·평이 되니, 8조 가운데 천인의 도가 완비되어 있는 것이다."[20] 이와 같이 최한기는 천인운화의 기학으로 『대학』의 8조목에 대한 통합적 학문체계를 수립했다. 격·치가 천기운화를 '밖에서 얻는 것'이라면, 성·정은 인신운화를 '안에 간직하는 것'이고, 수·제·치·평은 '그것을 밖에서 쓰는' 통민운화의 실현이다. 최한기의 정치이론은 통민운화에 근거하며 통민운화를 인신운화와 천기운화에 통일시키는 것이 정치의 요체라 보았다.

최한기의 운화론은 또한 경제나 교육 분야의 이론적 근거가 된다. 경제에 있어서 중요한 것은 산업을 통해 물산物產을 풍요하게 하는 것이요, 상업을 통해 물산의 흐름을 원활히 하는 것이다. 그는 산업은 기용운화를 통해, 상업은 재용운화를 통해 설명한다. 기용운화器用運化[21]는 우주의 운화와 인민의 운화와 함께 기학의 주요 범위를 이룬다. 산업은 단순한 경제적인 활동이 아니라 천인운화를 입증하는 중요한 매개이기도 하다. "크게는 우주운화의 기가 있으니, 역수를 정리하여 그 대강을 제시함이다. 다음으로는 인민운화의 기가 있으니, 정치와 교육을 닦고 밝혀서 바른 길로 인도하여 이르게 하는 것

20 『기학』(1-98): 天人運化 累驗而得之於外 成形而藏之于内 隨機而用之於外 卽大學八條 格物致知 得之於外也 誠意正心 藏之于内也 修身齊家治國平天下 用之於外也 然則 格物致知之事乃修身齊家治國平天下道也 若格致之事在他物 則修濟治平之道無素存養 將何以臨機須用哉 是以天人運化 累驗而得之爲格致 天人運化 成象而藏之爲誠正 天人運化 隨機而用之爲修濟治平 八條之中 天人之道完備

21 기용학은 기를 활용하고, 지키고, 증험하고, 시험하고, 저울질하여 그 무게와 부피를 달고, 헤아리고, 변통함에서 나온 것이다. 이것을 '기에는 착수할 곳이 없다'고 한갓되이 말하는 경우와 비교해 보면, 통쾌하게 방략을 조처하고 시행해서 이용하고 후생하는 면이 있다. 『기학』(1-53)

이다. 작게는 기용운화의 기가 있으니, 책을 지어서 간직하고 기계와 도구(器皿)를 제조하여 백성의 쓰임을 넉넉하게 하는 것이다. 이것을 합하면 일기운화一氣運化가 되고, 나누면 삼기(三氣: 우주·인민·기용) 운화가 된다. 벼리를 들면 밧줄이 따르고, 밧줄로 인하여 벼리에 도달하니, 이것이 「기학」이다."[22] 산업활동은 기용운화를 통해 기계와 도구 등 산업을 발전시키며, 크게는 우주운화에 승순하고 작게는 인민운화에 승순함으로써 인간을 물질적으로 풍족하게 하여 사람의 도리를 지키도록 한 것이 된다.

최한기는 또한 상업 활동도 재용의 운화에 순응하면서 이루어져야 한다고 보았다. "상인은 재화와 생산물을 유통하여 백성의 소비를 풍족하게 한다. 물산의 풍부함과 부족함은 천지의 운화를 헤아리고, 있고 없는 것을 사고파는 일은 인사의 운화를 참작한다. 때에 앞서 주선함은 상황을 살핌에서 가능하고, 때가 지나면 저장하여 미리 대비하는 바가 있다. 백리 사이의 교역은 사람이나 말을 이용해 운반하는 데 지나지 않지만 외국과 두루 통상함에는 반드시 선박을 띄워 운송한다 ... 상인들이 도서를 왕래함에 별자리를 보고 멀고 가까움을 판단하며, 선박을 띄워 운행함에 바람의 형세에 맞추어 속도를 조절한다. 여러 나라의 좋은 법과 제도, 좋은 산물들을 모두 가져다 유통시키고, 남북의 같고 다른 기풍과 풍속을 모두 경험하여 전파한다. 세상 사람들의 이목을 넓히고 천하의 산물들을 유통시키니, 천기운화가 이를 바탕으로 더욱 밝혀지고, 인사운화가 이를 통해 전달된

---

22 『기학』(1-93): 大則有宇宙運化之氣 理整歷數而擧其概 次則有人民運化之氣 修明政敎以導其達 小則有器用運化之氣 修藏書册 制造器皿而贍民用 合則爲一氣運化 分則爲三氣運化 提綱而維隨 緣維而達綱 是爲氣學

다."[23] 최한기는 상업도 산업과 마찬가지로 천지운화와 인사운화와 관련시킨다. 상업을 통해 물산의 풍족함과 부족함을 살펴 천지운화를 헤아릴 수 있고, 상업을 통해 사방의 이익과 형세, 각국의 제도와 법령을 살펴 인사운화를 밝힐 수 있다. 상업은 단순히 물산의 유통만이 아니라 상업 활동을 통해 천지운화와 인사운화를 실현할 수 있다고 보아 이를 적극 수용해야 한다고 보았다.

한편 최한기의 교육사상도 천인운화에 입각해야 함을 강조하였다. 이것은 그가 제창한 운화교運化教를 통해 살펴볼 수 있다. 운화교란 대기운화에 순응하는 가르침으로 온 세상 사람을 통합할 수 있는 보편적인 가르침이다. "온 세상의 인도와 학문을 통합하는 방법으로 자연 대기운화라는 준적準的과 의거依據가 있게 되었으니, 이것을 따라 인도를 참고하면 인도에 준적이 있어서 잘못된 것을 쉽게 알 수가 있으며, 학문에도 의거가 있어 취사取捨가 어렵지 않을 것이다."[24] 최한기는 교육이란 대기운화를 인사와 인도에 실천하여 천인운화를 이루는 것으로 보았다.

최한기는 가르침에는 인사교人事教, 인도교人道教, 그리고 인천교人天教의 3층의 단계가 있다고 했는데, 이것도 천인운화의 수준에 따른

---

23 『기학』(1-67): 商者 運財輸物而贍民用 物産豊歉量天地之運化 每每有無酌人事之運化 先時周旋出於見機 後時收藏有所豫備 百理交易不過人擔馬駄 海國周通須因桅舶載重 ... 島嶼往來 仰天度而指遠近 桅帆利鈍 隨風勢而爲遲速 諸國之良法制好物産 咸取而須用 南北之同風氣異俗尙 盡驗而傳播 廣天下之耳目 通天下之有無 天氣運化資此益明 人事運化賴此傳達

24 『인정』「교인 서」: 於是人道學問統合之方 自有氣化之準的依據 循此而稽人道 則人道有準的而差誤易見 學問有依據而取捨非難. 이하에서 『인정』은 민족문화추진회의 번역서(최한기 지음, 1985, 민족문화추진회 번역, 『인정 1,2,3,4』, 민족문화문고간행회)에서 인용하였다.

것이다.[25] "배우는 사람은 자연 선후의 단계가 있어 어려서는 인사교를 배우고 자라서는 인도교 및 인천교를 배워야 하니, 그것은 지각의 진취에 있어 차서가 있기 때문이다. 또 가르치는 사람도 근기와 표준을 천인운화에 세워야 하니, 그래야 인사로 사람을 가르치면 인사가 운화에 벗어나지 아니하며, 인도로 사람을 가르치면 인도가 운화에 표준을 두게 된다. 그래서 삼층의 가르침이 일통이 되어 처음부터 끝까지 서로 응하고 본말이 체體를 이루며 착오나 배치될 우려가 없게 되는 것이다."[26] 최한기는 교육의 차원이 운화를 체득하는 수준에 따라 다르지만 모두 천인운화를 밝히는데 교육의 허실이 달려 있다고 본 것이다. 최한기는 기학의 패러다임을 통해 정치이론, 경제이론, 교육이론을 관통하는 논리체계를 세움으로써 한국학의 이론적 정체성을 확립하는 토대를 마련했다 평가할 수 있다.

2) 학문적 가치성

조동일 교수는 학문이란 무엇인가라는 물음에 네 가지로 답을 제시했다. 첫째, 학문은 진실을 탐구하는 행위이다. 진실은 검증

---

25 인사교란 쇄소응대와 문필산수와 사람을 사귀고 사물을 대하는 절차로부터 사·농·공·상의 직업에 이르기까지, 일찍 학습에 종사하여 신기운화와 함께 성취되는 것은 곧 인사교이다. 부자친·군신의·부부별·장유서·붕우신으로부터 정교·학술·예율·전장에 이르기까지, 현금에 적용하되 옛일을 고증하고 우리 백성에서 밝혀 타국의 백성에까지 미치게 하여 일통운화가 온 세상에 퍼지게 하는 것이 인도교이다. 천지의 회전과 운화의 착종과 인물의 생성과 위로 받들어 따르고 아래로 제어하는 것에 대하여 옛날 밝히지 못했던 것을 지금에 와서 정확히 알게 되고 만사의 조리를 추구하여 근원을 찾는 것이 인천교이다. (『인정』「교인문1」(三層敎))

26 『인정』「교인문1」(三層敎): 學之者 自有先後階梯。幼學人事 壯學人道。及人天 以其知覺進就 宜有次序 敎之者 根基標準 得立於天人運化 敎人以人事 則人事可不外於運化 敎人以人道 則人道有標準於運化 使三層敎爲一統 始終相應 本末成體 無差誤背馳之患

가능한 객관적 사실에 근거를 두고 있으며, 이를 통해 객관적 사실들의 상관관계에 어떤 원리가 있는가를 발견하는 것이 진리탐구이다(진리성). 둘째, 학문은 논리로 이루어진다. 진실을 탐구하는 행위라 하더라도 논리화되지 않은 체험에 의거하거나, 논리적 타당성이 입증되지 않은 사사로운 확신을 근거로 한다면 학문이 아니다(논리성). 셋째, 학문은 실천의 지침인 이론을 마련한다. 학문을 해서 얻는 결과가 이론이다. 어떤 실증적 학문이라도 논증한 사실을 종합해서 이론적인 일반화를 이룩한 데까지 이르러야 학문이라 할 수 있다. 이론은 실천을 위해 소용되며, 이론의 타당성은 실천에 의해 입증된다(이론화). 넷째, 학문은 독백이 아니고 대화이다. 개인이 연구한 업적은 토론의 대상으로 삼아 점검하고 비판하는 작업이 활발하게 이루어져야 비로소 타당한 성과에 이를 수 있다(보편성).[27]

학문성에 대한 위의 정의를 한국학에 적용해 평가해 볼 때, 한국학의 학문적 가치를 손상시키는 가장 큰 요인은 민족주의적 편견과 서양 중심주의적 가치관이라 할 수 있다. 한국학의 출발이 외세의 대항 이데올로기에서 비롯되었다는 점에서 민족주의적 편향은 태생적 한계라 볼 수 있다. 그리고 한국학이 서구 열강의 지역학적 성격을 갖게 됨으로써 서구 중심적 가치가 팽배하게 되었다. 한국학이 학문성을 갖추기 위해서는 민족적 편견에서 먼저 벗어나야 한다. 한국학이 배타적, 국수주의적 편견을 가질수록 학문의 객관성과 보편성은 훼손될 수밖에 없다. 과도한 국학적 전통은 한국학 스스로의 학문적 발전을 위해서도, 한국학의 진정한 세계화를 위해서도, 그리고 궁극적으로는 한국 민족주의 자체를 위해서도 바람직하지 않다.[28]

---

27 조동일, 1997, 『우리학문의 길』, 지식산업사, 22-30쪽 참조

28 앞의 책, 전상인, 「한국학과 사회과학의 대화」, 『21세기 한국학, 어떻게 할 것인가』, 71-2쪽

한편 한국학은 서양 중심의 가치관에서 탈피할 필요가 있다. 서양의 관점을 세계사적 표준으로 삼고 서양의 잣대로 한국사회와 문화를 평가하는 것은 한국학의 발전에 큰 장애가 된다. "우리는 20세기 100년간 '세계사의 표준'을 서양에 두고 한국의 역사와 전통문화를 재단해 온 습관에서 완전히 해방되지 못하고 있다. 서양과 비슷한 모습이 나타나면 '발전'이고, 그와 조금 다른 모습이 나타나면 '후진'이나 '비정상'으로 보는 시각은 상당히 오랫동안 만성병처럼 지식인의 사고를 지배해 왔다."[29] 오리엔탈리즘은 한국학을 한국의 역사, 문화적 현실과 괴리시키고 학문적 진리성과 이론적 실천성을 약화시켰다.

최한기의 기학은 한국학이 갖추어야 할 중요한 가치들을 내포하고 있다. 한국학의 가치성을 기학의 실학적 이념과 대동사상을 통해 살펴보자. 최한기는 조선의 실학사상을 계승했지만 그의 실학이 이전의 실학과 다른 점은 서양의 과학적 지식을 적극적으로 수용한 점이다. "혜강은 자연과학을 구체적으로 '역산물리曆算物理'라고 표현하면서, 이 '역산물리'의 학문적 천명은 인류의식에 한 신기원을 그은 것이라고 생각하였다. 말하자면 종래의 실학이 유교 경전의 연역을 바탕으로 한 '경학의 실학'이었음에 대하여 혜강의 실학은 '역산물리'에 바탕을 둔 '과학의 실학'이라고 하겠다. 그것은 실학사상의 큰 전회轉廻였다."[30]

최한기는 실학을 다음과 같이 정의했다. "천하의 학문을 통괄하여 시비를 논하고 우열을 정할 때는 천하 민생이 실제로 쓰는 바와 천하의 정치가 반드시 근거로 삼는 바를 기준으로 삼을 것이니, 잡을 수 있는 형체가 있고 물건에 조처하여 증험할 수 있으면 이는 곧 '실

---

29 위의 책, 한영우, 「민족, 민주, 산업화의 우상과 그 극복」, 28쪽

30 이우성, 2005, 「증보 명남루총서 해제」, 『혜강 최한기』, 예문서원, 59쪽

학'이다."[31] 이처럼 기학의 실학적 이념은 천하민생이 실제로 쓰는 공리성과 천하 정치가 근거로 삼는 실용성, 그리고 경험적으로 증험할 수 있는 실증성을 포함하고 있다. 최한기의 실학적 이념은 서양의 공리주의 이념과 매우 흡사한 점이 있다. 예컨대 기존의 예교와 풍속은 인사人事로서 존중되어야 하겠지만 운화가 점차 밝혀짐에 따라 그것의 선악은 항상 '지금의 운화(方今運化)'에 비추어 이로움이 있는가 물어 판단해야 한다는 것이다. "선악은 공의公議의 이해利害이고 이해는 사세事勢의 선악이다. 처음부터 끝까지, 은미한 것에서 뚜렷한 것까지 모든 것은 선善이 이利이고 이가 선이며 악이 해害이고 해가 악이니, 선악과 이해에 어찌 하늘이 정한 한계가 있어서 변통할 수 없는 것이리오."[32] 실학과 공리주의는 학문의 공리성(utility), 즉 유용성, 실용성, 효율성을 강조한다는 점에서 서로 일치한다.

최한기의 실학은 실증주의적 가치를 중시한다. 기학의 가치성은 실학적 이념과 더불어 대동사상에서 잘 드러난다. 최한기는 천하인이 모두 대동사회를 이루는 것을 기학의 이상으로 삼았다. 대동사회는 천하인이 모두 대동의 가치를 공유할 때 현실적 차이를 극복하고 조화와 통합을 이룰 수 있다고 보았다. 대동이란 '크게 같음'을 말하는 것이며 곧 동서고금의 모든 나라가 풍토와 물산의 차이는 있지만 기의 운화는 크게 같음을 말한다. "동서고금의 모든 나라에서 조금씩 다른 것은 풍토와 물산이고, 크게 같은 것(大同)은 신기운화이다. 여러 나라에 흩어져 사는 사람들은 그 조금씩 다른 것에 바탕하여 자세한 행위와 습속을 이루고, 그 크게 같은 것을 이어서 윤강倫綱과 정교政

---

31 『기학』(1-25): 統天下學問是非 論定優劣 以天下民生所實用 四海政治所必由 有形可執 處物可驗 爲實學

32 『기측체의』「신기통3」(善惡利害): 善惡者 公議之利害也 利害者 事勢之善惡也 自初至終 自微至著 善爲利 而利爲善矣 惡爲害 而害爲惡矣 善惡利害 豈有天定之限截 而未有變通哉

敎로 삼는다."[33] 그는 대동의 근거를 신기운화에서 찾고 천하인이 모두 신기의 천인운화를 얻음으로써 천하의 대동을 이룰 것이라고 하였다.

> 남과 나는 비록 나뉘었으나 자연히 같은 바가 있는데, 곧 천인운화의 기氣가 그것이다. 이것을 들어 사무에 조처하면 남은 나와 같을 것이요, 또한 나도 남과 더불어 같을 수 있을 것이니, 그것을 한 나라에 베풀면 한 나라의 사람이 가히 더불어 같아질 수 있을 것이요, 그것을 천하에 베풀면 천하의 사람이 가히 더불어 같을 수 있을 것이다. 만약 이것을 버리고 따로 같은 바를 구해서, 어떤 이는 심성을 들어서 하늘에서 나왔으니 사람마다 모두 같은 것이라고 여기고, 어떤 이는 심성이 얻은 바의 리理를 들어서 만물이 모두 같다고 여기고, 어떤 이는 목마르면 물마시고 배고프면 밥 먹는 것과, 삶을 좋아하고 죽음을 싫어하는 마음의 작용을 들어서 천하가 모두 같다고 여긴다면, '동同'이라는 한 글자에 이와 같이 같지 아니함이 있게 된다. 그렇게 되면, 우열·심천은 고사하고 어찌 가히 그 '같은 것'을 얻을 수 있겠는가? 천하인이 같이 바라고 말하는 것으로써는 그 같은 것을 가히 얻을 수 없을 것이다. 반드시 천하인이 품부 받아서 모름지기 쓰는 바인 천인운화로써 한다면, 곧 그 같은 것을 얻을 것이다. 그것을 천하인에게 묻는다면 운화를 아는 자는 모두 같다고 할 것이요, 운화를 알지 못하는 자는 그 같음을 알지 못하게 될 것이나, 천인운화기가 하는 바를 살피건대 같지 아니함이 없을 것

---

33 『기학』(1-73): 宇宙萬國小異者風土物産 大同者神氣運化 散處人民 因其小異者 以爲細行習俗 承其大同者 以爲倫綱政敎

이다. 이것을 일러 대동이라고 하는 것이다.[34]

최한기는 천하의 대동을 인간의 본성이나 추상적인 이치에 근거시키지 않고 천인운화에 대한 증험되고 공유된 객관적인 지식에 근거시키고 있다. "대체로 학문은 한 가지뿐만 아니니, 허황함과 성실함, 크고 작음, 넓고 좁음을 모두 학문이라 할 수 있다. 그러나 '천인운화의 기학'만큼은 온 천하 사람들이 보고들은 것을 종합하여 귀와 눈으로 삼고, 온 천하 사람들이 경험하고 시험한 것을 통괄하여 법도로 삼아서, 천하 사람들에게서 그것을 얻고 천하 사람들에게 그것을 전하는 것이다. 따라서 이것은 온 천하 사람들이 함께 배우는 '천하공학天下共學'이지, 혼자서 배우는 '독학獨學'이 아니다."[35] 최한기는 세계 각국이 비록 정치와 풍속은 다르지만 윤리강령과 인의는 동일하다고 보았는데, 이를테면 유교의 오륜이 천인운화에 근거한다는 점에서 세계의 공통적 윤리강령이 될 수 있다고 주장했다. 오륜의 가르침을 각자 힘써 행하는 것이 '일신운화'라면, 천하에 통하는 것은 '통민운화'라고 말했다. 최한기는 오륜에 만 백성 사이에는 화합함이 있어야 한다는 '조민유화兆民有和'를 더하여 세계 인류의 화합의 강령으로 삼았다. "오륜의 가르침은 그 이상 더할 수 없는 진리이므로 그것을 천하에다 확충을 시키면 자연 만국이 다 화합할 것이다. 그러므로 부

---

34 『기학』(1-100): 人我雖分 自有所同 卽天人運化之氣 擧此而措處事務 人與我同 亦可我與人同 施之於一國 一國之人可與同 施之於天下 天下之人可與同 若捨此而別求所同 或擧心性以爲出於天而人人皆同 或擧心性所得之理 以爲萬物皆同 或擧作用之渴飮飢食好生惡死 以爲天下皆同 同之一字有此不同 優劣淺深姑捨 烏可得其同也 欲將天下人言之所同 不可得其同也 須將天下人所稟受所須用之天人運化氣 乃得其同 問之於天下之人 知運化者咸曰同 不知運化者 以爲不知同 觀其所行 無非同也 是謂大同

35 『기학』(2-25): 蓋學非一端 虛無誠實大小廣狹 皆可謂之學 然惟天人運化之氣學 合天下人之聞見 以爲耳目 統天下人之驗試 以爲法例 得之於天下之人而傳之于天下之人 是與天下共學 非一人之獨學

자유친·군신유의·부부유별·장유유서·붕우유신 아래에다 조민유화라는 구절 하나를 첨가하면 오륜이 통행하게 되어 만백성이 화합하는 실효가 나타나게 될 것이다."[36] 최한기의 천인운화에 근거한 대동사상과 오륜을 확장한 조민유화의 사상은 한국학의 민족주의적 편견과 서구의 오리엔탈리즘을 극복하고 인류의 공존과 화합에 기여할 보편적 이념이 될 수 있을 것이다.

3) 방법론적 보편성

박이문 교수는 학문의 방법에 대해 다음과 같이 말했다. "방법은 학문의 목적, 즉 진리발견에 도달하기 위한 가장 효율적 절차이다. 이런 뜻으로서의 방법은 분야마다, 사람마다 그리고 상황마다 천차만별일 수밖에 없다. 그러나 학문의 방법론이라 말할 때 그것은 모든 경우에 한결같이 적용될 수 있는 보편성과 학문의 주장을 객관적으로 타당하게 만드는 준거의 명증확실성을 보장할 수 있는 방법을 의미한다. 대표적인 예로 철학에서 데카르트의 내면적 성찰 방법론과 자연과학에서 관찰, 가설, 연역, 증명이라는 절차를 의미하는 과학적 방법이 있다."[37] 방법론은 진리를 발견하는 효율적인 절차이며, 보편적으로 적용되어야 하며 객관적으로 타당한 준거를 갖추어야 한다. 한국학은 아쉽게도 이러한 조건을 갖춘 방법론을 가졌다고 보기는 어려운 실정이었다.

---

36 『인정』「선인문5」(畎畝敎法兆民有和): 五倫之敎 至矣盡矣 而推擴天下 自有萬國咸和 父子有親 君臣有義 夫婦有別 長幼有序 朋友有信之下 添一兆民有和一句 以著五倫通行 兆民致和之實效

37 박이문, 2006. 「학문으로서 한국학의 개념과 방법론 및 지표」, 『한국학논집』 제40집, 6쪽

최한기의 기학은 기의 물리[38]에 기초한 학문이다. 기학은 주자학이 추구해 온 마음을 대상으로 한 학문, 경전에 의존한 학문, 인간의 도덕적 본성을 닦는 것을 목적으로 하는 학문으로부터 벗어나 기의 보편적 운화의 법칙에 근거한 학문이다. "존재의 영역과 가치의 영역이 성리학의 이론체계 속에서는 리理가 객관사물의 법칙이 아니라 다분히 윤리적인 색채를 띠고 있는 리였기 때문에 심학이든 리학이든 인식의 대상은 몰가치적인 존재의 세계가 아니라 도덕적 가치의 영역이었다. 이렇게 심학적 방법론 아래에서는 감각경험에서 얻어지는 견문지지見聞之知가 선험적인 덕성지지德性之知에 비하여 가치적으로 하위에 있을 수밖에 없었다."[39] 최한기는 기학을 정립함으로써 마음, 본성, 도덕성 등 주자학의 심학적 공부에서 탈피하여 자연의 객관세계에 대한 지식을 추구할 수 있었다.

최한기의 기학은 일차적으로 자연의 물리物理를 인식대상으로 삼았으며 인간의 물질적인 삶뿐만 아니라 도덕적인 삶도 자연에 대한 객관적인 인식에 따라 영위하여야 한다고 주장했다. 그는 참된 실학(誠

---

38 서양의 물리와 기학의 물리 간에 차이가 생겨나는 가장 큰 원인은 기학의 물리가 체인될 수 있는 대상인 데 비해 서구과학의 물리는 인식의 대상에 불과하다는 데 있다. 즉 서구과학에서는 구체적인 개개 사물의 법칙을 실험·관찰하고 밝혀서 활용하는 데 그칠 뿐 개개 사물의 법칙에 대한 인식이 아무리 많이 이루어진다 하더라도 그것을 통해서 궁극적인 진리 그 자체를 인식하는 것은 불가능하다는 이원론에 입각하고 있으므로, 자연과학이 인문·사회과학과 만날 수 있는 길은 폐쇄되어 왔다고 할 수 있다. 이에 비해 혜강의 기학에서는 물리의 궁극적인 본체의 인식은 하나하나의 구체적인 사물의 경험적인 추측(실험·관찰)의 종합에 의해 가능하며, 그렇게 해서 얻어지는 물리 즉 일기운화의 리는 모든 리의 원천으로서의 물리뿐 아니라 윤리(도덕, 의리), 사리, 수리數理, 성리, 심리, 논리 등을 내포하고 있다고 본다. 따라서 자연과학적인 법칙인 서구과학의 물리와 모든 리의 총합인 기학의 물리는 엄연히 다른 것이다. 바로 여기서 혜강의 기학이 서구과학의 단순한 수용에만 머무르고 있는 것이 아니라 그것을 동양적인 일원론의 바탕 위에서 수용·결합시킴으로써 새로운 가능성을 제시하는 독창성을 발휘하고 있음을 확인할 수 있다."(손병욱. 2005. 「혜강 최한기 철학의 기학적 해명」, 『혜강 최한기』, 예문서원, 297쪽)

39 이종란, 2005, 「최한기 인식이론의 성격」, 『혜강 최한기』, 예문서원, 181-2쪽

實學)에 대해 다음과 같이 언급하였다. "예로부터 지금에 이르기까지 그 단서를 드러냈으나 정리되지 못한 이론과 투철하지 못한 말이 많은 것은 기의 광대함이 아득히 멀었기 때문이며, 또 기의 형질이 은폐되었기 때문이다. 이런 것들은 마땅히 버리고 그 드러나 작용하는 단서를 좇아, 기화氣化와 부합되는지를 증험할 수 있다면, 이것은 곧 '참된 실학'이다."[40] 참된 실학은 잡을 수 있는 형체가 있고 사물에 조처하여 증험할 수 있어야 한다고 했다. 그래서 참된 실학은 기화에 증험할 수 없는 심학, 도학, 음양학 등을 일컫는 '중고의 학문(中古之學)'이 아니라 '근고의 학문(近古之學)'인 역수학曆數學, 물류학物類學, 기용학器用學과 같은 새로운 실증학문의 성격을 가져야 한다는 것이다.

최한기의 기학적 물리에 기초한 방법론은 자연과학의 보편적 법칙을 추구한다. 그리고 기학의 방법론적 보편성은 '인식 근거의 객관성'과 '인식절차의 보편성'에 의해 보장될 수 있다고 보았다. 그는 인식 근거의 객관성을 보장하기 위하여 학문의 이치를 유행지리流行之理와 추측지리推測之理로 구분하고 유행지리의 객관적 물리를 추론에 의존하는 추측지리의 준칙으로 삼았다. "천지와 만물이 유행하는 이치는 건순(健順:천지의 덕을 말한다)의 덕으로 화육(化育:천지가 만물을 생육함을 말한다)하는 가운데 들어 있는 것이라 사람이 능히 거기에 간섭할 수 없는 것이다. 그러나 추측의 이치는 사람마다 익숙하냐 서투르냐 하는 것과 그 득실에 따라 구별이 있는 것이므로, 그것을 조정하고 변통할 수 있으니, 리학의 리나 태극의 리 등 모든 전적典籍에서 논한 리는 전부 추측의 리이다. 그러나 추측의 리는 유행의 리로써 표준을 삼

---

40 『기학』(2-119): 自古及今 發其端 而未歸整之論未透徹之言多 在於氣之遶遠廣大 又在於氣之隱蔽形質 是當捨旃而從其發用之端 可驗氣化之符合 是爲誠實學也

고, 유행의 리는 기氣와 질質로써 분별한다."[41] 추측지리는 인간의 추측에 의해 밝혀지는 이치이며, 유행지리는 기의 물리적 법칙에 근거한 이치이다. 그래서 유행지리가 자연의 세계에 존재하는 필연의 이치라면 추측지리는 인간의 세계에 적용되는 당위의 이치라 할 수 있다. 최한기는 결국 당연의 세계에 대한 인문·사회과학은 자연과학의 물리적 필연의 법칙을 인식의 근거로 삼아야 한다는 것이다.

최한기는 기학의 방법론적 보편성을 확보하기 위해서 인식근거의 객관성과 더불어 경험과 추측, 그리고 증험 등의 절차적 객관성을 강조하였다. 그는 기학적 인식의 출발은 오직 경험을 통해서 이루어진다는 사실을 강조한다. "사람이 하늘에서 받은 것이란 한 덩어리의 신기와 기를 통하는 제규와 사지이니, 사용해야 하는 도구는 이것뿐이요, 다시 별도로 다른 것에서 얻어 온 것이라고는 아무 것도 없다."[42] 신기가 경험의 주체라면 제규제촉諸竅諸觸은 경험의 수단인 기계器械에 해당한다. 신기가 경험한다는 것은 외부적 자극을 인체의 감각기관인 제규제촉을 통해 신기에 '물들여져(習染)' 저장하는 것인데 이를 형질지통形質之通이라 한다.

형질지통은 인식의 첫 단계이자 인식을 마지막으로 검증하는 근거이기도 하다. "이목구비와 손발 그리고 모든 촉각을 다 버린다면 어찌 한 터럭만한 이치인들 얻을 수 있을 것이며 또 한 가지 일인들 증험할 수 있겠는가."[43] 최한기에게 있어 경험은 인식의 알파요, 오메가

---

41 『기측체의』「추측록2」(推測以流行理爲準): 天地萬物流行之理 付諸健順化育之中 非人之所能增減 若夫推測之理 自有生熟得失之分 可以裁制變通 理學之理 太極之理 凡載籍之論理者儘是推測之理也 推測之理 以流行之理爲準的 流行之理 以氣質爲分別

42 『기측체의』「신기통1권」(知覺推測皆自得): 人之所稟于天者 乃一團神氣與通氣之諸竅 四肢則須用之具 如斯而已 更無他分得來者矣

43 『기측체의』「신기통서」: 捨此耳目口鼻手足諸觸 有何一毫可得之理可驗之事乎

가 되는 셈이다. 최한기는 경험을 기학의 출발점으로 삼음으로써 기학적 인식을 주관적·도덕적 관념으로부터 일단 벗어나게 했다. 그리고 경험적 인식의 객관성을 담보하기 위해서는 여러 감각기관에서 얻은 지각을 비교하여 종합하고 또 타인의 것과 대조함으로써 보다 완전한 객관적인 지각을 얻을 수 있다고 했다. "대개 옛사람이 단서만 조금 밝히고 끝까지 연구하지 못한 것을, 후세 사람이 이제까지 쌓아 온 경험을 가지고 그 다하지 못한 것을 뒤쫓아 점차로 인식해 가는 것이 밝은 진리를 이룩하는 것이다."[44] 경험은 개인적 차원뿐만 아니라 사회적 차원에서 축적되며 이로써 지식의 진보가 이루어진다.

형질지통은 추측지통推測之通의 토대가 된다. 추측은 경험에 의한 형질지통을 근거로 경험하지 못한 것을 추리하는 인식방법이다. 신기는 인식의 주체로서 경험을 축적하여 기억하는 습염지능習染之能과 더불어 추측활동을 할 수 있는 추측지능推測之能을 갖추고 있다. 추측의 능력은 형질지통을 양적·질적으로 확장하는 기능을 한다. 최한기는 추推(미룸)와 측測(헤아림)의 능력을 향상시키는 방법에 대해 다음과 같이 말했다. "미룸을 배양하는 방도는, 박학·심문으로 듣고 보며, 성경誠敬으로 거두어들이며, 강습講習하여 깨달으며, 철저히 구명하여 익숙히 알아서, 그것을 누적하여 크게 성취하고, 확충하여 명철하게 되는 것이다. 헤아림을 배양하는 방도는, 타물他物과 나를 서로 참고하고 마땅하게 변통하여, 앞을 바라보고 뒤를 돌이켜보며, 형상을 보고 그림자를 살펴서, 가국家國의 규모와 천지의 범위를 가슴에 거둬들이고 펴내되 모두 근거가 있게 하는 것이다. 대개 천리에서 미루고 천리에 순하게 헤아리려면, 헤아림으로 미룸을 배양하고 미룸으로 헤

---

44 『기측체의』「신기통1권」(古今人經驗不等): 蓋古人 微發其端而未及究竟者 後人 將積累之閱歷 追明其未盡 漸次得通 以成光明之道 古今人協贊而通 并力而達 乃經常大道也

아림을 배양하여 반드시 하늘과 사람의 도리에 바른 데로 돌아가야 한다."[45] 말하자면 지식은 미룸을 통한 지각과 헤아림을 통한 추론을 반복하여 상호 검증하고 보완함으로써 천리를 얻을 수 있다는 것이다.

최한기는 기학의 방법론은 경험과 추측에 더하여 증험의 절차가 필요하다고 보았다. 증험은 개인적 차원에서 이루어지는 경험과 추측의 지식에 객관성과 보편성을 부여하는 인식과정이다. 우리는 증험을 통해 지식의 객관성을 확인하고 증명한다. 증험을 통해 나의 신기에 습염된 추측지리가 수리적 법칙성을 통해 객관적인 자연의 법칙인 유행지리와 일치를 이루게 된다. "기의 운동에는 모두 일정한 법칙이 있으므로, 그 빠르고 느린 것이 자연히 차이가 있다. 큰 것으로는 오위(伍緯: 금·목·수·화·토의 다섯 별, 28수宿는 왼쪽으로 돌아 경經이 되고 오위는 오른쪽으로 돌아 위緯가 된다)의 궤도, 작은 것으로는 일상적인 일까지 모든 것이 실로 범연한 헤아림이나 억측으로는 다할 수 없는 것이다. 여기에서 기의 운동을 측량하는 산수算數의 학문이 있게 되며, 그 가운데 리가 있어 한번 더하고 한번 빼는 것이 리 아닌 것이 없다. 이를 궁구함에 정밀함이 여기에서 더할 수 없고 사물을 마름하여 재는 것도 이것을 벗어나지 않는다."[46] 최한기가 추구하는 지식은 경험되고 증험된 지식이 법칙으로 정립된 지식, 곧 실증적 지식이고 그래서 기학은 결국 산수의 학문, 즉 실증과학을 지향하고 있음을 알 수 있다. 다만 최한기가 추구하는 실증과학은 자연을 대상시하는 이원론적 지식이

---

45 『기측체의』「추측록1권」(養推養測): 養推之方 以博學審問爲聞見 以誠敬爲收斂 以講習爲提惺 以窮格爲溫繹 積累而成大 恢擴而生明 養測之方 物我相參 隨宜變通 瞻前而顧後 見形而察影 家國規模 天地範圍 捲舒胸次 皆有根緣

46 『기측체의』「추측록2권」(數理): 氣之運動迭興 皆有攸軌 疾速徐遲 自有其差 大而五緯之躔 小而日用之事 實非凡計臆度所能盡也 於是有算數之學 以齊氣之運動 而理在其中 一加一減 無非理也 究理精緻 無過於此 事物裁度 不外于是

아니라 자연과 인간이 공유하는 일원론적 지혜라 하겠다. 기학은 자연의 물리를 밝혀 인간과 사회에 대한 지식의 실증화를 지향하였다. 그러나 기학이 추구하는 물리나 실증과학은 과학의 주체에 의해 대상화된 지식이 아니고 대상과 분리될 수 없는 주체에 의해 체인體認된 지식을 말한다. 최한기에 있어 주체의 체인이 '실증적 지식'으로 간주될 수 있는 것은 인식의 주체인 신기가 자연의 대기의 일부이기 때문에, 그래서 신기 운화가 대기운화에 감통하기 때문에 주객 일통의 실증적 지식을 얻을 수 있는 것이다.

4. 기학이 한국학 정체성 형성에 갖는 의의

전 지구화와 다문화주의가 확산될수록 세계는 하나의 큰 질서의 흐름으로 통합되고 한국사회도 불가피하게 그 일부로 편입되어가고 있다. 근대 이후 한국학은 고유한 역사와 문화에 토대한 국학으로서의 정체성은 약화되고 세계질서에 종속된 지역학으로서의 정체성이 강화되어 왔다. 그래서 한국학의 내적, 자생적 토대는 성장하지 못하고 외부의 타자적 시각이 지배적 관점으로 자리하게 되었다. 그러나 최근에는 지구화와 다문화주의의 확산이 전통문화와 가치에 대한 재발견과 회복의 욕구를 자극하여 한국학에 대한 국학적 관심이 증가하고 있다. 최한기의 기학은 한국학에서 국학의 르네상스를 위해 충분히 주목할 만한 가치가 있다. 그는 기학의 정립을 통해 한국학의 이론적 정체성과 학문적 가치성, 그리고 방법론적 보편성을 확보함으로써 자립적 국학으로서의 정체성을 확립하는데 기여한 바가 컸다. 이 책에서 논의될 최한기의 인물평가 이론은 기학이 이룩한 대표적인 학문적 성과라 할 수 있으며, 또한 국학적 한국학의 가장 선구적인 사례로 볼 수 있다. 최한기 기학이 현대 한국학에 갖는 함의를 다음과 같이 간추려 볼 수 있다.

첫째, 최한기가 기학을 창립할 때 가졌던 문제의식은 현대 한국학의 이론적 정체성을 확립하는데 있어 시사하는 점이 많다. 현대 한국학이 국학/인문학적 지향과 지역학/사회과학적 지향 사이에서 정체성 혼란을 겪듯이 당시의 기학도 안으로는 유교와 밖으로는 서학과 대립하는 상황에서 성립되었다. 최한기는 기학을 통해 유교의 심학과 리학의 주관성과 추상성을 비판하면서 서학의 과학을 주체적으로 수용하였고, 서학西學의 종교를 혹세무민하는 허학虛學이라 비판하면서 유교의 인도사상人道思想을 계승하였다. 최한기의 이러한 동·서 사상의 비판적 종합은 학문적 융합이 요구되는 현대 한국학의 이론과 방법론 구성에서도 모범이 될 수 있을 것이다.

둘째, 최한기의 기학은 한국학의 토착적 이론 창조를 위한 많은 이론적 자산을 갖추고 있다. 기학은 『신기통神氣通』의 다원적인 추측의 방법론, 삼층운화와 천인운화 등의 패러다임을 제시하고 이를 토대로 고유한 이론을 발전시켰다. 현대의 한국학도 서구의 과학적 이론만 맹신할 것이 아니라 한국인의 우주관과 세계관(자연관과 인간관)을 반영한 이론의 생산이 필요하다. 서양 의학뿐만 아니라 한의학의 지식체계도 여전히 한국인에게 중요한 의미를 갖듯이 고유한 역사와 문화를 향유해 온 한국인을 위한 자생적 한국학 이론체계가 필요한 것이다. 자생적 한국학 이론 정립은 한국학이 지향해야 할 최종적 목표이자 한국학의 학문적 독립성을 확보하는 관건이 된다.

셋째, 최한기의 기학은 한국학이 통합적 학문으로 자리매김할 필요성을 제기한다. 최한기의 기학에는 오늘날의 인문학과 사회과학, 그리고 자연과학이 통합되어 있다. 기학에서는 인문학, 사회과학, 자연과학의 모든 대상은 일기一氣에 통합되어 있기 때문에 만물은 단절되어 있지 않고 연속적이며 불가분의 관계로 파악된다. 한국학도 그 안에 인문학과 사회과학, 자연과학, 예술 등의 광범위한 연구영역을 포함하고 있다. 이들 과학들을 관통할 메타 과학적 시각이 필요하며, 이를 위해 최한기의 포괄적이고 다양한 기 개념을 계승할 필요가 있다. 이들 전문분야의 연구결과를 하나로 묶을 통합적 이론체계가 요구되기 때문이다.

넷째, 최한기의 기학에는 대동大同 사상을 내포하고 있다. 그는 기의 운화법칙이 동서고금에 대동하다는 것을 논증하면서 세계에 존재하는 사소한 차이와 차별을 기학적으로 해명했다. 한국학이 민족학이나 지역학의 한계에 머물지 않고 지구화 시대에 다문화주의적 가치를 실현하는 보편적 학문으로 진화하기 위해서는 기학적 대동의 보편적 논리체계가 요구된다. 조동일의 생극론生克論이 좋은 예가 될 것이다. 생극론은 생성과 극복, 화해와 갈등이 둘이면서 하나이고, 하나이면서 둘이라고 주장하는 철학이다. 그는 모든 싸움의 의의를 그것대로 인정하면서 화합을 이루는 방법으로 생극론만한 것이 없으며 이것은 세계문화 총괄론일 수 있고 민족모순 해결의 지침일 수 있다고 했다.

PART 1

Chapter 3

기학적 인식론

Chapter 3

3장

기학적 인식론

1. 머리말

이 장에서는 최한기 기학의 인식론에 대해 살펴보고자 한다. 최한기의 인물평가 이론인 측인론은 그가 정립한 기학적 인식론에 토대해 있다. 기학적 인식론은 기학 고유의 인식주체와 대상, 인식 목표와 방법으로 구성되어 있다. 기학적 인식론에 토대한 측인론도 서구의 근대적 대인지각 방법은 물론 유가의 지인知人과 관상가의 상인相人 등 다른 전통적 인물평가 방법과도 구별된다. 최한기는 일통적 세계관에 근거하여 천하 만물의 본체를 대동한 것으로 인식하고 있다. 그는 유기론적唯氣論的 입장에서 세계를 인식하는데 만물은 모두 우주에 충만한 일체적 기로 말미암아 생성된다. 그가 우주의 본체라 보는 신기는 물질뿐만 아니라 정신의 원질이다. 또한 사물의 원질이자 인간의 원질이며 개인의 원질이자 사회의 원질이다. 모든 존재는 그것이 형이상학적이든 형이하학적이든, 정신적이든 물질적이든, 크기가 크든 작든 간에 대동하며 일통의 원리를 공유한다. 그의 일통적 세계관과 대동사상은 만물萬物, 만사萬事 간의 대립적인 경계를 허물고 서로 소통시킨다. 오늘날로 보면 자연과학, 사회과학, 인문과학적 대상 간에 일통적 원리를 공유한다. 최한기는 기학적 세계관을 통하여 대동의 철학을 수립하였고 이것이 오늘날 소통의 문제를 풀어가는 좋은 관점을 제공하고 있다.

세계에 대한 인식은 어떤 패러다임으로 인식하는가에 따라 판이한 지식체계를 형성한다. 쿤(T.S Kuhn)은 "과학은 언어와 마찬가지로 본질적으로 어느 한 집단의 산물이고 집단의 공통된 속성이며, 그 공통의 요소들은 과학자 집단 구성원의 심리학적 구조 안에서 양육되고 훈련됨으로써 형성된 것"[1]이라 했다. 한국을 포함하여 유교문화권에서 일기적一氣的 패러다임은 오랜 역사를 갖고 있다.[2] 최한기는 기존의 유교적 기 개념을 새롭게 해석하여 철학(유교의 기철학)과 과학(서양의 자연과학)을 조화시키고, 전통과 근대를 연결하는 이론적 기초를 세우고자 하였다. 최한기의 세계인식은 그의 독창적 기학의 산물이며 인물평가에서도 동·서의 인물평가를 관통하고 소통하는 인식론적 기초가 된다.

이 장에서는 최한기의 기학적 인식론의 일통적, 소통적 특징을 중심으로 살펴보고자 한다. 우선 기학적 인식의 일반적인 특징을 살펴

---

1 정병훈, 1994, 경상대학교 인문학연구소 편, 「인문학과 패러다임」, 『현대의 새로운 패러다임과 인문학』, 백의, 12쪽

2 중국과 조선에서 기 철학의 사상사적 전개와 최한기 기 개념의 특징에 대해서는, 「기철학의 전통과 최한기의 철학적 특성」(금장태, 2005, 김용헌 편저, 『혜강 최한기』, 예문서원) 참조

보고 인식주체로서의 신기가 주자학의 마음(心)과 다른 점에 대해 설명할 것이다. 그 다음, 기학적 인식의 대상으로서 활동운화와 3층 운화에 대해 살펴보고 인식의 목표가 일통철학을 정립하고 대동사회를 건설하는데 있음을 밝히고자 한다. 마지막으로, 세계 인식방법으로서 경험추측과 준적의 확립에 대해 살펴볼 것이다.

2. 기학적 인식과 인식 주체

1) 기학적 인식

최한기는 유기론적唯氣論的 입장에서 만물·만사에 적용할 보편적인 인식체계와 서양의 과학과 실학적 유학을 매개하기 위한 소통적 인식체계를 수립하고자 하였다. 그는 제국주의적 세계화가 한창이던 당시 조선의 정치와 학술이 해결해야 할 우선적인 과제가 기학을 통한 소통적 인식체계를 정립하고 대동의 세계를 구현하는 것에 있다고 보았다.

> 조정의 고관이 정치하는 계책은, 먼 나라와 가까운 나라들을 비교하여, 좋은 정치와 좋은 법을 계책하고 나쁜 말과 나쁜 버릇을 피차 징계하여야 제 나라에서 아직 깨닫지 못하고 전해 내려온 비루한 습관을 알 수 있고, 또 남의 나라에서 새로 얻어서 두

> 루 통하는 견문을 알 수 있으니, 그래야 융통성 있는 계책이라 할 수 있다. 재야의 어진 사람들의 논의와 저술은, 천하의 정치 교화와 신기神氣 형질에 투철하고 스스로 일통의 운화하는 사무事務와 무한한 변통을 밝혀야 전에 보고 들어온 의혹을 버릴 수 있고 또 모든 장애와 얽매임을 제거할 수 있으니, 그래야 비로소 유익한 저술이라 할 수 있다.[3]

최한기는 중국을 통해 서세동점하는 제국주의적 상황과 서구 근대 과학의 발전을 목격하면서 서구문명에 대해 깊이 탐구하였다. 그는 서구의 근대적 학문을 광범위하게 섭취하였으며 동·서 학문이 소통할 수 있는 새로운 패러다임의 필요성을 절실히 느끼고 자신의 기학을 유기론적 관점에서 경험과학에 토대한 근대적 실학으로 정립하고자 하였다.

기학적 인식체계는 한국 유학사에서는 물론 한국학 분야에서도 가장 독창적이고 체계화된 형태라 할 수 있다. 기학의 학문적 지향은 최한기가 당시의 리학理學과 서학西學을 각각 '췌마학揣摩學'과 '낭유학稂莠學'이라 비판한 것에서 엿볼 수 있다.

> 이렇게도 할 수 있고 저렇게도 할 수 있어서 있어도 그만, 없어도 그만인 것은 「췌마학」이요, 화니 복이니 재앙이니 상서로움이니 하여 해롭기만 하고 보탬이 없는 것은 「낭유학」이다. 말하지 않으면 그뿐이지만 말하게 되면 천하 사람이 취해 쓰고, 드러내

---

3 『明南樓隨錄』: 公卿大夫 政事謨猷 比較於遠近諸國 善政善法 參互取用 惡言悖習 彼此懲戒 可以知己國未自覺之流傳陋習 又可知人國新所得之周通見聞 方可謂通達謨猷矣 韋布賢俊 論議著述 透澈於宇内政教 神氣形質 自明一統 運化事務 恢洪變通 可以罷已往見聞之疑惑 又可除無限碍滯之揣摩 方可謂補益著述也

지 않으면 그뿐이지만 드러내면 우주 내의 모든 사람들이 감복케 되는 것은 오직 「기학」뿐이다.[4]

췌마학은 리학·심학 중심의 성리학과 양명학, 음양오행론의 음양학 등을 가리키고, 낭유학은 점술·술수 등의 방술학과 불교·도교·기독교·이슬람교 등의 외도학을 가리킨다. 최한기는 성리학마저 췌마학이라 규정하고 기학을 통해 '이렇게 할 수도 있고, 저렇게 할 수도 있는', 형태도 없고 경험할 수도 없는 공담적인 지식이 아니라 객관적으로 검증될 수 있는 유형의 실증적 지식을 추구하고자 하였다. 그는 기학은 '있어도 그만 없어도 그만'인 허학虛學이 아니라 "천하 민생이 실제로 쓰는 바와 천하의 정치가 반드시 근거로 삼는 바를 기준으로 삼는"[5] 실학을 추구한다고 하였다.

그는 또한 혹세무민하는 낭유학을 비판하는데 이것은 췌마학보다 더 해로운 학문이라 보았다. 낭유학에 속하는 방술학과 외도학은 사람들이 부귀, 장수를 추구하고 질병과 빈천을 피하고자 하는 욕구를 이용하여 옛사람의 한두 마디의 말을 억지로 끌어와 이론을 세운다. 방술학과 외도학은 일의 단서를 천간天干, 지지地支, 상생상극相生相剋, 부적符籍, 주술呪術, 기도祈禱 및 양제禳除 등과 연결하여 사람들을 미혹케 하고 문제가 생기면 반드시 증거를 댈 수 없는 귀신에 근거를 돌려버린다. 방술학과 외도학은 인간의 사욕과 욕망에서 나온 허위적 인식인 반면 기학은 경험할 수 없는 대상이나 결과를 증험할 수 없는 미신이 아니라 이성과 합리성에 근거한 과학적 지식을 추구

4 『氣學』「序」: 可東可西 有無不關者 揣摩學也 禍福災祥 有害無益者 낭莠學也 不言 則已 言之 則天下人取用 不發 則已 發之 則宇內人感服者 其維氣學乎

5 『氣學』(1-25): 以天下民生所實用 四海政治所必由

한다.

기학의 이러한 실용적, 과학적 인식은 일정부분 세계를 주재자의 변덕이 아니라 보편적인 물리가 지배하는 것으로 보는 기계적 세계관과 이에 따른 자연과학적 지식에 근거한다. 기학적 세계관에 따르면 세계는 조금의 빈틈도 없는 기로 이루어졌고 세계의 모든 존재는 기의 응취와 분산의 결과에 불과하다. 기는 운화적 자기 질서를 갖고 있는데 이것은 모든 존재에게 적용되는 보편적이며 절대적인 질서이다. 인간도 이 기적 질서와 원리에서 예외가 아니다. 인간의 몸과 마음은 모두 기를 본체로 한다. 당시 유학이 이학·심학으로서 마음에 갖춘 도덕적 본성, 즉 심리心理를 근본으로 삼은 반면 기학은 심리心理·성리性理보다는 기적 세계에서 대기운화의 물리物理를 근본으로 삼는다.

> 심기의 운화는 대기운화에 의해 제어되어 어긋나거나 벗어날 수 없다. 운화의 조목들 가운데 열의 여덟, 아홉은 나의 외부에 있으면서 접촉하고 구제하며, 변통하고 화응하는 것이고, 겨우 한 둘이 나의 내면에 있는 것들이다. 이들 운화의 조목이 설사 많다고 하더라도 모두 천인운화를 승순하는 일이지, 하나라도 혼자서 오로지 하고 멋대로 행하는 것은 없는 것이다.[6]

최한기는 심기운화의 조목으로 인의예지仁義禮智, 측은수오惻隱羞惡, 공경시비恭敬是非, 희노애락喜怒哀樂, 지의사려志意思慮, 계신공구戒愼恐懼 등을 들고 있다. 이것은 운화의 조목에서 열에 한 둘에 불과할 뿐

---

6 『氣學』(2-10): 心氣運化爲大氣運化之裁御 不得違越 十之八九分 在外接濟變通和應 纔爲一二分 在內運化之目 縱云多端 皆是承順天人運化之事 未有一自專自行者也

만 아니라 이마저도 대기운화에서 벗어나지 않는다는 것이다. 성리학이 물질세계를 궁구하는 것이 이와 같은 주관적인 의리나 도리를 체인하기 위한 수단이라 본 것에 비해 기학적 인식은 오히려 물리를 통해 윤리를 추구함으로써 인식의 주·객을 전도시켰다. 기학적 인식은 물질적 세계의 물리를 추구하는 합리적, 실증적, 실용적 지식을 추구하는 실학적 인식이라 할 수 있다. 기학은 윤리보다 물리를 우선하고 윤리는 물리를 승순함으로써 완전성을 얻을 수 있다고 본다. 최한기는 기학의 실학적 인식을 토대로 중화사상, 화이관華夷觀에 젖어 있던 당시의 지식인에게 동·서양 문명을 교류시킬 소통적 인식체계를 제시하였다. 최한기의 기학적 인식체계는 인물평가를 위해 기학의 보편적인 물리적 토대를 제공했다는 점에서 의의가 있다.

2) 인식주체

최한기의 기학에서 기는 단순한 물질적 존재가 아니라 기 자연의 생명을 갖고 있는 물활적 존재이다. 이 생명성은 기의 존재형태에 따라 무기체, 식물, 동물, 인간에 이르는 층차가 있고, 사물간의 층차는 기의 청淸·탁濁·수粹·박駁의 차이에 기인한다. 기가 맑고 순수할수록 사물은 신명神明한 능력을 갖게 되는데 그런 점에서 신기神氣라 했다. 인간은 만물 가운데 가장 신기가 밝은 존재이며 그래서 어떤 사물보다도 우월한 생명성과 뛰어난 인식 능력을 갖추었다. 인간은 신기의 밝음(明) 덕택에 지각, 기억, 추론하는 기능을 갖게 되고, 이러한 심리적 기능을 수행하는 기능체를 마음이라 하였다. 곧 신기는 마음의 기적 본체를 말하고 마음은 신기의 인식능력을 일컫는다.

> 하늘이 낸 사람의 형체는 모든 쓰임새를 갖추고 신기에 통하는 기계(귀, 눈 등 신체의 기관)이다. 눈은 색을 알려주는 거울이고, 귀는 소리를 듣는 대롱이고, 코는 냄새를 맡는 통筒이고, 입은 내뱉고 거둬들이는 문門이고, 손은 잡는 도구이고, 발은 움직이는 바퀴이니, 통틀어 한 몸에 실려 있는 것이요, 신기는 이것들의 주재主宰이다.[7]

신기는 몸의 형질 감각을 주관하고 모든 감각 재료를 해석하고 의미를 부여하는 기능을 담당한다. 신기는 또 "추측하게 하는 것은 신기의 작용이다"[8]고 하였듯이 기억하고 추론하는 사유활동의 기능을 갖는다. 이것은 성리학에서 인식의 주체를 마음(心)으로 보는 것과 다른 의미를 갖는다. 성리학의 심학적 '마음'은 경험할 수 없는 무형의 존재이며 그 안에 만물의 이치를 모두 갖추고 있다고 보아 인식 주체적 능력보다는 인식 대상으로서의 의미가 강조된다. 성리학에서는 마음의 활동으로서 외물에 대한 지적 추구보다는 내적인 깨달음을 중요시한다. 반면 최한기는 맹자와 주자가 마음에 '모든 이치를 다 갖추었다'고 한 말은 마음이 갖는 '추측하는 큰 기능'을 찬미한 것일 뿐이라고 하여 마음의 인식능력을 강조했다.[9] 그는 마음의 무형적, 도덕적 실체성을 신기의 유형적, 객관적 실체성으로 환원시킴으로써 인식주체에 대해 대기운화를 승순하는 신기적 정체성을 부여했다. 물리적 대상세계에 대한 실용적이고 실증적인 학문을 추구한 그로서는

---

7 『氣測體義』「神氣通, 序」: 天民形體 乃備諸用 通神氣之器械也 目爲顯色之鏡 耳爲聽音之管 鼻爲嗅香之筒 口爲出納之門 手爲執持之器 足爲推運之輪 總載於一身 而神氣爲主宰

8 『氣測體義』「神氣通1」(理由氣通): 使之推測者 神氣之用也

9 『氣測體義』「推測錄1」(萬里推測): 孟子曰 萬里皆備於我矣 朱子曰 具衆理應萬事 此皆贊美推測之大用也.

신기에 어떠한 관념이나 선험적인 리를 인정할 수 없었다.

신기의 인식 능력은 기의 밝음과 왕성함을 필요적 조건으로 한다.

> 신기는 특별한 능력은 없으나 그 밝음이 신령스러움(神)에서 생기고 그 힘(力)이 기에서 생기므로, 오직 이 밝음과 힘이 바로 신기의 한없는 묘용이 생기게 되는 근거이다.[10]

신기는 그 밝음으로 인해 통찰과 습염習染의 능력을 갖는다. 이는 마치 거울이 그 맑음으로 인해 사물을 비추고 상을 간직하는 것과 같다. "거울이 물건을 비춤에 있어서 티끌, 때에 가리지 않았다면 천하의 물건을 부족한 것 없이 죄다 비출 터인데, 이것이 어찌 만물의 상이 모두 거울에 들어 있기 때문이겠는가? 그 응고된 형질이 기에 가까워서 밝은 빛이 비추어, 물건을 따라 스스로 나타날 따름이다. 마음이 물건을 대하는 것도 이와 같아서 다만 능히 일을 따라 헤아리는 것이요 만물의 리가 본디부터 마음에 갖추어 있는 것이 아니다."[11] 최한기는 맹자나 주희가 전제하는 것처럼 마음의 인식능력은 마음에 모든 이치가 갖추어져 있어서가 아니라 밝은 거울이 사물을 반영하는 것처럼 외부 대상을 마음에 비추어 떠올릴 신명한 기(신기)를 갖추었기 때문이다.

마음은 신기로 인해 지각과 통찰의 능력을 갖추었을 뿐만 아니라 통찰된 경험자료를 축적할 습염의 능력을 갖추고 있다. 습염의 능력은 감각을 통하여 외부의 대상을 신기에 물들이는, 즉 기억하는 능력

---

10 『氣測體義』「神氣通1」(明生於神力生於氣): 神氣無他能 而明生於神 力生於氣 惟明與力 乃無限妙用所由出也

11 『氣測體義』「推測錄1」(如鏡如水): 鏡之照物 不爲塵垢所蔽。則照盡天下物 未見其不足也 是豈萬物之像 具在鏡中耶 但其形質之疑 近乎氣而明光映徹 隨物過而自顯而已 心之於物 亦猶乎是 但能引事類而測度 非萬物之理素具于心也

이다. 이 능력은 대상의 감각자료를 감각기관을 통하여 그대로 받아들여 수집하는 능력을 말한다. 이렇게 감각을 통한 인식을 형질통(形質之通)이라 한다. 신기는 감각기관을 통해 대상을 지각하고 지각한 경험을 습염해 기억함으로써 비로소 추측하는 능력을 갖게 된다. "보고 듣고 체험한 것이 오래 쌓여 습관을 이루면 추측이 생긴다."[12] 신기는 지각되어 습염된 자료를 통하여 지나간 것을 헤아리고 또 아직 일어나지 않은 일을 판단할 수 있는 사유능력을 갖게 된다. 인식주체로서 신기의 추측능력은 신기의 보편적이고 객관적인 추리와 판단능력을 말하는데 이를 통한 인식을 추측통(推測之通)이라 한다. 측인도 결국 신기의 대인 추측통(對人推測之通)에 달려 있으며, 인물에 대한 추측이 객관성을 얻기 위해서는 신기의 많은 경험적 축적과 이를 통한 보편적 추론이 이루어져야 한다. 최한기의 측인론도 인물에 대한 추측통을 얻는데 목적이 있다 하겠다.

3. 기학의 인식대상과 목적

1) 인식의 대상

최한기 기학의 궁극적 인식대상은 궁극적으로는 기의 운행

12 『氣測體義』「推測錄1」(萬理推測): 但見聞閱歷積久成習 推測生焉

(運)과 변화(化)라 할 수 있다. 운화는 활동운화活動運化를 줄인 말인데, "활·동·운·화 네 글자는 대기의 무궁한 쓰임에 빠짐없이 두루 미쳐 이르지 아니하는 데가 없으며, 뭇 별의 느리고 빠른 움직임을 아울러 총괄하되 방해를 받거나 가로막히는 바가 없고, 사람과 만물의 시종과 인륜상도가 행하여지는 조짐을 모두 갖추고 있다. 만물을 낳고 기름에 뜻이 없으나, 만물은 운화를 따라 생육된다. 또 만물을 거둬들이고 간직함에 생각이 없으나, 만물은 운화에 의거해 수장收藏된다."[13] 운화기는 이처럼 우주에 보편적, 절대적 원리로서 자연 질서의 법칙이자 인간행위의 규범적 원리이다.

성리학에서 궁극적 인식대상을 태극太極 내지 리理라 하며 형이상학적, 윤리적으로 논의해 온 반면 최한기는 이것을 형이하학적, 물리적 운화기로 전환함으로써 이치를 마음속으로 궁리하기보다 경험적이고 실증적인 연구를 시작할 수 있게 하였다.

> 유래되어 온 말인 덕德, 성聖, 도道, 중中, 성性, 천天, 명命, 성誠, 선善, 일一 등과 견주어 보면 마음을 근원으로 삼은 것은 많고 기화氣化를 근원으로 삼은 것은 적다. 마음을 위주로 하게 되면 하늘과 땅의 모든 물건을 하나의 마음 가운데 벌려 놓고서 바깥에 존재하는 천지 만물을 증험하는 것이니, 이것은 미리 달력을 만들어서 하늘을 증험하는 것과 무엇이 다를 것인가? 기화를 위주로 하게 되면, 천지 만물의 운화하는 기를 바깥에 존재하는 참된 형체들에게서 얻어 이것을 안에 저장하였다가 밖으로 드러내어 사용하는 것이니 본말에 어긋나지 않는다. 이것은 하늘을

---

13 「氣學」(2-1): 活動運化四字 洽盡大氣無窮之用而未有不達 兼總諸曜遲速之轉而無所防碍 人物始終倫常之行 兆朕咸備 無意於生養萬物 萬物從運化而生養 無思於收藏萬物 萬物隨運化而收藏

> 헤아려서 달력을 만들어 백성들에게 때를 부여하는 것과 같은 것이다.[14]

인식의 대상은 인식주체의 마음 속에 갖추어진 이치가 아니라 마음 밖의 사물에 존재하는 천지·자연의 기, 자연의 물리이다. 인간의 덕, 성, 도, 중, 명, 선 등은 그 자체가 본체가 아니라 '기의 그림자와 메아리'에 불과하며[15] 인간이 천지자연의 운화를 승순함으로써 후천적 경험을 통해 깨닫게 되는 보편적인 물리일 뿐이다.

기학의 궁극적 인식대상을 운화기라 한다면 이것의 활동운화는 자연과 인간의 본질이 되며 공통된 질서이자 법칙이 된다. 자연, 사물, 사회, 인간을 막론하고 모든 존재는 기적 존재이고 그것의 활동운화를 인식하는 것이 인식활동의 기본적인 취지가 된다. 최한기는 활동운화의 인식대상을 17조항으로 요약했다.

> 천하에 통해야 할 일은 비록 그 꼬투리는 많지만 그 근본을 말하면, 나의 신기가 상대의 신기에 통하고 상대의 신기가 나의 신기에 이르는 것이다. 그 일의 종류를 말하면 윤강倫綱과 인仁·의義 예禮·악樂·형刑·정政과 경사經史와 기술記述과 사·농·공·상과 재용財用과 산수算數와 역상曆象과 기명器皿이다. 이는 모두 인정과 물리에 통달하여 인사人事와 물의物宜에 적용하는 것을 본원으로 삼아, 가까운 것을 미루어 먼 것을 헤아리고 작은 것을 미루어 큰 것을 헤아리는 것이니, 어찌 사물의 꼬투리가 많다

---

14 「氣學」(2–35): 比諸流來之言德言聖言道言中言性言天言命言誠言善言一之類 以心爲源頭者多 以氣化爲源頭者少 心爲主 則天地萬物排布於一心之中 以驗在外之天地萬物 何異於作歷而驗天也 以氣化爲主 天地萬物運化之氣 得之于在外之眞形 貯藏于內 用之于外 則本末無違 是類測天造歷 敬授民時也

15 「人政」「敎人門」(性理皆是氣): 以性字理字虛字 成言氣之影響

는 것을 걱정하겠는가?[16]

최한기가 열거한 17조항은 물질적·정신적, 규범적·가치적, 개인적·사회적, 형이상적·형이하적 대상을 포괄하며 모두 인간 삶의 필수적인 조건들이다. 이 조항들은 대상들의 활동운화를 밝혀 인도를 실현해야 할 대상으로서 곧 기학의 인식대상이라 하겠다.

또한 최한기는 활동운화를 인식대상의 층위에 따라 나누어 분석하였다. 기는 원래 일체적 존재이지만 존재양상에 따라 다양한 층위를 형성하며 활동운화도 기의 층위에 따라 다양한 전개양상을 갖는다. 인식대상으로서 활동운화는 이들 운화기의 층위에 따라 보다 구체화된다. 최한기는 활동운화를 대기운화大氣運化와 인기운화人氣運化로 대별하고, 인기운화를 일신운화一身運化, 통민운화統民運化로 양분하거나, 상호 교접하는 규모에 따라 더욱 세분하여 일신운화, 교접운화交接運化, 정교운화政教運化 혹은 통민운화로 나누기도 하였다. 대기운화는 맥락에 따라 천기운화天氣運化, 우주운화宇宙運化, 천지운화天地運化, 일기운화一氣運化, 운화기運化氣 등과 혼용하여 사용하였다. 대기의 활동운화는 자연의 물리법칙으로 나타나며 운화의 최상위의 법칙이 된다. 이것은 보편적인 자연의 법칙이며 인륜도덕의 근거이며 만물의 생장수장生長收藏의 원리이다.

그리고 인기운화로서 일신운화, 교접운화, 통민운화는 각기 인기운화 안에서 서로 다른 차원의 인식대상을 구성한다. "대체로 일신운화는 육체의 생존에 필요한 영역(의·식·주의 생활과 직업)과 인간으로서

---

16 『氣測體義』「神氣通1」(十七條可通): 天下可通之事 雖云多端 語其本 則我神氣通於彼神氣 彼神氣達於我神氣也 語其事類 則倫綱也 仁義也 禮樂刑政也 經史記述也 士農工商也 財用也 算數也 歷象也 器皿也 皆以通達乎人情物理 適用乎人事物宜 爲本原而推近測遠 推小測大 有何事務多端之憂

의 도리(인·의·예·지)에 관한 영역이고, 교접운화는 개인이 사회와 관계를 맺으면서 나타나는 인간관계의 규정으로 오륜의 도덕과 사업상의 교제 등을 가리키며, 정교운화는 개인의 정치적 관계에 대한 규정으로 국가의 치란 흥망과 정치 교화를 내용으로 한다. 통민운화라 할 때는 이것을 포괄하는 것이다."[17] 대기운화가 자연과학의 대상이라면, 일신운화는 인문과학, 통민운화는 사회과학의 대상이라 할 수 있겠다. 최한기는 이들 활동운화의 층차를 대기운화, 통민운화, 일신운화로의 순차적 승순 관계로 파악할 것을 주문한다. 말하자면 인문과학은 사회과학, 사회과학은 자연과학을 승순하는 구조가 되어야 한다고 보는 것이다. 기학은 우주자연의 법칙을 최상위의 법칙으로 삼고 그 법칙에 따라 사회적 규범, 개인적 윤리를 하나로 소통시키는 일통적 학문을 지향한다. 최한기의 측인의 대상도 결국 인물의 대기운화와 인기운화이며 이를 일통적으로 추측하는 것이 측인의 관건이 된다.

2) 인식의 목적

최한기의 기학적 인식론의 목표는 인기가 천기에 승순하는 천인운화를 실현하여 인도를 실천하고 천하가 화평한 대동사회를 건설하는 데 있다. 그는 천인운화와 대동사회는 대기운화, 통민운화, 일신운화의 삼등운화가 일통하는 학문을 수립함으로써 가능하다고 보았다. "최한기는 개인적인 차원의 일신운화가 사회적인 통민운화를 받아 따르고(承順), 통민운화는 또한 자연의 대기운화를 받들어 따라

---

17 이현구, 2000, 『최한기의 기철학과 서양과학』, 성균관대학교 대동문화연구원, 131쪽

야 한다고 보았다. 다시 말해 그는 개체가 사회로 확장되고, 사회가 우주로 확장되는 초월의 과정을 주장한다. 개체의 한계를 초월하는 길은 사회적인 차원에서 일어나는 기의 운행과 변화를 자신에게 적용하는 데 있다. 또한 사회나 국가가 그 한계를 벗어나는 길 또한 천지에 퍼져 있는 대기의 운동과 변화를 사회나 국가에 활용하는데 있다. 그렇다면 대기의 운화가 개인과 사회의 궁극적인 표준이 되는 셈이다. 이것은 대기의 운화 자체가 모든 존재와 상관적인 관계를 맺고 운화하는 보편성에 기인한다."[18]

그는 대기운화를 인식의 최종 준거로 삼았지만, 운화 가운데 통민운화를 기학의 중심축(樞紐)으로 간주했다. 최한기가 추구하는 인도는 곧 통민운화이며, 이를 통해 백성들은 각자의 직분에 편안하게 된다. 그는 다음과 같이 유학의 본질을 통민운화로 파악하였다.

> 유술儒術이 곧 통민운화의 도이다. 인도를 밝혀 인의를 강론하며, 기강을 세워 충절을 높이며, 염치와 사양을 귀히 여겨 쟁탈을 피하며, 탐욕과 비루함을 천박하게 여겨 치욕을 멀리하며, 정교의 인도引導와 교화를 열고, 백성의 포폄을 중시한다. 여러 왕들의 손익을 통관하고 연역해 볼 때, 시대는 혹 잘못되거나 융성함이 있었지만, 이 도는 길이 보존되어 왔으나, 수많은 인간들을 이끌어 일통으로 돌아가게 하는 것은 이 유술이 아니면, 어찌 이룰 수 있겠는가?[19]

---

18 임부연, 2007, 『실학에 길을 묻다: 정약용&최한기』, 김영사, 139쪽

19 「人政」「敎人門四」(儒術): 儒術 乃統民運化之道也 明人道而講人義 立紀綱而尙忠節 貴廉讓以避爭奪 賤貪鄙以遠恥辱 開政敎之導化 重生靈之褒貶 百王損益 統貫沿革 世或汙隆 而斯道長存 統羣生歸一統 非此術 何以成哉

인도란 천인운화의 기를 받들어 오륜의 떳떳한 일을 닦아 행하는 것이다. 천인운화는 인기가 천기에 승순하는 운화이며 통민운화로서 인도는 천인운화를 사회관계에서 실현하는 것이다. 수신·제가·치국·평천하는 인기운화로서 이것이 천기운화를 승순한다면 백성들이 모두 순순히 따라올 것이지만, 천기운화를 버리고 인기운화를 만들고자 한다면 상하가 서로 반목하여 각기 자기의 사사로움만을 추구할 것이다. 천인운화는 근원으로 말한다면 학문의 기초가 되고, 최후의 목표로 말한다면 학문의 표준이 되는 것이다. 기학은 천인운화를 국가 차원에서 실현하는 것을 요체로 삼고 있어 대동의 사회사상을 중시하고 있음을 볼 수 있다.

> 이것(천인운화)을 들어 사무에 조처하면 남은 나와 같을 것이요, 또한 나도 남과 더불어 같을 수 있을 것이니, 그것을 한 나라에 베풀면 한 나라의 사람이 가히 더불어 같아질 수 있을 것이요, 그것을 천하에 베풀면 천하의 사람이 가히 더불어 같을 수 있을 것이다.[20]

천인운화는 대동사회의 윤리적 근거가 되고 정치와 교화의 목표가 되지만 현실적으로 실용적 이익을 얻을 때 정당화된다. 천인운화가 실현되고 천하를 대동으로 삼는다면 개별 국가의 풍속이나 예교보다는 운화기를 승순함으로써 얻는 실용성이 통민운화의 보편적 준적이 될 것이다.

---

20 『氣學』(1-100): 人我雖分 自有所同 卽天人運化之氣 擧此而措處事務 人與我同 亦可我與人同 施之於一國 一國之人可與同 施之於天下 天下之人可與同

> 바다에 선박이 두루 다니고 서적이 서로 변역되어 이목이 전달됨에 따라 좋은 법제法制나 우수한 기용器用이나 양호한 토산 물품 등이 진실로 우리보다 나은 점이 있으면 나라를 다스리는 도리로 보아 당연히 취하여 써야 한다. 풍속과 예교에 이르러서는 풍기의 마땅한 바와 훈도되어 온 습관이 있으므로 비록 우리보다 나은 것이 있다 하여도 갑자기 변경할 수 없는데, 하물며 은폐되어 어두운 것을 가지고 광명을 가리며 신괴한 것을 가지고서 성정誠正을 요동시키는 것이겠는가. 필경의 승패 우열은 풍속이나 예교에 있지 아니하니, 오직 실용을 힘쓰는 사람은 이기고 허문虛文을 숭상하는 사람은 패하며, 남에게 취하여 이익을 삼는 사람은 이기고 남을 그르다 하여 고루한 것을 지키는 사람은 패한다.[21]

실용성에 대한 강조는 서양문명에 대한 포용적인 자세를 견지하게 한다. 그는 "서교西教가 천하에 만연하는 것은 근심할 것이 아니고, 실용實用을 십분 취하여 쓰지 못하는 것이 바로 걱정할 바이다"[22] 라고 하면서 풍속과 예교의 우월감에 사로잡혀 천하를 대동으로 삼지 않고, 실용을 소홀히 하는 것을 비판하였다. 결국 최한기 기학이 추구하는 인식은 천인운화에 지향된 인식이며 온 세상 사람이 모두 대기운화를 승순함으로써 얻어지는 대동적인 인식을 목적으로 하고 있다. 그리하여 편협한 중화주의적 풍속이나 예교의 집착에서 벗어나

---

21 「氣測體義」「推測錄6」(東西取捨): 海舶周遊 書籍互譯 耳目傳達 法制之善 器用之利 土產之良 苟有勝我者 爲邦之道 固宜取用 至於風俗禮敎 自有風氣之攸宜 薰陶之習染 縱有勝我者 不可以猝變 況以隱晦掩光明 神怪撼誠正哉 畢竟勝絀 不在於風俗禮敎 惟在於務實用者勝 尙虛文者絀 取於人而爲利者勝 非諸人而守陋者絀

22 「氣測體義」「推測錄6」(東西取捨): 是以西敎之蔓延天下 不須憂也 實用之不盡取用 乃可憂也 實用之不盡取用 猶不足憂也 人材之不盡收用 誠可憂也

천인운화기의 승순에서 오는 보편적 실용성을 준적으로 삼는 실용주의적 인식을 추구하였다. 최한기의 인물에 대한 인식도 평가의 실용성을 강조한다. 그는 유가의 지인知人은 주관에 치우치고 관상가의 상인相人은 비합리적이라 비판하면서 측인을 통해 유형의 운화기에 의한 객관적인 인물평가의 가능성을 제시하고자 하였다.

4. 인식의 방법

1) 경험추측

최한기는 인식의 출발은 오직 경험에 의존함으로써 가능하다고 본다. "신기는 지각의 근본적인 터전이요, 지각은 신기의 경험이다. 신기를 경험이라 해도 안 되고, 경험을 신기라 해도 안 된다. 경험이 없으면 신기만 있을 뿐이고, 경험이 있으면 신기에 스스로 지각이 있게 된다."[23] 인식이 경험에서부터 시작되는 것은 신기가 지각의 능력을 갖고 있기 때문이다. 신기는 그 자체 지식을 내포하고 있지는 않지만, 외부로부터 인정과 물리를 관찰하고 기억할 수 있는 능력을 갖고 있다. 이것을 습염지능習染之能이라 했다.

---

23 『氣測體義』「神氣通1」(經驗乃知覺): 神氣者 知覺之根基也 知覺者 神氣之經驗也 不可以神氣謂知覺也 又不可以知覺謂神氣也 無經驗則徒有神氣而已 有經驗則神氣自有知覺耳

인식은 습염지능을 통해 형질통形質通을 이루면서 초보적인 지식형태를 갖게 된다. 형질통은 제규제촉諸竅諸觸의 감각기관을 매개로 얻어지는 감각적 지각을 말하고 이를 견문지리見聞之理라 한다. 최한기는 『신기통神氣通』에서 체통體通에 이어 목통目通, 이통耳通, 비통鼻通, 구통口通, 생통生通, 수통手通, 족통足通, 촉통觸通 등의 항목을 통하여 형질의 지각을 분석하는 것으로 보아도 그가 얼마나 형질통을 중요시하고 있는가를 알 수 있다. "빛은 눈을 따라 통하고 소리는 귀를 따라 통하고 냄새와 맛은 입과 코를 따라 통하니, 이것은 신기가 귀나 눈이나 입이나 코를 기다려 통하는 것이고, 눈이 모든 빛을 통하고 귀가 모든 소리를 통하고 입이나 코는 모든 냄새와 맛을 통하니, 이것은 소리와 빛과 냄새와 맛이 밖으로부터 이르러 신기에 통하는 것이다."[24] 형질통은 감각기관을 통하여 대상을 신기에 반영하는 것에서 발단이 된다. 그는 경험을 마치 거울에 비친 사물의 영상으로 인식하는 반영론적 입장을 취하고 있음을 볼 수 있다.

감각을 통하여 신기에 축적된 형질지통은 사물에 대한 인식일반에 이르기 위한 경험적 자료가 된다. 제규제촉에 의한 경험은 직접적인 경험뿐만 아니라 간접적인 경험도 포함한다. "옛날의 인정과 물리가 지금 세상의 인정과 물리의 경험이 된다."[25] "대개 옛 사람이 단서만 조금 밝히고 끝까지 연구하지 못한 것을, 후세 사람이 이제까지 쌓아온 경험을 가지고, 그 다하지 못한 것을 뒤좇아 점차로 인식해 가는 것이 광명한 도를 이룩하는 것이다."[26] 경험은 사람의 신기에 습염

---

24 「氣測體義」「神氣通1」(形質推測異通): 色從目通 聲從耳通 臭味從口鼻通 是神氣 俟於耳目口鼻而有所通也 目通諸色 耳通諸聲 口鼻通諸臭味 是聲色臭味 從外而來通於神氣也

25 「氣測體義」「神氣通1」(經驗難欺): 古昔之人情物理。爲今世人情物理之經驗閱歷。

26 「氣測體義」「神氣通1」(古今人經驗不同): 蓋古人微發其端 而未及究竟者 後人將積累之閱歷追明其未盡 漸次得通 以成光明之道

되듯이 사회적, 역사적 신기에도 습염되며 이를 통하여 지식은 진보하는 것이다.

경험적 지각을 통한 형질지통은 추推(미룸)와 측測(헤아림)이라는 기억과 추론을 통해 추측지통의 단계로 전개된다. 추는 인간의 감각 기관을 통해 받아들인 정보를 가감 없이 의식 속에 축적하는 기능을 말한다. 측은 받아들인 정보를 취사하고 일반화해서 모두가 이해할 수 있는 지식으로 정제하는 기능이다.[27] 최한기는 추·측의 개념적 해석을 다음과 같이 한다.

> 논어의 충서忠恕는 추이고 묵식默識은 측이며, 대학의 격물치지와 혈구는 추와 측을 다 아울러 말한 것이니, 그 뜻이 한 가지임을 알수 있다. 경經, 사史, 자子, 집集의 네 부류의 모든 서적에서 문의의 연락된 곳을 다만 글자의 뜻으로 총괄해 보면, 인因, 이以, 유由, 수遂 자는 추의 뜻이고, 양量, 도度, 지知, 리理 자는 측의 뜻이니 그 밖의 유사한 글자를 이루 다 말할 수 없다.[28]

추측은 '무엇 때문에', '무엇으로써', '무엇에 의해', '무엇으로 말미암아' 추리가 이루어지며, 이것을 통해 '헤아리며', '재며', '알며', '해명하며' 논리적인 판단을 한다. 그러므로 이 추측에서 추에는 반드시 '무엇 때문에'라는 등의 원인과 반드시 '무엇으로써'라는 근거가 있어야 한다. 측은 경험한 것을 원인과 근거로 하여 경험하지 않았거나 경험할 수 없는 것을 판단하는 것이다. 추측은 경험에 근거한 논리적

---

27 서욱수, 2005, 『최한기의 세계인식』, 소강, 187쪽

28 『氣測體義』「推測錄1」(聖學及文字推測): 論語之忠恕 推也 默識 測也 大學之格物致知絜矩 并言推測也 可見其義之一揆也 四部諸書文義聯絡處 只以字義括之 因字以字由字遂字 乃推之義也 量字度字知字理字 是測之義也 其餘擬類倣似之字 不暇推擧

추론에 의해 이루어지는 인과적 인식이다.

추측하는 것은 인간의 신기에 추측의 능력이 있기 때문이다. "사람의 마음에 추측하는 능력이 있어서 지나간 것을 헤아리고, 또 아직 일어나지 않은 일을 판단할 수 있다."[29] 그러면 구체적으로 추측은 어떤 방식으로 이루어지고 있는가? 그는 『추측록推測錄』에서 추기측리推氣測理, 추정측성推情測性, 추동측정推動測靜, 추기측인推己測人, 추물측사推物測事를 항목으로 하여 추측의 방식을 설명하고 있다. 여기에서 기氣, 정情, 동動, 기己, 물物은 경험할 수 있는 대상이고, 이를 통해 형질지통과 견문지리를 얻을 수 있는 인식수준이다. 리理, 성性, 정靜, 인人, 사事는 직접 경험할 수 없는 대상이며, 경험을 자료로 추측하여 얻는 이치이다. 이처럼 추측은 객관적인 관찰과 주관적인 사유과정을 거쳐 이루어진다.

추측지통을 얻는 데는 인식주체의 가치나 선입견이 최소화 되어야 하고 대상에 대한 객관적인 통찰이 요구된다.

> 이미 있는 형질의 통을 따라 분별하고 헤아리는 것이 있다. 이는 그것이 만일 전에 보고 들어 열력한 것을 미루는 것이 아니면, 바로 현재 있는 것을 근거로 이것을 가지고 저것을 비교하거나 저것을 가지고 이것을 비교하여 그들의 우열과 득실을 헤아려 통달하는 것이다. 이것이 바로 추측의 통이니, 자연히 사람마다 같지 않은 것이다. ... 형질의 통을 근거로 추측의 통을 통달하려면 나의 주관을 가볍게 여기고 대상의 사물을 주장하는 객관성이 깊어야 거의 하늘과 사람을 통할 수 있게 되어 잘

29 「氣測體義」「推測錄2」(流行理推測理): 人心自有推測之能 而測量其已然 又能測其未然

못이 적다.[30]

추측지통은 형질지통을 자료로 하여 미루고 헤아려 얻게 되는 인식일반이라 할 수 있는데 이는 주관이 배재되고 객관적인 경험을 통하여 얻어질 수 있다. 추측의 방법 또한 엄격한 심리적 실험 절차를 거쳐 주관적인 추론이 간과하기 쉬운 객관성을 확보하고자 한다. 그는 추측 방법으로 반관反觀, 무아無我, 궁리窮理, 증험證驗, 미발未發을 들었다. "나를 가지고 나를 관찰하는 것은 반관이요, 물을 가지고서 물을 관찰하는 것을 무아요, 나를 가지고 물을 관찰하는 것은 궁리요, 물을 가지고 나를 관찰하는 것은 증험이요, 나는 있고 물은 없는 것은 미발이니, 이 다섯 가지가 갖추어지면 추측이 일어난다."[31] 이러한 추측의 방법을 통하여 경험은 사물의 외형적이고 피상적인 내용이 아니라 대상 사물의 본질적 보편성에 대한 인식일반으로 발전할 수 있다. 측인도 결국 대인對人 지각경험을 통한 형질지통을 근거로 반관, 무아, 궁리, 증험의 추측을 거쳐 인물에 대한 추측지통을 얻는 것이다.

2) 준적의 정립

기학적 지식은 경험추측을 통한 인식이 큰 비중을 차지하

---

30 『氣測體義』「神氣通1」(形質推測異通): 旣因形質之通 而有所分開商量者 如非推前日之見聞閱歷 卽因現在之物 以此較彼 以彼較此 測度其優劣得失 有得通達者 是乃推測之通 人人自有不同也 ... 然則因形質之通 而達之于推測之通 主我者輕 主物者深 庶幾通天人而少差謬

31 『氣測體義』「推測錄6」(觀物有五): 以我觀我反觀也 以物觀物無我也 以我觀物窮理也 以物觀我證驗也 有我無物未發也 五者備而推測成矣

지만 이것만으로는 지식을 완성할 수 없다. 기학적 인식은 형질지리形質之理와 추측지리推測之理를 통하여 신기를 밝게 하고 인식행위의 확고한 준적準的을 정립하는 것을 목표로 한다. 그러면 무엇을 준적이라 하는가? "신기의 준적은 처음에 열력과 경험에서 생겨 나아가 천하의 모든 사람이 통행하는 것에서 정해지는 것이다. 그러므로 이것은 개인의 제멋대로 인정하는 과장이나 한 지방의 여러 사람이 따르는 추향을 가지고 질정할 수 없으며, 또 다른 사람을 추종해서 얻을 수 있는 것도 아니다."[32] 준적은 요령要領, 권형權衡과 같은 의미이며, 경험의 축적을 통하여 추측된 객관적인 물리적 법칙이나 도덕적 지식을 의미한다.

사물에 지극히 통달하면 물리를 얻게 되고 그것이 쌓이면 어느덧 어떤 사물과 상황에 직면하더라도 마치 저울추를 옮겨 무게를 판단하듯이 최선의 판단을 할 능력을 갖추게 되는데 이로써 신기가 준적을 얻게 되는 것이다.

> 사람의 신기는 경험을 누적하고 견문을 누적하여 충실해지고, 여러 세월 누적하여 힘이 생기고, 운화를 누적하여 신神이 밝아지고, 추측을 누적하여 덕이 밝아지니, 충양한 것이 여기에 이른다면 뜻이 굳세고 능히 화和하여, ... 당하는 것에 따라 편안히 대처하게 된다.[33]

---

32 『氣測體義』「神氣通1」(準的有大小): 神氣之準的 肇生於閱歷經驗 就定於天下人之所通行 不可以一人之自許誇張 一鄕之頗多趍向 質定 又不可以從他求得

33 『明南樓隨錄』: 人之神氣 積累經驗而充之 積累聞見而實之 積累歲月而生力 積累運化而著神 積累推測而明德 所充養到此 志剛而能和 雖加之卿相不足喜 予之萬鍾而不驕溢 臨之患難而不怵 困之貧賤而不憂 隨所遇而安處

신기가 이러한 요령과 권형을 얻을 수 있는 것은 견문경험이 신기의 신神을 밝게 하기 때문이다. 준적은 경험을 통한 인과적인 추측과 더불어 인식주체와 객체 사이의 원활한 소통(通)의 결과이기도 하다. 소통의 근본은 나의 신기가 상대의 신기에 통하고 상대의 신기가 나의 신기에 와서 통하는 것이다. 인식의 궁극적 기제로서 준적은 인간의 신기가 천기와 소통하여 일치가 될 때 정립될 수 있고, 준적이 정립되기 위해서는 신기의 추측지리가 천기의 유행지리를 승순하는데 장애가 되는 요인을 제거해야 한다. 최한기는 기질의 변화를 통하여 소통의 문제를 해결할 수 있다고 보았다. "기질변화란 견문추측에 의해서 형성되는 추측지리를 변통하여 이것이 천天의 원리인 유행지리流行之理에 어긋나지 않게 하는 것을 가리킨다."[34] 기질의 편벽됨을 제거한다는 것은 기왕에 잘못 형성된 추측지리로 인해 편벽해진 기질을 견문경험의 축적을 통하여 유행지리와 일치하는 기질로 회복하는 것을 말한다.

기질변화를 통하여 내 몸 속의 천리를 가리고 있는 기질의 편벽됨을 제거하게 되면 나의 추측지리가 깨달음의 순간을 맞게 된다.[35] 기질변화를 통하여 대기운화와 신기운화가 소통하고 유행지리와 추측

---

34 손병욱, 2004, 「학문 방법론을 통해서 본 기학의 구조와 성격」, 『혜강 최한기』, 권오영 등, 청계, 303쪽

35 기질변화라는 생물학적 현상(신체)과 준적의 정립이라는 인식적 능력(정신) 사이의 관계는 의가醫家의 이론에서 보다 구체적으로 설명된다. 예컨대 이제마李濟馬의 사상의학에서 신체와 정신의 연관성에 대해 다음과 같이 설명한다. "신 · 령 · 혼 · 백 각 글자는 모두 인간의 정신을 나타내는 것이다. 신령이 그렇고 혼백이 그렇다. 신 · 령 · 혼 · 백은 수곡의 기가 정련되고 변형되는 과정의 마지막 단계에서 생성되는 기의 변형 양태이기도 하다. 이 신 · 령 · 혼 · 백은 각기 폐 · 비 · 장 · 간 · 신장에 감추어져 있는데, 이것은 배우고 묻고 생각하고 분별하는 마음의 근원이 되는 에너지이다. 사람은 신기가 있어 배울 수 있고(學), 영기가 있어 물을 수 있으며(問) 혼이 있어 생각할 수 있고(思) 백이 있어 분별할 수 있다(辨) ... 이제마는 이 정신활동의 근원을 생리학적으로 말한다."(이창일, 2013, 『사상의학, 몸의 철학 마음의 철학』, 책세상, 74쪽)

지리가 소통함으로써 인식의 준적은 확고하고 어떤 일을 당하더라도 편안히 대처할 수 있게 된다. 한편 운화통달을 위해서는 신기의 배양이 뒷받침되어야 한다. 신기가 의식衣食에 의해 보호되고, 교학에 의해 배양됨으로써 인기운화는 대기운화와 원활히 소통할 수 있다.

> 사람의 몸에서 배양하는 기가 기력氣力일 경우는 이것이 오로지 정혈精血을 보충하지만, 기화氣化일 경우는 천인天人을 친밀하게 해준다. 기력과 기화는 서로 도움이 되는 것이다. 기력을 보충하고 배양하는 것은 항상 기화를 충실하게 익히는데 도움이 된다. 기화를 충실하게 익히면 역시 기력을 보충하고 배양하는데 유익하다. 그러나 기력만 일방적으로 치우쳐 배양되면 오히려 기화를 기르는데 해가 되고, 기화가 두루 통하지 않으면 기력을 기르는 방법에도 부족함이 있게 된다. 참으로 이 두 가지(기력과 기화)를 배양함에 있어 마땅한 바를 얻어서 이 둘을 합하여 천인天人을 배양하는 기를 이루게 하면, 이것을 일컬어 잘 배양함(善養)이라고 한다. 이 기를 배양하여 얻는다면, 천인이 일체가 되고 운화가 두루 통하게 될 것이다.[36]

기력의 배양이 인기의 체體인 품기를 보호하고 배양하는 것을 말한다면, 기화의 배양은 인기의 용用인 견문습염의 변통, 배양을 의미한다고 하겠다. 그러므로 기력을 배양하면 육체적인 요소인 품기에 해당하는 정혈이 보충될 것이고, 기화를 배양하면 견문습염이 변통되

---

36 『氣學』(2-41): 人身所養之氣在氣力 則專補精血 在氣化 則慣熟天人 氣力氣化 相互資益 氣力之補養 常爲氣化慣熟之助 氣化之慣熟 亦爲氣力補養之益 然氣力有偏勝 則反爲養氣化之害 氣化未周通 則有欠養氣力之方 苟使二養得宜 合成天人之養氣 是謂善養 養得此氣 天人一體 運化周通

어 인기가 천기를 승순하게 되므로 곧 천인이 익숙해진다고 하겠다.[37] 측인에 있어서도 측인의 준적을 정립하는 것이 인물평가의 관건이며 이로써 측인의 요령과 권형을 터득하여 자유자재로 현실에서 활용하게 되는 경지를 갖게 되는 것이다.

5. 기학적 인식론이 갖는 소통적 함의

조선의 개화시기를 학자들은 대체로 1850년대로 잡고 있는데, 최한기는 개화의 초기 시기를 살면서 기학을 통해 개항의 이념적 기초를 세웠다고 할 수 있다. 그는 1850년대에 이미 청나라에서 입수한 『海國圖志해국도지』, 『瀛環志略영환지략』, 『地球圖說지구도설』 등의 세계지리서를 깊이 연구하였고, 이를 통하여 서양의 천문학, 지리학 뿐만 아니라 각국의 풍기風氣와 정교政教, 제도 등에 깊은 조예를 갖게 되었다. 그는 서세동점의 위기적 상황에서 동서의 학문과 사상을 소통시킬 필요성을 절감하고 이를 위한 이론적 토대로서 기학을 정립하였다. 동서학문의 가교로서 기학은 서양의 모든 과학적 성과를 담아내고 동시에 유교적 윤리를 지지할 수 있어야 했으며 무엇보다도 천하에 일통하는 철학체계를 마련해야 했다. 그의 기학에는 학문적, 사상적 소통의 의지가 다분히 배어 있다. 최한기 기학의 인식론

37 앞의 책, 손병욱, 285쪽

적 특징은 이후 장에서 보겠지만 그의 대인평가에도 상당부분 반영되었다. 지금까지 살펴본 그의 인식론에 내포된 소통의 내용을 다음과 같이 몇 가지 측면에서 요약할 수 있겠다.

첫째, 과학적 지식과 윤리적 가치간의 소통

최한기는 과학과 윤리의 체계를 동일한 기의 활동운화로서 정립하였다. 과학의 대상인 자연과 윤리의 대상인 인간은 모두 일통적 기의 일부이고 이 기는 각각의 물리를 갖지만 모두 천리를 공유한다. 천리와 물리는 기일분수적氣一分殊的 관계이다. 그래서 개물個物로서 인간이 갖는 인기는 천기를 승순하는 것으로써 가치를 부여받는다. 인간이 우주(天)의 (신)기에 일치하여 행동하는지 여부에 따라 선과 악이 판가름나는 것이다. 기학적 세계관에서는 과학적 지식과 윤리적 가치 간에 분리될 수 없는 일통一統이 이루어진다. 기학적 지식은 경험과 추측, 그리고 준적의 형성 과정을 거치면서 진보한다. 과학과 소통하는 기학의 윤리적 가치도 그에 따라 변통을 할 수 있는 여지가 있다. 최한기의 소통적 인식론은 윤리적 상대성을 내포하며 이로써 동서양의 문화적 상대주의를 인정할 수 있는 지적 근거가 될 수 있다. 최한기의 서양문명에 대한 개방적인 태도는 이와 무관하지 않을 것이다.

둘째, 학문적 범주간의 소통

최한기의 일통철학은 학문적 범주 간을 소통시켰다. 그는 천하에 소통하는 일의 종류로 17조목을 열거했다. 이를 오늘날 학문범주로 묶으면, 대체로 인문과학, 사회과학, 자연과학의 대상에 해당한다. 신기운화, 통민운화, 대기운화 등 삼등운화도 마찬가지로 각기 인문, 사회, 자연과학의 법칙에 속한다. 17조목이나 삼등운화 간에는 신기가 상호 소통하며 따라서 기학을 통하여 이들 분야를 유기적 체계로서 연구할 수 있다. 근대적 시기 이래로 학문 간에 세분화, 전문화가 심화되고, 또한 인문, 사회, 자연과학 간에는 주·객의 이원화에 따른 방법론적 단절이 심화되었다. 최한기는 모든 사물은 우주와 일체적 관계에 놓여 있기 때문에 분석적 시각이 아니라 통합적 시각에서 인식할 것을 주장한다. 오늘날 학문 간의 경계가 해체되고 학제적 접근에 대한 요구가 많아지고 있는 시점에서 기학의 일통적 철학은 시사하는 점이 많다.

셋째, 주관적 지식과 객관적 지식간의 소통

기학은 객관적 인식과 주관적 인식을 종합한다. 경험추측을 통해 객관적 인식이 증대하면 습염지리가 기질의 변화를 초래한다. 기질의 변화는 내가 가진 추측지리를 대기의 유행지리와 소통하게 하여 인식의 준적을 확고하게 한다. 개인의 준적은 객관적인 지식이 주관적인 지식으로 마음속에 형체화된 것이라 할 수 있다. 준적이 정립될수록 기학적 인식은 경험적 인식의 피상적이고 일면적인 측면을 넘어 유행지리에 가까워질 수 있다. 기학적 인식이 서구의 과학적 인식과 다른 점은 준적을 형성하여 이를 통해 단순히 논리적 합리성이 아니라 인식주체의 실천적 가치를 추구한다는 것이다. 준적의 수준을 높여갈수록 실천에 있어 자신의 의지는 굳세고 확실해진다. 이처럼 기학에서는 객관적인 지식이 주관적인 지식과 소통함으로써 지식이 도덕화될 수 있게 된다. 지식의 양과 도덕의 수준이 일치할 것이라는 자연주의적 오류에 빠져있는 근대적 지식에 시사하는 바가 크다.

1. 머리말

2. 이성적 인간에 대한 각성

3. 주체적 인간상의 확립

4. 지적 · 과학적 인간의 탄생

5. 사회적 존재로서의 인간

6. 역사적으로 진보하는 존재

7. 기학적 인간관의 근대적 특징

Chapter 4

기학의 인간관

PART 1

Chapter 4

4장

기학의 인간관

1. 머리말

이 장에서는 최한기 기학의 인간관을 살펴보고자 한다. 최한기 기학의 문제의식은 일견 사회학을 출범시킨 콩트의 실증주의 철학이 지향하는 바와 흡사하다. 콩트는 1830년부터 1842년 사이에 출간한 『실증철학강의』 6권과 1851년부터 1854년에 걸쳐 『실증정치체계』 4권을 출간하여 실증주의 철학을 전개했는데, 이것은 최한기가 1857년에 『기학』, 1860년에 『인정』을 발간한 것과 거의 동시대의 일이다. 꽁트의 실증주의 정신은 주지하다시피 근대학문 발전의 출발점이 된다. "실증정신은 주어진 현상의 관찰과 분류에 만족하고, 형이상학적 정신처럼 추상적인 이유나 원인을 캐려 하지 않으며, 신학적 정신처럼 초월의지를 통해 드러나는 절대 진리를 추구하려 하지도 않는다. 과학의 유일하고도 진정한 과제는 검증할 수 있는 사상事象들 간의 관계를 밝히고 그것을 지배하는 법칙들을 규정하는 것이다."[1] 콩트는 실증주의를 통해 신학적 허구나 형이상학적 추상을 배격하고, 절대적인 존재에 대한 추상적 탐구에 몰입하기보다 당면한 현실의 무질서를 해결할 현실적이고 구체적인 해답을 찾고자 하였다.

최한기의 기학이 무형의 신神·리理를 배격한 점, 추상적 제일원인이 아니라 사물 간에 존재하는 법칙을 경험적으로 밝히려 한 점, 학문의 실용성 추구 등에서 실증주의 정신을 엿볼 수 있다. 콩트가 주창한 실증주의는 서양의 르네상스와 종교개혁, 계몽주의를 거쳐 오면서 형성된 근대적 인간정신의 산물이다. 실증주의는 르네상스의 인본주의 부흥, 종교개혁을 통한 신과 그 제도로부터의 인간정신의 자유, 그리고 계몽주의 운동을 통한 이성의 능력에 대한 신뢰와 확신이 있었기 때문에 가능했다. 최한기의 기학에서 실증 정신을 발견할 수 있다면 그것은 무형의 신·리에 의존하는 중고의 인간과는 다른 이른바 근대적 인간관을 전제로 할 때 가능하다. 최한기의 기학이 서양의 근대 자연과학에 많은 영향을 받았다면[2] 기학적 인간관에도 서구의 자연과학을 가능케 한 근대적 특성이 내포되어 있을 것이다. 아래에서는 기학적 인간관이 자연과학의 발전을 가능하게 한 서양의 근대적 인간관과 어떤 유사성이 있는지, 또 중고中古의 학문이라 일컫는 성리학

---

1 오귀스트 콩트 지음, 2001, 김점식 옮김, 『실증주의 서설』, 한길사, 17쪽

2 지금까지 최한기 학문에 대한 평가는 주로 실학과 개화사상의 가교자架橋者(이우성), 개항 이전의 동도서기론東道西器論(박성래), 동양의 유학과 서양과학의 가교자(손병욱) 등으로 이루어졌는데, 모두 최한기의 기학이 근대적 서양과학의 영향 아래에서 출발했다고 전제한 평가들이다. (이종란, 1997, 「최한기의 인간관」, 『한국사상사학』 제8집, 113쪽 참조)

적 인간관과 어떤 차이가 있는지를 비교하면서 기학적 인간관의 성격을 살펴보고자 한다. 최한기의 기학에 내포되어 있는 인간관을 통해 유교와 근대 과학을 잇는 이념적 접점의 일단을 밝힐 수 있을 것으로 본다.

2. 이성적 인간에 대한 각성

서구에서 이성의 희랍어 어원은 logos인데 헤라클레이토스(Herakleitos, BC 544-483) 이래 고대 그리스 사상가들에게 있어서 로고스는 원래 우주의 원리를 의미했다. 근대로 오면서 이성(로고스)의 주체에 대한 관념에 대변화가 일어난다. 고대, 중세를 통해 이성의 주체는 우주적 법칙의 주체인 자연이었으며 세계를 창조하고 운행하는 신이었다. 전 근대적 이성이 자연에 내재하는 이성과 자연을 주재하는 신의 이성이었다면 계몽시대의 근대적 이성은 인간의 이성이었으며, 이성의 주체는 인간이었다. 인간은 철두철미 신체적 존재이고 그런 한에서 자연의 일부이다. 자연이란 질료적으로 볼 때 물질의 집합이지만, 형식적으로 볼 때 수학적-역학적 법칙 체계임을 계몽시대의 자연과학자들은 입증했다.

자연과학의 원리는 분명 수학을 하고 역학을 하는 인간 이성의 산물이다. 자연의 법칙은 궁극적으로 인간의 이성에 의존하며, 이성적 인간이란 이성에 의해 인식되는 자연의 이치, 원리를 자각하는데 달려 있다. 고대와 중세에 인간이 우주와 신의 이성에 참여함으로써 이성적인 존재가 되었다면 근대에는 인간이 옳게 판단하고 진위, 선악, 미추를 식별하는데 자연의 이치, 법칙에 따름으로써 이성적인 존재가 되는 것이다. 이런 면에서 경험과 증험을 통해 기화와 운화를 학문의 근거로 삼는 기학적 이성과 상통하는 면이 많다.

최한기는 기학의 정립을 통하여 인간에 대해 새로운 지위를 부여하였다. 그는 인간을 이성적 존재로 자각하였다. 최한기의 인간 이성에 대한 각성은 기학을 확립하는 과정에서 확고해진다. 인간은 기화를 터득함으로써 인간 이성을 가리고 왜곡해 온 어두운 장애물을 제거할 수 있다고 보았다. 그는 이성을 가려온 대표적인 반이성적 사실 네 가지를 지적하고 우주의 원리이자 자연법칙이라 할 수 있는 대기의 운화를 승순하는가의 여부로 합리성을 판단했다.

> 천 가지 만 가지 조화造化는 모두 유형한 대기大氣가 이루는 것이다. 그런데 어떤 사람은 이 조화를 무형의 신神·리理에서 찾고 있으니, 이것은 대기의 운화가 아니며, 잘못된 인식의 첫 번째이다. 어떤 사람은 허령한 심기에서 찾는데, 대기의 운화가 아니요, 잘못된 인식의 두 번째이다. 어떤 사람은 문헌에 실린 언행에서 찾는데, 대기의 운화가 아니므로, 잘못된 인식의 세 번째이다. 어떤 사람은 방술에 억지로 갖다 맞추어 찾는데, 이것은 대기의 운화가 아닌, 잘못된 인식의 네 번째이다.[3]

3 『기학』(1–62): 萬千造化皆是有形大氣所爲 而或求之于無形之神理 非大氣之運化 錯認一也 或求之于心氣虛靈 非大氣之運化 錯認二也 或求之于載籍言行 非大氣之運化 錯認三也 或求之于附會方術 非大氣之運化 錯認四也

최한기는 인간의 이성을 가리는 가장 큰 요인으로 첫째 무형의 신리를 꼽았다. "중고의 학문은 흔히 무형의 리와 무형의 신을 종지로 삼아 이것을 심원하고 고매한 것으로 여기고, 반대로 유형의 물체와 검증할 수 있는 사실을 근본으로 삼는 것은 천박하고 보잘 것 없는 것이라고 하였다."[4] '무형의 신·리'란 경험하고 증험할 수 없는 신·리로서 '마음이 멋대로 만들어낸(心爲主)' 이치를 말한다. 무형의 신·리는 귀신설鬼神說과 성리설性理說의 주장이며 이는 기화와 운화에 어두운 소치로서 이성의 몽매함에 기인한다는 것이다. 인류는 "처음에는 그 원인을 몰라서 신에게 돌리고, 또 인심의 추측을 들어서 리理라고 하다가, 다음에는 만단의 조짐을 모두 신에서 구하고, 무궁한 변화를 모두 리에서 탐구했다."[5] 기학에 이르러서 비로소 유형의 운화신과 유형의 운화리를 밝힐 수 있었다. 최한기는 인간의 이성은 처음에는 초월적인 존재(神)를 통해, 다음에는 추상적인 추측(理)을 통해, 그리고 결국에는 경험적인 법칙(運化)을 통해 지식을 추구하면서 계몽되어 왔다고 보았다.

한편 이성을 가려온 장애물인 '허령한 심기'는 '무형의 신기'와 마찬가지로 이성적 자각의 장애물이지만 '무형의 신기'가 마음 외부적 대상이라면, '허령한 심기'는 마음 내부에 존재하는 그릇된 전제가 된다. 심기를 허령한 것으로 파악하는 입장은 불교와 도교, 서양 종교가 전제하는 마음이다. "도교와 불교는 허무를 숭상하고 양교洋教(기독교)와 회교回敎(이슬람교)는 신천神天을 섬긴다 ... 허무를 숭상하면 다만 허무 가운데서만 천착하여 허무를 버리고 성실을 구하지 않으며,

---

4 「기학」(기학 序): 中古之學 多宗無形之理 無形之神 以爲常乘高致 約宗有形之物 有證之四 以謂下乘庸品

5 「기학」(1-35): 始則不知所以而歸之神 又擧人心推測而名曰理 次則萬端兆朕 盡求于神 無窮變化 皆求乎理

신천을 섬기면 만사의 공을 모두 신천의 공으로 돌려 예배를 경건하고 성실하게 드린다. 그래서 죄를 멸하고 복을 얻으려 하고 신천을 버리고 다시 성실을 구하지 아니하니, 견문에 얽매임이 심하다."[6] 이 허령으로 지각하는 마음은 활동운화의 본성에서 벗어나는 마음으로 천기운화와는 소원한 지각이 이루어질 뿐이다.

최한기는 '허령한 심기'를 부정함으로써 주관적 관념론을 비판한다. "대개 한 마음(一心)을 모든 변화의 근원으로 생각하는 사람은 모든 일을 먼저 마음에서 탐구하고 난 뒤에 사물에서 살피니, 자기를 주로 하는 병이 이로 말미암아 생기는 것이다. 사물의 운화를 마음 밖에서 얻어 마음에 간직하고, 상황에 따라 밖으로 시행하여 자기를 주로 하는 병이 없고, 그리하여 하늘을 순순히 좇는 효과가 있는 것과 어찌 같겠는가?"[7] 최한기는 주관적 관념에 빠져 대기운화를 마음의 허령한 심기에 종속시켜 인간과 자연에 대한 객관성을 상실하는 것을 경계하였고, 무형의 허령한 마음이 아니라 유형의 신기로서 활동운화의 본성에 따라 인간의 이성이 작용할 때 이성은 독자적 영역을 확보할 수 있다고 보았다.

그리고 '문헌에 실린 언행'도 이성의 각성을 방해하는 주요한 요인으로 보았는데, 그것은 전해져 내려온 당연시된 언행으로 대기운화에 의해 증험되지 않은 관행을 지칭한다. 최한기는 방금운화를 중시하며 현재 실용성이 없는 지식이나 관행에 공리적 판단을 내릴 필요성이 있다고 보았다. 그것은 주공周公과 공자와 같은 성인의 언행이라

---

6 『인정』「교인문1」(諸教): 道教佛教尙虛無 洋教回教事神天 ... 尙虛無 則只穿鑿於虛無之中 而未嘗捨虛無 而更求誠實 事神天 則萬事皆歸功於神天 而致虔誠於禮拜 滅罪獲福 未嘗捨神天 而更求誠實 甚矣見聞之泥着愈久而愈深。

7 『기학』(2–10): 蓋以一心爲萬化之源者 凡事皆先究於心而後 稽于事物 主我之病所由始也 曷若以事物運化 得之于外 藏之于心 隨機而行之于外 無主我之病 有順天之效

도 마찬가지다. "후세에 주공과 공자를 배우는 사람은 오직 참작하고 손익한 것이 무엇인가를 알아 그것을 배워야 할 것이니, 어찌 참작과 손익이 들어 있지 않는 것을 배우리요? 나라의 제도나 풍속은 고금이 각각 다르고, 역산曆算(천문天文·일력日曆 등을 가리킨다)과 물리物理는 후세로 올수록 더욱 밝아졌으니, 주공과 공자가 통달한 대도大道를 배우는 자는 주공과 공자가 남겨준 형적이나 고집스레 지키고 변통하지 않아야 되겠는가, 아니면 장차 주공과 공자가 통달한 대도를 본받아서 지킬 것을 지키고 변혁할 것은 변혁해야 하겠는가?"[8] 그는 상고시대부터 전해진 지식을 고집하여 지키고, 조잡한 세속의 풍속에 꽉 막혀 도리어 기화의 설을 훼방하는 것이 가장 고치기 힘든 병이라고 말했다. 기학은 인간에게 유익함을 가져다주는 실학이 되어야 하며 인간의 이성은 이를 위해 끊임없이 앞선 사람들의 업적을 참작하고 수정하고 보완해야 한다고 주장하였다. 최한기는 이를 통해 고답적 전통과 성현으로부터 이성을 구출할 수 있다고 보았다.

또한 최한기는 이성적 각성을 가장 방해한 것으로 외도外道, 이단異端, 잡기雜技, 방술方術을 꼽았다. "운화의 도리에 깜깜하게 어두워, 귀신의 화복禍福으로 어리석은 자들을 속이고 미혹시켜 치안治安에서 벗어난 것을 외도라 하고, 치안과 다른 영괴靈怪와 기이奇異로 설법說法강도講道하는 것을 이단이라 하고, 간지干支의 상생 상극으로 부적과 주문과 기도와 푸닥거리를 하여 스스로를 속이고 다른 사람을 속이는 것을 방술이라 하고, 손과 입으로 익힌 재주로 다른 사람을 희롱

8 『기측체의』「서」: 後之師周孔者 惟當師其參酌損益之所在 豈惟師其所不在也 至於國制風俗 古今異宜 歷算物理 後來益明 則師周孔之通達大道者 將膠守周孔之遺蹟而無所變通耶 抑將取法周孔之通達而有所沿革耶

하여 천하고 비루한 것을 스스로 자랑하는 것을 잡기라 한다."[9] 최한기는 나라의 치안을 해치고 사람을 기만하는 학문을 낭유학, 췌마학이라 부르고 이를 허학虛學으로 규정했다. 허학은 모두 운화에 어두운 자들이 습속에 젖어 있는 어리석은 자들에게 전달하여 생겨난 것이다. 이들 허학으로부터 벗어나는 것은 기화와 운화의 법칙을 체득하는 이성적 각성에 의존하는 길뿐이다.

최한기의 이성적 자각은 상당부분 18세기 서구 계몽사상을 이끈 베이컨의 경험주의와 데카르트의 합리주의적 지향과 상통하는 바가 많다. 베이컨은 '미신과 신학의 혼합으로 인한 철학의 타락이야말로 가장 큰 해악'이라 했다. 그는 세밀하게 기록된 경험적 실험방법에 기반한 협동적이고 모험적 절차를 통해서만 학문이 진보한다는 점을 강조했다. 맹목적이고 무의미한 사변과는 달리 과학적인 연구와 관찰이 유용한 지식을 낳고 결과적으로 인간의 운명을 향상시킬 수 있다는 것이다. 데카르트는 합리성을 철학의 출발점으로 삼아 사변적인 토대 위에 세계를 구성했다. 그의 우주관은 수학적 법칙으로 표현되는 인간의 합리성에 입각한 것이었다. 그는 '명석 판명하게 인식되기 이전에는 무엇이든지 결코 참된 것으로 받아들여서는 안 된다'는 주장을 제1법칙으로 삼았으며 그래서 과거로부터 물려받은 모든 교의들을 회의의 대상으로 삼았다.[10]

베이컨과 데카르트의 과학적 방법과 지향점은 상반되지만 몇 가지 공통점이 있는데, 먼저 순수이성과 편견 없는 경험에 의해 검증되지

---

9 『인정』「용인문2」(害治安之四者): 罔昧運化之道 以鬼神禍福 誑惑愚迷 外於治安 謂之外道 以靈怪奇異 說法講道 異於治安 謂之異端 以干支生克 符呪祈禳 自欺而欺人 是謂方術 手口肄習與人戲噱 自矜賤陋 是謂雜技

10 베이컨과 데카르트의 과학에 대한 접근법에 대해서 『서양문명의 역사III』(E.M. 번즈 · R.러너 · S.미첨 씀, 박상익 역, 1996, 764–5쪽)을 참조했다.

않은 모든 지식은 폐기되어야 한다는 것과 어떤 사상의 가치는 그것의 유용성에 달려있다는 사실이다. 이 점은 최한기의 기학이 추구하는 가치와 일치한다. 그리고 베이컨의 경험주의와 데카르트의 합리주의의 전제가 되는 인간관의 특징은 인간의 이성에 대한 무한한 신뢰였다. 최한기의 기학도 인습적인 지식이나 관행에 대한 새로운 접근의 필요성을 인정하고 이를 위해 이성의 각성을 제기했다. 그는 이성을 몽매로부터 각성시키기 위해 앞에서 언급한 바와 같이 무형의 신리, 허령한 심기, 책에 실린 언행, 미신적인 방술 등의 허구성을 폭로하였다.

최한기는 학문의 실용성을 강조하였다. 그는 학문의 목적이 사무事務의 실용성에 있으며 사무의 실용성은 운화에 승순하는 인도를 교학教學으로 삼을 때 수반된다고 하였다. "만약에 배우는 것이 세상의 사무와 무관한 것이라면 이는 허무하고 괴탄한 학문이다. 일의 귀천을 막론하고 그 일 가운데서 도리를 얻어야 가르침이 될 수 있다. 이런 까닭으로 사무에 따라 보익됨이 있는 가르침을 즐거이 따르고, 사무를 떠나 가르침을 베푼다면 사람들이 즐겨 배우지 않을 것이다. 사무 가운데서는 인도가 가장 중대한 것이고, 도리에 있어서는 운화가 근본이 되는 것이다."[11] 결국 학문은 실용성을 가져야 사람들이 추구하며 즐거이 따르고, 실용성은 운화에 근본하여야 유익함을 얻을 수 있다는 것이다. 최한기의 인간관이 이처럼 신·리에서 벗어나 운화의 승순을 전제로 하고, 그에 토대한 일의 실용성을 추구하였다는 점에서 근대의 실증주의적 이성을 엿볼 수 있다. 기학적 인간은 세계를

11 『인정』「교인문2」(敎通事務): 若所學無關於人世事務 是虛無怪誕之學 無論貴賤事務 就其中得其道者 可以爲敎 是以隨事務而明補益之敎 人皆樂其敎 外事務而設敎 人不肯學 事務中人道最大 道理上運化爲本

불가사의한 것으로부터 해방시켜 인간 이성의 지배하에 두는 합리성을 추구한다.

3. 주체적 인간상의 확립

최한기는 인간은 자신의 운명을 결정할 주체적 능력을 소유하고 있으며, 인간의 본성은 불변하는 것이 아니라 후천적으로 자신의 의지와 노력에 따라 완전성을 높여갈 수 있다고 보았다. 그는 인간을 개별적, 개체적, 자주적 존재로 파악하였고 인간의 이성을 초월한 무형의 존재 원리에 대해서는 불신하였다. 이 점에서 최한기의 인간관은 성리학의 인간관과 상반되는 입장을 갖는다. "성리학의 리기론은 인간을 자연의 보편적 체계 속에서 이해하려고 노력하였다. 곧 인간을 포함한 모든 존재는 동일한 존재 원리 아래에서 서로 균형과 조화를 이룸으로써 그 존재 양상이 가능하다는 것이다. 존재 양상을 가능하게 해 주는 것은 물론 태극인 리理이다. 인간도 이 리의 원리에 포섭되며, 인간은 자연의 보편적 원리(리)와 '필연적 관계'에 놓인다. 인간과 자연의 '필연적 관계'는 자연의 보편적이고 궁극적 원리인 리가 인간에 내재되어 있다는 형태로 설명된다. ... 성리학의 이와 같은 인간 이해는 인간의 개별성·특수성·개체성이라는 주체적 입장보다는 보편성·전체성이라는 객관적 입장에서 파악하려는 경향이 강하게 부각될 수 있는 소지를 안고 있는 것이 사실이다."[12] 성리학적 인간관은 태극으로 표상되는 리의 보편적 체계에 편입되어 있기 때문에 개체의 주체성은 그러한 리일분수적理一分殊的 논리 속에서는 소멸된다는 것이다.

최한기는 성리학자들이 인간을 리적 존재로서 파악하는 것과 달리 신기적 존재로 인식함으로써 인간의 주체성과 개체성을 부각시킬 수 있었다. 그는 인간의 본질을 신기로 환원시킨다. "신기라는 명칭에는 통괄적인 뜻이 있어, 신기가 일신의 주主가 되었을 때는 심心이라 하고, 신기가 활동운화할 때는 성性이라 하고, 신기가 경우에 따라 발용할 때는 정情이라 하고, 신기가 추측한 조리條理를 리理라 한다."[13] 인간의 심, 성, 정, 리는 신기의 각기 다른 존재양식일 뿐이고 인간이 추구하는 이치 또한 신기의 추측에서 비롯된 결과일 뿐이다. 최한기는 인간을 신기적 존재로 파악함으로써 인간의 본질을 선험적이고 보편적인 도덕적 본성에서 찾아온 종래의 성리학적 주장을 반박하였다. 대신 인간을 독자적 생명활동인 신기적 존재로 파악함으로써 인간의 주체성을 강조하였다.

신기는 인간의 생명활동을 유지시켜 주는 원천이다. "신기라는 것은 제규諸竅와 사지四肢 신체를 통회統會하고 생성하는 것이다. 비록 잠깐이라도 정지하거나 막히면 즉시 현기眩氣나서 어지럽고, 흩어져 날아가면 혼몽하여 넘어지고, 몸에서 떠나면 생명이 끊어진다. 체질이 쇠약하고 혈액이 고갈되면, 신기도 따라 물이 마르듯이 다하고 만다. 이것으로 보면 신기는 처음부터 끝까지 일신을 주장하

---

12 홍원식 외 지음, 『실학과 근대성』, 1998, 예문서원, 32쪽

13 『인정』「교인문4」(心性情理): 神氣之稱 有統括底義 神氣之主於身謂心也 神氣之活動運化謂性也 神氣之隨遇發用謂情也 神氣之推測條理謂理也

여 일찍이 밖으로 나가지 않는 것임을 알겠다."[14] 최한기 기학에서 신기는 생명력의 원천이며 신체를 통제하고 조종하는 주체로서 등장한다. 이렇게 인간을 신기적 존재로 간주함으로써 인간의 생물학적, 물리학적 본질이 강조된다. "이미 사람의 몸이 되었으니, 마땅히 형질이 생긴 유래를 구명하여 품수한 신기가 형질에 따라 차이가 있는 것을 통달하여야 한다. 거주하고 있는 토지와 물 그리고 부모의 정혈이 근원과 기초가 되어 형질을 생성하고, 습염이 된 것은 천지의 신기를 형체로 빚어낸다."[15] 여기서 신기적 인간은 인간의 물리적, 생물학적 조건의 산물임이 강조된다. 인간의 자연과학적 본질이 강조된 신기적 인간관은 인간의 본질이 우주의 보편적 원리인 무형의 절대적 원리(理)에서 벗어나 주체적 삶을 영위하는 개체적 자율성을 가질 수 있는 가능성을 제기한다. 인간은 물리적, 생물학적 조건을 개선함으로써 신기를 고양할 수 있으며, '습염習染'의 경험을 쌓는 정도에 따라 자신의 신기를 스스로 변통할 수 있기 때문이다.

최한기에게 있어서 신기는 또한 인식 주체로서의 위상을 갖는다. 그는 인식이 감각을 통한 형질통과 추론을 통한 추측통을 통해 이루어진다고 보는데 이것이 모두 인간의 신기에 달린 것이다. 신기는 감각기관의 지각내용을 통합하여 형질통을 이루는 주체이다. "대저 듣는 도구는 귀이지만 듣는 주체는 신기요, 보는 도구는 눈이지만 보는 주체는 신기이니, 듣는 것과 보는 것이 비록 경로는 다르다 하

---

14 『기측체의』「신기통1」(氣通而未嘗出入): 神氣者 諸竅肢體 集統而生成者也 雖須臾間 停隔則眩亂 飛越則昏倒 離身則命絕 及其質衰 血液枯渴 則神氣從而澌盡 是知神氣 終始主身 未嘗出外也

15 『기측체의』「신기통1」(四一神氣): 旣爲人身 宜究形質之所由生 以達所稟神氣隨形質而有異也 所居之水土 父母之精血 爲形質之根基而生成 所習陶鑄乎天地之神氣

여도 그 주체가 신기임은 같다."[16] 형질통은 신기의 감각적 경험을 통해 이루어질 뿐 신기의 경험을 떠나 무형의 신·리에서 얻어지는 것이 아니다.

신기의 인식능력은 형질통을 근거로 하여 추측통을 얻게 되는데 이는 신기에 추측능력이 있기 때문이다. "나에게 있는 신기에는 추측하는 이치가 있고, 물건에 있는 기질에는 유행하는 이치가 있다. 통하게 하는 것은 귀와 눈의 능력이요, 그로 하여금 추측하게 하는 것은 신기의 작용이요, 물리를 통하여 분명히 알 수 있는 것은 그 기질이 밖으로 드러난 때문이다."[17] 모든 사물은 자체로 유행의 이치를 갖고 있는데, 이에 대해 신기는 감각을 통해 형질통을 형성하고, 이것은 다시 신기의 추측을 통해 반성적 지식을 갖는 내적 경험을 얻게 된다. 이렇게 신기가 형질통의 주체이고 신기의 작용으로 추측통에 이른다는 사실에서 인간의 인식행위의 주체적 근거를 확인할 수 있다.

최한기의 신기적 인간관을 통해 인간은 스스로 운명을 결정하는 주체적 존재로 확립된다. "사람이 하늘에서 품수한 것이란 바로 이 한 덩어리의 신기와, 기를 통하는 제규諸竅와 사지四肢이니, 수용須用하는 구비물은 이것뿐이요, 다시 별도로 다른 것에서 얻어온 것이라고는 아무 것도 없다. 어린 시절로부터 장성하기까지 얻은 지각과 사용하는 추측은 모두 내 스스로 얻은 것이지 하늘이 나에게 주신 것은 아니다. 선하냐 선하지 않느냐 하는 것은 그 사람이 선택하여 취하는 데 달려 있고, 이루느냐 이루지 못하느냐 하는 것은 그 사

---

16 「기측체의」「신기통1」(諸竅互通 神氣益明): 夫聽之在耳 而所聽者 神氣也 視之在目 而所視者 神氣也聽視雖異路 神氣則一也

17 「기측체의」「신기통1」(理由氣通): 在我之神氣 有推測之理 在物之氣質 有流行之理 所以通之者 耳目之力也 使之推測者 神氣之用也 物理之通現者 氣質之著也

람의 힘쓰기에 달려 있다."[18] 신기는 제규제촉을 통해서 인정과 물리를 경험하고 이를 통해 우열과 성패를 비교하고 시험함으로써 신기의 밝은 지혜는 점점 열리고 그것이 안으로 습염된다. 신기는 우열優劣, 선악善惡, 이둔利鈍, 난이難易에 대한 분별능력을 갖추었을 뿐 이외 따로 부여된 본성이나 도덕성이 없다. 신기가 '모든 것을 이미 내 안에 갖춘' 선험적 능력이 아니라 자신의 내적, 외적 경험의 축적을 통해 지식을 얻고 행위를 선택한다는 점에서 주체적 위상을 갖게 된다. 신기가 자치와 자율을 획득하였다는 점에서 주체적 인간관을 엿볼 수 있다.

4. 지적 · 과학적 인간의 탄생

최한기가 상정하는 기학적 인간은 과학적 사유를 중시한다. 과학적 사유란 과학적 방법이나 지식이 인간의 모든 인식을 확장시키는 열쇠로 간주하는 사유를 말한다. 최한기의 과학적 인간관은 성리학의 도덕적 인간관과 대조를 이루는데 곧 인간의 도덕성보다 지적인 능력을 강조하는 인간관이다. 서구의 근대적 이성은 17세기 자

18 『기측체의』「신기통1」(知覺推測皆自得): 人之所稟于天者 乃一團神氣與通氣之諸竅 四肢則須用之具 如斯而已 更無他分得來者矣 自孩嬰至壯盛 所得之知覺 所用之推測 皆自我得之 非天之授我也 善不善 任其人之擇取 成不成 在其人之用力

연과학의 진보에 힘입어 과학적 이성을 발전시켰다. "현대 자연과학의 발전은 합리주의적, 경험주의적 사고를 믿게 하는 위대한 성공들 가운데 하나라는 것은 언급해둘 만한 가치가 있다. 자연은 수학적 언어로 씌어진 책이라는 관념, 온 우주는 예외 없이 일반 법칙에 의해 지배된다는 생각, 즉 신비하거나 이상한 또는 비정상적인 모든 것의 절멸, 기적적인 것의 실질적인 소멸(많은 과학자들이 이 부분에 관해서는 그들의 이론을 명확히 하기를 조심스럽게 삼가지만), 이성에 맞는 항구적이고 불변하는 자연법칙에 대한 가정(철학자이자 사제인 말브랑쉬는 하나님은 일반법칙을 통해서만 역사를 행한다고 주장했다), 이 법칙들이 경험과 일치할 필요가 있다는 주장, 이것들은 계몽주의 시대가 물려받은 17세기의 과학적 진보였다."[19] 근대적 인간은 자연의 법칙을 인간의 모든 정신적, 물질적 영역의 일반법칙으로 삼아 지식의 근거로 삼았다. 그리고 자연의 법칙을 밝혀내기 위해서 수학적 추론을 통한 합리주의적 방법과 감각적 경험을 통한 경험주의적 방법을 발전시켰다.

최한기는 대기운화를 만물을 지배하는 일반법칙으로 생각하고, 기학적 인간은 대기운화에 입각하여 인기운화를 펼치는 것을 이상으로 삼는다. 대기운화는 최고의 자연법칙이며 우주의 물리법칙이다. 대기운화는 적용의 차이는 있지만 본질적으로 서구 자연과학의 물리적 법칙에 해당한다고 볼 수 있다. 최한기는 지식의 대상으로서 만물을 이루는 기의 본성을 활活·동動·운運·화化로 규정하였다. 성리학에서 기의 본성을 성性·리理 등 무형의 추상적 대상으로 파악하는 대신 기학에서는 유형의 물리物理로 간주하였다. 최한기는 성리학의 '성즉리性卽理'로서의 인·의·예·지의 도덕적 본성을 활로서 생명성, 동으로서 운동성, 운으로서 순환성, 화로서 변화성으로 파악하여 기의 물리적

---

19 L. 골드만, 1983, 문학과사회연구소 번역, 『계몽주의의 철학』, 청하, 40쪽

속성으로 환원하였다. 이로써 만사·만물에 대한 도덕 형이상학적 접근 대신 자연주의적 접근의 길이 트이게 되었다.

기의 본성을 활동운화로 파악함으로써 인간의 지식도 활동운화의 물리적 법칙을 통해 추구하게 된다. 지식은 기의 활동운화, 즉 기화 혹은 운화의 법칙을 밝힘으로써 얻게 되는 것이다. 최한기의 과학적 인간관은 대기의 활동운화 본성이 인간의 본성으로 이미 내면화 되어 있으며 그것을 스스로의 노력에 의해 개발할 수 있다는 점에서 주체성을 찾을 수 있다. 인간은 자신의 물리, 즉 활동운화의 본성을 회복함으로써 하늘의 본성에 승순하는 이상적인 삶을 영위할 수 있다는 것이다. 최한기는 본성의 도덕적 성격을 탈색시키고 물리적 성격을 강조한다. 그는 인간의 도덕적 실천을 정당화하기 위해 자연의 법칙을 끌어들인 것이 아니라 자연에 대한 객관적인 인식을 바탕으로 삶의 실천적 규범을 정립해야 한다고 주장했다.

최한기의 과학적 인간관은 지식형성에서 수학적 사유와 경험적 토대를 강조한 점에서 구체적으로 드러난다. 그는 인간의 수학적 사고는 인간에게 보편적이며 인류의 역사를 통해서 끊임없이 단련되고 진보해 왔다고 보았다. "수학은 신기를 단련하는 용광로요, 사물을 마름질하는 창고이다. 상고上古로부터 내려오면서 점차로 그것을 밝힌 사람이 몇천 몇백 명만이 아니고 그를 이어서 계속 단련한 것이 이미 4, 5천 년에 이르렀으므로, 조리가 정밀하고 대체가 자세하게 구비되었는데, 이것으로 후세가 점차 밝아지고 이것으로 지각이 더욱 더 창달하게 되었다."[20] 최한기는 근대에 이르러 만물에 대한 수학적 사유가 창달됨으로써 인간성은 크게 진보해 왔다고 보았다.

---

20 『인정』「교인문1」(數學): 數學 爲鍛鍊神氣之鑛 裁制事物之藏 自上古以來 漸次修明 不翅幾千百人 連續鍛鍊 已至四五千年 條理精爽 大體詳備 是乃後世漸明 由此知覺益暢

최한기의 인간관에서는 수학이 삶의 모든 영역에서 규범적 원리로 작용한다. “수학의 효과는 비단 계수計數에서 합불합合不合을 증험하는 데 있을 뿐 아니라, 그 실지는 측량에서 과불급過不及을 제재하는 데 있다. 사람의 평생 공부 가운데서 조리條理를 분개分開하는 능력을 기르고 계교양도計較量度을 익히는 데에는 수학보다 나은 것이 없다. 다른 서적의 서로 다른 견해는 곧 우열을 판단하기 어렵지만, 수학에 있어서는 미세한 착오라도 즉각 드러나기 마련이다. 그러므로 만약 수학에 실효를 얻게 되면 경전經傳과 사서史書의 강론에 유익할 뿐 아니라, 모든 사물의 재량裁量·선택選擇에도 표준이 될 것이다. 그래서 남에 대해서도 명백한 언론을 많이 펴서 평생 동안 지향志向이 있는 장부丈夫가 될 것이다.”[21] 최한기는 수학의 발달을 과학적 지식에 한정하지 않고 합리적 삶의 규범으로 확장시켰다. 수학은 삶 속에서 행위를 양화하여 추정하고 사물의 이치를 수리적으로 분석하는 태도를 견지하게 하였다.

한편 과학적 이성의 토대가 되는 합리주의와 더불어 서양의 경험주의는 자연과 사회에 대한 일체의 사상과 지식은 인간 존재의 감각기관을 통해 이해할 수 있는 경험적 사실과 대상에 기반해야 한다고 강조했다. 최한기는 다음과 같이 경험주의적 사유를 강조하고 있다. “사람은 작은 두 눈동자와 방촌方寸(마음)의 영명함으로써 크고 작은 모든 것을 추측한다. 나의 기를 미루어 모든 존재(萬有)의 기를 헤아리고 나의 신을 미루어 만유의 신을 헤아리고 나의 리를 미루어 만유의 리를 헤아린다. 이것은 곧 유형의 기氣·신神·리理를 증험하는 것이

---

21 『인정』「교인문1」(數學): 數學之效 不獨在於計數 而驗其合不合 其實在於測量而裁制過不及 人之平生功夫 養得分開條理 慣熟計較量度 莫過於此 他書之各有見解 不可立卞優劣 此學之微有差誤 可以頃刻綻露 若於此有見得之實效 非但有益於經史講論 凡於事物裁度 取捨有準 對人多發明白之言論 平生爲有方向之丈夫

지 무형을 들어 유형을 증험하거나 무형을 들어 무형을 증험함이 아니다. 증험을 얻으면 매우 기쁘고 즐겁다. 증험을 얻지 못했다면 미처 이르지 못한 거리를 변통하고 아직 부합되지 않는 단서를 모두 다하여 반드시 증험을 얻을 것을 기약하여야만 기쁨과 즐거움이 더 클 것이다. 생전에 증험할 수 없는 것은 단서를 드러내어 뒷사람의 증험을 기다리되, 방향도 없고 형체도 없어서(無方無形) 만세토록 궁구하더라도 증험을 얻을 수 없는 것은 그대로 둔 채 논하지 말아야 한다."[22] 이렇게 최한기는 유형의 기·신·리를 추구하고 그것을 경험적인 검증을 통해서만 지식으로 수용해야 한다고 주장한다.

최한기가 지향하는 수학적 합리주의 방법과 감각적 경험주의 방법은 계몽주의 이성을 가진 근대적 인간관에 근접한다. "계몽사상가들은 지식을 조직하는 방식으로 경험과 실험으로 단련된 이성과 합리성의 일치성을 강조했다. 이들은 경험과 무관하게 자명하고 생득적인 관념에 기반한 합리적 사고과정으로 이성을 간주하는 '합리주의 이성' 개념을 이어받아, 이를 경험주의 전통과 결합시켰다."[23] 이렇게 기학에서 합리적 이성을 가진 인간이 합리주의와 경험주의를 통한 과학적 지식을 강조했다는 점에서 최한기 인간관의 근대적 성격을 엿볼 수 있다.

---

22 『기학』(1–27): 人以微貓雙瞳 方寸靈明 推測大小萬有 推我氣 測萬有之氣 推我神 測萬有之神 推我理 測萬有之理 是乃擧有形之氣也神也理也 驗有形之氣也神也理也 非擧無形而驗有形 又非擧無形而驗無形也 得驗 則悅樂 不得驗 則變通未達之間 俾盡不合之端 必期得驗 悅樂又深 生前不可驗者 發端而俟後人之驗 無方無驗 窮萬歲 而不可得驗者 存而勿論

23 조명래, 2002, 「사회과학의 등장배경으로서 계몽주의의 재조명」, 『공간과사회』 통권 제18호, 164쪽

5. 사회적 존재로서의 인간

최한기는 인간의 도덕성이 선천적 본성에 기인한다는 성리학적 주장을 부정한다. 그는 만물의 이치가 마음에 갖추었다거나, 인간의 본성(性)이 곧 우주의 이치(理)이라거나, 인간의 본성이 본래 선하다(性善)는 점을 인정하지 않았다. 그는 인간의 도덕성을 구체적인 사회적 관계를 통해 해명함으로써 새로운 인간관의 기초를 세웠다. 최한기는 인의예지의 도덕성을 일종의 행위적 경향성으로 파악하고 있다. "사람과 만물이 생겨남에 각각 형질形質을 갖추게 되는데, 이 사이에서 주장하는 것은 오직 추측의 조리가 있을 뿐이다. 장해戕害를 미워하고 생성을 좋아하는 것이 인仁이요, 과실이 있으면 불안해하고 적당하면 편안히 여기므로 적의適宜를 의義라 하며, 차례를 잃으면 어지럽고 순서를 따르면 일이 이루어지므로 순서를 따르는 것을 예禮라 하고, 한갓 보고 듣고 말하고 움직이는 것뿐만 아니라 권장하고 징계하는 것이 바로 지智인 것이다."[24] 여기서 최한기는 인간의 도덕적 본성을 단지 '추측의 조리'라 하고, 또 다른 곳에서는 "인생의 대덕은 추측을 성덕에 들어가는 문로로 삼는다"[25]라고 하였다. 즉 인의예지의 도덕성을 인간의 선험적인 본성이 아니라 후천적으로 추측에 의해 얻어지는 조리에 근거시키고 있다.

---

24 「기측체의」「추측록3」(仁義禮知): 人物之生 各具形質 而權度於這間者 惟有推測之條理 惡戕害喜生成者曰仁 觥尪於過差 而妥帖於適宜 故適宜者曰義 亂於失緖 而成於循序 故循序者曰禮 非獨視聽言動而已 能勸能懲 是爲知也

25 「기측체의」「추측록1」(入德門): 人生之大德 謂有得於推測也

최한기는 도덕성을 추측능력에 근거시킴으로써 인간의 사회적 본질을 강조하고 있다. “마음은 사물을 추측하는 거울이니, 그 본체로 말하면 순수하고 허명하여 아무 사물도 그 속에 있는 것이 없다. 다만 보고 듣는 경과가 오래 쌓여 익숙해지면 거기에서 추측이 생긴다. 만약에 오래 쌓인 열역閱歷이 없다면 추측이 무엇으로부터 생기겠는가? 혹 추측이 이미 뚜렷하여진 뒤에도 여러 해 쌓인 열력은 생각하지 않고 오늘날의 수용須用만을 보면 온갖 이치가 마음에 갖추어 있는 듯하나, 실상 마음의 허명함은 전과 다름없고, 오직 있는 것은 추측하는 이치일 뿐이다.”[26] 마음은 그 자체 허명할 뿐이며 도덕성의 근거인 추측능력은 후천적 경험의 산물로서 선험적이라기보다는 사회적 산물이다. 인간은 후천적 경험에 의하여 자신의 추측능력을 향상시키고, 선악의 판단 능력도 이 추측능력에 의존하게 된다.

최한기는 기학적 인간을 사회적 관계 속에서 자신의 행동원리를 스스로 창조하는 존재로 파악하고 그에 따라 사회적 실천을 위한 공적인 책임을 부여하였다. 그는 개인의 주관적 판단으로는 인간 행위의 정당성을 확보하기 어렵다고 보고 사회적 효율성과 공적인 실천이 도덕적 근거가 되어야 한다고 보았다. “사람은 혼자서 삶을 영위할 수 없고, 또 사람을 버리고서 세상을 경영하고 백성을 건질 수 없다. 반드시 사람과 사람이 서로 교접하고 화협해야만 크고 작은 사무를 이룰 수 있고, 세상 사람과 함께 지식과 견해를 합쳐야만 우주의 인도를 밝힐 수 있다.”[27] 사회적 존재로서의 인간은 타인과의 교접

26 『기측체의』「추측록1」(萬理推測): 心者 推測事物之鏡也 語其本體 純澹虛明 無一物在中 但見聞閱歷 積久成習 推測生焉 若無積久之閱歷 推測從何以生 或於推測旣著之後 不思積年之閱歷 只觀今日之須用 雖若萬理具心 其實則心之虛明 與前無異 惟有所得之推測理也

27 『인정』「측인서」: 人不可獨處而營生 又不可捨人而經濟 必也人與人 相接相和 可以成大小事務 與天下人合知合見 可以明宇宙人道事務

이 이루어져야 하고 또 이에 따른 규범의 준수가 요구되는데 최한기는 그 이치를 교접운화와 통민운화를 통해 설명하고 있다.

최한기는 인물간의 교접운화를 통하여 일신의 운화는 사회적 특성을 갖게 된다고 했다. "사람은 피차를 막론하고 온갖 사람을 교접하는 데는 원래 한계가 있지 않다. 그러나 처음 교접을 택한 원인을 추구해보면 반드시 내 마음에 지향이 있었던 것이고 또 저 사람도 상응하는 것이 있어 나의 운화와 그의 운화가 문득 서로 어우러져 하나의 운화를 이루는 것이니, 이것은 순전히 나만의 운화이거나 또 순전히 그만의 운화도 아니다."[28] 교인접물交人接物의 이치가 단순히 개인적 일신운화의 합이 아니라 제3의 독립된 성격의 교접운화로 종합된다. 이 사실은 상당 부분 사회 실재론적 주장을 담고 있다고 볼 수 있다. "우리는 인간이 단독적이고 자연적인 개체로 살아가는 것이 아니라, 교접운화를 통하여 사회적으로 유전된 것을 학습함으로써 그 사회가 요구하는 방식대로 조건 지어질 수 있음을 확인할 수 있다. 이러한 양상은 인식의 사회·역사적 전수라는 측면에서도 유효한 것으로 보인다."[29] 교접운화는 개체적 인간을 사회에 통합시키고 사회적 존재로서 성장할 수 있는 수단이 된다.

최한기의 사회적 인간관은 그가 인도를 통민운화로 규정한 사실에서도 잘 드러난다. 이것은 성리학에서 인도를 도덕적 본성으로 규정한 것과 대비된다. 그는 인간이 되었으면 마땅히 행해야 할 인도는 "천하의 인민을 통합하여 그 도를 이루는 것"[30]이라 하고, 또 "백성을

---

28 『인정』「측인문5」(接人運化): 無論此人彼人 萬億之中 交接元未有限 而究其自初擇交緣起 必有我心之指向 又有彼人之相應 我之運化與人之運化 便成婚媾 以生一箇運化 非純全我之運化 又非純全人之運化也

29 앞의 책, 이종란, 「최한기의 인간관」, 121쪽

30 『인정』「측인문6」(人道褒貶): 人生大道 統合天下人民而成其道

운화에 통괄시켜 각자의 분수에 편안케 하는 도"[31]라고 했다. 우리는 최한기의 인도 개념에서 개인적 도덕성보다 사회적 통합성을 강조하는 인간관을 볼 수 있다. "즉 그것은 사람으로서 마땅히 해야 하는 것으로, 사회와 무관한 단독적 개인의 성품 속에 원래부터 존재하는 것이 아니라, 인간과 인간, 인간과 자연의 관계 속에서 인간이 마땅히 행해야 할 것을 취한 것으로 풀이한다."[32]

최한기는 인도의 실현은 통민운화의 실현에 달려 있다고 했다. 통민운화란 대기운화를 승순하여 사회적 수준에서 인도를 정립하고 정치와 교화(政敎)를 시행하는 원리이다. "혜강은 인도를 사회적 화합과 대중의 생존을 확보하는 것으로 보았으며, 운화가 바탕이라면 인도를 표준으로 인식하고 있다. 물론 인도는 그 실현의 범위에 따라 일신운화지인도一身運化之人道나 통민운화지인도統民運化之人道로 확충되어야 하는 것이지만, 인간존재의 삶이 사회성을 기초로 하는 만큼 인도는 특히 통민운화의 차원에서 파악되고 있다."[33] 최한기는 통민운화를 유교의 도(儒術)[34], 정치와 교육의 요체와 핵심(要略)[35], 기학의 중심축(樞紐)[36]이라 규정했다.

최한기가 통민운화를 유교의 도, 정교의 요체, 기학의 중심축으로 보는 것에서 기학의 사회적 인간관이 잘 드러나고 있다. 그는 통민운화를 우선 개인이 사회에 통합되기 위한 사회화의 준칙으로 삼았다. 통민운화는 개인의 사사로움을 통합의 도로써 절제하고, 각자가 추

---

31 『인정』「측인문6」(天下人道): 人道者 統民運化 各安其分之道也

32 이종란, 1997, 「최한기의 인간관」, 『한국사상사학』 제8집, 123-4쪽

33 금장태, 2000, 「정약용과 최한기의 인간이해」, 『최한기 철학과 사상』, 철학과현실사, 199쪽

34 『인정』「교인문4」(儒術): 儒術 乃統民運化之道也

35 『기학』(2-98): 政教要略在於統民運化

36 『기학』(2-97): 統民運化爲氣學之樞紐

구하는 욕심을 통합의 의로움으로 재단하고 통제하는데 작용한다. 통민운화를 추측지리로 얻어가는 과정에서 개인은 사회적 존재로 성숙해 가는 것이다. 통민운화를 기학의 중심축으로 본 것은 통민운화가 일신운화가 지향하는 사회화의 목표뿐만 아니라 대기운화가 제시하는 표준과 범위의 근거가 되기 때문이다. 개인은 통민운화를 사회적 규범으로 내면화함으로써 사회적 존재로서의 확고한 위치를 갖게 된다. 통민운화를 유교의 도(儒術)로 삼은 것은 인간의 본질이 단순히 대기운화를 승순하는 물리적 존재, 혹은 일신운화에 구속되는 생물학적 존재에 있는 것이 아니라 사회적 존재임을 강조한 것이라 하겠다.

6. 역사적으로 진보하는 존재

최한기는 "밝음(明)은 신에서 나오고 힘(力)은 기에서 나온다"[37]고 하였는데 신기의 밝음이 곧 지각의 능력을 가늠한다고 보았다. 기학이 밝혀지기 전에는 만물의 운동과 조화를 무형의 신·리에 돌렸는데 기학을 통해 신기의 밝음과 능함을 자각함으로써 사물의 본성에 대한 경험적 접근이 이루어질 수 있었다. 최한기는 사물의 유행지리가 신기의 경험을 통해 마음에 추측지리를 형성함으로써 지식

37 『기측체의』「신기통1」(明生於神力生於氣): 明生於神 力生於氣

을 얻게 된다고 하였다. 마음이 기의 활동운화를 밝게 깨달은 상태를 영靈이라 하고, 신기의 영은 인간의 습숙習熟의 능력에서 생긴다.[38] 영은 인간 외부에서 부여된 능력이나 초인적 실체에 기원하는 것이 아닐 뿐더러 마음의 신비한 능력도 아니다. 그것은 개인이 견문이나 경험을 축적함으로써 스스로 형성된 것에 불과하다. 경험적 인식과정을 통하여 신기의 능력과 밝음은 진보하며 개인적 신기의 지식은 사회적 축적을 통해 더욱 밝혀진다.

> 옛날 사람이 고난을 겪고 정력을 소모하여 통한 것을 나는 그대로 귀와 눈으로 받아들여 정력을 소모하지 않고 즉시 통하기도 하고 또 약간 정력을 소모하여 더디게 통하기도 하니, 이것은 실로 옛사람이 개발하여 인도해준 공덕이다. 내가 만약 귀와 눈으로 직접 그것을 보거나 듣지 않았던들 근거삼아 통할 것이 없고, 또한 우리 후생들에게 끼친 옛사람의 공적도 알지 못할 것이다. … 대개 옛사람이 작은 단서를 드러내기만 하고 미처 끝까지 구명하지 못한 것은, 후세 사람이 이제까지 쌓아온 경험을 가지고 그 다하지 못한 것을 뒤좇아 밝혀 점차로 통해 나가는 것이 광명한 도를 성취하는 길이다. 이것은 옛사람과 지금 사람이 협동하여 통通하고 힘을 합하여 달達하는 것이니, 그야말로 언제나 변치 않고 근본이 되는 대로大路이다.[39]

최한기는 지식을 이전 시대 혹은 동시대인과의 교접운화에 의한

---

38 『기학』(1-44): 氣之明爲靈 在人則魂靈 氣之摟應爲靈 在物則靈驗 靈應也 靈生於習熟之能

39 『기측체의』「신기통1」(古今人經驗不等): 古人之辛苦費力而通者 我乃接於耳目 有不費力而卽通者 有差費力而遲通者 是實古人開導之功也 我若未接於耳目 無由得通 亦不識古人之有功于後生也 … 蓋古人 微發其端而未及究竟者 後人 將積累之閱歷 追明其未盡 漸次得通 以成光明之道 古今人協贊而通 并力而達 乃經常大道也

사회적 축적을 통하여 성장하는 것으로 보았다. 인간은 개인적이고 자연적인 개체로 살아가는 것이 아니라, 교접운화를 통하여 사회적으로 유전遺傳된 문화를 학습함으로써 진보된 상태로 발전할 수 있는 것이다. 옛날의 인정人情과 물리物理가 학습을 통해 현재 사람의 인정과 물리로 축적됨으로써 신기의 령(精神)은 역사적으로 진보해 왔다.

최한기는 역사와 문명의 발전을 지식과 정신의 진보를 통하여 설명하고 있다. 그는 인류의 진보를 크게 상고上古, 중고中古, 근고近古, 방금方今의 4단계로 나누어 설명한다. "최한기는 상고는 다만 천도天道의 변화가 있다는 것을 알고 귀신을 의심하고 귀신에 미혹되었던 시기로 보았다. 이어 중고는 곧 지도地道가 하늘에 순응하는 것을 알았으나 견강부회하는 데 매몰되었고, 근고에는 경험이 조금 넓어져 비로소 기가 '천지에 순환하고 변화하는(天地運化)' 형질이 됨을 알았으나 오히려 기를 이용하여 사용하는 데 미치지 못하였다는 것이다. 그러다가 방금에 이르러 진실로 기계를 설치하여 형질의 기를 시험하고 천문학과 수학에 인하여 그 활동 변화의 모습을 천명하였다는 것이다."[40] 최한기는 상고의 시대에서 방금의 시대로 거쳐오면서 우주의 기화는 밝혀져 왔고 인간의 신기는 진보해 왔다고 보았다. 상고의 시대는 무형의 신神에 의존하여 모든 지식을 형성하였고, 중고의 시대는 무형의 리理에 지식이 의존하였다. 신에 의존하는 상고시대의 학문은 귀신론과 방술학이 이에 해당된다면 무형의 리를 추구하는 중고시대의 학문은 형이상학적인 리학이 여기에 해당한다고 하였다. 그리고 근고의 시대는 리학과 기학의 가교시대로 볼 수 있다. 최한기가 말하

40 권오영, 1999, 『최한기의 학문과 사상연구』, 집문당, 86쪽

는 방금의 학문은 오늘날의 자연과학에 해당한다고 볼 수 있다.[41]

최한기는 학문이 인간의 신기가 밝아짐에 따라 시대적으로 진보해 왔다는 점에서는 계몽주의의 진보관과 일치하지만 이전의 시대를 방금의 시대로 진입하기 위한 필연적인 단계로 인정한다는 점과 각 단계에서 추구하는 학문의 성취와 목적이 비록 성취의 수준은 다르지만 모두 일기운화의 성장과정으로 본다는 점에서 계몽주의의 불연속적 진보관과는 차이가 있다. 최한기에게 인간은 불연속적 단계를 거친 진보보다는 마치 인간이 태어나 미성숙의 상태에서 노인이 되어 가면서 지혜를 얻게 되듯이 역사적으로 성장하는 존재로 인식하였다.

최한기의 성장주의적 인간관은 운화로 일통하는 성장, 즉 운화적 진보관이라 할 수 있다.

> 고금의 학문을 차례로 상고하건대, 때에 따라 변천하여 성실과 허위가 끝없이 순환한다. 그래서 실다운 학문 속에도 심천淺深 우열優劣이 있고, 허무한 것 속에도 순박純駁 요리澆漓의 다름이

---

41 최한기는 학문의 발전단계를 4단계로 나누어 파악하였는데, 상고 · 중고 · 근고 그리고 방금의 단계가 그것이다. 각 단계는 대체로 1000년의 시간적 차이를 두는데, 상고는 주周 · 진秦시대를, 중고는 한漢 · 당唐시대를, 근고는 송宋 · 원元 · 명明시대를, 방금은 청대淸代를 가리키는 것으로 이해된다. 최한기의 학문단계설은 실증주의 창시자인 콩트(1798-1857)의 삼단계설과 매우 흡사하다. 콩트는 학문이 신학적 단계, 형이상학적 단계, 실증적 단계로 진보해 왔다고 보았는데, 신학적 단계는 고대사회, 형이상학적 단계는 중세사회, 실증과학적 단계는 근대사회에 해당한다. 신학적 단계에서는 모든 현상이 신성한 초월적 존재에 의해 실현된 것으로 설명한다. 이 단계에서는 인간의 지성이 절대적 지식을 지향하며, 관찰되는 현상을 초자연적 신적인 힘의 작용으로 설명하려고 한다. 형이상학적 단계는 신학적 단계의 변형으로, 여기서는 초자연적 힘이 인격화된 추상관념이나 관찰되는 모든 현상의 기초에 가로놓여 있는 형이상학적 본질로 대체된다. 그리고 실증과학적 단계는 현상들간의 불변적인 관계들만이 고려되며, 경험을 초월한 존재에 의해 사물들을 설명하려는 모든 시도가 사라진다. 이 시기는 상상이 아닌 관찰로서 지식의 근원으로 삼고, 나아가 초월적 형이상학적 본질에 의존하지 않고 사실에 대한 직접적인 연구에 전념하는 단계이다. (이광래, 1992, 『프랑스철학사』, 문예출판사, 246쪽) 최한기 기학에서 인간 정신의 진보단계는 콩트의 사회학에서 사회동학의 삼단계설과 내용이 유사한 점이 많아 당시에 서양의 근대학문적 성과에 영향을 받았을 것으로 짐작된다.

> 있다. 한 개인의 초년과 만년에 따라 변함이 없는 학문은 없고, 1백년 전후로 변동이 없는 학문도 없으며, 1천년 전후로 바뀌지 않는 학문이 없으니, 통틀어 논한다면 이것은 바로 운화의 학문인 것이다. 일기一氣의 운화는 자연 일정한 준적이 있게 마련이니, 사람이 그 사이에서 연속부절連續不絶로 운화에 따라 기멸起滅하며, 학문 또한 한 운화에 따라 바뀌어 간다. 이런 까닭에 운화를 학문으로 삼는 자는 모든 변화를 통관通貫해서 기의 학문이 아님이 없으니, 나아가는 것도 학문이고 물러나는 것도 학문이며, 동작하는 것도 학문이고 쉬는 것도 학문일 뿐이다.[42]

상고에는 상고의 학문이 있고 중고에는 중고의 학문이 있고 근고에는 근고의 학문이 있는 것이 마치 사람에게 10세에는 10세의 학문이 있고 30세에는 30세의 학문이 있는 것과 같다. 만고萬古의 학문을 통괄해서 일생의 학문으로 삼게 하는 것은 운화의 학문이며, 일생의 학문을 미루어서 만고의 학문으로 삼게 되는 것도 또한 운화의 학문이다.

인간 이성의 진보는 상고 이래로 방금의 시대까지 시대에 따라 끊임없이 성장해 왔고 그 성장은 이전 시대의 발전성과에 힘입은 것이다. 중고의 학문은 상고의 학문이 있었기 때문이며, 중고의 학문이 없이는 불가능했을 것이다. 30세의 학문은 10세의 학문이 없이 이룰 수 없는 것과 마찬가지다. 최한기의 성장주의적 진보관은 기학적 인간이 사회의 발전을 요순의 대동적 이상사회를 재현하려는 복고적이고 감

---

42 「인정」「교인문5」(古今學問遷移): 歷考古今學問 隨時遷改 誠實虛僞 循環無端 實中有淺深優劣 虛中有純駁澆漓 未有一身早晩無遷移之學問 未有百年前後無變動之學問 未有千年前後無改易之學問 統而論之 是乃運化之學也 一氣運化 自有一定準的 而人於其間 連續不絶 隨運化而起滅 學問 亦有隨運化而轉移 故以運化爲學者 統轉移貫變動 無非氣之學問 進亦學問 退亦學問 作亦學問 息亦學問耳

계주의적鑑戒主義的 관점에서 벗어나 기화와 운화의 법칙을 밝혀 역사를 주체적으로 발전시킬 수 있는 가능성을 제시했다.

/

7. 기학적 인간관의 근대적 특징

지금까지 최한기의 기학적 인간관의 특징을 주체적 인간, 지적·과학적 인간, 사회적 존재, 역사적으로 진보하는 존재로 설명하였다. 기학적 인간관은 그의 인물평가 이론인 측인론의 세계관적 토대가 된다. 그가 자신의 인물평가 이론을 측인론으로 규정하고 유가의 지인, 관상가의 상인과 차별된 이론을 정립한 것은 이러한 기학적 인간관이 반영되었기 때문이다. 최한기는 기학을 통해 근대적 세계에 대비할 사유체계를 제시하면서 그것에 걸맞은 새로운 근대적 인간상을 상정하였다. 측인론은 유교의 도덕형이상학적 방법이나 상인의 편협한 운명결정론적 방법을 벗어나 기학을 통해 새롭게 탄생한 근대적 인간을 위한 새로운 인물평가 방법으로 제시되었다.

최한기의 기학에서 근대적 인간관을 발견할 수 있다고 해서 측인론이 서구의 근대적 인간에 대한 평가방법으로 대체될 수는 없다. 기학에서 근대적 인간이 출현할 수 있는 이념적 요소와 논리체계를 발견할 수 있지만 여전히 전통적인, 초경험적인, 직관적인 요인들이 존재한다. 측인론에서 측인의 범주와 방법에 전통적 요소와 근대적 요소가 종합되어 있는 것도 기학의 이러한 이중적인 인간관이 반영된 결과라 할 수 있겠다.

앞에서 논의된 기학적 인간관의 특징을 다음과 같이 요약할 수 있겠다.

첫째, 기학적 인간관은 인간을 신기적 존재로 파악함으로써 인간에 대한 실증적 접근을 가능하게 하였다. 인간은 추상적인 리학적, 심학적 존재가 아니라 대기운화라는 물리적 법칙에 종속되는 경험적 존재로서의 본질을 갖는다.

둘째, 기학적 인간관이 이성의 각성을 강조함으로써 인간 정신의 자유로운 활동과 무한한 진보의 가능성을 제시했다. 췌마학, 낭유학이라 불리는 허학에서 벗어나 이성과 합리성에 따른 실학을 추구할 수 있었다.

셋째, 기학적 인간관은 인간의 주체성을 강조함으로써 성리학의 전체주의적 세계관에서 벗어나 개인주의적 인간이 탄생할 이념적 토대를 제공했다. 기학에서 인간은 선험적 본성에 구속되는 존재가 아니라 자신의 내·외적 경험에 따라 스스로 운명을 개척하는 능력을 갖게 되었다.

넷째, 기학적 인간관은 사물에 대한 인식이 대기운화라는 자연법칙에 의존하는 과학주의적 관점을 가졌다. 대기운화는 일신운화와 통민운화에 내재하여 개인과 사회의 규범으로 치환되어 작동한다. 자연의 물리적 법칙이 인간사회의 규범적 원리가 되었다.

다섯 째, 기학적 인간관은 인간의 도덕성을 선천적 본성이 아니라 구체적 사회적 관계에서 구하고 있다는 점에서 인간을 사회적 존재로 인식하였다. 그리고 그는 통민운화를 기학의 중추로 강조함으로써 개인 내적인 도덕성보다는 사회적 실천을 위한 인도의 확립을 중시하였다.

여섯 째, 기학적 인간관은 인간 정신은 지속적으로 성장한다는 계몽주의적 신념을 내포하고 있다. 최한기는 이상사회를 상고시대로 복귀함으로써가 아니라 인간이 운화의 법칙을 밝혀감에 따라 스스로 건설할 수 있다고 낙관했다.

1. 머리말

2. 기학의 본질

3. 기학적 인간의 특징

4. 기학적 인물 평가

5. 기학적 인간이해의 의의

Chapter 5

기학적 인간이해

PART 1

Chapter 5

5장

기학적 인간이해

1. 머리말

이 장에서는 최한기가 기학적 세계관과 인간관을 토대로 인간의 특성을 어떻게 이해하고 있는지에 대해 살펴보고자 한다. 현대사회의 문제는 그 근원을 천착해 들어가면 많은 부분 인간의 몸과 마음, 본성과 규범 간의 대립적 이원화에서 비롯되고 있음을 발견할 수 있다. 몸과 마음의 분리는 욕망과 이성의 분열을 가져왔고 본성과 규범의 부조화는 개인과 사회 간의 부적응을 초래하였다. 현대는 이성이 욕망을 억압하는 시대였지만 탈현대 사회로 접어들면서 점차 욕망이 이성의 억압으로부터 자유를 얻고 있다. 이미 일부 탈현대적 양상을 보이고 있는 한국사회는 몸이 이성에서부터 해방되는 장면을 일상적으로 목격할 수 있게 되었다. 그러나 몸이 권력과 자본이 되고 건강, 미모, 젊음이 정신이나 이성의 가치를 압도할수록 오히려 몸과 마음의 간극은 더욱 깊어졌다.

또한 현대사회의 규범은 본성을 실현하기보다 억압의 장치로 더 많이 이용된다. 개인의 본성을 외면하는 사회적 규범이 존재하는 사회에서 개인은 사회로부터 소외되고 고립된다. 현대사회의 많은 문제는 이러한 분열과 부조화가 극복되는 데서 해결의 실마리를 찾을 수 있을 것이다. 최한기의 기학에는 몸과 마음, 본성과 인도가 분열하는 현대인의 인간상을 극복하는 데 도움이 될 사상이 다분히 내포되어 있다.

최한기의 기학은 일기一氣의 일통적 인간관을 담고 있다. 그는 몸과 마음, 본성과 인도는 모두 신기적 본체로 이루어져 있고 다만 작용의 차이에 따라 다르게 표현된 것뿐이라고 했다. 인간은 몸의 형체는 물론이고 마음도 신기로 이루어진 신기적 존재이다. 몸은 신기의 물질성, 생명성에 해당하고 마음은 신기의 정신성, 주재성을 표방한다. 인성人性은 신기가 활동운화할 때를 말하고 인정人情은 신기가 외물에 접하여 발용할 때를 말한다. 인도人道도 마찬가지로 신기의 운화로 규정하고 사회적 차원에서 실천되는 통민운화로 파악한다. 최한기의 기학적 인간관에서 몸과 마음, 본성과 인도의 영역은 일기로부터 분화된 대동적大同的 현상일 뿐 대립적 존재가 아니다.

이 장에서는 먼저 최한기의 기학을 기의 본성, 기의 운화, 기학의 가르침 등을 중심으로 살펴보고자 한다. 먼저 기의 활·동·운·화적 본성, 일신운화·통민운화·대기운화의 삼등운화, 인신교·인도교·인천교의 삼층교 등의 개념을 통하여 기학적 인간이해의 철학적 토대를 밝히고자 한다. 이어서 기학적 인간을 몸의 형체, 신기적 마음, 활동운화적 본성, 천인운화적 인도를 중심으로 살펴볼 것이다. 이를 위해 몸과 마음, 본성과 인도가 기학의 체계 안에서 어떤 관계를 갖고 상호 통합되어 있는지에 주목할 것이다. 마지막으로 기학적 인간관이 인물평가 범주 형성과 어떠한 연관성을 갖는지를 설명할 것이다. 앎이 궁극적으로는 실천에 의해 완성된다고 본다면 최한기의 인간이해도 결국 인물에 대한 평가로 실천될 때 완성될 수 있기 때문이다. 최한기의 인간이해는 분열적인 현대 서구적 인간관의 문제점을 인식하고 이상적인 미래의 통합적 인간상을 정립하는데 시사하는 바가 많을 것으로 본다.

2. 기학의 본질

앞 장에서 기학의 인식론과 인간관을 살펴보았는데 여기서는 기학의 본질에 대해 간단히 요약하고자 한다. 최한기는 불교와 도교 및 각종 술수학術數學은 물론 주류 학문인 성리학도 당시의 현실에 적절히 대응을 하지 못했다고 비판하였다. 더욱이 중국으로부터 서양과학이 대거 소개됨으로써 이에 대처할 새로운 학문 체계가 절실히 요구되는 시점이었다. 그가 구상한 새로운 학문은 일단 기존 성리학에 대한 새로운 해석을 제시해야 하고 앞으로 외세와 함께 밀어닥칠 서구의 과학과 소통할 수 있는 보편적인 학문체계를 갖추어야 한다고 생각했다. 이를 위해 최한기는 서구의 자연과학적 성과를 수용하여 동양의 기철학을 계승한 실학적 기학을 정립하고자 하였다. "천문이 점차 밝혀져 온 것은 기학의 방향이 되었고, 지구가 자전하고 공전하는 것은 기학의 입문이 되었고, 여러 가지 기구를 일상적으로 사용하는 것은 기학의 경험이 되었다. 또한 허황된 이치를 억지로 헤아리는 것은 기학의 성실함을 유도하였고, 천주(神天)의 무형은 기학의 유형을 촉진시켰다."[1] 기학의 탄생이 서구 자연과학 및 실증주의 철학과 밀접히 연관되어 있음을 밝힌 대목이다.

최한기는 자신의 학문을 이른바 전통적 「중고의 학문中古之學」과 구분지음으로써 학문적 정체성을 확립하고자 하였다. "「중고의 학문」은 흔히 무형의 리와 무형의 신을 종지宗旨로 삼아 심원하고 고매한 것으로 여기고, 반대로 유형의 물체와 검증할 수 있는 사실을 근본으로 삼는 것은 천박하고 보잘것 없는 것"[2]이라고 하였다. '중고'는 일반적으로 중국의 은·주대를 말하지만 여기서는 '유형의 물체와 검증할 수 있는 사실'에 근본하지 않는 모든 학문을 말하며, 방술학(음양오행설, 관상학 등), 성리학(이기론, 심성론, 태극론 등), 외도학(불교, 도교, 천주교, 회교 등) 등을 포함한다. 중고의 학문은 모두 무형의 리理와 무형의 신神을 종지로 한다는 데 공통점이 있다. 반면 기학은 유형의 대상을 통해 유형의 신리를 추구하는 유형의 학문이다. 최한기는 유형의 학문은 경험에 근거한 지식을 추구하는데, 곧 '귀와 눈의 힘으로 나에게 와 닿는 소리와 색깔을 살핌은 유형으로 유형을 살피는 것'[3]이라고 하였다. 최한기는 중고지학의 맹점을 지적하면서 기학이 지향하는 방향을 구체적으로 제시하였다.

---

1 『기학』(2-77): 大略歷象之漸明爲氣學之方向 地球之兩轉爲氣學之入門 諸器之須用爲氣學之經驗 虛理之揣摩導氣學之誠實 神天之無形激氣學之有形

2 『기학』(기학서): 中古之學 多宗無形之理 無形之神 以爲上乘高致 若宗有形之物 有證之事 以謂下乘庸品

3 『기학』(1-28): 以耳目之力 察所接之聲色 是擧有形 察有形

> 천 가지 만 가지 조화造化는 모두 유형한 대기大氣가 이루는 것이다. 그런데 어떤 사람은 이 조화를 무형의 신리神理에서 찾고 있으니, 이것은 대기의 운화가 아니며, 잘못된 인식의 첫 번째이다. 어떤 사람은 허령한 심기心氣에서 찾는데, 대기의 운화가 아니요, 잘못된 인식의 두 번째이다. 어떤 사람은 문헌에 실린 언행에서 찾는데, 대기의 운화가 아니므로, 잘못된 인식의 세 번째이다. 어떤 사람은 방술에서 억지로 갖다 맞추어 찾는데, 이것은 대기의 운화가 아닌, 잘못된 인식의 네 번째이다.[4]

최한기는 기학이 중고지학과 구분되는 것은 그것이 유형의 대기운화에 근거하기 때문이라 보았다. 그는 학문이 실학인지 허학인지의 여부를 다음과 같이 판단했다.

첫째 유형의 신리인가 혹은 무형의 신리인가를 살폈다. 최한기는 "노씨老氏의 공空과 불씨佛氏의 무無는 모두 무형으로써 도道와 학學으로 삼았고, 심학心學·리학理學에 이르러서는 마음속에 습염習染된 바를 무형의 리라고 여겨서 깊이 궁구했고, 또 무형과 유형의 사이를 오락가락했다."[5]고 하여 도교·불교와 심학·리학에서 추구하는 공空·무無·심心·리理(태극太極) 등을 모두 무형의 리라고 규정하였다. 반면 "운화의 기는 곧 유형의 신이요, 유형의 리이다. 신과 리 두 글자를 이러한 명백한 증거를 댈 수 있는 것에다 귀속시킨다면, 천고千古의 시끄럽고 어지러운 여러 논쟁을 종식시킬 수 있으며, 후세의 의혹

---

4 「기학」(1-62): 萬千造化皆是有形大氣所爲 而或求之于無形之神理 非大氣之運化 錯認一也 或求之于心氣虛靈 非大氣之運化 錯認二也 或求之于載籍言行 非大氣之運化 錯認三也 或求之于附會方術 非大氣之運化 錯認四也

5 「기학」(1-6): 老氏之空 佛氏之無 皆以無形爲道爲學 至於心理理學 俱以無形之理 潛究在心之習染 用功於無形有形之間

을 없앨 수 있다."[6]고 보았다. 유형의 리는 마음에서 유래하는 형이상학적, 추상적인 개념이 아니라 대기라는 실체적 존재가 운동과 변동의 경험적 법칙으로 드러나는 이치이다.

둘째 기준으로 허령한 심기에 근거했는지 혹은 객관존재인 자연의 법칙에 근거했는지를 물었다. 전통적인 성리학자들의 학문적 관심사는 일차적으로 심성心性의 세계였다. 그들의 학문이 심학 혹은 리학이라고 불리는 이유이기도 하다. 심학자들은 세상의 모든 이치가 마음에 선험적으로 구비되어 있다고 전제한다. 그래서 양지설과 궁리설에 집착할 뿐 마음 바깥의 객관세계에 대해 별로 관심을 기울이지 않았다. 최한기는 심학자들이 전제하는 양지良知·양능良能은 선험적인 것이 아니라 경험이 축적된 것일 뿐이라고 했다. 그는 다만 보고 듣는 경험이 쌓이면 추측이 그것에서 생겨나는 것으로 보고 허령한 마음이 아니라 객관세계에서 추구한 지식이라야 유형의 지식이 된다고 주장했다.

셋째 기학은 옛 문헌이나 성현의 말씀보다 대기의 운행법칙이 현재 펼쳐지고 있는 방금운화를 근기와 표준으로 삼아야 한다고 강조한다. "천지 안에서 지금 현재 펼쳐지고 있는 방금운화야말로 모든 사물이 도움을 의뢰해야 할 근기요, 과거와 미래의 표준이 된다. 따라서 학자는 모름지기 이 근기와 표준인 방금운화를 정립한 뒤에야 비로소 방향을 찾을 수 있고, 또 만사를 조처하고 시행할 수 있다."[7] 따라서 문헌에 실린 옛 성현의 가르침이라고 해도 무조건 고수할 것이 아니라 현실에 비추어 변통해야 할 것은 해야 한다. 경상윤리經常倫理

---

6 『기학』(1-17): 運化之氣卽有形之神 有形之理也 神理二字 有此明證之歸屬 可以息千古之紛擾 罷後世之疑惑

7 『기학』(1-1): 宇內羅列 方今運化 資賴之根基 前後之標準 學者須定根基 立標準然後 庶尋方向 亦可措行

는 옛날을 따라도 좋고 지금을 따라도 좋다. 그러나 때에 따라 변통하는 것은 지금을 표준으로 삼아야지 옛날의 상황에 맞추어 조처하는 것은 옳지 않은 것이다. 그는 기학을 '중고지학'에 대응해 '방금지학方今之學'으로 불렀다.

넷째 기준으로 허탄하고 혹세무민하는 방술인가 혹은 천하의 정교政教에 이로움을 주는 실학인가를 들고 있다. 최한기는 중고지학을 '허학虛學'이라 한 반면 기학을 실학이라 규정했다. "대기의 운화에 말미암지 않고 다만 편벽된 사의私意에 따라 교법教法과 학문學文을 세운다면, 이는 방술학이요, 외도학外道學이다."[8] 방술은 생사, 질병, 부귀, 빈천의 욕구를 증험되지 않는 옛 사람의 말을 억지로 끌어오거나 귀신에 의존하여 해결하려는 술수이다. 증험될 수 없는 천간天干, 지지地支, 상생상극, 부적, 주술, 기도祈禱 등이 여기에 속한다. 반면 기학은 '천하 민생이 실제로 쓰는 바와 천하의 정치가 반드시 근거로 삼는 바를 기준으로 삼고, 잡을 수 있는 형체가 있고 물건에 조처하여 증험할 수 있는'[9] 학문이다. 기학은 유형의 경험적 법칙을 추구하며, 운화기의 물리物理를 지식의 근거로 삼으며, 정치와 교화에 실제적인 이로움을 주는 실학을 추구한다.

최한기는 기학을 유형의 학문이면서 유방有方의 학문이라 했다. 그는 유형의 기는 순환과 변화(운화)의 일정한 방향이 있다고 보는데 이것은 곧 사물의 보편적 물리법칙이라 하겠다. "단지 고금인에게만 그런 것이 아니라, 같은 한 사람의 지각에 있어서도 이 기(운화기)를 아느냐 모르느냐 하는 전후시기에 따라, 유방과 무방, 유형과 무형의

---

8 『기학』(1-8): 不由大氣之運化 只從私意之趨避 別立敎文 是謂方術學外道學

9 『기학』(1-25): 以天下民生所實用 四海政治所必由 有形可執 處物可驗

나뉨이 있게 된다."[10] 유형의 학문이 형질기의 물리적 본성을 추구한다면 유방의 학문은 운화기의 물리적 법칙을 추구한다. 이전의 동양의 유기론자와 주기론자는 정도의 차이는 있지만 여전히 기의 본체적 측면을 강조하였고 기는 여전히 관념적·추상적 존재의 성격을 벗어나지 못하였다. 최한기는 기를 더 이상 형이상학적 본체가 아니라 운화하는 본성을 강조한 유방의 기학을 정립하고자 했다. 『기학』에서 기의 밝음을 영靈, 기의 능能함을 신神, 기의 조리를 리理, 기의 경험을 지知, 기의 순환을 변화變化라고 하였다.[11] 『기학』에서 기는 령, 신, 리, 지, 변화로서 구체적인 본질을 갖는 실체적 존재이다. 그리고 기의 순환과 변동의 신묘한 능력을 강조해 신기神氣라 불렀다. "기의 신은 곧 운화의 능함이고 이 기의 영이란 곧 운화의 밝음이다"[12], "신이란 곧 그 운화지능을 가리키므로 운화지기가 곧 신이다."[13] 최한기는 운화하는 신기의 본성을 다음과 같이 설명했다.

> 오로지 기라고 말한다면 그것은 한 덩어리의 전체로서, 쪼개고 깨뜨려 형용하여 말할 수 없고 손대어 나눌 수 없다. 그러므로 기의 활동운화活動運化하는 본성은 그것을 네 가지 단서로 나누어 배열해야 비로소 형용하여 말할 수 있고, 손대어 다루어 볼 수 있다. 그것도 부족하면 또 그것을 해석하기를, 활은 생기生氣요, 동은 진작振作이요, 운은 주선周旋이요, 화는 변통變通이라고

10 『기학』(1-20): 非但古人今人 雖在一人之前後知覺 以此氣知不知 爲有方無方 有形無形之分

11 권오영, 1999, 『최한기의 학문과 사상연구』, 집문당, 94쪽 참조

12 『기학』(1-8): 斯氣之神乃運化之能 斯氣之靈乃運化之明

13 『기학』(1-9: 神者 乃指其運化之能 故運化之氣卽是神也

할 것이다.[14]

최한기는 기를 활·동·운·화하는 신기 혹은 운화기로서 운동적 성격을 명확히 인식하였다. 주희의 기 개념이 '한 덩어리의 전체'로서 형이상학적, 본체론적 지위를 벗어나지 않는 반면, 최한기는 기를 '살아 움직이는 물건(活物)'으로 실체적 존재로 보았다.

최한기는 기학을 통해 자연계와 인간계를 관통하는 일통의 학문체계를 정립하고자 했다. 대개 천지 사이에는 유형의 기가 충만하여 일호의 공간도 없고, 유형의 만물은 서로 계승하여 잠시의 끊어짐도 없다. 천지에 충만한 기는 만물에 관통해 존재하고 고금을 일통해 계승되기 때문에 기의 존재와 운행법칙은 자연계와 인간계에서 다만 이름만 달리하여 존재할 뿐 본질적으로 대동한 것이다. "기는 동일한 것이나 그 경우에 따라 지적하는 명칭은 가각 다르다. 그 전체를 가리켜 하늘(天)이라 하고, 그 주재主宰를 가리켜 제帝라 하고, 그 유행流行을 가리켜 도道라 하고, 사람과 만물에 부여되는 것을 가리켜 명命이라 하고, 사람과 만물이 품수하는 것을 가리켜 성性이라 하고, 몸의 주체가 되는 것을 가리켜 마음(心)이라 한다. 또 그 움직임에 따라 지적하는 각각의 명칭이 있으니, 그 기를 펴면 신神이고, 굽히면 귀鬼요, 창달하면 양陽이고 움츠리면 음陰이요, 가면 동動이고 오면 정靜이다."[15] 최한기는 유기론적唯氣論的 세계관에 근거하여 대기운화가 자연계와 인간계, 존재계와 운동계에 대동적 법칙으로 작용하는 기학체계

---

14 「기학」(2-84): 惟言氣 則一團全體 不可以劈破形言 又不可以着手分開 故以活動運化之性 分排四端 始可以形言 又可以着手 猶爲不足 則又釋之 以活生氣也 動振作也 運周旋也 化變通也

15 「기측체의」「추측록2」(一氣異稱): 氣卽一也 指其所而名各殊焉 指其全體謂之天 指其主宰謂之帝 指其流行謂之道 指其賦於人物謂之命 指其人物稟受謂之性 指其主於身謂之心 又指其動而各有稱焉 伸爲神 屈爲鬼 暢爲陽 斂爲陰 往爲動 來爲靜

를 정립하였다.

기학이 추구하는 학문적 목표는 우주의 대기운화를 승순하여 천인운화를 달성하는 것이다. "운화유형運化有形의 기는 천인天人이 일치하므로 심중心中의 운화의 기로 천지운화의 기를 본받는다면 선후의 배열과 간격의 조리가 마음속에서 그것의 형체를 드러낼 것이니 이것을 유형의 물物에 조처한다면 천하의 바른 학문이 될 것이다."[16] 최한기에 의하면 운화기를 규명하는 첫 단계는 천인운화를 인식하여 외부세계로부터 인정과 물리를 심중에 얻는 것이다. 둘째 단계는 외부에서 얻어진 인정과 물리를 분류, 비교, 실험 등을 통해 마음에 운화기의 일정한 이론적 법칙을 정립하는 것이며, 마지막 단계는 이것을 사물에 적용하여 활용하고 천인운화기에 증험하는 과정을 거친다. 첫 단계가 천지의 유행지리流行之理를 습득하는 단계라면 둘째 단계는 마음에 추측지리를 얻는 단계이고, 마지막 단계는 마음의 추측지리를 사물에 적용하여 유행지리를 검증하는 단계라 하겠다. 최한기의 학문방법은 결국 자연의 이치를 마음에 체득하여 사물을 통해 경험적으로 검증하는 과정으로 이루어지며, 이는 천인의 운화기가 대동大同하기 때문에 가능한 것이다.

최한기는 운화기를 '삼등운화三等運化'로 세분하고 이들의 관계를 밝힘으로써 기학을 더욱 체계화시켰다. 삼등운화란 대기운화大氣運化, 통민운화統民運化, 일신운화一身運化를 일컫는다. "대기운화는 지地·월月·일日·성星의 회전에 따라 년·월·일·시의 상도常度가 있고, 통민운화에는 예율禮律과 강기綱紀가 있어 치란治亂과 성쇠盛衰의 변천이 있고, 일신운화에는 소장少壯과 쇠노衰老가 있어 이둔利鈍과 성패成敗가

---

16 『기학』(1-6): 運化有形之氣 天人一致 以心中運化之氣 效則天地運化之氣 先後排布 間格條理 形諸胸中 敷施於有形之物 爲天下之正學

몇 배씩 늘거나 준다."[17] 이들 삼등운화는 비록 크기나 범위의 차이는 있지만 모두 일기운화의 각기 다른 양상일 뿐이다. 일기의 본성이 활·동·운·화라면, 그것이 대기운화에 적용되면 지·월·일·성의 변화가 되고, 통민운화에 적용되면 예율·강기가 되고, 일신운화에 적용되면 소·장·성·쇠가 된다. 최한기는 『대학』의 팔조목도 이러한 삼등운화의 학문적 실천일 뿐이라 보았다.

> 지구와 달과 해와 별이 순환하는 이치와 차고 덥고 건조하고 습함이 생겨나는 이유와 생장과 쇠로에 승순하는 방향의 세 가지를 합하여 요점을 든 것이 곧 운화이다. 일신운화는 수신의 요체가 되고, 교접운화는 제가의 요체가 되며, 통민운화는 치국의 요체가 되며, 대기운화는 평천하의 요체가 되어, 크고 작은 범위가 각기 해당되는 바가 있다. 대기운화에 따르는 것이 선이 되고 거스르는 것이 악이 되는 것은 세상 사람이 모두 같아 하나도 어긋남이 없다. 이것을 들어서 세상을 평화롭게 하는 가르침을 시행하면 세상을 평화롭게 만들 수 있고 치국 또한 이를 들어서 정령政令을 만백성에게 시행하며, 제가 또한 이를 들어서 은의恩義를 일족에게 밝히고 수신 또한 이를 들어서 언행이 사물에 베풀게 되니, 이것이 바로 일통一統의 교화로 수신·제가·치국·평천하의 본말이 서로 같은 것이다.[18]

---

17 『인정』「교인문5」(四性三等): 大氣運化 隨地月日星之轉 而年月日時 有常度 統民運化 有禮律綱紀 而殆亂盛衰 有遷移 一身運化 有少壯衰老 而利鈍成敗 有乘除

18 『인정』「교인문2」(敷運化平宇內): 地月日星 循環之理 冷熱乾濕 發作之由 生長衰老 承順之方 參合而提要曰運化 一身運化 爲修身之要 交接運化 爲齊家之要 統民運化 爲治國之要 大氣運化 爲平宇內之要 大小範圍 各有攸當 大氣運化 承順爲善 逆逆爲惡 宇內人皆同 一無差謬 擧比以施平宇內之敎化 則宇內可平矣 治國亦擧此 而行其政令於萬姓 齊家亦擧此 而明其恩義於族黨 修身亦擧此 而敷言行於事物 是乃一統敎化 修齊治平 源委相準矣

삼등운화는 상호 유기체적 일체를 이룬다. 일신운화는 통민운화에 어긋나서는 안 되고 통민운화는 천지운화에 어긋나서는 안 된다. 어긋나는 것이 있으면 이는 올바른 도리가 아니다. 일신운화가 통민운화를 승순하고 통민운화가 천지운화를 승순하는 것이 올바른 도리인 것이다.

이들 삼등운화는 기학적 가르침의 범주와 내용을 구성한다. 최한기는 기학의 가르침을 '삼층교三層敎'로 표현하였는데 인사교人事敎·인도교人道敎·인천교人天敎가 그것이다. 일신운화는 인사교, 통민운화는 인도교, 대기운화는 인천교의 기학적 근거가 된다. 인사교는 쇄소灑掃·응대應對와 문필文筆·산수算數로부터 사·농·공·상의 직업의 성취와 관련된다. 인도교는 오륜과 학술學術·정교政敎, 예율禮律·전장典章을 고증하고 적용하는 것과 관련된다. 그리고 인천교는 천지의 회전과 운화의 착종과 인물의 생성 등 만사의 조리를 추구하는 것이다. 기학의 내용과 범위를 망라한 삼층교는 삼등운화와 마찬가지로 상호 유기체적 일통 관계를 갖는다. "배우는 사람은 자연 선후의 단계가 있어 어려서는 인사교를 배우고 자라서는 인도교 및 인천교를 배워야 하니, 그것은 지각의 진취에 있어 차서가 있기 때문이다. 또 가르치는 사람도 근기와 표준을 천인운화에 세워야 하니, 그래야 인사로 사람을 가르치면 인사가 운화에 벗어나지 아니하며, 인도로 사람을 가르치면 인도가 운화에 표준을 두게 된다. 그래서 삼층의 가르침이 일통이 되어 처음부터 끝까지 서로 응하고 본말이 체體를 이루며, 착오나 배치背馳될 우려가 없게 되는 것이다."[19] 최한기는 대기운화

---

19 『인정』「교인문1」(三層敎): 學之者。自有先後階梯 幼學人事 壯學人道 及人天 以其知覺進就 宜有次序 敎之者 根基標準 得立於天人運化 敎人以人事 則人事可不外於運化 敎人以人道 則人道有標準於運化 使三層敎爲一統 始終相應 本末成體 無差誤背馳之患

를 인사교, 인도교, 인천교의 근기와 표준으로 삼아 천인운화를 이루는 것을 교육의 목표로 삼았다.

최한기의 기학은 그의 기학적 인간 이해의 철학적 근거가 된다. 인간도 만물 중 하나로서 활동운화의 본성을 공유한다. 따라서 인간을 운화의 본성에 따라 이해할 때 학문의 바름을 얻을 뿐 아니라 인도도 평정을 이룩할 수 있는 것이다. 인간을 이해할 때 삼등운화의 체계와 대기운화의 보편적 법칙에 따름으로써 신령, 귀신, 간지, 부적, 주문과 같은 혹세무민하는 속임수에 빠지지 않을 것이다. 최한기는 삼층교의 일통적 가르침에 따라 새롭게 기학적 인간관을 정립할 수 있다고 보았다. 근대적 학문에서 보면 인사교가 인문학, 인도교가 사회과학, 인천교가 자연과학에 대략 배당될 수 있다고 보면 이로써 인간에 대한 학제적 종합과 통합적 이해의 가능성을 엿볼 수 있다. 기의 활동운화적 본성과 삼등적 구조, 그리고 삼층적 가르침 등을 토대로 최한기의 인간에 대한 이해를 인간의 몸, 마음, 본성, 인도를 중심으로 살펴보기로 한다.

3. 기학적 인간의 특징

1) 몸의 형체

최한기는 인간의 몸에 대해 특히 많은 관심을 기울였다. 기학이 유형유방有形有方의 학문을 추구한다는 점에서 자연의 물리적 법칙이 직접 적용되는 몸을 기학적 인간이해의 출발점으로 삼은 것은 당연할지 모른다. 선진유교에서는 몸의 육체성에 대해 크게 주목하지 않았다. 몸을 지칭하는 신身, 체體 등의 용례를 보면 그것이 마음에서 독립된 육체를 의미하기보다는 대개 사람의 인격이나 본성이 체화된 추상적인 의미를 지니고 있다. 공자가 성신成身, 경신敬身, 정신正身을 말할 때 신身이나 맹자의 대체大體, 소체小體를 말할 때 체體의 용법에는 몸과 마음의 구분이 분명하지 않다.[20] 유교에서 몸은 대체로 '인간의 덕성이 발현되는 장소'로서의 의미를 가질 뿐이었다.

주자학에서 만물은 리기理氣의 결합으로 이루어졌다고 본다. 리기론적 체계에서 인간의 몸은 본성(性)의 리에 대비하여 기로 규정되지만 기적 존재로서의 몸에 대한 논의는 매우 추상적인 차원에 머물렀다. 인간을 소우주로 규정하고 천지天地에 유추하여 접근할 뿐이다. "인간은 소우주이며 천지는 대우주이다. 사람의 머리가 둥근 것은 하늘을 닮은 것이며 발이 평평한 것은 땅을 닮은 것이다."[21] 이에 비해 최한기는 육체적 형체에 대해 매우 깊이 탐구하였다. 최한기는 초기 저작에 속하는 『신기통神氣通』의 「서문」에서 몸의 형체를 기계器械로 규정짓고 신체기관의 기능을 학문활동의 출발점으로 삼아야 한다고 했다. "만약 자기 형체에 있는 통하는 것(제규諸竅·제촉諸觸의 여러 기관을 말한다)을 버리고 사람이나 사물에 통하기를 구하거나, 또는 사람이나 사물에 통한 것을 버리고 오직 허망한 그림자나 번득이는 빛(심학이나 도교 따위의 허망한 이론을 말한다)과 같은 것을 궁구한다면, 이는 바로 덕을 성취한 사람의 기질이 어둡고 쇠잔하여 죽음에 가까운 자나 하는

---

20 이영찬, 2008, 『유교사회학과 사회이론』, 예문서원, 250쪽 참조

21 『주자어류』「권53」: 人便是小胞 天地是大胞 人首圓象天 足方象地

짓이고, 학문을 깊이 통하여 장차 무거운 책임을 지고 원대한 목적에 도달하려고 하는 사람의 하는 일은 아니다."[22] 최한기는 학문은 마치 일용의 쓰임에 기계器械를 근본으로 삼듯이 학문은 몸의 제규·제촉의 기능을 근본으로 삼아야 한다고 보았다. 그는 몸의 도덕성보다 지각적, 생리적, 물리적 기능 등 물질성을 강조했다.

최한기는 몸을 형질과 형체의 차원에서 파악했다. 형질과 형체는 모두 신기의 다른 모습이다. 인간의 신기는 천지의 신기로 이루어졌기 때문에 천지만물과 더불어 본질적으로 동일하다. 그러나 "신기는 하늘과 땅과 사람이 모두 한가지이나 형질은 하늘과 땅과 사람이 모두 다르다. 그러므로 형질이 크면 신기도 크고 형질이 작으면 신기도 작다."[23] 신기가 어떤 계기로 사람의 형체로 전환될 때 몸은 고유의 형질을 부여받게 된다. 최한기는 몸의 형질이 결정되는 유래를 다음과 같이 말한다.

> 이미 사람의 몸이 되었으니, 마땅히 형질이 생긴 유래를 구명하여 품수한 신기가 형질에 따라 차이가 있는 것을 통달하여야 한다. 거주하고 있는 토지와 물 그리고 부모의 정혈이 근원과 기초가 되어 형질을 생성하고, 습관이 된 것은 천지의 신기를 형체로 빚어낸다. 대인국大人國·소인국小人國 및 기괴한 형상을 한 토인土人이 사는 나라 따위는 바로 토의土宜에 따라 생긴 것이다. 그러나 그 가운데 또 각각 강약·청탁·미추의 차이가 있는 것은 정혈이 화합할 당초에 이미 생긴 것이다. 이와 같이 사람의

22 『기측체의』「신기통」(神氣通序): 若捨形體之所通 而求通於人物 又捨人物之所通 而惟究於虛影疏光 乃成德之人 氣質昏耗 近死者之所爲也 非睿學將進任重致遠者之所爲也

23 『기측체의』「신기통1」(四一神氣): 神氣則天地人皆同 形質則天地人各不同 形質大則神氣大 形質小則神氣小

> 몸에 신기를 생성하는 요소는 네 가지이니, 첫째는 하늘이요, 둘째는 토질이요, 셋째는 부모의 정혈이요, 넷째는 듣고 보아서 습염하는 것이다. 위의 세 조목은 이미 품수한 바가 있는 것이므로 소급하여 고칠 수 없으나, 아래의 한 조목은 실로 변통하는 공부가 된다.[24]

몸의 형질은 천지의 신기를 근원으로 하고 부모의 정혈에 의해 강약·청탁·미추의 차이를 갖게 된다. 몸의 형질이 부모의 정혈에 영향을 받는 것은 신기가 부모의 정혈을 통해 대대로 유전되기 때문이다. "자녀의 타고난 자질은 부모의 정기와 혈기가 화합하는 데서 말미암으니, 자녀의 궁달窮達과 요수夭壽와 질병의 유무와 현우賢愚 등의 등급은 모두 다 여기에 있다."[25] 형질이 후천적인 경험과 습관에 의해 변통되는 것은 습염을 통하여 기질을 변화시킬 수 있기 때문이다. 이와 같이 최한기는 몸의 형질이 자연환경, 생물학적 요인, 그리고 후천적 학습에 의해 결정된다고 보아 몸에 대한 다원적 접근의 필요성을 제기했다.

한편 몸은 형질을 갖고 형체를 형성한다. 몸은 익숙한 바의 습관에 따라 천지의 신기를 형체로 빚어낸다. 그는 사람의 형체를 스스로 작동하는 기계器械에 비유했다.[26] "사람의 형태는 곧 하나의 기계이니,

---

24 「기측체의」「신기통1」(四一神氣): 旣爲人身 宜究形質之所由生 以達所稟神氣隨形質而有異也 所居之水土 父母之精血 爲形質之根基而生成 所習陶鑄乎天地之神氣 大人國小人國及奇形怪像之鄉 卽是土宜也 就其中 又有彊弱淸濁醜美之分 在於精血之和合 是故 人身神氣生成之由有四 其一天也 其二土宜也 其三父母精血也 其四聞見習染也 上三條 旣有所稟 不可追改 下一條 實爲變通之功夫

25 「기학」(1-75): 子女稟質由於父母精血氣之和合 窮達壽夭疾病有無賢愚等分 盡在於斯

26 사람의 형체는 '스스로' 작동한다는 점에서 타율적으로 작동되는 '機械'와 다르다. '器械'는 유기체적 機械기계란 의미를 갖는다.

안으로는 신기神氣를 담고 밖으로는 수용酬用을 접한다."[27] 최한기의 기계적 신체관은 그가 편집한 의학서를 『신기천험身機踐驗』으로 명명하고 서문에서 신기身機를 다음과 같이 묘사한 것에서 잘 드러난다.

> 해·별·땅·달이 통합되어 기機를 이루고 체體를 이룸으로써 신기神氣의 운화運化를 행한다. 만사·만물은 끊임없이 생성되고 생성되는 것이니, 어찌 한 귀퉁이를 들어 전체全體의 대용大用을 정확히 가리킬 수 있겠는가! ... 사람은 신기 운화神氣 運化를 이어받아 백체百體와 구규九竅, 장부臟腑와 사지四肢, 굵고 가는 근筋과 관管이 기機를 이루고 체體를 이루어 지각과 운동이 생긴다. 그것이 시종·본말을 한결같이 기화氣化에 의지하여 만물에 통하고 만사를 거느리게 되는데, 이는 품기稟氣가 서로 같고 통기通氣가 서로 같기 때문이다. ... 대기大氣가 기機를 이루고 체體를 이루어 대도大道를 드러낸다는 사실을 안다면, 주재자의 존재를 모르더라도 기화를 승순承順함으로써 평생 동안의 온갖 필요에 응할 수 있다. 인人·물物 형체의 뇌근腦筋과 골수骨髓, 혈맥血脈과 기관氣管이 기機를 이루고 체體를 이루면, 저절로 지각하고 운동하여 고금을 추측할 수 있고 크고 작은 일에 인도人道를 다할 수 있게 된다.[28]

몸의 형체는 백체와 구규, 장부와 사지, 굵고 가는 근과 관과 뇌근과 골수, 혈맥과 기관 등의 기와 체로 형성되어 있다. 최한기는 몸의 구조를 비록 기계에 유비하였지만 몸은 외부적 동력에 의한 기계적

27 「기측체의」「신기통2」(窮格器用): 人身形體 是一器械也 內盛神氣 外接酬用

28 김문용, 2009, 「서양 의학의 수용과 신체관의 변화–최한기의 『신기천험』을 중심으로–」, 『동양고전연구』, Vol. 37, 355쪽에서 재인용

인과관계에 지배되는 것이 아니라 그 자체 생명력을 갖고 자발적인 운동을 하는 유기체적 특성을 갖는다는 점에서 유기체적 기계이다.

최한기는 몸을 신기의 형질·형체적 구조로 인식하면서 동시에 몸을 신기의 생명적·기능적 측면에서 파악하였다. 신기는 천지의 신기에 근원하고 있고 그것에 조응해 생명활동을 영위한다. "신기라는 것은 제규와 사지 신체를 통회統會하고 생성生成하는 것이다. 비록 잠깐이라도 정지하거나 막히면 즉시 현기眩氣가 나서 어지럽고, 흩어져 날아가면 혼몽하여 넘어지고, 몸에서 떠나면 생명이 끊어진다. 체질이 쇠약하고 혈액이 고갈되면, 신기도 따라 물이 마르듯이 다하고 만다. 이것으로 보면 신기는 처음부터 끝까지 일신을 주장하여 일찍이 밖으로 나가지 않는 것임을 알겠다."[29] 인간의 신기는 몸의 형질과 형체를 이루는 원질임과 동시에 몸의 생명활동을 주관하는 원동력이기도 하다. 최한기가 말하는 '몸기계'는 형체를 이루는 기관들과 그것의 작동을 주관하는 신기, 그리고 활동의 에너지를 제공하고 전달하는 혈액과 맥락 등을 통해 생명활동을 이어간다.

최한기의 몸에 대한 사상은 유교의 도덕적, 형이상학적 관점에서 벗어나 몸에 대한 자연주의적 접근을 통해 형성되었다. 『장자』에 대상인식과 관련한 기氣 개념이 등장하고 있다. "너는 잡념을 없애고 마음을 통일하라. 귀로 듣지 말고 마음으로 듣도록 하고, 마음으로 듣지 말고 기氣로 듣도록 하라. 귀는 소리를 들을 뿐이고 마음은 밖에서 들어온 것에 맞추어 깨달을 뿐이지만, 기란 공허하여 무엇이나 다 받아들인다."[30] 장자는 자신의 생각에 얽매여 있는 사심자師心者(자신의

29 『기측체의』「신기통1」(氣通而未嘗出入): 神氣者 諸竅肢體 集統而生成者也 雖須臾間 停隔則眩亂 飛越則昏倒 離身則命絕 及其質衰 血液枯渴 則神氣從而澌盡 是知神氣 終始主身 未嘗出外也

30 『장자』, 1997, 안동림 역주, 현암사, 114쪽

마음을 오로지 스승으로 삼는 사람)가 아니라 텅비어 외물을 온전히 받아드릴 수 있는 기에 의한 인식, 즉 심재心齋(마음의 재계)을 역설했다. 몸에 대한 자연주의적 관점은 많은 부분 도교와 도가 계열의 의서醫書의 영향을 받았음을 볼 수 있다.

도가의 자연주의적 관점은 자연만물과 기적 소통을 이루는 인체의 기관인 '구멍(竅)'과 생명체의 에너지인 다양한 양상의 '기'를 통한 인간이해를 가능하게 했다. "인간은 천지라는 거대한 '우주' 생물권에서 만물과 더불어 살아가는 존재이다. 그는 나름의 적절한 서식지에서 타고난 본성에 따라 삶을 향유하지만, 몸의 일곱 구멍과 아홉 구멍, 심지어 온 몸의 작은 구멍들을 통해 하늘과 대지의 숨과 기운을 소통하며 살아가는 생물학적 인간이다. 그가 드러내는 본성은 하늘-땅 기운을 자신의 신체를 통해 구현하고, 다시 이를 순환시키는 생태적 존재이며, 이러한 우주론적 교감 속에서 왕래하는 그것이면서 감응하는 생명의 표현이 바로 '기'이다."[31] 장자는 인체의 '구멍'은 인간과 자연이 기적 소통을 통해 생명력을 유지하는 기관이며 여타 백해와 장부 등의 신체 기관의 기능도 기의 에너지 흐름의 관점에서 주목하였다.

또한 도가의 자연주의적 관점은 신체에 대한 정精, 기氣, 신神 등의 개념을 발전시켰다. 정, 기, 신은 생명력의 근원이며 인간을 기적 존재로 인식하는 기본 개념이다. "『장자』의 외편·잡편들은 형形·정精·기氣·심心·신神(신명神明) 등 몸·마음 문제와 관련된 여러 개념을 풍부히 담고 있을 뿐 아니라 「천도天道」·「각의刻意」·「지북유知北游」·「천하天下」 등에서는 주로 도道나 자연의 운행에 통하는 오묘하고 정밀한 앎(精智神識)을 뜻하는 '정신精神'이라는 새로운 개념이 등장하기도

31 김시천, 2009, 「동양학은 어떤 인간을 말하였나?」, 『오늘의 동양사상』, No. 20, 118쪽

한다."[32] "이들 외편의 내용 가운데 우리에게 의미 있게 다가오는 것은 인간을 포함한 만물의 생성이 원초적 기의 분화 내지 구체화로 이루어진다는 점, 그리고 몸(形)의 바탕 위에서만 마음(神) 및 그 작용은 성립한다는 점이다."[33] 최한기의 몸에 대한 이론에는 도가의 자연주의적 개념이 많이 도입되어 있음을 볼 수 있고 이로써 인물평가에 있어서도 도가적 영향을 짐작할 수 있다.

2) 신기적 마음

성리학에서 마음에 대한 논의는 윤리적이고 형이상학적인 문제에 집중되어 있었다. 최한기는 심통성정心統性情, 심즉성心卽性, 성즉리性卽理 등의 명제를 중심으로 전개된 성리학적 심성론에 비판적이었다.

> 특별히 심心자를 들어 성정性情의 체용體用을 통솔하고 또 모든 일을 관리하는 것으로 하였다. 그러나 여기에서 심이라는 이름으로 호칭하여 지적한 본의는 해롭지 않으나, 그 실상을 구명하여 보면 그 자체만으로는 진정한 심상心像을 드러냈다고는 할 수 없다. 따라서 후학들이 연구함에 심의 본말을 잘 알기가 어려웠으니, 이 때문에 성性을 말하여 하늘을 잇는 것으로 삼고 정情을 말하여 드러난 용用으로 삼았다. 이에 이르러 그 뜻을 둔 것이 각각 분속되었다. 그렇지만 심은 일신을 주장하는 것이라 모든

32 유초하, 1989, 「동양의 철학적 전통에 나타난 몸과 마음의 존재론적 위치」, 『태동고전연구』 Vol. 5, 21쪽

33 위의 논문, 21쪽

이치와 모든 일이 빠짐없이 여기에 근본하고 있으니, 이것은 바로 익혀 물들여진 추측과 스스로 얻은 지각으로 심을 삼은 것이지, 처음부터 끝까지 단번에 하늘이 준 신기로 근본과 끝을 통하거나, 저것과 이것을 통달한 사람이 심이라는 이름을 따라 알맹이를 갖추어 놓은 것은 아니다. 옛사람이 말하기를 '심은 기이다' 하였는데, 얼핏 보기에는 비록 근사한 것 같지만, 실제로는 성리性理를 상대시켜 리理와 기氣에 분속시킨 것이요, 나에게 있는 신기는 천지의 신기에서 얻은 것이고, 저것을 들어 이것을 비교하고 이것을 가지고 저것을 증험하며 모든 이치를 추측하여 그 사이에서 생긴 지각을 의미하는 것은 아니다.[34]

주희에 따르면 '심心은 기氣의 정상精爽'[35]이라 하여 비록 마음은 존재론적으로는 기에 속하지만 리와 성을 본질로 한다. 주희는 마음에 대해 "심은 사람의 몸을 주재하는 것이고, 하나이면서 둘이 아니요, 주체가 되지 객체가 되지 않으며, 사물에 명령을 내리지 사물에게 명령을 받지 않는다."[36]라고 했다. 여기서 심은 몸에 대한 주재자, 객체에 대한 주체, 사물에 명령을 내리는 자로서의 지위를 갖는다. 주희가 말하는 심은 사물의 만 가지 리를 모두 갖추고 있는 마치 태극과 리처럼 절대적 존재이다. 심이란 존재는 그 체體는 인·의·예·지의 성性

---

34 『기측체의』「신기통1」(心性理氣之辨): 特擧心字 以統性情之體用 以司萬事之管涉 稱其名則不害爲指的 究其實則不能顯眞像 後學之硏究 難得源委 故言性以繼天 言情以著用 於是 旨義分屬 而心主於身 則衆理萬事 皆本於此 是乃習染之推測 自得之知覺 以爲心也 非自初至終天賦之神氣 通源委達彼此者 循名而賅實也 古人有言心氣也 泛看 雖若近之 其實 對性理而分屬理與氣也 非謂在我之神氣 得來於天地之神氣 而擧彼較此 將此驗彼 推測諸理 生於其間者也

35 『주자어류』「권5」(性情心意等名義): 心者 氣之精爽

36 『주자대전』「권67」(觀心說): 心者 人之所以主乎身者也 一而不二者也 爲主而不爲客者也 命物而不命於物者也

이요, 그 용用은 측은·수오·공경·시비의 정情이다. 심心은 도덕의 기체基體이고, 인성의 근원이 된다. 주희가 마음이 절대적 주체성과 보편적 도덕성을 갖는다고 한 것은 마음에 도덕적 본성이 구비되어 있기 때문이며 만물의 이치를 갖추고 있기 때문이다. 최한기는 마음의 이러한 절대성과 보편성을 부정했다.

최한기는 사람의 마음을 신기로 파악했다. "옛날의 소위 심체心體가 신기이다"[37], "심心자는 신기로 인식해야 하고, 도道자와 리理자는 운화로 인식해야 한다"[38]라고 하였다. 그는 마음을 신기의 작용력으로 이해했다. 마음은 원래 순수한 신기로서 그 자체 아무것도 포함하지 않는 거울과 같은 허명한 존재이고 단지 사물을 인식하는 능력을 갖추었을 뿐이다.

> 마음은 사물을 추측하는 거울이다. 그 본체로 말하면 순수하고 허명虛明하여 아무 사물도 그 속에 있는 것이 없다. 다만 보고 듣는 열력閱歷이 없다면 추측이 무엇으로부터 생기겠는가? 혹 추측이 이미 뚜렷하여진 뒤에도 여러 해 쌓인 열력은 생각하지 않고 오늘날의 수용須用만을 보면 온갖 이치가 마음에 갖추어 있는 듯하나, 실상 마음의 허명함은 전과 다름 없고, 오직 있는 것은 추측하는 이치일 뿐이다. 맹자가 이르기를 '온갖 사물이 다 나에게 갖추어 있다.' 하고, 주자朱子가 이르기를 '뭇 이치를 갖추어 온갖 일에 응한다.' 하였는데, 이것은 다 추측의 대용大用을 찬미한 것이고, 결코 온갖 물건의 이치가 본디부터 마음에 갖추어 있다는 것은 아니다. 후세 사람들이 이를 치우치게 풀이하

37 『인정』「교인문2」(善惡虛實生於交接): 古所謂心體 卽神氣也

38 『인정』「교인문4」(文字解義): 心字 以神氣認之 道字理字 以運化認之

여, 선천先天의 이치가 마음속에 갖추어지지 않은 사물이 없다고 생각하여, 오직 기질의 가리움에서만 그 책임을 구명하려 하니, 이것 또한 글을 미루되 잘못 헤아린 데서 나와 문로門路가 판이해진 것이다.[39]

최한기는 마음에서 이치의 선험성을 부정하고 지각은 오직 신기의 감각경험을 통해서 얻어진다고 했다. 지각은 신기의 습염된 경험에서 출발한다. "대개 한 몸의 신기는 제규를 따라 대기의 운화와 통달하는 것이고, 성색 취미는 강보에서부터 점점 물들어 신기에 익숙히 젖어드는 것이다. 그러니 신기는 본래 티 없이 맑고 막힘이 없는 체이던 것이 견문과 취미에 습염이 되어 순順을 좋아하고 역逆을 싫어하게 되며, 또 경험을 연역하여 희로애락을 가지게까지 되는 것이다. 이리하여 7,8세에 이르게 되면, 옆에 있는 사람들은 그의 종전에 습염된 것은 생각하지 않고, 다만 그가 면전에서 응수하는 것만을 보고서 '사람은 천부적으로 지각을 갖추었다'라고 생각하는데, 이것은 한 칸의 장벽도 통달하지 못한 것이다."[40] 신기가 제규·제촉을 통하여 인정과 물리를 거두어 모으고, 하나하나 우열을 비교하고 두 번 세 번 성패를 시험하면, 신기의 밝은 지혜가 점점 열리고 안에 습염된다. 지각에는 다만 신기의 우열, 선악, 이둔, 난이의 분별능력만 있을 뿐이다.

---

39 『기측체의』「추측록」(萬理推測): 心者 推測事物之鏡也 語其本體 純澹虛明 無一物在中 但見聞閱歷 積久成習 推測生焉 若無積久之閱歷 推測從何以生 或於推測旣著之後 不思積年之閱歷 只觀今日之須用 雖若萬理具心 其實則心之虛明 與前無異 惟有所得之推測理也 孟子曰 萬物皆備於我矣 朱子曰 具衆理應萬事 此皆贊美推測之大用也 決非萬物之理素具於心也 後人或隱僻解之 以爲先天之理無物不具 惟責究於氣質之蔽 此亦出於推文誤測 而門路判異

40 『인정』「교인문」(知覺之源): 蓋一身神氣 從諸竅而通達 大氣運化 聲色臭味 自襁褓漸漬習染於神氣 則神氣本以瀅明無碍之體 習染見聞臭味 而好順惡逆 又能記繹經驗 至有喜怒哀樂 及其七八歲 在傍人不念其從前習染 但見面前酬應 以爲人具天賦之知 是有未達之一障

최한기는 신기적 마음의 작용은 기의 힘과 신의 밝음에 기인한다고 하였다. 신기의 힘은 경험의 습염에 의해 길러지지만 신기의 밝음도 태생적으로 주어지는 것이 아니라 후천적인 경험과 열력에 의해 얻어진다고 보았다. 신기의 밝음을 발휘하는 능력을 '영靈'이라 한다. "기의 속성 중 밝게 깨닫는 것은 영인데, 사람에게 있으면 혼령, 심령이다. 기의 속성 중 재빨리 응함을 영이라 하는데, 만물에 있으면 영험靈驗, 영응靈應이다. 영은 연습하여 숙달된 능력에서 생긴다. 어떤 사람은 기미를 보고 미리 알아채고, 어떤 사람은 기미를 못보고도 감응하나 연습하여 숙달된 능력이 아니면 어찌 영이 있겠는가?"[41] 최한기는 신기의 힘과 밝음을 경험과 습염에 기인시킴으로써 후천적인 학습과 수행의 역할을 강조했다.

최한기의 신기로서의 마음의 개념은 도가의 '신神'의 의미를 많이 내포하고 있다. 도교 내단에서는 인간의 본질적인 요소를 정精·기氣·신神으로 설명하는데 여기서 신神은 마음으로서의 신기와 거의 같은 의미를 갖는다. "〈선천의 신〉은 원신元神, 원성元性, 진성眞性 등으로 불리는데, 선천적으로 갖춘 사유본체 및 기능이다. 동시에 일신의 생명을 주재한다. 〈후천의 신〉은 식신識神 혹은 욕신欲神으로 불리는데, 후천적으로 발전한 사유능력, 정서, 의지, 욕망, 지식 등을 내용으로 한다."[42] 도교 내단에서 '신'은 생명본체로 여겨지면서 동시에 사유기능으로 간주되는데 최한기가 신기를 기의 힘(力)과 신의 밝음(明)으로 설명한 것과 같은 의미구조를 갖는다.

---

41 『기학』(1-44): 氣之明覺爲靈 在人 則魂靈心靈也 氣之捷應謂靈 在物 則靈驗靈應也 靈生於習熟之能 或因機微而先覺 或未見機而感應者 非習熟之能 何以有靈

42 이재봉, 2013, 「도교내단의 인간이해」, 『인문과학논집』 Vol. 26, 151쪽

3) 활동운화적 본성

『중용』에 '하늘이 명命한 것을 성性이라 이른다'라고 했다. 성은 사람이 생겨날 때 하늘로부터 부여받았기 때문에 성은 곧 사람의 리이다. 성은 하늘로부터 부여받았기 때문에 타고날 때부터 완전한 것이고, 하늘이 명한 것이기 때문에 스스로 그만둘 수 없는 것이다. 하늘의 명(天命)은 원元·형亨·이利·정貞의 이치이며 만사 만물의 원리이다. 사계절과 음양·오행이 천명으로 말미암지 않는 것이 없다. 인간의 성性은 인·의·예·지이며 사단四端, 오상伍常 등 도덕성의 원리이다. 주희는 천명을 존재의 리, 인성을 당위의 리로 받아들임으로써 리는 존재의 소이연지고所以然之故와 당위의 소당연지칙所當然之則을 관철한다.

주희는 본성이 실현되는 데는 타고난 기질이 작용한다고 본다. "품부된 기의 차이가 강함, 용감함, 비굴함 같은 행동의 특성, 선과 악 같은 도덕적 특성, 그리고 지혜, 총명, 어리석음과 같은 지적인 특성들의 차이를 빚는다. 주희가 그 외에도 수명의 차이에서부터 성현과 소인 사이의 차이에 이르기까지 수많은 다른 종류의 차이들은 사람에 품부된 기의 속성의 차이들 때문이다"[43]고 했다. 그런데 기질은 인간의 본성을 발현하는데 작용하지만 그 자체가 본성이 될 수는 없다. 본성은 오직 천명으로 부여받은 리일 뿐이다.

최한기는 인간의 본성을 주희와는 달리 리가 아니라 기에 근거시켰다. 그는 인간의 본성을 신기적 본질을 통하여 파악하였다. 인간의 신기는 곧 대기의 신기이기 때문에 본성의 근거를 대기의 본성에서 찾

---

43 김영식, 2005, 『주희의 자연철학』, 예문서원, 349-350쪽

아 성즉리性卽理, 심통성정心統性情의 논리로 본성을 이해하는 성리학과는 출발점이 다르다. 최한기는 기의 본성에 대해 "무릇 기의 성은 원래 '활동운화'의 물이다"[44]라고 했다. 이것은 종래 성리학의 리기론에서 리를 인간을 포함한 만물의 근본 원리로 본 것과는 근본적으로 다른 입장이다. 리기론에서는 기의 본성에 대해서 '천지간에는 기로 충만하다', '만물은 리와 기로 이루어졌다' 등으로 모호하게 표현할 뿐이다. 그리고 기의 청·탁·수·박과 강·약 등의 상태를 설명했을 뿐 기의 적극적인 본성에 대해서는 깊이 논의하지 않았다. 이전의 기철학은 기 자체의 본성보다는 주로 인간의 도덕성 실현과 관련하여 논의했을 뿐이다.

최한기는 종래 성리학에서 단지 '한덩어리 전체(一團全體)'로 치부하던 기의 본성을 활·동·운·화로 규정하고 인간의 본성도 기의 일반적인 본성을 통하여 파악했다. 인간의 본성은 일신의 신기가 활동운화하는 것이며, 일신의 활동운화는 대기의 활동운화로부터 부여받은 것이다. 그래서 인간이 본성을 실현하기 위해서는 부단히 일신의 활동운화가 대기의 활동운화를 승순하도록 노력해야 한다. 본성의 실현은 대기의 활동운화를 승순하는 정도에 달려 있기 때문이다. "사람은 활동운화의 성性으로 활동운화의 외물外物을 접하여 활동운화의 일을 수행한다. 언뜻 보면 대략 비슷하나, 상세히 분별하면 차이가 생기는 까닭은 네 가지(활·동·운·화)의 타고난 자질에 균등하고 균등하지 못함이 있기 때문이다. 네 가지가 다 균등하고 적절하면 결함이 없다. 그러나 균등하지 아니하면 저절로 우열이 있게 된다. 활이라는 것은 생기生氣이니, 이것이 우등하면 오래 살고 인자할 것이이요. 동이라는 것은 진작振作이니, 이것이 우등하면 선후를 알 것이요, 운이라

---

44 『기학』(기학서): 夫氣之性元是活動運化之物

는 것은 주선周旋이니, 이것이 우등하면 적절하고 마땅할 수 있을 것이요, 화라는 것은 변통變通이니, 이것이 우등하면 개물성무開物成務할 것이다. … 그러나 만약 그 우열을 알아서 부족한 것을 보충하는 것이라면, 그것은 '운화'이다. 따라서 운화가 부족하면 나머지는 볼 것도 없다. 그러나 '생기生氣'가 완전하게 갖추어지면 부족한 것을 미루어 우등한 데 다다를 수 있을 것이다."[45] 최한기는 인간의 본성을 생기, 진작, 주선, 변통으로 파악하고 대기의 생동하는 본성을 인간의 본성으로 간주했다. 그리고 인간은 운화를 통해 본성의 부족함을 보완할 수 있다고 보아 본성의 천명적 절대성을 부정하였다.

그렇다면 신기의 활동운화를 본질로 하는 인간의 본성을 어떻게 실현할 수 있는가 하는 교화의 문제가 제기된다. 최한기는 인간의 본성은 부족한 면이 있으면 다른 인물人物의 도움에 힘입어 후천적인 경험이나 양육을 통하여 개선할 수 있다고 보았다. "활이 인물에 도움을 의뢰하는 것은 음식과 돈(음식재용飮食財用)이고, 동이 인물에 도움을 의뢰하는 것은 접촉하고 구제하며 서로 수작하여 응하는 것(접제수응接濟酬應)이고, 운이 인물에 도움을 의뢰하는 것은 때에 따르고 상황에 의거하는 것(수시인기隨時因機)이고, 화가 인물에 도움을 의뢰하는 것은 감동하여 복종하고 화답하여 응하는 것(감응화응感應和應)이다. 활동운화의 근본이 비록 나에게 있다고는 하나, 사실상 그것의 활용은 인물에 도움을 의뢰하지 않는 것이 없다. 하물며 처음부터 견문한 것을 모아서 표준을 세우는 것이 모두 인물에 근거함에 있어서랴! 그러니 평생의 공부가 나에게 있는 것은 1·2할이고, 인물에 있는 것이

---

45 『기학』(2-78): 人以活動運化之性 接活動運化之物 行活動運化之事 泛觀之 則大略相同 詳細分別 自由不同 由於四者稟質有均不均 四者均適 未有欠闕 若不均 則自有優劣 活者生氣也 優則壽而仁 動者振作也 優則知先後 運者周旋也 優則能適宜 化者變通也 優則開物成務 … 然若知其優劣而補不逮者 運化也 運化不足 餘無可觀 生氣完備 可以推達

8·9할이다. 만약 인물이 없다면 공부하는데 취하여 쓸 것이 없다."[46] 최한기는 인간본성의 실현에 있어 음식과 돈과 같은 물질적 조건, 접촉하고 구제하는 사회적 조건, 감응화응하는 개인적 조건 등이 타고난 소질보다 더 중요함을 강조했다.

최한기는 본성이 실현된 경우 마음에 얻게 되는 조리를 다음과 같이 설명한다. "활동운화라는 기를 공부하면 어떤 조리가 생겨나는가를 분석해 보자. 활을 공부하면 존양추측存養推測이라는 조리가 생기고, 동을 공부하면 건순일신健順日新이라는 조리가 생기고, 운을 공부하면 도량주선度量周旋이라는 조리가 생기며, 화를 공부하면 변통화융變通和融이라는 조리가 생긴다. 오직 이렇게 활동운화를 공부해야만, 이것이 일신고유의 활동운화에 근거하여 대기의 활동운화를 이어받게 될 것이고, 나아가 천인이 일치되고 사물이 일관된다."[47] 최한기는 결국 대기의 활동운화의 본성을 체득함으로써 이와 같은 본성의 조리를 마음에 얻게 되고 마침내 천인운화를 이룰 수 있게 된다고 보았다.

최한기의 활동운화적 본성에 대한 사상은 도가의 인간본성 관념과 마찬가지로 인간에 대한 자연주의적 이해를 강조했다. 이를테면, 장자가 말하는 심재와 좌망은 인간의 몸과 마음을 자연의 원기에 맡겨 절대평등과 자유를 얻는 수행이다. 심재와 좌망의 수행은 인간 존재의 본질을 원기적 존재라는 사실에서 찾아야한다는 사실을 말해준

---

46 「기학」(2-80): 活之資賴於人物者 飮食財用也 動之資賴於人物者 接應酬應也 運之資賴於人物者 隨時因機也 化之資賴於人物者 感服和應也 活動運化之本 縱云在我 其實須用無非資賴於人物 況自初會集見聞得立標準 皆由於人物乎 然則平生功夫在我者一二分 在人物者八九分 若無人物 則功夫無所取用

47 「기학」(2-64): 以活動運化 分晳於功夫條理 活乃尊養推測 動乃健順日新 運乃度量周旋 化乃變通和融 惟此功夫之活動運化 因一身固有之活動運化 承大氣之活動運化 天人一致 事物一貫

다. 선험적 지각이나 마음에 얻어진 인위적 지식은 부정되고 몸과 마음이 기氣나 도道의 활동과 원리에 근거할 때 진정한 자유를 얻게 된다고 본 것이다. 최한기는 인간의 본성을 욕망적 육신을 초월해 우주자연에 충만한 보편적인 기의 작용법칙에 종속시킴으로써 인간의 자연주의적 본성을 부각시키는 계기를 마련했다고 볼 수 있다.

4) 천인운화적 인도

유교에서 인도는 천도와 대응하는 개념이다. 천도는 천지자연의 본체이고 인도는 인간에 내재한 천도를 추구하는 방법이다. 천도와 인도는 하나의 리로 관통되어 있지만 천도는 리의 본래성, 곧 자연성과 필연성에 관련되고 인도는 인간의 본성에 내재한 천도를 실천하는 행위와 관련되어 있다. 『중용』에 "'성誠'(참됨, 곧 진실무망함)은 천도이고 '성지誠之'(참되고자 하는 것, 곧 진실무망하고자 하는 마음의 태도)는 인도이다. '성'은 힘쓰지 아니하여도 적중하며, 생각하지 아니하여도 터득하여 도에 적중하니 성인의 경지이다. '성지'는 선을 선택하여 견고하게 잡는 것이다."[48] 천도는 인간의 본성에 내재하며 인도는 천도를 실현하려는 마음에 있다.

최한기는 인도를 마음에 근거시키는 유교의 인도론을 비판하였다. 그는 인도의 근거를 마음이 아니라 대기운화에 두었다. "만약 '천도는 곧 인도요, 인도는 곧 천도'라고 하면서도 대기의 범위에 어긋나는지의 여부를 고려하지 않고 오직 심기를 좇아 학문을 말하게 된다

---

48 『중용』「20장」: 誠者 天之道也 誠之者 人之道也 誠者 不勉而中 不思而得 從容中道 聖人也 誠之者 擇善而固執之者也

면 인정人情이 있는 이들은 화답하여 응함이야 있겠지만, 천하인이 모두 기꺼운 마음으로 복종하기를 기대하기는 어려울 것이니, 이렇게 되면 이것은 곧 「동당同黨의 학學」이지 「천인天人의 학學」이 아니다."[49] 라고 했다. 최한기는 진정으로 '천도 곧 인도'가 되기 위해서는 운화의 법칙에 따라야 한다고 했다. "마음을 위주로 하게 되면, 천지만물을 하나의 마음 가운데에 벌려 놓고서 바깥에 존재하는 천지만물을 증험하는 것이니, 이것은 미리 달력을 만들어서 하늘을 증험하는 것과 무엇이 다를 것인가?"[50]라고 반문하였다. 인도가 마음을 위주로 하는 것이 아니라 운화를 승순할 때 천하인이 복종하는 보편적인 정교政教를 실천할 수 있다는 것이다.

최한기는 인도를 "하늘과 사람이 운화하는 기를 받들어 오륜의 떳떳한 일을 닦아 행하는 것이다."[51]라고 했고, 또한 "백성을 운화에 통괄시켜 각자의 분수에 편안케 하는 도이다"[52]라고 했다. 인도는 운화에 따르는 것을 근본으로 삼아 그것을 정치에서 시행하고 일상행동에서 조처하는 것으로써 백성을 분수에 편하게 하는 방법이다. 인도를 바로 세우는 것이 정치와 교육이고 그것의 핵심은 통민운화에 있다. 통민운화란 운화에 순응해 인도와 정교를 시행하는 것이다. "정치와 교육의 요체와 핵심(요략要略)은 통민운화에 있다. 대기운화를 계승하여 따르고 신기운화를 미루어 넓혀서, 정교의 범위를 정하고, 강령을 세우고 본체를 밝히며, 조목을 나누어 쓰임을 다하는 것은 기

---

49 『기학』(1-4): 若謂天道卽人道 人道卽天道 不顧大氣範圍有違無違 惟從心氣而說學 豈無人情之同類和應 難期天下人共悅服 其實 乃人類之中 同黨之學 非天人之學

50 『기학』(2-35): 心爲主 則天地萬物排布於一心之中 以驗在外之天地萬物 何異於作歷而驗天也

51 『인정』「측인문6」(人道家産成敗): 人道者 奉遵天人運化之氣 修行五倫經常之事也

52 『인정』「측인문7」(天下人道): 人道者 統民運化 各安其分之道也

화(통민운화) 가운데 다 갖추어진다."[53] 인도는 곧 통민운화를 통달하는 데 달려 있다.

최한기는 통민운화가 기학의 중추가 된다고 했다. 기학이 통민운화를 중추로 삼음으로써 인간개체와 우주전체를 관통하는 윤리체계를 정립할 수 있게 된다. "통민운화는 「기학」의 중심축이 된다. 일신운화가 통민운화를 기준으로 삼으면 진퇴할 바가 있게 될 것이고, 대기운화가 통민운화에 이르러 미친다면 어긋나 넘치는 일이 없을 것이다. 만약 일신운화가 통민운화를 기준으로 삼지 않으면 인도를 세워서 정치와 교육(政教)을 시행할 수 없을 것이요, 또 대기운화가 통민운화에 이르러 미치지 않는다면 표준을 세워서 범위를 정하지 못할 것이다. 따라서 통민운화가 그것을 위한 온갖 방도를 다 얻게 되면 그것이 근원에서 말단까지 통달하게 될 것임을 알 수 있으나, 그 방도를 얻지 못하면 그 운화를 크게 쓸 수 없을 것이다."[54] 최한기는 개인의 삶과 행동이 통민운화에 준거하고, 통민운화는 자연의 법칙을 표준으로 삼을 때 삼등운화가 일통을 이루는 보편적 인도가 정립될 수 있다고 주장했다.

유술은 곧 통민운화를 실현하는 방법이다. "유술이 곧 통민운화의 도이다. 인도를 밝혀 인의人義를 강講하며, 기강을 세워 충절을 높이며, 염양廉讓을 귀히 여겨 쟁탈을 피하며, 탐욕과 비루함을 천히 여겨 치욕을 멀리하며, 정교의 도화導化를 열고 생령의 포폄을 중히 한다. 백왕百王의 손익을 통관通貫하고 연혁해 볼 때, 시대는 더러 오융汚隆

---

53 『기학』(2-98): 政敎要略在於統民運化 承順乎大氣運化 推擴乎身氣運化 以政政敎之範圍 立綱明體 分條致用 咸備氣化之中

54 『기학』(2-97): 統民運化爲氣學之樞紐 一身運化準於統民運化 有所進退 大氣運化達於統民運化 無所違越 若一身運化不準乎統民運化 則無以立人道行政敎 大氣運化不達乎統民運化 則無以建標準定範圍 是以統民運化得盡其方 可知其通達源委 不得其方 不可大用其運化

이 있었지만 이 도는 길이 보존되어 왔으니, 군생을 이끌어 일통으로 돌아가게 하는 것은 이 유술이 아니면 어찌 이룰 수 있겠는가."[55] 진정한 유술은 통민운화에 통달함으로써 가능한데 다만 오유汚儒와 속사俗士들이 그 이치를 깨닫지 못하여 통민의 도를 사법死法으로 만들었고, 운화가 활법活法이 되는 것을 통달하지 못했을 뿐이다.

최한기는 유교의 전통적인 규범체계인 오륜을 천하에 공통적인 인도로 받아들였다. "그동안에 믿을 만한 자취가 전달되어 온 것은 다만 문자의 기록뿐인데, 그 중에서 인도에 없어서는 안 될 것은 오륜의 교전敎典과 예율禮律의 헌장이다."[56] 오륜의 도리를 행하는 것이 바로 사람이 되는 조건이 된다. 오륜의 도리를 수행해야 정상적인 사람이 된다. "대저 일신의 구규·사지는 여기에 모인 작은 형체이고 부자·군신·부부·장유·붕우는 범위의 큰 형체이니, 작은 형체의 시청視聽·언동言動에 혹 미진한 것이 있거나 수명修明되지 않은 것이 있어도 병들어 버려진 사람이 되는데, 더구나 큰 형체 가운데에 한 가지라도 불인不仁한 것이 있으면 어찌 완비한 사람이 될 수 있겠는가."[57] 오륜은 사람의 큰 형체로서 사람이 되는 큰 도리이다.

최한기는 오륜을 불변의 인도로 받아들이지만 다만 오륜이 일신의 마음에서 실현되는 인도가 아니라 대기운화에 근거시킴으로써 천하에 통행하는 보편적 인도가 될 수 있다고 했다. "오륜의 가르침은 그

---

55 『인정』「교인문4」(儒術): 儒術 乃統民運化之道也 明人道而講人義 立紀綱而尙忠節 貴廉讓以避爭奪 賤貪鄙以遠恥辱 開政敎之導化 重生靈之褒貶 百王損益 統貫沿革 世或汙隆 而斯道長存 統羣生歸一統 非此術 何以成哉

56 『인정』「측인문6」(人道書流傳): 然其間傳達信蹟 猶有文字記載 而人道不可闕者 五倫敎典禮律憲章

57 『인정』「측인문4」(五倫相法): 夫一身之九竅四肢 乃撮爾之小形體 父子君臣夫婦長幼朋友 乃範圍之大形體也 小形體之視聽言動 或有未盡 或不修明 猶爲病廢之人 況大形體之中有一不仁 豈可爲完備之人

이상 더할 수 없는 진리이므로 그것을 천하에다 확충을 시키면 자연 만국이 다 화합할 것이다. 그러므로 부자유친, 군신유의, 부부유별, 장유유서, 붕우유신의 아래에도 조민유화兆民有和라는 구절 하나를 첨가하면 오륜이 통행通行하게 되어 만백성이 화합하는 실효가 나타나게 될 것이다. 오륜의 가르침을 단지 각자가 힘써 행하는 것과 천하에 통행하는 것과는 자연 대소의 차이가 있는 것이니, 각자가 힘써 행하는 것은 자기 일신운화이고, 천하에 통행하는 것은 통민운화이다. 그러므로 천하에 통행하는 오륜을 개인 각자가 행하는 오륜의 천칙天則으로 삼고 개인 각자가 행하는 오륜의 증험을 미루어 천하에 통행하는 오륜의 치안治安으로 삼는다면, 거의 방애妨碍되거나 편체偏滯하는 폐단이 없게 될 것이니, 이것이 바로 대소가 완비된 오륜이다."[58] 오륜이 동서고금의 보편적인 인도가 될 수 있는 것은 통민운화를 따름으로써 '천도가 곧 인도'로 실현될 수 있기 때문이다.

4. 기학적 인물 평가

사람에 대한 이해는 결국에는 사람을 평가하는 논의로 이

---

58 『인정』「선인문5」(畎畝敎法兆民有和): 五倫之敎 至矣盡矣 而推擴天下 自有萬國咸和 父子有親 君臣有義 夫婦有別 長幼有序 朋友有信之下 添一兆民有和一句 以著五倫通行 兆民致和之實效

어지기 마련이다. 지행知行의 관계에서 지가 행을 통해 완성되듯이 인간에 대한 이해도 인간에 대한 평가로 진전될 때 실질적 의미를 갖게 된다. 사람을 어떤 관점에서 이해하는가에 따라 사람에 대한 평가는 범위와 기준이 달라지기 마련이다. 그래서 인간관은 인물평가의 근거가 된다. 이제 인간의 몸, 마음, 본성, 인도에 대한 기학적 설명이 그의 인물평가 범주와 어떻게 연결되는지를 살펴보기로 한다.

최한기는 『인정』(1860년)의 「측인문」에서 인물을 평가하기 위한 범주로 크게 용모容貌와 행사行事를 꼽았고, 용모를 다시 용모와 신기神氣로, 행사를 행사와 인도人道로 범주를 세분하였다. 그는 『인정』에 앞서 「감평」(1838년)을 발표했는데 이것이 「측인문」의 마지막 권의 부록으로 실렸다. 여기에서 인물평가 범주로 기품氣稟, 심덕心德, 체용體容, 문견聞見, 처지處地 등 다섯 항목이 제시되었다. 최한기의 인간관은 이들 인물평가 범주 구성의 이론적인 근거가 되었다.

최한기는 인간의 몸은 형체를 갖고 있으며 구규, 사지, 백해, 장부(오장육부), 피부 등의 조직과 기관으로 구성된 기계器械로 보았다. 몸기계(신기身機)가 갖는 주요한 기능은 하늘의 신기와 형체의 신기를 소통하는 것이다. 몸기계가 인물평가에서 중요시되는 이유는 인간은 신기적 존재이고 신기는 몸기계를 매개로 작용하기 때문이다. 형체와 신기는 인물평가에서 가장 중요한 평가대상이다. "기화氣化가 용모에 나타나는 것에 취할 만한 것이 일곱 가지가 있다. 용모가 단정하고 기운이 화평한 자는 충효의 상이고, 골격이 바르고 태도가 고요한 자는 평등의 상이고, 눈썹이 펴지고 눈이 큰 자는 관용의 상이고, 기운이 화하고 우아한 자는 순수한 상이고, 얼굴이 펴지고 콧마루가 누른 자는 은혜를 베푸는 상이고, 코가 곧고 신기가 일정한 자는 상도常道를 가진 상이고, 용모가 엄숙하고 예스러운 자는 강직한 상이다."[59] 몸의 형체와 신기는 인물평가의 출발점이 된다. 최한기는 몸에 대해 「측인문」에서는 형체로서 '용모'를, 「감평」에서는 신기로서 '기품'을 인물평가의 범주로 삼았다.

한편, 최한기는 인간의 마음을 신기의 신비로운 작용으로 이해했다. 신기는 정신·의식작용을 통해 몸을 주재한다. 마음의 큰 기능은 기억하고 추측하는 것인데 사람의 신기에 습염지능習染之能과 추측지능推測之能이 있기 때문에 가능하다. 최한기가 인물평가 범주 가운데 중요시한 것이 '심덕心德'인데 이것은 습염지능과 추측지능으로 말미암아 마음에 얻어진 것이다. "심덕이란 마음의 얻은 것을 말한다. 선에 노력하기를 오래하면 선을 얻게 되고 악에 젖기를 오래하면 악을 얻게 되니, 선과 악이 비록 다르지만 다 같이 심덕이라 할 수 있다."[60] 심덕은 신기적 마음의 습염과 추측의 능력을 통해 얻어진 유행지리라 볼 수 있다. 마음이 추측하는 능력을 갖게 되는 것은 신기에 학습과 경험이 축적되어 있기 때문이다. 최한기가 인물평가 범주로 '문견', '처지'를 제시한 것도 그것을 통해 마음에 추측지리나 유행지리를 얻을 수 있기 때문이다.

최한기는 앞에서 살펴본 바와 같이 인간 본성을 신기의 활동운화로 규정했다. 인간 본성의 실현은 대기의 활동운화의 본성을 인간의 활동운화로 실현하는 것에 달렸다. 최한기는 체용體容과 행사行事를 인물평가의 중요한 범주로 삼았다. 그는 체용에 대해 "기가 형체를 이룬 것을 체體라 하고, 마음이 밖으로 나타난 것을 용容이라 하는데,

59 『인정』「측인문1」(七取七不取): 氣化現於容貌 有所長之可取者七 貌端氣和者忠孝 骨正色靜者平等 眉開眼大者寬容 氣和聞暇者純粹 面開準黃者施惠 鼻直神定者有常 形肅貌古者剛直

60 『인정』「감평」(論心德): 心德者 心之所得也 忸於善者 久而得其爲善 忸於惡者 久而得其爲惡 善惡雖殊 俱可謂之心德爾

이 둘을 합해서 체용이라 한다"[61]라고 했다. 체용은 몸에 드러난 마음의 상태라 할 수 있다. 행사에 대해 "기품氣稟과 성행性行은 그 사람의 근기요 그때그때의 행사는 경력인 것이니, 누차 그의 이미 지나간 행사를 증험하고 그의 기품과 성행을 헤아려보아 장래를 짐작하는 대략을 삼는 법이다. 대범 기품과 성행은 온갖 행실이 나오게 되는 근원인 것이니, 달리 헤아릴 것 없이 행사로써 밖에 나타나는 심술心術과 성행을 삼아 후일의 행사 헤아려보기를, 자(척尺)로 장단을 재고 저울로 경중을 달 듯 하는 것이다."[62]라고 했다. 인물평가와 관련하여 보면 체용은 몸과 마음에 신기의 활동운화가 드러나는 것이고, 행사는 심술과 성행이 행동으로 실천되어 나타난 것으로 모두 신기의 활동운화가 실현된 것이다.

인도는 천인운화의 실현에 달려 있다. 천인운화는 천인의 기가 일치하는 운화로 인기가 천기를 승순하는 것이다. 인도는 이러한 천인운화를 실현하는 방법이라 할 수 있겠다. 최한기는 인물평가에 있어 인도를 최종 평가기준으로 삼아야 한다고 했다. "세상의 모든 일은 모두 인도의 포폄에 귀결된다. 용모가 풍후豊厚하게 생긴 사람은 인도를 행하는 데에 가깝기 때문에 귀貴하다 하고, 용모가 박薄하게 생긴 사람은 인도를 행하는 데에 멀기 때문에 천賤하다 한다. 신기가 화평한 사람은 인도를 행할 수 있기 때문에 귀하다고 하고, 신기가 편벽되고 좁은 사람은 인도를 행하기 어렵기 때문에 천하다고 한다. 행사가 훌륭하고 착한 사람은 인도에 부합되는 일이 많기 때문에 선善하다고 하고, 행사가 패악한 사람은 인도에 어긋나는 것이 많기 때

61 『인정』「감평」(論體容): 氣之成形曰體 心之著外曰容 合言體容

62 『인정』「측인문4」(根基經歷): 氣稟性行 人之根基也 隨時行事 人之經歷也 累驗已往之行事 測得其人氣稟性行 以爲將來斟酌之大略 夫氣稟性行 百行所由出之根源 不可從他測得 以行事爲外著之心術性行 裁度後日行事 如將尺而較長短 擧衡而稱輕重

문에 악하다고 한다."[63] 형체를 통해 신기가 드러나듯 인도는 행사를 통해 드러난다. 인도가 인물평가의 최종적 판단기준이 되는 정당성의 근거는 그것이 통민운화로서 일신운화와 대기운화와 더불어 일통적 삼층운화를 이루기 때문이다.

5. 기학적 인간이해의 의의

최한기의 기학적 인간이해는 주로 성리학적 인간관에 대한 비판을 통해 이루어졌다. 그는 기학적 인간을 서양의 과학적 관점을 수용하여 기계器械, 즉 신기身機로 규정하고 인간에 대한 무형의 형이상학적 추론 대신 유형의 경험적 지식을 추구하였다. 성·리를 중심 논제로 한 심성론을 비판하고 신기·운화의 객관적 법칙을 통해 인간을 이해하고자 하였다. 지금까지 최한기의 기학적 인간이해를 몸과 마음, 본성과 인도를 중심으로 살펴보았다. 최한기의 기학적 인간이해가 갖는 의의를 다음과 같이 요약할 수 있겠다.

첫째, 최한기는 인간에 대해 윤리보다 물리를 중시하는 자연주의적 접근을 시도했다는 데 의의가 있다. 성리학의 성즉리설性卽理說은 곧

63 『인정』「측인문」(萬事湊泊人道): 世間萬事 皆湊泊於人道之褒貶 容貌豐厚之人 近於人道之行 故謂之貴 容貌涼薄之人 遠於人道之行 故謂之賤 神氣和平之人 可以行人道 故謂之貴 神氣偏隘之人 難以行人道 故謂之賤 行事良善之人 多合人道 故謂之善 行事悖惡之人 多違人道 故謂之惡

자연법칙과 도덕법칙을 통일적으로 인식하는 것으로 인간에 대한 객관적인 탐구를 방해했다. 최한기는 성과 리를 모두 신기로 인식함으로써 인간에 대한 탈윤리적이고 객관적인 접근을 가능하게 했다. 그는 도덕실천을 위해 자연을 이용하는 것이 아니라 인간의 도덕성은 오히려 자연에 대한 객관적인 지식을 통해 정당화될 수 있다고 보았다.

둘째, 최한기는 기학의 일통적 철학을 통해 인간적 요소들 간의 대립적 이원성을 극복했다. 유학에서 대체大體-소체小體, 인심人心-도심道心 등의 개념 속에 내포된 가치의 위계는 기氣에 대한 리理, 육체에 대한 마음, 정情에 대한 성性의 본래성을 강조한 데서 비롯되었다고 볼 수 있다. 최한기는 몸과 마음, 본성과 인도는 모두 신기운화적 산물이며 이들 간의 대립적 이원성은 존재하지 않는다고 하였다. 사람의 몸과 마음은 신기의 양 측면이고, 본성과 인도는 운화의 양 측면일 뿐이다. 신기와 운화의 관점에서는 이들 간에 조금의 간극도 존재하지 않는다.

셋째, 최한기의 인간관은 몸의 육체성을 부각시킨 데 특별한 의의가 있다. 선진유학과 성리학에서 몸은 욕망의 근원지로서 극복의 대상으로 인식되었다. 극기복례克己復禮, 거인욕去人慾·존덕성尊德性의 명제가 모두 몸의 육체성에 대한 부정적인 시각을 담고 있다. 최한기는 오히려 몸을 마음과 본성이 깃들어 존재할 수 있는 공간으로 보고 있다. 마음과 본성은 몸을 억압함으로써 발현되는 것이 아니라 몸을 통해서 비로소 실현될 수 있다고 보았다.

제2부

측인의 이론과 방법

1. 머리말

2. 측인測人의 이론적 배경

3. 측인의 인식대상

4. 측인의 의의

5. 측인론이 인물평가에 갖는 의의

Chapter 6

측인의 이론적 배경과 의의

PART 2

Chapter 6

6장

측인의 이론적 배경과 의의

1. 머리말

인물평가는 인간이 사회적 동물로서 집단생활을 영위하면서부터 어떤 형태로든 존재해 왔다. 인간이 무리를 지어 살면서 타인을 헤아리는 일은 성공적인 사회적 삶의 관건이 된다. 타인에 대한 헤아림이 없다면 생활도 생존도 불가능하기 때문이다. 동양에서는 고대사회로부터 역학, 점성학, 풍수지리학, 관상학, 성명학 등에서 사람을 헤아리는 이론을 발전시켜 왔다. 서양에서도 일찍부터 점성술과 함께 관상학이 발달했으며 '타자에 대한 시각적 표상화'를 통해 사람을 구분 짓고 우열을 매겨 서열화를 꾀했다. 동·서양을 막론하고 인물평가는 대체로 '성격분석적' 평가와 '미래예언적' 평가의 형태로 이루어졌다[1]. 성격분석적 평가가 사람을 헤아리는 일정한 개념적 척도를 설정하고 이를 통해 사람의 성격을 분류하고 평가하는 반면, 미래 예언적 평가는 인물평가를 통해 미래의 운명을 예측하고 길흉을 점치는 데까지 나아가는 것이다.

전통적 인물평가 이론은 인류 사회만큼이나 긴 역사를 가졌지만 오늘날에 와서는 미신의 영역으로 치부되고 말았다. 전통적 인물평가 이론은 비록 결과가 사실로서 드러나더라도 그 과정이 인과론적으로 설명되지 못하거나 경험적으로 입증되지 못하면 비과학적, 비합리적인 것으로 취급되기 때문이다. 근대사회에서 이른바 "'과학'이라는 용어는 오늘날 과학기술주의(technologie)라는 새로운 이데올로기의 전례 없는 파급력이 말해주듯이 그 자체 하나의 '가치'이며 '이념'이 되어 버리고 말았다."[2] 그래서 과학의 시대에 과학의 기준을 충족시키지 못하거나 그것에서 벗어나는 전통적 인물평가 이론은 학문 밖으로 소외될 수밖에 없는 것은 당연할지도 모른다. 조선조 말 최한기의 측인론은 한국의 전통적 인물평가 이론과 서양 근대의 사회심리학적 인물평가 이론을 매개하고 상호 보완할 수 있는 이론적 토대로서 주목할 만하다.

최한기의 사상은 만년(58세)의 저서 『인정人政』을 통해 집대성되었다고 해도 과언이 아닐 것이다. 『인정』은 모두 4개의 부문(門)으로 이루어졌는데, 첫 부문이 「측인문」이다. 측인문은 총 7권으로 구성되었고, 마지막 권이 인물의 「감평鑑枰」에 관한 것이다. 측인문을 『인정』의 첫 부문으로 놓은 것은 '측인의 도리가 만사의 근본'이기 때문이고, 그

1 설혜심, 2002, 『서양의 관상학, 그 긴 그림자』, 한길사, 42쪽

2 정종호, 1993, 「이른바 '초자연현상' 연구의 학문적 위상정립 가능성에 대한 진단: 대학내 학과 및 교과개설을 위한 시도, 그리고 그 장애요인에 대한 정치사회학적 분석」, 『한국정치학회보』 제26집 3호, 48쪽

가 추구하는 인정[3]의 실현도 바로 측인의 성공여부에 달려 있다고 보았기 때문이다. 「감평」이 측인문의 마지막 권에 첨부되어 있지만 시기적으로는 측인문보다 22년 앞서 저술되었다. 사실 측인문은 「감평」을 이론적으로 발전시킨 것이며 나아가 「측인문」을 출발점으로 삼는 『인정』 전체가 인품평가를 핵심적 내용으로 하고 있다고 볼 수 있다. 흔히 '인사가 만사'란 말을 하지만 최한기의 『인정』은 이 말을 이론적으로 실천한 전형적인 예라고 볼 수 있다.

최한기가 측인을 학문의 핵심적 과제로 삼은 것은 당시의 시대적 상황과 이에 따른 학자적 사명감과 무관하지 않을 것이다. 혜강이 살았던 19세기 조선 사회는 오랫동안 누적된 구질서의 모순과 세도정치의 폐해로 백성은 도탄에 빠지고 사회는 극도로 혼란했다. 국제적으로도 서구의 열강들이 개항을 압박하고 서양의 종교와 과학기술문명이 성리학적 세계관과 학문의 강력한 대안으로 떠오르고 있었다. 당대에 누구보다 서구의 과학기술문명을 선구적으로 습득한 최한기로서는 이에 대처할 학문의 정립과 적합한 인재를 선발할 필요성을 느꼈을 것이다. 그는 『기학』을 정립하고, 『인정』을 통해 인재를 헤아려(測人) 교육하고(教人) 선발하여(選人) 등용하는(用人) 것에 관한 학문을 정립하였다. 그 중에서 측인은 용인과 더불어 인정의 핵심적인 내용이 된다.

인물평가는 고대로부터 역사적으로 긴 그림자를 가졌고 그것이 오늘날 사회심리학에까지 드리워져 과학적 연구의 일부로 편입되었다.

---

3 최한기는 인정人政을 '우주의 대정大政에 일치하는 정치'로 규정하고 다음과 같이 설명하였다. "사람의 생활을 깊이 궁구하면 도리에 어긋나서는 안 되고 오직 승순承順해야만 한다. 도道를 일신의 운화運化에서부터 교접의 운화와 통민의 운화에 이르기까지 모두 대기大氣의 운화를 본받는다면, 진퇴進退, 지속遲速, 위합違合, 순역順逆이 자연 운화의 추이에 따라 재어裁御가 적절하게 되고, 형세形勢를 따라 잘 인도한다면 천백의 이론이 모두 소멸되어 일통의 운화로 천인이 일치될 것이니, 이를 일러 인정이라고 한다."고 하였다.(『인정』「인정범례」)

"사회심리학에서 인물평가에 대한 연구는 핵심적인 주제로서 인상형성과 대인지각의 영역에서 주로 다루어져 왔다. 유명한 S. Asch의 연구가 1946년에 나온 시점을 전후해서 대인지각의 연구는 중요한 영역으로 취급되어 왔다. 국내에서도 1960년대부터 이 분야의 연구가 나오고 있으며, 1970, 80년대에는 가장 많은 관심이 사회심리학자들에 의해서 기울여진 분야이다."[4] 사회심리학적 인물평가는 인물에 대한 실증주의적 접근에 의존함으로써 경험적 인과관계로 설명될 수 없는 평가영역은 제외되어 협소화된 측면이 많다. 과학적, 실증주의적 관점을 통해 인물의 특성을 지각하고 이를 범주화하는 등 인상형성 과정에 대해 관심을 갖거나, 이러한 특성과 인상이 문화적으로 어떻게 평가되는가에 주로 관심이 한정되었기 때문이다.

최한기의 측인론은 실증주의와 문화적 상대주의 이념에 치우친 서구 사회심리학적 인물평가의 한계를 인식하고 이를 극복할 이론적 지평을 넓히는데 도움이 되리라 본다. 아래에서는 측인의 의미와 의의를 유교의 지인知人, 상학相學의 상인相人, 도교道敎의 양인養人, 잡가雜家의 중인重人 등의 비교를 통해 먼저 살펴보고자 한다. 이어 인물평가 대상의 수준과 범주 등을 살펴보고, 마지막으로 측인학의 사회적 의의와 특징을 정리해 보고자 한다.

4 한규석 외, 2004, 「한국사회에서의 사람 판단의 준거: 된 사람과 난 사람의 평가를 중심으로」, 『한국심리학회지: 사회 및 성격』 제18집, 23쪽

2. 측인測人의 이론적 배경

최한기는 측인론을 통해 유교의 지인론知人論, 도교의 양인론養人論, 잡가의 중인론重人論, 그리고 관상학의 상인론相人論을 비판적으로 종합하였다. 그는 유교적 지인에 대해 다음과 같이 비판한다.

> 고금의 서적이 모두 지인을 요목으로 삼는데, 지知라는 글자 하나로 선악과 우열을 단정할 뿐 달리 변통하는 방법이 없으므로, 죽은 사람에게 쓸 수는 있어도 산 사람에게는 쓸 수가 없으니, 어찌 측測이란 글자로 촌탁忖度하는 방법을 삼아 일정하지 않은 선악을 참작하는 과科로 삼고, 수많은 견문을 증험하는 기틀로 삼는 것과 같으랴.[5]

공맹은 여러 곳에서 지인을 말하고 있다.[6] 공자는 『논어』에서 '지知는 사람을 아는 것이다(知人)', '남이 나를 알아주지 않는 것을 근심하지 말고, 내가 남을 알지 못하는 것을 근심하라(不知人)'라고 했고, 자

---

5 『인정』「인정범례」: 古今書籍 皆以知人爲目 知之一字 以善惡優劣斷定之 更無變通之術 在死人則可 在生者則不可 豈若以測字爲忖度之方 使未有定之善惡 歸于參酌之科 未究竟之見聞 留待證驗之幾

6 이하 『논어』「안연 22장」: 樊遲問仁 子曰 愛人 問知 子曰 知人; 『논어』「요왈 3장」: 孔子曰 不知命 無以爲君子也 不知禮 無以立也 不知言 無以知人也; 『중용』「20장」: 故君子 不可以不修身 思修身 不可以不事親 思事親 不可以不知人 思知人 不可以 不知天; 『중용』「29장」: 質諸鬼神而無疑 知天也 百世以俟聖而而不惑 知人也; 『논어』「위정 10장」: 子曰 視其所以 觀其所由 察其所安 人焉廋哉? 人焉廋哉?; 『맹자』「이루장구 상 15장」: 孟子曰 "存乎人者 莫良於眸子 眸子不能掩其惡 胸中正 則眸子瞭焉 胸中不正 則眸子眊焉 聽其言也 觀其眸子 人焉廋哉?

사子思는 『중용』에서 '어버이를 섬길 것을 생각할진댄 사람을 알지 않을 수 없고(知人), 사람을 알 것을 생각할진댄 하늘의 이치를 알지 않을 수 없습니다(知天)', '귀신에게 질정하여도 의심이 없음은 하늘을 아는 것이요(知天), 백세에 성인을 기다려도 의혹되지 않음은 사람을 아는 것이다(知人)'라고 하여 지인을 말하였다. 그리고 지인하는 방법에 대해 공자는 '그 하는 것을 보며, 그 편안히 여김을 살펴본다면, 사람들이 어떻게 자신을 숨길 수 있겠는가! 사람들이 어떻게 자신을 숨길 수 있겠는가!'라고 했고, 또한 '말을 알아듣지 못하면(不知言) 남을 알지 못한다(無以知人).'라고도 하였다. 맹자도 '그의 말을 들어보고 그의 눈동자를 관찰한다면 사람들이 어떻게 〈자신을〉 숨기겠는가.'라고 하였다. 이와 같이 공·맹을 비롯한 유가들의 지인은 인물에 대한 실증적 평가보다는 지언知言, 지천知天을 통한 인간의 본성에 대한 추상적 지식을 추구하였다.

> 공자께서 공야장을 두고 평하시기를 '사위를 삼을 만하다. 비록 포승으로 묶여 옥중에 있었으나 그의 죄가 아니었다.' 하시고, 자기의 딸을 그에게 시집보내셨다.
>
> 공자께서 자천을 두고 평하셨다. '군자답다, 이 사람이여! 노나라에 군자가 없었다면 이 사람이 어디에서 이러한 덕을 취했겠는가?'
>
> 공자께서 남용을 두고 평하시길 '나라에 도가 있을 때에는 버려지지 않을 것이요, 나라에 도가 없을 때에는 형벌을 면할 것이다.' 하시고, 형의 딸을 그에게 시집보내셨다.
>
> 자공이 '저는 어떻습니까?'하고 묻자, 공자께서 '너는 그릇이다.' 하셨다. '어떤 그릇입니까?'하고 다시 묻자, '호瑚, 련璉이다.' 하

고 대답하셨다.[7]

최한기는 유가의 평가방법도 평가기준이나 절차보다는 주관적 감상에 의존함으로써 후세에 실용적으로 활용될 수 없다고 비판하였다. 유가 경전에 기록된 지인의 사적은 많지만 알아보는 방법을 기록하지 않고 다만 느낀 것을 기록했을 뿐이다. 또한 인품의 등급을 매기기도 했지만 인물평가에 활용할 만큼 구체적인 기준이 되지는 못했다.[8] 공자는 인물을 '태어나면서 아는 사람(生而知之者)', '배워서 아는 사람(學而知之者)', '힘들여 배우는 사람(困而學之者)', '힘을 들여도 배우지 못하는 사람(困而不學者)'으로 구분하였고, '상지上知'와 '하우下愚'로 구분하기도 하였다. 맹자도 인품에 따라 사람을 선인善人, 신인信人, 미인美人, 대인大人, 성인聖人, 신인神人으로 등급 지었다.[9] 그리고 이

---

7 『논어』「公冶長, 1장, 2장, 3장」; 子謂公冶長 可妻也 雖在縲絏之中 非其罪也 以其子妻之. 子謂南容 邦有道不廢 邦無道 免於刑戮 以其兄之子妻之(1장). 子謂子賤 君子哉 若人 魯無君子者斯焉取斯(2장) 子貢問曰 賜也 何如 子曰 女 器也 曰 何器也 曰 瑚璉也(3장)

8 이하 『논어』「季氏 9장」: 孔子曰 生而知之者上也 學而知之者次也 困而學之 又其次也 困而不學 民斯爲下矣; 『논어』「양화 2장」: 子曰 唯上知與下愚不移; 『맹자』「진심 하 25장」: 浩生不害問曰 樂正子何人也? 孟子曰, "善人也 信人也 何謂善? 何謂信? 曰 可欲之謂善 有諸己之謂信 充實之謂美 充實而有光輝之謂大 大而化之之謂聖 聖而不可知之之謂神 樂正子 二之中 四之下也 참조

9 맹자는 그의 제자인 호생불해浩生不害다 악정자藥正子의 인물됨을 논평해 줄 것을 요구받는 자리에서 인간됨의 위계를 이와 같이 5등급으로 나누었다. 주희에 따르면 선善한 사람은 반드시 가욕加欲스럽고, 악惡한 사람은 가증加憎스러우니, 그 사람됨이 가욕스럽고 가증스럽지 않다면 이를 선인善人이라 한다. 선善을 다 실제로 소유하여 악취惡臭를 미워하고 호색好色을 좋아하듯이 한다면, 이는 신인信人이라 한다. 그 선善을 힘써 행해서 충만하여 쌓이고 꽉 참에 이르면 아름다움이 그 가운데에 있어서 밖에 기다릴 것이 없는 것을 미인美人이라 한다. 화순和順이 마음속에 쌓여 영화英華가 밖에 드러나서, 아름다움이 그 가운데 있어 사지四肢에 드러나며, 사업事業에 발로된다면 대인大人이라 한다. 대인大人이면서 능히 의도적으로 생각하지 않고 힘쓰지 않아도 자연히 도道에 맞게 행동하는 사람을 성인聖人이라 한다. 신인神人은 성인聖人의 신묘神妙한 측면을 두고 한 말이다. 여기서 선善은 인신운화의 체득, 신信과 미美는 통민운화의 체득, 그리고 대大와 성聖은 대기운화의 체득과 관련되어 있다고 볼 수 있다.

상적인 인간을 9사九思, 9덕九德, 9용九容 등으로 묘사하기도 하였다.[10] 최한기는 유가들의 지인이 이와 같이 인간의 지성과 도덕성을 높이 평가한 점은 수용하면서도 인물을 평가하는 구체적이고 객관적인 방법을 제시하지 않았을 뿐만 아니라 경험적으로 검증된 지식에 근거하지 않았다고 비판하였다.

측인론의 이론적 토대로서 유가의 유술儒術과 함께 도가의 내단학內丹學을 들 수 있다. 내단학은 외단학과 대비되는 양생법인데 몸 바깥의 약으로서 불노불사不老不死의 단丹을 취하는 것이 아니라 자신의 몸을 하나의 화로火爐로 보고 거기서 불노불사를 위한 단을 만들고자 하는 것이다. 도교의 내단학이 추구하는 목표는 깨달음, 즉 불완전한 자신에게서 완전한 자신으로의 도약이라 하겠다. 도교적 깨달음은 기氣의 양생과 기의 초월에 달려 있다. 전자의 양생법은 신체적으로 영생하는 방법이고, 후자의 초월법은 기를 순화시켜 천인합일

---

10 9사九思, 9덕九德, 9용九容

9사: 공자가 말씀하셨다. "군자는 아홉 가지 생각함이 있으니, 봄에는 밝음을 생각하며, 들음에는 귀 밝음을 생각하며, 얼굴빛은 온화함을 생각하며, 모양은 공손함을 생각하며, 말은 충성함을 생각하며, 일은 경건함을 생각하며, 의심스러움은 물음을 생각하며, 분함은 어려움을 생각하며, 얻는 것을 보면 의義를 생각한다." (孔子曰 "君子有九思 視思明 聽思聰 色思溫 貌思恭 言思忠 事思敬 疑思問 忿思難 見得思義" 『논어』, 「계씨 10장」)

9덕: 고요가 다음과 같이 말했다. "너그러우면서도 장엄하며 유순하면서도 꼿꼿하며 삼가면서도 공손하며 다스리면서도 공경하며 익숙하면서도 굳세며 곧으면서도 온화하며 간략하면서도 모나며 굳세면서도 독실하며 강하면서도 의義를 좋아하니, 몸에 드러나고 시종 떳떳함이 있는 것이 길吉한 사람이다. (皐陶曰 寬而栗 柔而立 愿而恭 亂而敬 擾而毅 直而溫 簡而廉 剛而塞 彊而義 彰厥有常 吉哉 『서경』「皐陶模 3」)

9용: 군자의 평소의 모습은 한아閒雅해야 하고, 자기가 존경하는 사람을 만났을 때에는 언행을 삼가고 방종하지 말아야 한다. 또 군자의 걸음은 무게가 있어야 하고 손놀림은 공손해야 하며, 눈의 모양은 단정하고 입의 모양은 조용해야 하며 소리 모양은 고요하고 머리 모양은 곧고 기상氣像의 모양은 엄숙해야 하며, 서 있는 모양은 덕이 있는 기상이어야 한다. 얼굴빛 모양은 장엄하고 앉아 있을 때는 시동(尸)과 같고 한가히 있을 때와 말을 할 때는 용모를 온화하게 가진다.(君子之容舒遲 見所尊者齊遬 足容重 手容恭 目容端 口容止 聲容靜 頭容直 氣容肅 立容德 色容莊 坐如尸 燕居告溫溫 『예기』「玉藻」)

의 깨달음을 얻는 방법이라 할 수 있다. 양생과 초월은 상호 보완적이고 동반적으로 이루어진다.

도교에서는 기를 정精·기氣·신神 세 요소로 나누어 파악하였다. 정이란 원시적인 거친 에너지로 그것이 조금 순화된 것이 기가 되며 더 순화된 것이 신이 된다. 양생법은 이들 정·기·신을 기르는 법이다. 정을 기르는 것을 '취정聚精'이라 하는데 간단히 말해 에너지의 방출을 막고 성생활을 비롯한 생활전반에 걸쳐 섭생하는 것이다. 취정의 방법으로는 욕망을 적게 하는 과욕寡慾, 노력을 적게 하는 절노節勞, 분노에 소비되는 에너지를 줄이는 식노息怒, 술로 인한 체력소모를 줄이는 계주戒酒, 맛있는 음식을 먹고 싶어 하는 욕구를 줄이는 신미愼味 등이 있다. 다음 기를 강화시키는 것을 '양기養氣'라고 한다. 양기의 방법은 숨을 통해 기를 받아들이는 호흡법과 자신의 몸 안에 있는 기를 순환시키는 행기법이 있다. 마지막으로 신을 모으는 '존신存神'의 방법이 있다. 존신의 방법은 몸에 있는 경혈이나 몸 속에 존재하는 다양한 신을 상상하고 그 상상을 통해 조금씩 기를 모아가는 방법이다. 존신의 가장 일반적인 방법이 단전에 의식을 집중시키는 의수단전意守丹田의 방법이다. 이러한 취정, 양기, 존신의 방법을 통해 몸에 활력이 생기고 양생이 이루어진다고 생각했다.

도교의 내단학에는 이와 같은 신체적 양생법과 더불어 내단을 연마하여 깨달음에 이르는 수행법으로서 초월법이 있다. 초월의 단계는 축기築基·연정화기煉精化氣·연기화신煉氣化神·연신환허煉神還虛로 이루어진다. 우선 축기라는 것은 기초 트레이닝이다. 스포츠로 말하면 매일 달리기를 해서 다리와 허리를 강화시키는 것처럼 기본적인 체력을 만드는 과정이다. 축기의 방법에는 연신煉神, 연기煉氣, 보정補精의 방법이 있다. 연신은 수심收心, 지념止念, 입정入靜과 같은 선정禪定에 가까운 마음, 자신의 체내를 보는 내시內視, 의식을 멈추고 그 의식을 보는 지관止觀, 체내의 혈을 지키는 수규守竅, 의식에 따라 기를 이끌어가는 의도意導 등이 있다. 연기는 호흡법이다. 연기 가운데는 기氣, 호흡呼吸, 조식調息, 화후火候 등이 있다. 기로서는 선천의 기와 후천의 기, 호흡으로서는 정호흡과 역호흡, 그리고 조식으로서 태식胎息과 종식踵息이 거론된다.

축기가 완성되면 연정화기, 연기화신, 연신환허로 나아간다. 도교의 종파에 따라서 연허합도煉虛合道를 설정하는 경우도 있다. 연정화기는 하단전에 기를 저장하여 단丹을 만드는 단계이다. 이는 태아가 생명을 받아 태내에 자리하는 것에 비유된다. 다음 연기화신 단계에서는 육종진동, 즉 여섯 종류의 몸의 움직임이 신호로서 나타난다고 한다. 천화락天化落, 백운비白雲飛와 같이 눈앞에 흰 눈이 날리는 현상 등이다. 그리고 육통전이라는 것이 있는데 천안통天眼通이나 타심동他心通 등 여섯 개의 초능력을 얻게 된다고 한다. 마지막 연신환허 단계는 9년이 소요되는데, 그 중 3년은 유포乳哺라 하여 마치 어머니가 아기에게 젖을 먹이듯이 성장한 자신의 단(태아)을 키우는 것이다. 후반 6년은 여전히 불안정한 단(태아)을 장부丈夫로 키우는 기간으로 할애한다. 그것을 온양溫養이라 한다. 이 과정을 거쳐 개천문開天門의 때를 맞이한다. 천문이란 아기 머리의 물렁물렁한 부분으로 정문이라고도 한다. 이 천문이 9년간의 수행 끝에 열려서 거기로부터 지금까지 키워온 단이 나가는 것이다. 그렇게 하여 완전히 성장한 자신의 금단, 즉 참 자기는 양신陽神이나 원신元神이라 불리며 열린 천문에서 나와 태허와 하나가 되어 천인합일을 이룬다. 도교에서는 이렇게 몸의 내부에서 단이 생겨나 서서히 성장하고 마침내 자신으로부터 빠져나가는 것, 즉 자신의 안에 있는 또 하나의 자신(神)을 '몸 밖의 몸'이 되

도록 하는 것을 깨달음이라 보는 것이다.[11]

측인론의 이론적 토대인 최한기의 기학은 도교의 기적 세계관에 많은 영향을 받았고 측인론도 도교의 정·기·신으로 이루어진 기적 인간관에 의존하는 바가 크다. 측인론에는 정·기·신의 도교적 개념뿐만 아니라 몸을 소형체·대형체로 나누어 보는 '두 개의 몸' 관념이나 천인운화天人運化 실현에 의한 인기人氣와 대기大氣의 천인합일 사상이 이론적 토대를 이룬다. 또한 측인론과 관상학에서 신체적 양생상태가 큰 비중을 차지하는 것은 이러한 도교의 인간관에 영향을 받았음을 짐작할 수 있다. 이렇게 볼 때 도교의 인물평가를 유가의 지인법, 관상가의 상인법과 대비해 양인법養人法이라 부를 수 있겠다.

최한기는 도교의 기 이론이 무형의 기 개념에 의존함으로써 허학虛學에 머물렀다고 했다. 그는 "노자의 무無와 불가의 공空은, 기氣가 형질이 없는 것과 막힘이 없는 것만을 보고 우주에 가득 차서 만물을 만드는 것이 기인 것을 알지 못한 까닭에, 처음에 조금 잘못 안 것이 마침내 공적空寂과 허무虛無에 이르게 된 것이다."[12]라고 했다. 최한기의 기학은 유형의 기를 전제하고 있다. 유형의 기는 형질의 기와 운화의 기로서 물리적 실체를 갖고 보편적 자연의 법칙에 따른다. 유형의 기적 존재인 인간의 생노병사도 자연의 법칙에 따를 뿐 인위적인 양생을 추구하는 도교의 내단학은 부질없는 일이라 보았다. "단학과 의학에 종사하는 사람이 만약 참으로 기에 관해 터득함이 있어서 품부받은 기가 근본으로 돌아가는 기(大氣=天氣)를 어기거나 벗어날 수 없으며, 품부받은 기에는 스스로 한정된 기한이 있다는 사실을 정확

---

11 三浦國雄(미우라 쿠니오), 2000, 『不老不死という欲望ー中国人の夢と実践(불로불사라는 욕망–중국인의 꿈과 실천』, 人文書院, 106~107쪽

12 『기측체의』「추측록1」(推氣測理, 老氏無佛氏空): 老子之無 佛氏之空 蓋見無形質無窒礙 未見其充塞宇宙裁和萬物 良有以也 始自未達一間 終致空寂虛無之科

히 안다면, 어찌 여러 가지 견강부회를 하여 헛되이 정력을 소비하겠는가?"[13] 최한기는 도교적 선술仙術에 대해 매우 부정적인 입장을 갖고 있다. 외도학으로서 천방교(회교)를 비판하면서 "선술을 행함으로써 기를 단련하여 육체를 벗어나 하늘로 올라가고자 하는 것이니, 곧 천하고 비루한 행위이다"[14]라고 한 것에서 선술에 대한 그의 부정적 인식을 엿볼 수 있다. 결국 최한기는 도교로부터 많은 이론적 자원을 가져오지만 도교적 선술(내단학)은 외도학인 천방학과 같이 '운화의 기를 벗어나 천박하고 비루한 일을 받들어 행하는 것'을 일삼을 뿐이라고 비판하였다. 이는 도교적 방술이 운화에 순응하기보다는 생사·질병·부귀·빈천 등을 좇거나 피하고자 하는 욕구에서 비롯되었다고 보기 때문이다.

공·맹과 노·장 이후 보다 구체적인 인물평가 방법이 제기되기도 했다. 이들 방법은 대개 인재人才를 감별하는 기준을 중심으로 기술되었다. 『대대례기大戴禮記』「문왕관인文王官人」편과 『일주서逸周書』「관인官人」 편에 나오는 '육징六徵', 『육도六韜』「선장選將」 편에 나오는 '팔징八徵', 『여씨춘추呂氏春秋』「논인論人」 편에 나오는 '팔람八覽·육험六驗·육징六徵' 등은 인물파악을 위해 실용적 기준과 범주를 제시한 본보기라 할 수 있다.[15] 중국 위나라의 유소劉劭는 이 분야의 이론 체계를 마지막으로 정립한 사람인데, 그는 『인물지人物志』를 통하여 성격형성 과정과 성격 분류법, 그리고 각 성격의 장단점, 각 성격에 적합한 직업, 성격을 파악하는 방법으로서 팔관八觀·칠류七繆·구

13 『기학』(1-5): 丹學醫學之人 如有實得於氣 的覩稟受之氣 不可違越還原之氣 自有期限 何庸許多附會 徒費精力

14 『기학』(1-9): 要作仙術 練氣脫殼而昇天 是乃賤陋之行也

15 이하 이승환, 2001, 「조선의 과폐와 최한기의 측인학 -『인정』「측인학」을 중심으로-」, 『한국사상사학』 제16집, 167-9쪽 참조

징九徵[16] 등을 일목요연하게 서술하고 있다. 그리고 『여씨춘추呂氏春秋』 「논인論人」편에는 팔람, 육험, 육징과 함께 육척六戚과 사은四隱[17]을 인물 평가방법으로 제시했다. 안으로는 여섯 가지의 혈육과 네 가지의

---

16 팔관八觀(사람을 보는 8가지 방법): 첫째는 남과 쟁탈하는 경우와 남을 구제하는 경우를 관찰하여 뒤섞인 성격 상태를 밝혀내는 일이다. 둘째는 사태에 감응해서 변화하는 태도를 관찰하여 평소의 원칙을 살피는 일이다. 셋째는 뛰어난 재질을 관찰하여 그가 얻은 명성의 근거를 파악하는 일이다. 넷째는 행위의 동기를 관찰하여 사이비적 인물은 아닌지 가려내는 일이다. 다섯째는 사랑하고 공경하는 태도를 관찰하여 (정이) 통하고 막힘을 파악하는 일이다. 여섯째는 미세한 감정 상태를 관찰하여 (그가) 원하는 바와 싫어하는 바를 파악해내는 일이다. 일곱째는 단점을 관찰하여 역으로 그가 지닌 장점을 파악해내는 일이다. 여덟째는 총명함을 관찰하여 그가 통달한 바를 알아내는 일이다.

칠류七繆(범하기 쉬운 일곱 가지 오류): 첫째, 어떤 인물에 대한 사람들의 평판을 편파적으로 받아들이는 잘못이 있을 수 있다. 둘째, 사람들을 대할 때 좋아하고 싫어하는 감정의 치우침이 있을 수 있다. 셋째, 타인의 마음을 파악하는 데 있어서 오로지 크고 작음으로만 판단하는 데서 발생하는 오류가 있다. 넷째, 사람의 자질을 평가할 때, 성취의 빠르고 늦음으로만 기준을 삼는 데서 생기는 착오가 있다. 다섯째, 사람들을 구별할 때 자신과 같은 성향의 사람들은 너그럽게 받아들이고, 자신과 성향이 다른 이들은 배척하는 경향이 있다. 여섯째, 인재를 논함에 있어, 이끌어 주거나 억눌러 버리는 극단적 태도가 있다. 일곱째, 기발한 점을 평가할 때, 대단한 인물이라고 극찬을 하거나 아니면 이상한 사람이라고 일축해 버리는 오류가 있다.

구징九徵(밖으로 드러난 아홉 가지 징험): 공평하거나 편파적인 자질은 신기에 달려 있고, 명석하거나 우둔한 재능은 정기에 달려 있으며, 용감하거나 비겁한 기세는 근육에 달려 있고, 강건하거나 유약한 기개는 뼈대에 달려 있으며, 조급하거나 차분한 결단은 기운에 달려 있고, 근심스럽거나 즐거운 감정은 낯빛에서 드러나며, 흐트러지거나 단정한 몸가짐은 의표에서 나타나고, 태도의 변화는 용모에서 드러나며, 느긋하거나 조급한 마음 상태는 말투에서 나타난다.(『인물지』, 1999, 劉昭 지음, 이승환 옮김, 홍익출판사 참조)

17 팔람八覽(8가지 관찰); 평가되는 사람이 두루 통달한 사람이면 그가 예를 표하는 바를 보고, 신분이 높은 사람이면 그가 천거하는 바를 보고, 재물이 많은 사람이면 그가 육성하는 바를 보고, 그 사람의 말을 듣고서는 그것이 그의 행하는 바와 부합하는지를 보고, 평상시에는 그가 숭상하는 바를 보고, 임금의 측근에 있는 사람이면 그 진언하는 말을 보고, 궁핍한 사람이면 분명하지 않은 재물을 받지 않는가를 보고, 신분이 낮은 사람이면 의롭지 않은 일을 하지 않는가를 본다.

육험六驗(6가지 시험); 그를 심히 기쁘게 하여서 그가 절개를 바꾸는가를 시험하고, 그를 심히 즐겁게 하여서 비틀거리는가를 시험하고, 그를 격노하게 하여서 스스로 절제할 수 있는가를 시험하고, 그를 두렵게 하여 지조를 지키는가를 시험하고, 그를 슬프게 하여 그 사람됨이 변하지 않는가를 시험하고, 그를 고통스럽게 하여 의지를 바꾸는가를 시험한다.

육척六戚(6가지 혈육); 아비, 어미, 형, 아우, 처, 자식 등

사은四隱(4가지의 주위 사람); 교제하는 벗, 오랜 친구, 동네, 가까운 신하(김근 역주, 1995, 『여씨춘추 1』, 민음사, 152-3쪽

주위 사람을 활용하고, 밖으로는 여덟 가지의 관찰과 여섯 가지의 시험을 활용하면, 사람의 진실됨과 가식, 탐욕스러움과 비루함, 아름다움과 추함의 어떠한 것도 빠뜨리지 않게 된다고 보았다.[18]

최한기는 측인의 목적으로 크게는 '사람이 되는 도리(인도)'와 '경륜의 일'에 유용함을 얻기 위해서라고 했다. 그래서 측인을 통해 경륜의 일을 감당할 인재의 재주와 능력을 평가하는 것이 중요하다. "경륜의 일은, 조정에는 백성을 다스리는 공무公務가 있고 여리閭里에는 산업의 사사私事가 있어, 각각 거기에 합당한 재국才局을 지닌 사람이 있어야 한다. 혹 사무로 인하여서 그 임무를 감당할 만한 인재를 구하기도 하고, 혹 인재를 모아 두었다가 사무의 기회를 기다리기도 하므로, 사람과 일이 서로 맞으면 사공事功이 이루어지고 서로 어긋나면 실효가 없게 된다."[19] 잡가의 중재주의적重才主義的 방법은 재국을 지닌 사람을 선택하여 등용하는 지침으로서 매우 유용한 측면이 있다. 그러나 중재주의는 인재를 평가하는 유용한 지침이지만 경륜의 일에 있어 인재의 재국과 일의 사태를 고정관념으로 고착시켜 운화에 따른 변통에 장애가 되기도 한다. "일신의 행사行事와 운화도 각각 그 직업

---

18 『여씨춘추』의 여불위와 『인물지』의 유소는 청대에 편집된 『사고전서』에서 잡가雜家로 분류되어 있다. 유소는 청대 이전까지 명가名家로 분류되기도 했지만 그의 이론에는 여러 사상이 종합되어 있어 잡가로 분류된 것으로 보인다. "『인물지』에서는 여러 '편벽된 인재(편재偏材)'가 지닌 단점을 지적하고, 최상의 인재를 '중용'의 덕을 지닌 인물로 파악하고 있다는 점에서 다분히 '유가'적인 성격을 내포하고 있다. 또한 유소는 덕 · 법 · 술의 세 가지 기준을 토대로 하여 여기에 적합한 인물의 재능을 12가지로 나누고 있다는 점에서, '법가'적 요소도 적지 않게 간직하고 있는 것을 알 수 있다. 『인물지』에는 이렇게 명가, 유가, 법가의 요소가 고루 들어 있지만, 특히 '도가'의 영향이 『인물지』 전반에 두루 미쳐 있는 것이 특징이다. 『인물지』의 곳곳에서 '노자'의 말을 언급하고 있을 뿐 아니라, 도道 · 무無 · 허虛 · 반反 · 현玄 · 부쟁不爭 · 불벌不伐 등과 같은 도가적 개념을 빈번하게 사용하고 있다."(앞의 책, 『인물지』, 22쪽) 따라서 재능있는 인재를 중시하는 이러한 잡가적 방법을 유가의 지인법知人法, 관상가의 상인법相人法과 대비하여 중인법重人法이라 부를 수 있을 것이다.

19 『인정』「총론」(有用無用): 經綸之事 朝廷有治民之公務 閭里有產業之私事 各有所當之才局 或因事務而顧其堪任之材 或貯人器以待事務之會 人與事 相合則事功成 相違則未有效

과 습관에 따라 사람을 헤아리는 것이 자연 등분等分이 있게 마련이다. 사농士農의 측량은 공상工商의 측량과 다르고, 공상의 측량은 사농의 측량과 같지 않다. 이 뜻을 알아서 사람을 헤아린다면, 측인이 천하에 통달할 수 있다."[20] 최한기는 신기身氣가 천기天氣에 순응하는 것은 천하가 모두 같지만, 일과 재국 사이는 고착될 수 없으며 각국의 정교政教와 토의土宜와 속상俗尙에 따라 변화가 있을 수 밖에 없다고 했다. 따라서 이들 인재를 파악하는 다양한 기준과 방법들은 참고로 하되 이를 시대에 따라 변통할 때 유용성을 유지할 수 있게 된다고 보았다.

한편, 최한기는 상학相學의 상인相人을 직접적으로 비판하였는데, 상법이 형모에 의존하여 길흉의 운명을 점치는 데 한정된 비합리적이며 매우 편협한 성격을 갖고 있다고 비판하였다.

> 심지心志를 수고롭게 하며 측인의 도리를 강구하는 것은 먼저 나에게 소용이 있기 위한 것이고, 또 남에게도 소용이 있는 것을 알아 남과 내게 모두 소용이 있어서 인도人道의 대체大體를 이루기 위한 것이다. 이와 같이 하지 않는다면 그 효용을 크게 할 수 없고, 또 그 도리를 확충할 수도 없다. 상相을 보는 데 귀천만 분별하고 기색을 살피는 데 혼명만 논한다면, 측인의 도에 있어 중도에서 그만두는 것이 된다. 중고中古 이후로 유전流傳되는 상서相書가 모두 이와 같아서, 마땅히 밝혀야 할 남과 나에게 소용되는 것은 언급하지 않은 것이 많고, 밝힐 수 없는 견강부회의

20 『인정』「총론」(天下測人同異): 一身之行事運化 因所業所習 測人自有等分 士農之測 異於工商之測 工商之測 不同士農之測 知斯義而測人 測人可通達于天下矣

방술만 상세히 말하였다.[21]

최한기는 상법이 인물평가의 기준점이 될 수도 있겠지만 인도의 대체를 이루는 데는 무용지물이라고 보았다. 관상서로서 후주後周 때 왕박王樸이 저술한 『태청신감太淸神鑑』과 북송北宋 때 도사 진박陳摶이 저술한 『마의상서麻衣相法』·『신상전편神相全編』 등이 많이 알려져 있다.[22]

『마의상서麻衣相書』·『수경집水鏡集』·『신상편神相篇』·『태청신감太淸神鑑』 등은 모두 이목구비와 사지四肢·백해百骸·모발毛髮·지

---

21 『인정』「총론」(有用無用): 勞苦心志 講究測人 先爲我之有所用 亦爲人之知所用 人與我皆有所用 以成人道大體 不如是不可以大其用 又不可以擴其道 觀相格而只分貴賤 察氣色而但論昏明 在於測人之道 爲中途而廢也 自中古以後 流傳相書 滔滔皆是 所當明之人已所用 多不言及 不可明之附薔方術 詳細言之

22 『마의상서』, 『신상전편』, 『태청신감』에는 얼굴의 상相과 관련한 다양한 이론이 중복 기록되어 있다.

십이궁설十二宮說 – 명궁命宮–두 눈썹사이의 인당印堂, 재백궁財帛宮–코, 형제궁–왼쪽과 오른쪽 눈썹, 전택궁田宅宮–좌우의 두 눈두덩, 남녀궁–좌우 두 눈 밑, 노복궁奴僕宮–턱의 좌우, 처첩궁妻妾宮–눈꼬리 옆, 질액궁疾厄宮–코등, 천이궁遷移宮–두 눈썹의 끝, 관록궁官祿宮–이마의 중앙, 복덕궁福德宮–두 눈썹으로부터 옆 이마 상단의 중앙, 부모궁–눈썹 위, 옆 이마의 하단 등 12 궁을 관찰했다.

오관설五官說 – 귀–채청관採聽官, 눈썹–보수관保壽官, 눈–감찰관監察官, 코–심판관審辨官, 입–출납관出納官 등 다섯 기관을 살폈다.

오악론五嶽論 – 얼굴의 솟은 부분인 이마–형산衡山(남악南嶽), 코–숭산崇山(중악中嶽), 턱–항산恒山(북악北嶽), 좌관골–화산華山(서악西嶽), 우관골–태산泰山(동악東嶽)을 산악에 비유하기도 한다.

사독四瀆 – 얼굴의 깊은 곳인 귀–강독江瀆, 눈–하독河瀆, 입–회독淮瀆, 콧구멍–제독濟瀆 등을 강에 비유하여 살피기도 하였다.

육부론六府論 · 삼재론三才論 – 그 외 얼굴의 좌우보골左右輔骨(좌우 옆이마), 좌우관골左右觀骨(좌우 광대뼈), 좌우이골左右頤骨(좌우 턱뼈)을 창고에 비유하기도 하고, 천天(이마) · 지地(턱) · 인人(코) 삼재三才에 비유하기도 하였다.

相書상서에서는 얼굴의 상과 더불어 신체의 상에 대한 이론도 다수 제시되고 있다. 최한기의 신체론은 거의 『신상전편』의 내용과 일치한다. 『신상전편』에 등(背), 허리(腰), 배(腹), 가슴(胸)과 유방(乳), 마음(心), 배꼽(臍), 음부(下部), 걸음걸이(行), 앉은 자세(坐), 누운 자세(臥), 음식 먹는 자세(食) 등에 대한 관상 방법이 있다.

> 痣(사마귀)·문紋을 제각기 분류하고 차례로 모아 길흉을 논단하여, 일신에 길한 것이 수십 조목이고 흉한 것이 수십 조목이다. 사람에게 저마다 이미 결정된 길흉이 있고 바꿀 수 없는 화복이 있는 것처럼 만들어 놓았으니, 이는 전 기능의 활동하는 운화運化의 기氣와 아무 관계가 없는 것이다. 능히 그 전체의 운화를 관찰하는 자가 있다면, 저 사람의 이른바 길한 것이 이 사람에게는 불길이 되고, 저 사람의 이른바 흉한 것이 이 사람에게는 이익이 될 수도 있음을 알 것이다. 모든 사물에 대체를 보지 않고 단지 한 구석이나 한 부분의 연추姸醜와 미악美惡만 본다면, 어찌 그 필경의 길흉을 단정할 수 있기를 바라겠는가.[23]

최한기는 상인이 인간의 형모만을 살펴 길흉화복만을 점친다면 이는 인물평가에서 인간의 도리를 외면하는 것이고, 타고난 형질에 운명을 맡기는 결과가 된다고 보았다. 길흉화복은 천도에 말미암기 때문에 고정된 형모보다는 행사를 통해 실현되는 인도를 중요한 기준으로 삼아야 한다고 보았다.

유가의 지인과 관상가의 상인 등 다른 인물평가법과는 달리 최한기의 측인은 추推(미룸)·측測(헤아림)에 의한 인물평가라 할 수 있는데, 상인과 지인은 인물에 대한 추와 측에 해당한다고 볼 수 있다. '측인'은 '상인'과 '지인'을 추측의 방법으로써 변증법적으로 통합한 인물평가 방법이라 할 수 있다. 그는 추측에 의한 앎에 대해 "마음은 따로 능한 것이 없고 기氣를 말미암아 미루고(推) 성性을 말미암아서 헤아려(測),

23 『인정』「총론」(大小吉凶): 麻衣相書 水鏡集 神相篇 太淸神鑑之類 皆以耳目口鼻 四肢百骸 毛髮痣紋 各各分散 逐條類聚 論斷吉凶 一身之上 吉者數十條 凶者亦數十條 或吉多凶小 或凶多吉小 人人皆有已定之吉凶 不易之禍福 殆非全體成機活動運化之氣也 有能觀其全體之運化 彼之所謂吉者 在此人爲不利 彼之所謂凶者 在此人爲不利 彼之所謂凶者 在此人爲利益 無論大小事物 不見大體 只見一隅一端之姸醜美惡 烏可?畢竟之吉凶

점차로 계제를 밟아서 그 공효를 이루니 이것을 일러 앎이라 한다."[24] 라고 하였다. 미룸은 곧 감각기관을 통하여 경험하고 기억하는 앎의 과정이고 헤아림은 이를 근거로 하여 감각할 수 없는 것을 연역해 내는 것을 말한다. "심학心學을 한다는 사람은 마음만을 지키고 내부의 사물과 경험을 소홀히 하며, 술업術業을 하는 사람은 밖으로만 달리고 안을 잃는지라, 하늘과 사람이 서로 통하는 것을 아무리 그럴듯하게 말한다 하여도, 그것은 옛사람의 말꼬투리를 주워 모은 것에 지나지 않는다."[25] 최한기는 측인을 통해 지인과 상인을 비판적으로 종합하고자 하였다. 측인은 형모와 행사에서 드러나는 신기를 통해 인물에 대한 객관적인 단서를 얻고, 이를 통해 드러나지 않은 지성과 도덕성을 헤아릴 수 있다고 보았다. 측인을 통하여 상인은 낭유학에 빠져 길흉화복을 점치는 미신에 머물지 않게 되고, 지인은 췌마학에서 벗어나 변통을 얻어 공리공담을 벗고 실용적 쓰임을 얻게 되는 것이다.

3. 측인의 인식대상

최한기의 기학적 인식론에서 인식의 대상은 이와 같이 유형

24 「기측체의」「추측록1」(推測提綱, 推測卽是知): 心無他能 因氣而推 因性而測 有漸有階 乃成厥效 爰名曰知

25 「기측체의」「신기통1」: 心學之人 守内而遺外 術業之人 外馳而内失 天人之相通 縱能言之 不過掇拾古人緖論

의 감각적 지각 대상과 무형의 추론적 추측 대상을 포함한다. 기학적 인식에서 지각대상과 추측대상은 마치 실체와 그림자, 소리와 메아리의 관계와 같아서 추측대상은 항상 지각대상을 표준으로 삼아 증험해야 한다. 유교의 심학에서 궁극적 인식대상으로 삼고 있는 리, 성, 도 등은 실체의 그림자일 뿐인데 이것으로 오히려 사물과 인물을 재단하는 것은 주객이 전도된 것이다. 이는 마치 계절의 운행을 보고 그에 따라 달력을 만들지 않고 달력을 미리 만들어 놓고 계절을 달력에 따라 운행시키려는 것과 같은 어리석음이 된다는 것이다.

기학의 지각대상과 추측대상은 측인의 대상을 구성하는 이론적 토대가 된다. 측인에서 일차적인 지각대상은 용모와 행사이며 용모를 통한 기품의 청탁·강약·혼명·통색과 행사를 통한 귀천·선악·이둔·성패 등이 추측의 대상이 된다. 그리고 인도는 측인의 준적이 된다.

> 먼저 용모를 상보아서 기품氣稟의 청탁, 강약, 혼명, 통색을 분별하고, 다음은 행사行事를 살펴서 귀천, 선악, 이둔, 성패를 분석하고, 끝으로 인도에 어긋나느냐 합하느냐를 가지고 포폄을 삼는다. 인도人道에 어긋나면 용모, 행사가 비록 취할 만한 것이 있더라도 마침내 폄貶이 되어 참으로 취할 만한 것이 못되고, 인도에 맞는다면 용모, 행사가 비록 취할 만한 것이 없더라도 마땅히 포褒에 속하여 참으로 취할 만한 것이 된다.[26]

용모는 측인에 있어 경험적 지각의 첫 단서이다. 용모는 오장, 육부, 백해, 구규가 사람마다 다름에 따라 달리 나타나는데 이를 통해

---

26 『인정』「측인서」: 是以測人之道 先相容貌 以辨氣稟之淸濁强弱昏明通塞 次察行事 以卞貴賤善惡利鈍成敗 竟以人道之違合爲褒貶 違於人道 則容貌行事 雖有可取 終歸于貶 非眞可取也 合於人道 則容貌行事 雖無可取 當屬于褒 是眞可取也

인물평가의 단서를 일차적으로 얻는다. 그러나 용모만으로 측인하는 것은 충분하지 않으며 행사를 보아 보완하여야 한다. 용모와 행사는 감각에 의존하는 고정된 대상이다. 최한기는 이를 보완할 대상으로 용모와 행사의 심층적 수준인 신기神氣와 기화氣化를 제시한다. 용모는 신기를 준거로 삼아 미악美惡을 평가해야 하며, 행사는 기화를 준거로 삼아 선악善惡을 판단해야 한다는 것이다.

신기의 존재형태는 '기의 희미한 무리(微暈)', '형체의 그림자', '촛불의 빛' 등으로 비유되었다.[27] 또한 '기가 펴진 것(伸)'으로 보았는데, "그 볼 수 있는 것은 소소昭昭한 기가 면모와 피부 위에 펴져 밝은 광채가 나는 것이고, 헤아릴 수 있는 것은 은은한 기가 낮의 생각과 밤의 꿈 가운데 펴져 아무 것도 없는 속에 어슴푸레한 것이다. 밖에 나타나는 것은 견제됨이 없이 항상 펴져 있으므로 타인은 쉽게 보아도 자기는 보기 어렵고, 안에 감추어져 있는 것은 염착染着됨이 있어 기미에 따라 움직이므로 타인은 보기 어렵고 자기만 안다."[28] 그러나 작용양식으로 보면 신기는 본체로서의 기가 갖는 신묘한 성질을 드러내는 개념이다. 신神은 기에 대해 '기의 덕', '기의 능함'의 의미를 갖고, 신기는 용모의 형체를 이루는 바탕인 기의 덕성과 능력을 일컫는

---

27 신기는 인식의 주체로서의 작용태와 인식의 대상으로서의 존재태가 있다. 이는 마치 주희가 마음(心)을 두 가지 양태로 인식한 것과 유사하다. 주희가 "지각되는 것은 마음의 이치(理)이고, 지각하는 것은 기氣의 영명함(靈)이다. (『주자어류』, (권5): 所覺者 心之理也 能覺者 氣之靈也)"라고 했을 때 전자가 마음의 작용태라면 후자는 존재태라 하겠다. 여기서 인기는 존재태로서 파악된다.

28 『인정』「측인문5」(神則氣): 神者氣之伸也 其可見者 昭昭然氣 伸於面貌皮被之上 瀅澈放光 其可測者 幽幽然氣 伸晝想夜夢之中 虛境依俙 現於外者 無牽推而常敷也 故他人易見 而自己難見 藏于內者 有染着而幾動也 故他人難見 而自己獨知

개념이라 할 수 있다.[29] 따라서 인물을 평가하는데 있어서도 피상적인 용모보다는 그것의 본체를 이루는 신기가 어떠한가를 파악하는 것이 더욱 중요시된다.

> 무릇 형체形體가 충만하고 융후隆厚하고 청윤淸潤하고 진중하고 평정平正하고 수려한 것은 모두 아름다운 상相이나, 신기가 이와 서로 부합되면 완전한 아름다움을 이루고, 만약 서로 부합되지 않으면 완전한 아름다움을 이루지 못한다. 괴怪하면서도 거칠고 천로淺露하며 청수淸秀하면서도 싸늘하고 얄팍한 것은 모두 아름다운 상이 아니나, 신기가 이와 서로 부합해야 완전한 불미함을 이루지 만약 서로 부합되지 않으면 불미함을 면하게 된다. 또 미악美惡이 서로 섞이거나 신기가 혼잡한 것이 있으니, 진실로 미악을 결정하기란 매우 어렵다.[30]

용모에 대한 평가가 신기에 의해 검증될 때 정당화될 수 있다는 것은 용모의 평가는 신기를 준거로 삼아 평가해야 한다는 것이다. 한편 인물평가에서 신기를 통해 용모의 미악을 깊이 있게 파악하듯이 사람의 행사도 기화를 살펴서 심층적으로 인식할 수 있다. 행사는 대인 교접 혹은 통민統民(政敎)에서 신기의 교감을 통해 이루어진 모든 행위를 말한다. 그는 행사의 범주를 다음과 같이 열거하였다.

---

29 신기를 기의 덕성과 기능으로 표현한 언급을 여러 곳에서 볼 수 있다. "氣者 天地用事之質也 神者 氣之德也"(「신기통1」), "擧氣全體 無限功用之德 總括之曰神"(「신기통 권1」), "氣之能曰神"(『기학』 (1-2)), "斯氣之神 乃運化之能"(『기학』 (1-8))

30 『인정』「측인문1」(形氣相副): 大凡形體 豐滿也隆厚也 淸潤也鎭重也 平正也華秀也 皆美相 而神氣從而相副 則成其美矣 神氣不相副 則不成其美也 若怪而麤古而露 淸而寒秀而薄 皆非美相 而神氣相副 則成其不美 神氣不副 則免乎不美也 又有美惡相雜者 而神氣亦渾雜 固難得以定美惡也

천하에 통해야 할 일은 비록 그 꼬투리는 많지만 그 근본을 말하면, 나의 신기가 상대의 신기에 통하고 상대의 신기가 나의 신기에 이르는 것이다. 그 일의 종류를 말하면 윤강倫綱과 인仁·의義와 예禮·악樂·형刑·정政과 경사經史와 기술記述과 사·농·공·상과 재용財用과 산수算數와 역상曆象과 기명器皿이다.[31]

최한기가 열거한 17조항의 일의 종류[32]는 물질적·정신적, 규범적·가치적, 개인적·사회적, 형이상적·형이하적 행사를 포괄하고 있다. 용모에 대한 신기와 행사에 대한 기화는 성리학에서 기와 리의 관계처럼 체용의 관계이다. 인물에서 신기와 기화가 체라면 용모와 행사는 용이 된다고 볼 수 있다. 기화는 천도天道, 천리天理, 천칙天則에 해당하는 기학적 개념인데[33], 맥락에 따라 대기(활동)운화, 신기(활동)운화라고도 불렀다. 인간에 있어서 기화는 신기운화身氣運化, 통민운화統民運化로서 인기운화人氣運化가 된다. 측인은 인도가 천도를 승순하듯이 인기운화도 대기운화를 승순하여 천인운화(天人氣之活動運化)[34]가 되어야 하며 이것을 인물평가에서 행사의 준거로 삼아야 한다. 최한기는 대기의 본성을 활동운화活動運化라 했다.

오직 기氣만 말한다면 한덩어리 전체로서 깨뜨려서 형언할 수 없고, 또 착수하여 분석할 수도 없다. 그러므로 '활동운화'의 성性

---

31 『기측체의』「神氣通1」: 天下可通之事 雖云多端 語其本 則我神氣通於彼神氣 彼神氣達於我神氣也 語其事類 則倫綱也 仁義也 禮樂刑政也 經史記述也 士農工商也 財用也 算數也 曆象也 器皿也

32 3장「기학적 인식론」장의 주 17참조

33 『기학』(2-60): 不知之中 自有氣化運行 以其不知名其氣化 曰道 曰理 曰則而已 更無執着可祥言之端

34 천인운화 혹은 천인기지활동운화란 인간의 신기지활동운화가 자연의 대기지활동운화에 부합하여 천인이 합일된 운화를 일컫는다.

으로써 사단四端에 분배하여야 비로소 형언할 수도 있고 착수할 수도 있다. 그래도 오히려 부족하므로 또 '활'은 생기生氣이고, '동'은 진작振作이고 '운'은 주선周旋이고 '화'는 변통變通으로써 해석해야 한다.[35]

대기의 활동운화를 인기의 활동운화가 승순하는데, 여기서 활은 생명성이라 할 수 있고 이것을 위해 요구되는 것이 음식과 재용이다. 동은 운동성이라 할 수 있는데 이것을 위해서는 접촉하고 구제하고 서로 응하는 것이 필요하다. 운은 순환성이라 볼 수 있는데 이것은 때를 따르고 기회를 활용할 것이 요구된다. 마지막으로 화는 변화성을 말하고 이는 감복感服과 화응和應이 요구된다.[36] 이처럼 기화는 활발한 생명의 기운이 항상 움직여서 두루 운행하여 크게 변화하는 것을 본성으로 한다. 행사의 선악은 인간이 어떻게 '먹고 마시며 재물을 활용'하고(飮食·財用), '구제하고 응대'하고(接濟·酬應), '때에 따르고 상황에 의거'하고(隨時·因氣), '감복하고 화답'(感服·和應)을 실현했는가를 통해 살펴야 한다.[37]

최한기의 측인은 용모에 의해 신기를 추측하고, 행사에 의해 기화를 추측하는 데 그치지 않는다. 그가 용모와 신기, 행사와 기화를 살펴 추측하고자 했던 궁극적인 측인대상은 인물이 품수한 기 본체라

---

35 『기학』(2-84): 惟言氣 則一團全體 不可以劈破形言 又不可以着手分開 故以活動運化之性 分排四端 始可以形言 又可以着手 猶爲不足 則又釋之以活生氣也 動振作也 運周旋也 化變通也

36 권오영, 1999, 『최한기의 학문과 사상 연구』, 집문당, 110쪽

37 인물에 의지하여 음식재용飮食財用함으로써 '활'이 우등해지고, 인물에 의지하여 접제수응接濟酬應함으로써 '동'이 우등해지며, 인물에 의지하여 수시인기隨時因機함으로써 '운'이 우등해지며, 인물에 의지하여 감복화응感服和應함으로서 '화'가 우등해지는 것이다.(『기학』(2-80))

할 수 있다. 기는 형질의 기와 운화의 기가 있는데,[38] 용모와 신기를 미루어 형질기形質氣를 헤아리고 행사와 기화를 미루어 운화기運化氣를 헤아려 심층적인 인물평가를 완성하고자 하였다. 결국 인물에 대한 평가는 형질기와 운화기의 품격에 의해 결정된다.

인간의 기품은 형질기의 청·탁과 강·약의 차이를 근간으로 한 다양한 형태로 존재하는데 형질기가 인물평가의 추측대상이 되는 것은 기품의 청·탁, 강·약에 따라 도덕·재능과 교린·잔학의 품성이 대체로 결정되기 때문이다.

> 도덕·재능의 유무·천심과 교린·잔학의 대소·미현이 모두 형질의 기에 나타나니, 측인의 묘리는 오직 기를 살피는 데 달렸다. 대저 사람 형질의 기는 천지의 기화에서 품부하여, 부모의 기화에서 이루어지고 습염의 운화에 따라서 변화하니, 형질의 시종이 곧 한 몸의 운화의 기이다.[39]

사람의 용모와 신기, 그리고 형질기가 측인의 한 차원이라면, 행사와 기화, 그리고 운화기는 측인의 또 하나의 차원이 된다. 형질기의 본질이 이와 같이 기의 청淸·탁濁·강强·약弱에 있다면 운화기는 활·동·운·화를 본성으로 한다. 최한기는 인간이 활동운화를 실천함으로써 얻는 효과에 대해 다음과 같이 말하고 있다.

> 활이라는 것은 생기이니, 이것이 우등하면 오래 살고 인자할 것

---

38 『기학』(1-6): 氣有形質之氣 有運化之氣

39 『인정』「측인문」(총론): 道德才能 有無淺深 驕吝殘虐 大小微顯 盡著於形質之氣 測人之妙 惟在於察氣 夫人形質之氣 稟賦於天地之氣化 得遂於父母之氣化 隨變於習染之運化 形質始終 卽一身運化之氣也

이요, 동이라는 것은 진작이니, 이것이 우등하면 선후를 알 것이요, 운이라는 것은 주선이니, 이것이 우등하면 적절하고 마땅할 수 있을 것이요, 화라는 것은 변통이니, 이것이 우등하면 개물성무할 것이다.[40]

대기운화의 승순에 따른 인기 운화기의 이러한 조리와 효과의 실현 정도가 인물평가의 근거가 된다. 이는 행사에서 드러난 운화기에 따라 사람의 심술心術과 국량局量, 조수操守와 사업事業이 결정되기 때문이다.

상인의 술은 오직 심술心術의 사정邪正과 국량局量의 천심淺深과 조수操守의 유무와 사업의 성부成否에서부터 사람을 사귀고 사무를 처리하는 순역順逆과 통색通塞을 통달하는 데 달려 있으니, 이는 모두 그 사람의 운화하는 기의 동정시위動靜施爲에서 구하는 것이다.[41]

형질기와 운화기는 분석상 구분되지만 상호 불가분의 관계에 있다. "형모와 신기는 본디 정하여진 품격이 있으니 이것이 경經이고, 운화에 따라 고쳐지는 것이 있으니 이것이 위緯이다. 경만 알고 위를 모른다면 마치 비파 기둥에 아교를 바르고 줄을 타는 것과 같은 것이니, 경을 알고 또 위를 알아 경위에 따라 증험해야 한다."[42]고 했다.

---

40 「氣學」(2-78): 活者生氣也 優則壽而仁 動者振作也 優則知先後 運者周旋也 優則能適宜 化者變通也 優則開物成務

41 「인정」「측인문」(총론): 相人之術 惟在於心術邪正 局量淺深 操守有無 做業成否 以達于交人接務 順逆通塞而已 是皆可求於其人運化之氣 動靜施爲之際

42 「인정」「측인문」(총론): 然形貌神氣 有元定之品格 是則經也 形貌神氣 有隨運化而變改 是則緯也 知經而不知緯 膠柱鼓瑟也 知經又知緯 隨遇測驗也

그리고 "형체는 재材와 같고 운화는 공工과 같아서 재료를 따라 기器를 이루고 형체를 따라서 쓰임을 제어한다. 그러므로 선인善人의 운화는 그 형체를 인하여 기를 이루고 쓰임을 제어하여 교접함에 실수가 없고 취사가 마땅하게 된다."[43]고 했다. 이처럼 최한기의 측인은 직물에서 씨줄과 날줄처럼 형모-신기와 행사-기화를 교직해서 헤아리고 또한 그릇에서 재질과 용도처럼 형질기와 운화기를 서로 체용으로 삼아 인물평가를 해야 한다고 보았다.

최한기는 용모와 행사의 미래적 전개는 인도에 의해서 포폄될 수 있다고 했다. "인도란 백성을 운화에 통괄시켜 각자의 분수에 편안케 하는 도이다."[44] 인도는 인기운화가 천기운화를 승순하는 천인운화에 따를 때 얻어지는 것이다. 천인운화는 곧 인도의 준적이자 기적 토대이다. 측인은 최종적으로는 그 사람이 인도에 부합하는가를 평가함으로써 인물됨을 판단할 수 있는 것이다. 지금까지 논의된 측인의 대상을 다음과 같이 요약할 수 있겠다.

		인물 평가 범주		
		말末 ←	평가준적	→ 본本
인물 평가 차원	말末 ↑	용모	행사	인도
	평가수준	신기	기화	천인운화
	↓ 본本	형질기	운화기	천도

---

43 『인정』「측인문5」(천인운화): 形如材 運化如工 隨材而成器 隨形而制用 故善人之運化 因其形而成器制用 交接無失 取捨得宜

44 『인정』「측인문6」(인도): 人道者 統民運化 各安其分之道也

4. 측인의 의의

1) 상대를 헤아려 자신을 반성함

측인은 유교적 지인知人의 도리를 계승한다. 지인은 인간, 즉 인간의 본성을 아는 것이고, 지천知天과 더불어 도덕적 수행의 목적이 된다. 지인하기 위해서는 사람의 본성을 깨달아야 하며 본성을 깨닫기 위해서는 수신이 먼저 이루어져야 한다. 지혜로움은 지인에 달린 문제이고 지인은 개인의 수신적 행위와 밀접히 관련되어 있다. 측인이 수신적 기능을 갖는 것은 측인이 궁극적으로는 천인운화를 터득함으로써 이루어지기 때문이다. "진실로 능히 평생을 두고 정력을 기울여 천인이 교접하는 운화의 기를 궁구하여 얻는다면, 측인의 도에도 방향이 있게 될 것이니, 먼저 자기를 헤아려 몸을 닦고 다음으로 남을 헤아려 권징한다면, 이것이 진정한 실득"[45]이 될 것이라 하여 측인의 도가 수기치인에 있음을 말하고 있다.

자신의 몸을 닦는 수신의 도리는 남을 헤아리는 측인의 도리와 불가분의 관계이다. "자수自修하는 도리를 아는 자는 측인하는 도리를 알 수 있고, 또 능히 측인하는 도리로 자수하는 도리를 권면하고 경계할 수 있다면, 측인이 곧 자수하는 도리가 되고 자수하는 것도 측

45 「인정」「측인문2」(총론): 苟能平生精力 究得天人交接運化之氣 庶有方向於測人 先測自己而修身 次測人物而勸懲 是眞實得也

인 가운데 있게 된다."[46] 자수와 측인이 동시에 이루어지는 것은 자수의 방법을 측인의 방법에서 얻고 측인의 방법을 자수의 방법에서 얻을 수 있기 때문이다. "수신의 도리를 가지고 남을 상보는 것은 곧 나의 귀천을 펴서 남을 상보는 나의 귀천을 삼는 것이고, 남을 상보는 도리를 가지고 몸을 닦음은 곧 남의 귀천을 보아 내 몸을 닦는 귀천을 삼는 것이다. 남을 상보는 것을 논하여 수신하는 도리를 얻고 수신을 미루어서 남을 상보는 방법을 밝히면, 이를 일러 남과 내가 합하여 저것과 이것을 측량하는 도리라고 한다."[47] 최한기에 있어 측인은 주체에 의해 대상을 일방적으로 평가하는 것에 그치는 것이 아니라 측인을 통해 자신을 함양하는 것이 주요한 목적의 하나인 것이다.

2) 신기의 소통을 통한 사회적 통합

측인 행위는 인식주체와 대상의 상호적인 교감, 즉 신기의 소통을 통하여 이루어지고 그로 인한 일통의 운화를 체험할 때 완성되는 것이다. 인간이 측인할 수 있는 능력을 갖는 것은 인간을 포함하여 만물이 천지의 대기를 분유分有하고 있기 때문이다. 인간 간의 소통도 대기와 일통인 신기를 공유하기 때문에 상호 소통이 이루어지고

46 『인정』「측인문1」(총론): 知自修之道者 可知測人之道 又能測人之道 勸戒我自修之道 則測人卽是自修之道 自修亦在測人之中. 측인測人과 자수自修가 분리될 수 없다는 사상은 유교적의 지식관을 계승하고 있음을 보여준다. 유교가 추구하는 궁극적 지식은 천도의 체득에 있고, 천도의 체득은 자신의 완전한 본성의 자각에 달려있다. (이영찬, 2011, 「유교의 지식론」 『동양사회사상』 제23집, 30쪽 참조) 측인은 자신의 본성을 자각하는 자수의 가장 좋은 방편이 될 수 있다.

47 『인정』「측인문1」(총론): 以修身之道相人 乃敷我之貴賤 爲相人之貴賤也 以相人之道修身 乃見人之貴賤 爲修身之貴賤 論相人而得修身之道 推修身而明相人之術 是謂參合人己 測量彼此之道也

측인의 깊이는 신기의 소통 정도에 따라 결정된다. “처음 보는 사람에 대해서는 나의 신기가 겨우 그 사람의 밖으로 드러나는 기를 통할 뿐이다. 만약 그 사람과 오래도록 생활하여 그 사람의 동정과 성행性行을 익숙히 알고, 그 사람이 사물을 접하는 것을 많이 보면, 나의 신기는 그 사람의 신기에 통하여 선악을 조종하는데 그 대략을 얻을 수 있다. … 더구나 나의 추측은 항상 내 지식의 천심과 경험의 다소에 관계되니, 상인하는 방법에 상세하기를 힘쓰면 도리어 혼란하게 될 수 있다. 그러므로 모름지기 천지의 운화와 통민의 운화, 남과 나의 운화에 참고하여 그 경상經常을 가지고 권權을 행하여야 한다.”[48] 측인은 곧 천지와 인간, 인간 상호간의 신기적 소통 행위라 할 수 있다.

측인의 소통 기능은 사회적 통합의 토대가 된다. 측인을 통한 소통이 없이는 사회적 관계나 상호작용은 일어날 수 없고 사회적 질서를 담보한 통합이 이루질 수 없는 것이다. 개인적인 교제에서부터 공동체의 공론형성, 국가적 수준에서의 정치행위에 이르기까지 측인을 통한 상호간의 소통 없이는 통합적 관계가 유지될 수 없다. “무릇 천하의 일은, 크게는 학문, 정교로부터 작게는 여염의 산업에 이르기까지 어느 것이 남과 내가 함께하여 이루어지지 않는 것이 있겠는가. 내 몸을 닦아서 남을 다스리고 내 몸을 이루어서 남을 이루어주며, 사람을 얻어 일을 이루는 것 등이 모두 이것이다. 하물며 측인의 대도는 헤아림으로 장차 성취가 있게 하려 함이고 단지 측인에 그치려는 것이 아니니, 측인의 준적은 나와 나를 합치는데 있다.”[49] 따라서 측인을 통

48 『인정』「측인문5」(천인운화): 初見之人 我神氣 纔通其著外之氣 若與其人久居 而慣熟其人動靜性行 多見其人接濟事物 我神氣 透於其人神氣 善惡操縱 雖得其槩 … 況復我之推測 常係於自己之知識淺深 經驗多寡 則相人之方 務盡詳細 反涉淆亂 須參于天地運化 統民運化 人我運化 擧其經常 及於奇權

49 『인정』「측인문1」(총론): 凡天下事務 大而學問政敎 小而閭閻產業 有何不兼人己而成就者乎 修己治人 成己成人 因人濟事皆是也 況測人大道 爲將測之而有成就 非但測人而尼之 則測人準的 在於合人己

한 통합이 이루어질 때 왕공王公, 사장師長, 재상宰相, 수령守令, 가장家長, 농부農夫, 공장工匠, 상인商人 등 모든 인간의 본성이 비로소 실현될 수 있는 것이다. "이를 천하에 행한다면 천하에 살 곳을 잃는 백성이 없고, 한 나라에 행한다면 한 나라 사람이 모두 생업에 편안하고, 한 몸에 행한다면 일신의 교접에 화기가 있게 된다."[50] 측인은 소통적, 통합적 사회관계를 형성하는 전제 조건이 된다 하겠다.

3) 인도의 실현에 보탬이 되는 측인

최한기는 인도란 인간의 보편적 본성을 반영한 것이며 측인을 통해 정당성을 보장받게 된다고 보았다. "예로부터 성현이 도를 밝히고 가르침을 베푼 것은 모두 사람을 헤아린 데서 나온 것이다. 모든 사람이 사람 노릇할 도를 뽑아서 인仁이라 불렀으며, 모든 사람이 따라 지켜야 할 질서를 정하여 예禮라 하였으며, 모든 사람이 어기기 쉬운 습성을 제재하려 형刑을 정하였으며, 모든 사람이 모르는 단서를 열려고 교教를 만들었으며…이것이 어찌 다른 데서 구명한 것이겠는가? 다만 백성들의 고유한 본성을 법제로 정해 백성들이 항상 시행해서 어기지 못하게 한 것일 뿐이다"[51] 결국 인도는 측인에 의해 인간의 보편적 본성을 헤아린 데서 비롯된 것이라는 것이다.

측인은 인도의 귀천을 헤아리는 것을 원법元法으로 삼으며 단순히 부귀나 빈궁을 살핀다면 그것은 말단의 헤아림으로 간주한다. "사람

50 『인정』「측인문1」(총론): 行於一國 則一國擧安其業 行於一身 則一身有交接之和

51 『인정』「측인문6」(지위): 自古聖賢 明道設敎 皆出於測人 抽萬姓爲人之道 名之曰仁 定萬姓遵行之序以爲禮 制萬姓違越之習以爲刑 開萬姓不知之端以爲敎 ... 豈是從他究明 因萬姓之固有而設法制 用之于萬姓 常行而無違戾

을 헤아리는 방법은 인도에 보탬이 있는 것으로 제일의 임무를 삼는다. 먼저 그 사람 용모의 기가 귀하게 생겼는가를 가지고 행동 습관의 선악을 참작한 뒤에, 권면하고 징계하는 방도와 나아가고 물러가게 하는 방법이 있게 된다. 용모가 귀하게 생긴 사람은 그 귀한 것을 인해서 귀하게 되는 길로 권면해 나아가게 하고, 용모가 천하게 생긴 사람은 그 천함을 인하여 모든 천함을 징계하여 물리치게 하는 것이, 바로 성제聖帝와 명왕明王의 사람을 흥기시키는 대도大道이며 높은 스승과 어진 벗의 사람을 가르치는 대법大法이다."[52] 측인은 인간의 본성 일반에 대한 깨달음뿐만 아니라 사람마다의 본성을 헤아려 분수에 따른 인도를 밝힘으로써 대동사회를 실현하는 데 근본적인 목적이 있다.

5. 측인론이 인물평가에 갖는 의의

현대사회가 탈근대사회적, 서비스 중심적 사회로 진행될수록 개인은 갈수록 타인에 민감히 반응하며 적응하는 타자지향적 성격을 갖게 된다. 그래서 타인에 대한 지각과 평가는 일상의 삶은 물론 모든 수준의 사회적 관계에서 점차 큰 비중을 차지하게 되었다.

---

52 「인정」「측인문6」(인도): 夫測人之道 以有補於爲人之道 爲第一義 先將其人容貌貴賤之氣 參以行事善惡之習 乃有勸懲之方進退之術 容貌之貴者 因其貴而勸進可貴之道 容貌之賤者 因其賤而懲退素具之賤 卽聖帝明王作人之大道 元師仁友敎人之大法也

최한기의 측인론은 한국적 문화풍토가 가장 잘 반영된 인물평가 이론이라 할 수 있다. 최한기의 기 철학은 특히 소통의 이념을 강조하는데, 그가 이상으로 삼은 인정人政도 인기운화와 대기운화의 일통적 소통을 통한 천인운화를 사회에 실현하는 데 있다. 최한기의 측인도 궁극적으로는 인간과 인간 간의 소통 철학에 바탕을 두고 있다고 할 수 있다. 사람에 대한 '헤아림'이라 했을 때, 그것은 일방적인 지각이나 인물 평가에 그치지 않는다. '헤아림'의 개념에는 대상에 대한 배려와 자신에 대한 반성의 계기가 일정 부분 내포되어 있다.

최한기는 측인을 용모나 행위에 머물지 않고 결국 심층의 형질기와 운화기를 헤아려야 한다고 하여 측인의 심층적 토대를 밝혔다. 그가 형질기의 청·탁, 강·약과 운화기의 활·동·운·화를 인식의 대상으로 삼은 것은 측인에 있어 선천적인 요인을 중시한다는 의의를 갖는다. 사회심리학에서 인물평가가 이른바 '대인지각'이나 '인상형성' 등 개체적 차원에서 이루어지는 것에 비하면 형질기와 운화기에 근거한 평가는 심층적이면서 동시에 우주론적 근거를 갖는 평가라 할 수 있다.

그리고 최한기는 인물평가에서 인도를 최종적 준적으로 간주했다. 인도는 천명이자 천인운화를 실현하는 대동사회의 규범이다. 인물의 귀천, 선악, 연추, 길흉이 인도에 순응하는가의 여부와 정도에 달렸다는 주장은 그가 인물평가에 있어서 규범성을 매우 강조하고 있음을 보여준다. 그는 측인이 사사로이 길흉을 점치는 것에 머무는 상인을 비판함과 동시에 사회에 실용적 도움을 주지 못하는 지인도 함께 비판하였다. 그는 측인을 통해 수기·치인, 수신·제가·치국·평천하하여 대동사회를 건설하는 데 기여할 인물을 헤아리고자 했다. 그에게 있어 측인은 곧 수기의 일이며 천인일통의 평천하의 사회를 건설하기 위한 실천적 조건이기도 했다.

PART 2

Chapter 7

기학과 측인의 범주

Chapter 7

7장

기학과 측인의 범주

1. 머리말

혜강 최한기는 당시 유학자로서는 다소 이례적으로 매우 실용적이면서도 종합적인 인물평가 방법을 구상하였다. 유가들은 현명하고 재능 있는 인재를 존중해 왔지만 인재를 객관적으로 평가하기 위한 척도를 만들지는 않았다. 대부분의 인물에 대한 평가는 혈연이나 신분과 같은 귀속적 지위나 명성, 효행과 같은 학식과 평판, 도덕성 등 매우 주관적인 요인에 의해 이루어져 왔다. 인재를 객관적으로 헤아리지 못하였기 때문에 효과적으로 인재를 교육하고(教人), 선발하여(選人), 등용해(用人) 적재적소에 쓸 수가 없었다. 최한기는 당시 국정의 난맥상의 주요 요인 가운데 하나는 세상을 다스려 안정시킬 수 있는 현명한 인물을 헤아려 쓰지 못해 '올바른 정치와 교화'(人政)를 이루지 못하였기 때문이라 보았다.

최한기는 기학 이전의 학문들이 갖고 있는 병폐는 '무형의 신神·리理, 허령한 심기心氣, 문헌에 실린 언행, 그리고 방술'에 의존하여 사물의 이치를 추구하는 데 있었다고 보았다. 이들 방식은 모두 징험할 수 없거나 현실과 괴리된 허황되거나 무용한 방법일 뿐이었다. 반면 최한기는 세계를 유형의 기氣와 기화氣化, 그리고 기의 운화運化 등을 통하여 인식하고자 하였다. 인물평가도 예외가 아니라고 보고 평가 방법을 그의 기학적 세계관과 지식체계를 통해 밝히고자 하였다. 기학은 서구의 과학적 성과에 힘입은 바가 크다. 그는 인물평가도 더 이상 중고中古시대의 주관적이고 직관적인 방법에 맡겨둘 것이 아니라 근고近古시대에서 밝혀진 객관적이고 보편적인 과학적 방법에 따라야 한다고 보았다. 이 장에서 살펴보고자 하는 구체적인 인물평가 범주도 기학의 이러한 방법론적 지향에서 비롯되었다고 볼 수 있다.

최한기의 측인론에서 인물의 어떤 요소를 평가의 범주로 삼을 것인가 하는 것은 기본적으로 기학의 학문적 특성과 기학적 인간학과 밀접하게 연관되어 있다. 기학은 기존의 성리학적 세계관과는 확연히 다르며 서구의 과학적 이론을 다분히 수용하고 있다. 이 장에서는 우선 지금까지 다양한 관점에 따라 논의해 온 기학의 학문적 특징을 유형의 학문, 실학적 이념, 일통의 철학, 그리고 대동의 사상으로 요약·정리하고자 한다. 그리고 기학의 학문적 특성과 더불어 직접적으로 인물평가 범주의 이념적 토대가 된 기학적 인간학을 살펴보고자 한다. 기학적 인간학은 최한기가 기학적 관점에서 사람의 형체, 심성, 인품, 행위의 선악을 어떻게 파악하고 있는가를 중심으로 살펴볼 것이다. 끝으로 기학의 학문적 특성과 기학적 인간학을 토대로 인물평가의 범주를 추출하고 이를 용모容貌, 신기神氣, 심덕心德, 행사行事, 인도人道, 처지處地 등 6가지로 정리하여 제시하고자 한다.

2. 기학의 학문적 특징

1) 유형有形의 학문

최한기는 기학을 '성실한 유형의 학문'이라 칭하고 이를 '유형을 미루어(推) 유형을 헤아리는(測) 것'이라 규정했다. 유형이란 개념은 무형의 신神·리理와 대비되는 기氣를 의미하며 형체로 드러나는 형질기와 형체로 드러나지 않는 운화기를 포함한다. 형질기에 비해 운화기가 유형의 학문에 더욱 본질적인 요소가 된다. '유형의 학문'이란 유형한 실체적 기의 작용 법칙 내지 운동 원리로서 '기화氣化'를 추구하는 학문을 의미한다. "오직 이 기화만이 고금 인물이 항상 보는 바이며, 항상 듣는 바이며, 재료로 삼는 바이며, 쓰는 바이다. 이 기화를 깨달은 사람은 마음에 형체가 있고 깨닫지 못하는 사람은 마음에 형체가 없다."[1] 마음에 형체가 있다는 말은 기화를 깨달아 마음에 물리物理를 얻었다는 뜻이다. 최한기는 기학을 기화를 깨닫기 위한 유형의 학문으로 규정함으로써 학문을 인도人道 중심에서 천도天

---

1 『기학』(1-36): 惟此氣化 古今人物 所常見 所常聞 所常資 所常用 覺得者 有形于心 未能覺得者 無形于心

道 중심으로 전환시켰다. "옛사람의 지식은 매양 인사人事를 주로 하여 이론을 세우고 자연을 헤아렸지 자연 변화를 표준으로 하여 세상일을 변통하지 못했다. 이것이 옛날과 지금의 기설氣說이 완연히 다른 이유이다."[2] 최한기는 기학을 유형의 학문으로 전환함으로써 기화의 물리법칙을 인사를 포함한 만사에 일관된 원리로 적용하고자 하였다. 그리하여 서양의 자연과학을 기학에 적용할 수 있는 가능성을 열었다.

최한기는 기학을 유형의 학문으로 실학이라 일컫고 이른바 무형을 대상으로 하는 학문을 허황되고 의혹된 허학으로 규정하였다. 여기에는 방술학方術學, 잡학雜學, 외도이단外道異端 뿐만 아니라 이학理學, 심학心學, 경학經學, 도학道學 등이 포함된다. 이들 학문은 무형을 미루어 무형을 헤아리기 때문에 허황되고, 유형을 미루어 무형을 헤아리거나 무형을 미루어 유형을 헤아리기 때문에 의혹된 것이라 하였다. 그러나 기학은 유형의 대상을 경험적으로 징험한 바에 토대하고 있다는 점에서 확고한 학문적 토대를 가진 천인天人의 학문이라 하였다. 천인의 학문이란 천기天氣와 심기心氣가 일치하는 학문, 심기心氣가 천기天氣의 범위를 벗어나지 않아 천하인이 같이 기꺼운 마음으로 복종하는 학문을 뜻한다.

유형의 학문은 인물평가에서 유형의 기적 형체를 일차적 관찰대상으로 할 필요성을 제기한다. 유형의 형체는 용모로 드러나는 형질기와 신기로 작용하는 운화기로 이루어졌다. 유가의 인물평가 방법인 지인은 입증할 수 없는 무형의 리理나 성性을 추측하여 평가하기 때문에 객관성과 실용성이 떨어진다. 기학적 인물평가 방법인 측인은

---

2 『기학』(1-47): 古人知識 每以人事爲主而設法測天 不以氣化爲標準而變通人事 此所以古今氣說之判異也

경험할 수 있는 용모와 신기를 미루어(推) 누구에게나 객관적으로 입증할 수 있는 방식으로 헤아린다(測). 최한기가 『인정』의 「감평」에서 측인의 인물평가 방법을 계량화하고 척도화한 것은 측인이 유형의 기에 착안했기 때문에 가능했다.

2) 실학적 이념

최한기의 기학은 실학적 이념을 갖고 있다. 그는 실학을 다음과 같이 정의한다. "천하의 학문을 통괄하여 시비를 논하고 우열을 정할 때는 천하 민생이 실제로 쓰는 바와 천하의 정치가 반드시 근거로 삼는 바를 기준으로 삼을 것이니, 잡을 수 있는 형체가 있고 물건에 조처하여 증험할 수 있으면 이는 곧 '실학實學'이다."[3] 기학의 실학적 이념은 천하민생이 실제로 쓰는 공리성과 천하 정치가 근거로 삼는 실용성, 그리고 유형의 증험할 수 있는 실증성을 포함하고 있다. 실학은 유형을 미루어 유형을 헤아리는 '성실한 유형의 학(誠實有形之學)'이다. 이에 대비되는 학문을 허학虛學이라 규정했는데, 이것은 경험할 수 없는 대상을 궁구하거나 실증할 수 없는 방법을 사용하는 학문을 말하는데, 췌마학과 낭유학이 이에 해당한다. 췌마학은 음양학이나 성리학을 말하고 낭유학은 방술학과 외도학을 말한다. 이들은 무형의 신神과 리理를 추구하여 해롭거나 기껏해야 무익할 뿐이다. 말하자면 신과 리 등 종래의 유학이 규명하려 애썼던 개념이 신기에 의해 재해석되어야만 학문이 실학으로서의 지위를 얻을 수 있

---

3 『기학』(1-25): 統天下學問是非 論定優劣 以天下民生所實用 四海政治所必由 有形可執 處物可驗 爲實學

다고 보았다.

기학은 '성실유형의 학문'으로서 실학이면서 또한 '하늘이 정해준 학문(天定之學問)'으로서 정치와 교화에 공리公利을 가져다주는 학문이다.

> 기화氣化의 산물物産과 기화의 법제法制는 마땅히 준수하여 모름지기 사용할 뿐이다. 사람이 만든 법제와 사용하는 도구는 천기운화를 참작할 것이니 그래야만 인기운화로써 민심을 안정시키고 일상의 쓰임을 넉넉하게 할 수 있을 것이다. 이것이 곧 '하늘이 정해준 학문'이요, 통달한 정교政教이다.[4]

'천정지학문天定之學問'이란 인사를 위주로 삼는 것이 아니라 천기운화에 인기운화를 승순시키는 학문을 말한다. 기학은 정교政教를 기화에 승순케 함으로써 인민에게 공리적公利的 결과를 초래하는 데서 정당화된다. 예컨대 기존의 예교와 풍속은 인사人事로서 존중되어야 하겠지만 운화가 점차 밝혀짐에 따라 그것의 선악은 항상 '지금의 운화(方今運化)'에 비추어 이로움이 있는가 물어 판단해야 한다는 것이다. "선악善惡은 공의公議의 이해利害이고 이해는 사세事勢의 선악이다. 처음부터 끝까지, 은미한 것에서 뚜렷한 것까지 모든 것은 선善이 이利이고 이가 선이며 악惡이 해害이고 해가 악이니, 선악과 이해에 어찌 하늘이 정한 한계가 있어서 변통할 수 없는 것이리오"[5] 나라의 제도나 풍속은 고금이 다르고 역산曆算과 물리物理는 후세로 올수록 더욱

4 『기학』(1-37): 氣化産物 氣化法制 但當遵守 須用而已 人造之法制器用 參酌于天氣運化 人氣運化 以定民志 以贍日用 卽天定之學問 通達之政教

5 『기측체의』「신기통3」(善惡利害): 善惡者 公議之利害也 利害者 事勢之善惡也 自初至終 自微至著 善爲利 而利爲善矣 惡爲害 而害爲惡矣 善惡利害 豈有天定之限截 而未有變通哉

밝아졌으니 전통의 학문을 묵수할 수만은 없다. 따라서 고금을 관통하는 천기운화가 현실의 정교를 실행하는 근거가 되어야 한다고 보았다.

'성실유형의 학문'과 '천정의 학문'으로서 기학은 또한 잡을 수 있는 형체가 있고 물건에 조처하여 증험할 수 있어야 '참된 실학(誠實學)'이 될 수 있다. "예로부터 지금에 이르기까지 그 단서를 드러냈으나 정리되지 못한 이론과 투철하지 못한 말이 많은 것은 기의 광대함이 아득히 멀었기 때문이며, 또 기의 형질이 은폐되었기 때문이다. 이런 것들은 마땅히 버리고 그 드러나 작용하는 단서를 좇아, 기화氣化와 부합되는지를 증험할 수 있다면, 이것은 곧 '참된 실학'이다."[6] 참된 실학은 기화에 증험할 수 없는 심학, 도학, 음양학 등을 일컫는 '중고의 학문(中古之學)'이 아니라 '근고의 학문(近古之學)'인 역산학曆數學, 물류학物類學, 기용학器用學과 같은 새로운 실증학문의 성격을 가져야 한다는 것이다.

최한기 학문의 실학적 특성은 그의 인물평가에 반영되어 나타난다. 그는 학문의 유용성을 강조하는데, 이는 인물평가에도 적용된다. 인물평가에서 유용한 것의 근거는 인도와 인사에 있다. "인도와 인사를 위한 것은 모두 유용한 것이고, 인도와 인사를 위한 것이 아닌 것은 모두 무용한 것이다. 무용의 방법으로 사람을 헤아리는 것은 무용한 일에 쓰기 위함이니, 사람을 측량하는 자는 이것을 몰라서는 안 된다."[7] 인도를 위한 유용은 사람됨의 도리를 말하고 인사를 위한 유용은 공公·사적私的 경륜의 일을 말한다. 그는 인도와 인사에 보탬이

---

6 『기학』(2-119): 自古及今 發其端 而未歸整之論未透徹之言多 在於氣之遙遠廣大 叉在於氣之隱蔽形質 是當捨旃而從其發用之端 可驗氣化之符合 是爲誠實學也

7 『인정』「측인문 · 총론」(有用無用): 爲人道爲人事 皆是有用 不爲人道不爲人事 皆是無用 以無用之方測人 爲其用於無用之事 亦測人者所不可不知也

되는 자질이나 능력이 유용한 것이며 인물평가의 중요한 대상이 되어야 한다는 것이다. 사람이 되는 도리나 경륜의 일에 도움이 되지 않는다면 아무리 용모가 준수하고 학식이 널리 알려져도 인물평가에서는 무용한 것이다.

3) 일통一統의 철학

최한기는 학문의 대도는 천인기天人氣의 일통을 이루는데 있다고 하였다. 천인기의 일통은 천기와 인기가 합일되는 상태로서 인기가 천기를 승순承順함으로써 이루어진다. 천인기 일통의 근거는 천인의 기는 원래 하나이고 심신心身의 인기人氣는 대기大氣에서 그 일부를 얻어온 것이기 때문에 하나로 소통한다. "운화의 기는 모든 사물의 근원이 된다. 운화의 기가 몸을 통과하여 하늘과 접하니 몸과 하늘의 맥락이 관철되고, 운화의 기를 몸에서 미루어 물체에 도달하니 몸과 물체의 냄새와 맛이 상통한다."[8] 일기一氣가 모든 사물의 근원이 되기 때문에 인간과 자연, 인정人情과 물리物理는 분리되지 않고 일통을 이룬다.

최한기는 만물이 일통을 이루고 있다는 사실을 운화기의 존재형태로 설명하고 있다. 그는 일통의 운화기를 운화의 크기와 범위에 따라 일신一身운화, 서민庶民운화, 대기大氣운화로 나누고, 경우에 따라서는 우주宇宙운화, 인민人民운화, 기용器用운화로 구분하였다.[9] 이들 운화

8 『기학』(1-77): 運化之氣爲萬物萬事之根源 透於身而接於天 脈絡貫徹 推於身而達於物 臭味相通 統大小之運化 擧而措諸事業 修齊治平皆得其宜

9 『기학』(1-82)와 『기학』(1-93) 참조

들 사이의 관계는 벼리를 들면 밧줄이 따르고 밧줄로 인하여 벼리에 도달하는 벼리와 밧줄의 관계이며, 나누어 보면 셋이 되고 합하여 보면 하나가 되는 일체적 관계이다. 기학의 3층 운화구조가 현대 학문의 분류에 따르면 각각 인문과학, 사회과학, 자연과학에 해당한다고 보면, 기학은 오늘날의 모든 학문영역을 통섭하는 통일과학으로서의 성격을 갖고 있음을 보여준다. 기학은 인도의 근거와 정교政教의 원리를 자연과학적 물리에 근거시키는 '동일성의 철학'을 지향하고 있다.

최한기의 삼등운화와 일통의 철학이 인물평가에 주는 함의는 인물평가가 일신운화, 통민운화, 대기운화 등 다원적인 차원에서 이루어져야 하고 궁극적으로는 과학적 타당성을 획득해야 한다는 점이다. 인물평가는 우선 일신운화적 차원과 통민운화적 차원에서 추측해야 하는데 이는 개인의 생물학적, 심리학적 차원뿐만 아니라 인도와 정교를 시행하는 사회적 능력과 관련된다. 그리고 일신운화와 통민운화가 대기운화에 승순해야 한다는 것은 인물평가가 자연과학적인 물리에 입각하여 객관적으로 이루어져야 한다는 것을 의미한다. 인물평가가 대기운화에 따른 평가가 되지 못하면 자신의 혈기와 심기에 습염된 바를 믿고 헤아려 천도에 어긋날 가능성이 많아지기 때문이다.

4) 대동大同의 사상

천인기 일통의 철학은 대동사회 건설의 기반이 된다. 천인기가 일통이기 때문에 인간은 자연의 법칙에 순응하는 천인운화天人運化를 얻게 된다. 인간이 인물과 교접을 반복하면서 활동운화를 실현하는 과정에서 점차 하늘의 유행리(流行之理) 내지 물리를 체득하여 추측리(推測之理)를 갖게 되는데 이것을 혜강은 천인운화 또는 천인활동운화를 얻는다고 한다. 천인운화가 시공을 초월하여 모든 사람을 익숙하고 편안하게 하는 것은 인간의 본성이 고금을 막론하고 기화(자연법칙)에서 벗어나지 않기 때문이다. 천인운화의 기가 대동사회 건설에 갖는 효과를 최한기는 다음과 같이 말한다.

> 남과 나는 비록 나뉘었으나 자연히 같은 바가 있는데 곧 천인운화의 기가 그것이다. 이를 들어 사무에 조처하면 남은 나와 같을 것이요, 또한 나도 남과 더불어 같을 수 있을 것이니 그것을 한 나라에 베풀면 한 나라의 사람이 가히 더불어 같아질 수 있는 것이요, 그것을 천하에 베풀면 천하의 사람이 가히 더불어 같을 수 있을 것이다. ... 반드시 천하인이 품부받은 바와 모름지기 쓰는 바의 천인운화기로써 한다면 곧 그 같은 것을 얻을 것이다. 그것은 천하인에게 묻는다면 운화를 아는 자는 모두 같다고 할 것이요 운화를 알지 못하는 자는 모두 그 같음을 알지 못하게 될 것이나 그 하는 바를 살피건대 같지 아니함이 없을 것이다. 이것을 일러 대동大同이라고 하는 것이다.[10]

최한기는 인간은 모두 같은 심성을 하늘에서 부여받았기 때문이거나 인간이 욕망하는 마음은 모두 같다는 등 타고난 본성이나 심리에서가 아니라 모든 사람이 천기의 운화에 따른다는 점에서 대동의 토대를 찾았다. 천인운화에 따른다면 마음에서 생기는 애욕보다는 자

---

10 『기학』(1-100): 人我雖分 自有所同 卽天人運化之氣 擧此而措處事務 人與我同 亦可我與人同 施之於一國 一國之人可與同 施之於天下 天下之人可與同 ... 須將天下人所稟受所須用之天人運化氣 乃得其同 問之於天下之人 知運化者咸曰同 不知運化者 以爲不知同 觀其所行 無非同也 是爲大同

연의 일반 법칙(기화)에 순응하게 된다. 그래서 사람들 간의 우열이나 신분, 직업의 차이도 대동을 해치지 않을 것이며 조화를 이루는데 장애가 되지 않게 된다. 위정자가 천인운화에 통달하여 스스로 마음에 천인운화의 준적을 수립하고 이를 정교政教에 시행하는 것을 통민운화라 한다. 대동사회는 통민운화가 실현된 결과로서 성립될 수 있다. 최한기는 통민운화가 실현된 대동사회의 모습을 다음과 같이 설명한다.

> 정교政教의 요략要略은 통민운화에 있다. 대기운화를 계승하여 따르고 신기운화身氣運化를 미루어 넓혀서 정교의 범위를 정하고 강령을 세우고 본체를 밝히며 조목을 나누어 쓰임을 다하는 것은 기화하는 가운데서 다 갖추어진다. 만백성의 운화는 그것을 나누면 각각 사욕을 좇게 되고, 통합하면 공정하고 밝은 것이 저절로 생겨나게 된다. 고르지 못한 사사로움은 통합의 방도로써 절제할 것이고, 각각으로 좇아가는 욕심은 통합의 의義로써 재단하고 제어하여 각각 그 사욕을 안정시킴으로써 정교의 공정하고 밝은 것을 이룬다면 크고 작은 것에 통용될 수 있을 것이다. 통민운화하는 방도로서 자신을 수행하고 집안을 다스린다면 모두가 그 마땅한 바를 얻게 되어 천하에 이르러서도 어느 곳에 처하든 마땅치 아니함이 없을 것이다.[11]

최한기의 대동사상은 인물에 대한 평가에서 대동사회를 실현할 능

11 『기학』(2-98): 政敎要略在於統民運化 承順乎大氣運化 推擴乎身氣運化 以定政敎之範圍 立綱明體 分條致用 咸備氣化之中 萬姓運化 分之 則各從私欲 統合 則自生公明 不齊之私 以統合之道節制焉 各遂之欲 以統合之義裁御焉 俾各安其私欲 成政敎之公明 可通用於大小矣 以統民運化之道 修之於身 齊之於家 咸得其宜 達之于天下 無處不宜

력을 갖춘 사람에 주목하게 한다. 그는 대동사회를 실현할 능력은 천인운화의 준적을 스스로 수립하고 일통의 정교政敎를 시행할 자격을 갖추어 통민운화를 실현할 사람에게 있다고 보았다. "혹시라도 통민운화를 자기의 몸에다 얻어서 정치와 교육에 시행하고, 아래 위의 관직에 마땅한 사람을 얻어 미혹된 것을 깨우쳐 인도하고, 싸움을 막아서 모든 백성으로 하여금 각각 갖추고 있는 운화를 온전하게 한다면, 다시 이보다 달리 더 능한 바는 없을 것이다."[12] 결국 대동사회는 천인운화의 준적을 수립한 인물에 의해 정교가 실행됨으로써 건설되는 것이다. 최한기의 인물평가는 이러한 천인운화의 준적을 갖추었는지 여부와 긴밀히 관련된다.

3. 기와 인간

1) 기와 형체形體

최한기는 인간의 형체를 신체와 신기의 차원으로 구분한다. 신체와 신기는 인간의 형체를 구성하는 형질기와 운화기에 해당한다. 신체는 오장伍臟·육부六腑, 사지四肢·구규九竅 등으로 이루어진

12 『기학』(2-51): 或至統民運化之術 得之于身而行之于政教 上下官職得其人 濬導迷惑 禁遏爭鬪 俾全萬姓各具之運化 更無他所能也

육체이며, 신기는 신체와 연관된 감각과 의식작용을 주관한다.

> 하늘이 낸 사람의 형체는 모든 수용須用을 다 갖추고 있는데, 이것이 신기를 통하는 기계器械이다. 눈은 색을 알려주는 거울이고, 귀는 소리를 듣는 대롱이고, 코는 냄새를 맡는 통筒이고, 입은 내뱉고 거둬들이는 문門이고, 손은 잡는 도구이고, 발은 움직이는 바퀴이니, 통틀어 한 몸에 실려 있는 것이요, 신기神氣는 이것들의 주재主宰이다. 제규諸竅(인체에 있는 외부와 통하는 아홉 구멍)과 제촉諸觸(인체에 있는 여러 촉감 또는 그 기능)으로 인정人情과 물리物理를 거두어 신기에 습염習染하고, 그것을 발용發用할 때에는 속에 쌓인 인정과 물리를 제규·제촉을 통하여 시행하는 것이 바로 천형踐形(부모와 하늘로부터 받은 본성과 형체의 바른 기능을 어김없이 실현하는 것)하는 대도大道이다.[13]

형체를 이루는 신체와 신기는 감각기관과 감각능력의 관계로서 서로 분리될 수 없으며, 이는 마치 사물과 그림자, 촛불과 불빛의 관계에 비유된다. 최한기의 인간학에서 인간의 형체는 매우 강조된다. 심학이 인간의 성명性命의 이치를 탐구하는데 비중을 두고 신체의 기능에는 크게 관심을 갖지 않는 것과는 대조가 된다. 그렇다고 해서 관상학에서와 같이 인체의 생김새나 자세 등 외형에 치우치는 것도 아니다. 그가 인간의 형체에 관심을 갖는 것은 신체가 천기天氣를 담는 그릇과 도구(器械)이고, 인간의 신기가 하늘의 신기와 상통하기 때문이다. 최한기는 학문은 형체를 근본으로 삼아야 배움이 쓰임을 얻을

13 『기측체의』「神氣通」(序): 天民形體 乃備諸用 通神氣之器械也 目爲顯色之鏡 耳爲聽音之管 鼻爲嗅香之筒 口爲出納之門 手爲執持之器 足爲推運之輪 總載於一身 而神氣爲主宰 從諸竅諸觸而收聚人情物理 習染於神氣 及其發用 積中之人情物理 從諸竅諸觸而施行 卽踐形之大道也

수 있다고 주장한다.

> 그릇(器)을 가지고 있는 사람이 이 그릇을 버리고 다른 것을 쓸 것을 구하면 이는 바로 그 그릇의 쓰임(用)이 되지 않는다. 그러므로 쓰는 문제가 어찌 이 그릇에 관계되는 것이랴? 또 형체를 가지고 있는 사람이 형체를 버리고 다른 것에서 학문을 구하면 이는 형체의 학문이 되지 않는다. 그러므로 배우는 문제가 형체와 무관하다면 은벽한 것을 탐색하고 괴이한 일을 행하는 것이 이것으로 말미암아 일어난다. 쓰는 것은 그릇과 도구(器械)로 근본을 삼고 학문은 형체로 근본을 삼는다.[14]

인간의 형체를 이루는 기는 하늘로부터 품부 받았고 품부 받은 자품의 청淸·탁濁·혼昏·명明과 국량의 대大·소小·천淺·심深이 사람마다 차이가 있지만 이것은 일생 동안 변함이 없다. 그러나 신체의 제규·제촉의 기능이 적절하게 이루어지고 신기가 인정과 물리를 얼마만큼 습염하고 통달하는가에 따라 타고난 자신의 기를 변화시킬 수 있다. 모든 행위의 선善·불선不善은 우선 눈과 귀 등 형체를 이루는 기계의 기능이 적절한가가 중요하고 이를 통해 신기에 후천적으로 습염한 인정과 물리가 하늘의 신기를 승순하는가에 따라 밝게 알고(明知), 힘차게 행할(力行) 수 있게 된다. 최한기가 인물평가에서 형체에 대한 평가를 출발점으로 삼은 이유가 여기에 있다.

14 『기측체의』「신기통」(序): 有是器者 捨是器而求用 則乃非是器之爲用也 用與不用 何關於是器 有形體者 捨形體而求學 則乃非形體之爲學也 學與不學 無關於形體 索隱行怪 由此而興 故用以器械爲本 學以形體爲本

2) 기와 심성心性

최한기는 인간의 마음과 본성도 기적 작용과 현상으로 설명한다. 마음의 본체(心體)를 신기라 하고 신기의 인식활동을 마음으로 파악하였다. "마치 빛이 형체가 있는 것이 아니라 기의 섬광을 빛으로 여기는 것처럼, 마음도 형체가 없으며 사물의 이치를 추측하는 것을 마음으로 여긴다."[15] 그런데 최한기는 마음의 인식활동 내지 추측은 선험적으로 주어지는 것이 아니라 후천적인 경험을 통해 형성된다고 보는 점에서 성리학의 관념론적 인식론을 탈피한다. 성리학에서는 마음에 이치가 선천적으로 내재해 있어서 이미 완전한 인식능력을 갖추고 있다고 보지만 기학에서는 신기가 경험을 축적하면서 비로소 마음의 인식능력을 갖추게 된다고 본다.

원래 마음의 기적 본체인 신기는 아무런 지각능력을 갖지 못한다. 이때의 신기는 거울, 샘물, 흰 비단과 같이 순수하고 깨끗할 뿐이다. 그러나 신기에 견문見聞·열력閱歷하는 경험이 축적되어 갈수록 의식의 기억작용이 일어나며, 축적된 기억을 기초로 추측의 추리와 판단활동이 이루어지는데 이것이 마음이다. 마음의 인식활동은 마음의 본체인 신기의 본성과 분리할 수 없고, 인간 신기의 본성은 또한 활동운화活動運化하는 대기의 본성에서 벗어나지 않는다.

> 인식하고 기억하는 것은 활동운화의 능함에서 생기고, 포용하고 변통하는 것은 활동운화의 많음에서 생긴다. 오직 이 '능함과 많음'은 경험과 열력閱歷을 따라서만 점차 성실함에로 나아갈 수

---

15 「기측체의」「추측록 2」(氣生聲色): 光無體 以氣閃爲光 聲無體 以氣擊爲聲 心無體 以推測事理爲心

있다. 인식하고 기억하는 것은 성실하기만 하면 기억을 기약하지 않더라도 사물이 때를 맞추어 와서 제기되고, 포용하고 변통하는 것도 성실하기만 하면 변통을 기약하지 않더라도 사물이 저절로 드러나 원활하게 처리된다.[16]

최한기는 우주만물이 공유하는 기의 본성을 활·동·운·화로 보았다. 활동운화는 통괄적으로 보면 '생생한 기운(生氣)'이 '항상 움직이며(常動)', '두루 운행하여(周運)', '크게 변화(大化)'한다는 뜻이다.[17] 이 천기의 활동운화를 공부하면 인심의 조리條理로 계승된다. "활을 공부하면 존양하여 추측하는 조리가 생기고, 동을 공부하면 강건하되 순하여서 날로 새로워지는 조리가 생기고, 운을 공부하면 헤아려서 주선하는 조리가 생기며, 화를 공부하면 변통하여 융화하는 조리가 생긴다."[18] 공부하는 입장에서 보면 활동운화를 공부해야만 일신의 활동운화가 대기의 활동운화를 이어받게 되어 천인이 일치되고 사물이 일관되는 천인운화를 실현할 수 있는 것이다.

최한기는 인간의 본성을 신기의 활·동·운·화로 파악하여 성리학의 성즉리性卽理로서의 인·의·예·지의 본성과 대비시켰다. 인기人氣의 활동운화는 대기의 활동운화를 승순함으로써 본성을 실현할 수 있고, 신기의 활동운화를 실현함으로써 인식과 실천에 있어 진정한 결실(誠實)을 얻을 수 있게 된다. 활동운화의 기능은 곧 천인운화에 통달하는 명지明知와 인도를 정립하고 정교를 시행(立人道 行政教)하는 역행力

16 『기학』(2-111): 知覺記念生於活動運化之能 包容變通生於活動運化之量 性能與量 隨經驗閱歷 漸就誠實 知覺記念 在誠實上 不期於記念 而事物時來提起 包容變通 在誠實上 不期於變通 而事物自現周旋

17 『기학』(2-13): 活動運化 統而觀之 生氣常動而周運大化也

18 『기학』(2-64): 活乃存養推測 動乃健順日新 運乃度量周旋 化乃變通和融

行에 있다.

최한기는 마음을 신기의 인식활동으로, 본성은 신기의 활동운화로 파악함으로써 마음과 본성에 대한 기학을 성립시켰고, 이로써 심성에 대한 성리학적 관념론에서 벗어나 징험에 따른 경험적 접근이 가능하게 되었다. 마음의 연구가 천부적으로 허령지각하는 마음이 아니라 후천적 습염에 따라 기억·추측하는 기능을 가진 신기로 이동하고, 거경궁리를 통해 직관할 수 있는 인의예지의 도덕적 본성보다 경험하고 징험할 수 있는 대기의 활동운화의 본성에 더욱 의거할 수 있기 때문이다. 결국 인간의 우열은 타고난 신기의 본성이 관건이 되며, 모두 신기의 활동운화가 우등하고 균등한가에 달려 있다. 활동운화가 우등하고 균등한가는 다시 오장육부의 대소·강약과 정기精氣·혈기血氣의 청탁·다과에 달려 있다. 결국 최한기의 인간학에서 마음과 본성은 신체 및 신기와 더불어 기적 존재로서 연속선 상에 존재한다는 점에서 귀속적 성격을 갖는다. 그러나 신기를 생성하는 하늘, 토질, 부모의 정혈, 습염 등 4요소[19] 가운데 습염은 후천적인 요소이고, 습염을 통하여 신기가 변통될 수 있다는 점을 감안한다면 학문을 통한 심성의 계발 여지는 여전히 존재한다. 최한기가 인물평가에서 견문과 경륜을 과소평가하지 않는 것도 이러한 이유 때문이다.

3) 기와 인품人品

인간의 인품은 쌓은 덕의 크기(德量)와 재주와 학식의 크기(識量)에 달려 있다. 운화에 승순하여 인도에 화합하는 것이 덕행이고,

---

19 신기의 형성 요소에 대한 구체적인 내용은 3장 「기학적 인식론」 장의 주 12 참조

운화를 사용하여 인도를 돕는 것이 재능이다. 덕德이 수기의 결과라면 재才는 치인의 수단이라고 할 수 있다. 덕량은 인기가 인물과 교접하여 대기의 유행지리를 신기에 얻어 천인운화에 통달함으로써 축적된다. 천인운화의 통달은 대기의 유행지리를 승순하여 신기의 추측지리로 전환한 정도에 비례한다. 천인운화를 얻는 방법은 경험의 축적을 통한 물리의 터득에 달려 있다. "무릇 하나의 사물을 만나고 접촉하면, 반드시 반복해서 추측하여 운화의 형세를 궁구하여 터득해야 한다. 두세 가지 사물로부터 열 가지, 백 가지 사물에 이르기까지 운화를 정밀히 관찰하여 그것을 누적하여 충분히 익숙해진 후, 이것으로써 저것을 비교하고 저것을 미루어 이것을 헤아리면, 자연히 운화에 통달하여 찌꺼기가 제거되고 정실함이 저절로 드러날 것이다. 그렇게 되면 천인운화에 있어서 생각하지 않아도 얻게 되고, 힘쓰지 않아도 적중하게 될 것이다."[20] 최한기는 덕의 양量을 이와 같이 마음에 내재하는 도덕적 본성의 실현이 아니라 마음 밖 사물의 원리(物理)에 통달함에 따른 천인운화에서 찾고 있다.

그리고 재주와 학식도 천인운화에서 얻어진다. "통달한 재주와 학식은 천인운화의 기에서 얻은 것이 있어 이루어지는 것이다. 만물과 만사가 모두 천인운화의 기에 말미암아 기멸起滅하는데, 그것에 따르면 선이 되고 그것에 거스르면 악이 되며 추향趨向하면 귀함이 되고 위배背違하면 천함이 된다. 이것을 얻어 남에게 널리 가르치면 성현이 되고, 이것을 잃어 남을 침해하면 잔흉이 된다."[21] 재주와 학식도 천인

---

20 『기학』(2–9): 凡遇一事接一物 必反復推測 究得運化之勢 二三事物 至於十百事物 精察運化積累慣熟 以此較彼 推彼測此 自然通達運化 渣滓脫落情實自著 凡於天人運化 不思而得 不勉而中

21 『인정』「측인문5」(通才達學189 : 通才達學 爲其有得於天人運化氣也 萬物萬事 皆由天人運化氣而起滅 順之爲善 逆之爲惡 趍向爲貴 背違爲賤 得於斯而敷敎於人爲聖賢 失於此而侵害於人爲凶殘

운화에 일치하여 사용할 때 선함과 귀함을 얻게 되고 남을 이롭게 할 수 있다. 아무리 통달한 재주와 학식이라도 천인운화에 위배되면 남에게 위해가 될 수 있는 것이다. 최한기는 인품을 덕량과 식량의 크기로 가늠하고 그것의 정당성을 천인운화에서 찾았다.

최한기는 인품을 천인운화에 근거시킴으로써 인품을 물리의 통달 여부와 연결시켰다. 이것은 과학적 지식에서 도덕적 정당성의 근거를 찾고 도덕적 규범을 과학의 법칙에 종속시키는 것을 의미한다. 그는 달력을 미리 만들어 놓고 자연의 운행을 그것에 맞출 수는 없지 않느냐는 논리로 자연의 물리적 법칙이 인사와 인도에 우선해야 한다고 본다. 이렇게 인품을 선천적인 도덕적 본성이 아니라 물리에 따른 덕량과 식량에 근거시킴으로써 보다 객관적인 인물측정을 가능하게 할 수 있었다.

4) 기와 선악善惡

최한기는 천인운화에서 사람의 선악과 현우를 질정하고 비교할 준거를 찾았다. "대개 사람은 운화기를 품부받은 것으로 명命을 삼고 생生을 삼는 것이니, 운화에 승순承順하는 것이 바로 선善이고 현賢이며, 운화에 위역違逆하는 것이 바로 악惡이 되고 우愚가 되는 것이다. 그러므로 이 표준으로 선악과 현우를 비교하게 되면 거기에 저절로 바꿀 수 없는 천칙天則이 생기게 되니, 사람마다 제각기 자기의 소견을 고집하여 선악과 현우를 결정하기 어려운 것과 같지 않다."[22] 여기서 말하는 운화는 구체적으로는 일신운화, 교접운화, 통민운화 등 삼등운화를 말한다. 선악과 현우의 정도는 이들 삼등운화 가운데 일부 혹은 전부를 얻었는가에 달렸다. 이 삼등운화를 모두 합쳐서 말한 것이 천인운화이니 결국 천인운화에 승순하는가가 행위의 선악과 현우를 결정짓는 최종적 기준이 된다. "선정善政, 선교善教, 선언善言, 선행善行이란 모두 천인운화를 승순하는 것이다."[23]

우리가 일상생활에서 항상 운화에 승순하는지 여부를 확인할 필요가 없는 것은 인물과의 교접에서 기의 순역을 통해 선악을 확인할 수 있기 때문이다. 기에 순하면 기쁘고 즐겁기 때문에 선사善事가 되고 기에 역逆하면 미워하고 싫기 때문에 악사惡事가 된다. "본연의 호오好惡는 어릴 때부터 어른이 되기까지 습숙習熟해 왔으므로, 생각을 하지 않고도 미워하되 그 좋은 점을 알고, 좋아하되 그 미운 점을 아는 것이 마치 저절로 그러한 본성으로 생각하지 않고도 되는 것처럼 여긴다. 그러나 실상은 경험이 많이 쌓여서 그렇게 된 것이다. ... 이같이 현저하고 성실한 것이 기인데, 사람이 항상 그 속에 잠겨서 자라기 때문에 쉽게 알지 못하고 또 그에 순응했는지 거슬렀는지도 분별하지 못한다. 그러므로 단지 기의 순역에서 생기는 선악과 호오를 가지고 심성心性의 고유한 바탕으로 삼아, 선악과 호오가 유래한 근원을 알지 못한다. 옛날부터 학문이란 것이 거의 이와 같았으니, 기화氣

---

22 『인정』「용인문2」(辨善惡有準): 蓋人有所稟於運化氣 以爲命以爲生 則承順運化 是善是賢 違逆運化 爲惡爲愚 擧此標準 以較善惡賢愚 自有不易之天則 不似人人自執攸見 難定其善惡賢愚也

23 『기학』(1-85) : 善政善敎善言善行 皆是承順天人運化也

化의 가르침이 어찌 참으로 중대한 것이 아니겠는가."[24] 최한기는 선악의 근거를 기화에서 찾고 이를 인물과의 호오의 교접 경험에서 확인하고 있다. 인간의 활동운화의 본성은 그 자체가 곧 선이 아니라 대기의 활동운화에 승순할 수 있는 가능성을 가졌을 뿐이다.

최한기는 천인운화를 실천하는 것을 대선大善이라 하고 일상의 예를 실천하는 것을 소선小善이라 하여 구분하였다. "대개 선을 행하는 데는 대선大善과 소선小善 두 가지가 있다. 천인의 기화와 인도의 대체를 자신이 수행해서 남에게 펼쳐 나가는 것은 대선이요, 일용日用의 사무에서 삼가 효제 충신을 행하고 성경聖經과 현전賢傳에서 인의예지를 연구하며, 친척과 동복僮僕들이 모두 마음 편하게 지내고 향당과 이웃 마을이 순후한 풍속을 이루게 하는 것은 소선이다."[25] 예컨대 모든 행동의 으뜸이 되는 효는 자식으로서 가장 실천해야 할 첫째 도리이지만, 부모에게 침식을 공양하고 순종하는 것은 작은 효에 불과할 뿐이다. 대효大孝는 부모가 평생 따르고 자식도 함께 평생 따르는 천인운화에 승순하는 데서 효를 구하면 온갖 선한 행동들이 다 그 가운데 있어서 지나치거나 모자라지 않는 효가 된다는 것이다. 최한기는 천인운화를 인도의 선악을 판단하는 기준으로 삼고 있다.

---

24 『인정』「교인문1」(氣順逆生善惡): 以此本然之好惡 自幼至長 有此習熟 不及思惡而知好 雖不思好而知惡 有若自然之性 不思而得 然其實 已有漸累所致也... 以若顯著誠實之氣 人常潛養於其中 故見得未易 而順逆亦難辨 只以生於氣順逆之善惡好惡 爲心性固有之本 不知善惡好惡所由之源 從古學問 率多若是 氣化之敎 顧不重且大歟

25 『인정』「측인문6」(善人): 人皆謂之善人 必察其善之實 果是善人 當景慕效則 蓋爲善之道 有大小焉 天人氣化。人道大體 修行於身 數達於人 大善也 日用事務 謹行孝悌忠信 聖賢經傳 潛究仁義禮知 親戚僮僕 咸得其宜 鄕黨隣里 便成淳俗 小善也

4. 기학적 인물평가 범주

최한기의 인물평가 범주는 기본적으로 그의 기학적 인간학에 토대하고 있다. 그는 인물평가 범주를 『인정』의 「감평」과 「측인문」 등에서 제시하였다[26]. 그 가운데 사람의 얼굴과 몸의 모습인 용모容貌, 정신과 기운의 상태인 신기神氣, 그리고 마음에 체득한 천인운화인 심덕心德과 그에 따른 교제와 사업인 행사行事가 기본 범주라 할 수 있다. 여기에 인도人道와 처지處地를 각기 준거범주와 상황범주로 사용하는데, 인도는 기본범주들을 평가하는 도덕적 판단의 근거가 되며 처지는 기본범주들을 평가하는데 감안해야 할 상황적 조건이 되는 범주라 할 수 있겠다.

최한기는 「감평」에서 다음과 같이 측인 범주를 제시했다.

> 먼저 기품氣稟의 강약强弱과 청탁淸濁을 살피고, 다음은 심덕心德의 성위誠僞와 순박純駁을 관찰하며, 다음은 체용體容의 후박厚薄과 추미醜美와 문견聞見의 주비周比와 아속雅俗과 처지處地의 귀천과 빈부를 관찰해야 한다. 그러나 그 사이에 분수分數의 많고 적음에 따라 자연히 우열이 있게 되는 것이니, 절대로 한

---

26 최한기의 인물평가 범주와 방법은 주로 그의 「감평」과 「측인문」에서 찾아볼 수 있다. 「감평」과 「측인문」은 모두 최한기가 만년(58세)에 저술한 『人政』에 실려 있는데, 「測人門」은 『인정』을 구성한 「측인문測人門」, 「교인문敎人門」, 「선인문選人門」, 「용인문用人門」 등 4개 장의 첫 장에 해당하며 여기서는 주로 '사람을 헤아리는 법'에 대해 기술했다. 「감평監枰」은 『인정』보다 22년 전에 저술되었고 「측인문」 말미에 따로 첨부되어 있다. 그래서 내용적으로 볼 때 「감평」은 인정의 첫 부문인 「측인문」의 토대였다고 볼 수 있다.

> 가지만 가지고 논해서는 안 된다. 또 사람의 재주와 국량局量은 기품에서 생기며, 응변應辯은 심덕에서 생기며, 풍도風度는 체용에서 생기며, 경륜經綸은 문견에서 생기며, 조시措施(사물을 처리하는 능력)는 그 사람의 처지에서 생긴다. 이는 마치 물줄기를 보고서 그 물의 근원을 미루고, 아들을 보고서 그의 어머니를 아는 것과 같다.[27]

최한기는 「감평」에서 인물평가의 범주로 기품, 심덕, 체용, 견문, 처지 등 5 범주를 제시하고 있다. 이 5 범주는 인간됨을 구성하는 요소, 즉 인간이라면 모두가 갖추어야 할 요소라는 의미로 오구伍具라고 하였다. 그리고 오구에 상응하여 구체적으로 발현된 것을 오발伍發이라 했는데, 기품이 발현된 재주와 국량, 심덕이 발현된 응변, 체용이 발현된 풍도, 견문이 발현된 경륜, 처지가 발현된 조시 등이다. 오발은 오구에 의해 분명하게 판단할 수 없을 때 참조하는 보조적 범주이다.

최한기의 측인범주는 이후에 출간한 『인정』에서는 다소 내용의 변화가 있다. 『인정』의 「측인문」에서 측인의 범주와 관련된 언술을 보면 다음과 같다.

> 측인의 도리는 먼저 용모의 상을 보아 기품의 청탁, 강약, 혼명, 통색을 분별하고, 다음은 행사를 살펴서 귀천, 선악, 이둔, 성패를 분석하고, 끝으로 인도에 어긋나느냐 합하느냐를 가지고 포

27 『인정』「측인문7」(감평): 先察氣稟之强弱淸濁, 次觀心德之誠僞純駁, 次視體容之厚薄醜美, 聞見之周比雅俗, 處地之貴賤貧富, 而這間分數多寡, 自有消長, 殆不可以一槩論也, 且才局生於氣稟, 應變生於心德, 風度生於體容, 經綸生於聞見, 措施生於處地, 是可以溸流推源, 見子知母矣

폄을 삼는다.[28]

생각건대 용모와 신기는 사람의 형기이고 행사와 인도는 사람의 운화이니, 어찌 나누어 둘로 만들어 전혀 관련이 없게 할 수 있겠는가.[29]

상인의 술術은 오직 심술의 사정邪正과 국량의 심천淺深과 조수操守의 유무와 사업의 성부成否에서부터 사람을 사귀고 사물을 처리하는 순역과 통색을 통달하는 데 달려 있을 뿐이다.[30]

국량의 대소와 경제經濟의 유무는 신기의 추측에 있어서는 사물에서 단련, 널리 연구하여 해득하고 대기의 운화로 길러 범위를 채우며, 면부의 용의에 있어서는 통창한 기가 막힘이 없고 상명한 태도가 포용됨이 있으며, 인물을 교접함에 있어서는 취사하는 사이에 준적이 스스로 서고 변통하는 즈음에 기수가 마땅함을 따르는 데 있는 것이다.[31]

얼굴, 기색, 교접, 행사, 인도의 다섯 가지 속에서 경중과 선후를 참작해 보고 대소와 천심을 헤아려 보아, 한 조항의 귀하냐, 천하냐, 선하냐, 악하냐를 추출해 내는 것이니, 이것은 곧 쉬울 듯

---

28 『인정』「인정 측인서」: 是以測人之道 先相容貌 以辨氣稟之淸濁强弱昏明通塞 次察行事 以卞貴賤善惡利鈍成敗 竟以人道之違合爲褒貶

29 『인정』「인정 측인서」: 竊想容貌神氣 爲人之形器 行事人道 爲人之運化 豈可分而二之 了不相關哉 必有相發之益

30 『인정』「총론」(神氣相人): 相人之術 惟在於心術邪正 局量淺深 操守有無 做業成否 以達于交人接務 順逆通塞而已

31 『인정』「총론」(局量經濟): 局量大小 經濟有無 在於神氣推測者 事務鍛鍊 由於廣博究解 大氣運化 養得充塞範圍 在於面部容儀者 通暢之氣無壅滯 詳明之態有包容 在於交接人物者 取捨之間 準的自立 變通之際 氣數隨宜

하지만 어려운 일인 것이다.[32]

> 사람에게는 용모와 신기와 행사의 세 가지가 있는데, 용모는 그릇의 겉모양과 같은 것이며, 신기는 즉 그릇 속에 저장된 형체를 이룬 기이며, 행사는 바로 그릇의 수용須用이다.[33]

위에서 언급된 바와 같이 「측인문」에서 최한기는 용모, 신기, 행사를 측인의 기본 범주로 삼았으며, 여기에 교접과 사업 그리고 인도를 포함시키기도 했다. 「감평」과 「측인문」의 측인범주를 비교해 보면, 「감평」의 기품, 심덕, 체용, 문견, 처지의 범주 가운데 「측인문」의 용모·신기·면부·얼굴·기색 등이 기품에 속하고, 심술·국량·조수 등은 심덕과 문견과 관련되고, 행사·사업·교접 등은 체용에 포함될 수 있겠다. 그리고 「감평」의 범주인 처지는 「측인문」에서는 '지위'로 언급되었고, 「감평」에서는 언급되지 않았지만 「측인문」에서는 인도를 중요한 범주로 꼽고 있다. 인도는 모든 범주에서 이루어진 평가를 포폄하는 기준인데, 인도에 어긋나지 않아야 어떤 평가이든 정당성을 얻게 된다.

「감평」과 「측인문」을 비교해 볼 때, 대체로 「감평」이 기품, 심덕, 문견 등 내상內相에 대한 평가에 치중하였다면, 「측인문」에서는 용모와 행사와 같은 외상外相을 중요한 평가범주로 강조하고 있음을 볼 수 있다. 이것은 최한기가 초기에는 외도의 학술인 관상학을 강하게 비판하는 입장을 보였고 그래서 유가의 지인에 기울어져 있었지만, 후

32 『인정』「측인문 4」(經驗難易): 形貌氣色交接行事人道 五者之中 參其輕重先後 量其大小深淺 抽拔一條貴賤善惡 是乃似易而難也

33 『인정』「측인문 5」(內外運化): 人有容貌神氣行事三者 而容貌如器之外樣 神氣卽器內所貯成形之氣 行事卽器之須用也

기로 올수록 관상학의 상인의 술을 많이 수용하여 용모와 행위를 통해 객관적 평가의 필요성을 느꼈기 때문이라 본다. 아래에서 이들 인물평가 범주들을 종합하여 용모, 신기, 심덕, 행사, 문견, 처지 등 6개 범주[34]로 정리하고 좀 더 자세히 살펴보기로 한다.

1) 용모容貌

용모는 얼굴의 형태와 몸의 자세를 말하는데, 사람의 형질기가 신체화된 범주이다. 용모의 범주는 최한기가 비판한 관상학의 주된 대상이며 신체적 선입견에 따른 평가가 갖는 편협성 때문에 인물평가에서 차지하는 비중은 낮다. 초기의 「감평」에서는 용모가 인물평가 범주로 인정되지 않았지만 「측인문」에서는 범주로 포함되었다. 최한기는 형체화된 용모를 통해 표상된 인기人氣로써 사람의 귀천을 평가하고자 한다.

인기는 천기를 승순하며 사람의 용모도 천지의 형상을 본받았기 때문에 그 귀천도 천지와 얼마나 닮은 모습인가에 달려 있다. 『마의상서』는 귀한 용모를 천지에 빗대어 다음과 같이 설명한다. "사람은 음양의 기를 받아서 천지의 형상과 같고, 오행의 도움을 받아서 만물의 영장靈長이 되었다. 그러므로 머리는 하늘을 본뜨고, 발은 땅을 본뜨며, 두 눈은 해와 달을 본뜨고, 소리는 우레를 본뜨며, 혈맥은 강하江河를 본뜨고, 골절骨節은 금석金石을 본뜨며, 코와 이마는 산악山嶽을 본뜨고, 터럭(毫髮)은 초목을 본뜨니 하늘(天:머리)은 높고 장원長

34 6 범주는 최한기가 정의한 측인 범주이며, 각 범주의 개념 정의는 유교 일반에서 통용되는 개념과는 다소 차이가 있다.

遠해야 하고, 땅(地:발)은 모나고 두터워야 하며, 일월(日月:눈)은 밝고 광채가 나야 하고, 뇌정(雷霆:소리)은 음향이 울려 퍼져야 하며, 산악(山嶽:코·이마)는 높이 솟아야 하고, 초목(草木:터럭)은 수려해야 하는데, 이는 사람의 형체를 논하는 데 큰 개요이다."[35]

용모를 이루는 9규竅와 4지肢는 신기가 소통하는 통로이다. "사람은 9규와 사지, 신체를 갖추고 있는지라 이것으로 하늘과 땅과 사람과 물건의 기를 통하되, 근본과 끝이 있어 서로 참고하고 증험하여 통하지 않는 것이 없다."[36] 구규와 사지는 천기와 인기가 소통하는 기계器械이기 때문에 이들의 모습이 곧 인기와 천기가 소통하는 천인운화의 관건이 된다는 점에서 인물평가의 중요한 범주가 된다. "이목구비가 어찌 한갓 그 이목구비의 외형만을 이야기하는 것이리오. 반드시 형체에 들어 있는 신기가 이목구비에 통한 신기의 이목구비이다. 그러므로 이로써 천지와 인간 만물이 한가지로 통하는 소리와 빛과 냄새와 맛에 미루어 나가면, 안과 밖이 서로 응하고 저것과 이것이 서로 비교되고 증험될 수 있는 것이다."[37] 용모를 이루는 이목구비와 외모 등은 그 자체로서 미추를 평가하는 대상이 될 수도 있겠지만 더욱 중요한 이유는 용모를 통해 인기가 천인운화를 실현하고 있는지를 평가할 수 있기 때문이다.

---

35 『마의상서』 진박 저, 2001, 조성우 역, 명문당, 55-6쪽.

36 『기측체의』「신기통 1」(古今人經驗不等): 人賅九竅肢體 以通天地人物之氣 源有委 參互證驗 無有不通

37 『기측체의』「神氣通序」: 耳目口鼻 豈徒爲耳目口鼻 必有函體之神氣 通於耳目口鼻 爲神氣之耳目口鼻 推達於天地人物所同之聲色臭味 內外相應 彼此參驗

2) 신기神氣

형기形氣가 형체를 이룬 기의 존재에 대한 개념이라면 신기神氣는 형체를 이루는 기의 신묘한 작용을 드러내는 개념이다. 용모가 얼굴 모습(容)과 몸의 모습(貌)을 일컫듯이 신기의 개념도 정신(神)과 기운(氣)으로 결합되어 있고, 그 작용은 기의 밝음(明)과 힘(力)으로 나타난다. 신기의 밝음은 정신이 되고 그 작용은 기의 힘에 의존한다. 신은 기에 의해 길러지고 기에 가탁하여 존재한다. "이른바 신이라는 것은 바로 기의 정화精華이니, 기의 옆에서는 기의 희미한 무리(暈)를 이루고, 기에 앞서서는 향도嚮導하는 빛이고, 기에 뒤져서는 여운餘韻을 거두어들이는 것이다. ... 기가 미치지 못하는 것을 신은 넉넉히 미치고, 기가 통하지 못하는 것을 신은 능히 통하나, 그것도 한계가 정해져 있는 것이라 그 한계를 넘어서는 안 된다. 또 이는 그림자와 형체, 불빛과 초의 관계와 같아서, 항상 기를 따라 생기는 것이요, 결코 기를 떠나서는 홀로 생기는 것이 아니다."[38] 기와 신은 형질기로서의 존재양식을 가지면서 인물의 중요한 구성요인이 된다.

인물평가에서 신기의 범주는 용모의 배후 혹은 심층을 이루는 본체에 해당한다. 용모는 육안으로 지각되지만 신기는 명안明眼으로만 인식할 수 있다. 신기는 감각을 통해 지각할 수 없으며 감응을 통해 지각할 수 있을 뿐이다. 인간은 어릴 때는 신이 밝지 못하고 기력도 왕성하지 못하지만 차츰 근골이 굳세지고 장성함에 따라 그리고 학식과 경험을 축적함에 따라 신묘한 능력을 향상시킬 수 있다.

---

38 『기측체의』「신기통 1」(神通): 所謂神者 乃氣之精華 傍於氣 而有氣之微暈 先於氣 而有前導之光 後於氣 而有餘韻之收 斯神也 由於氣之通暢而生 由於忘筌蹶而漸長 凡夫之所少有 通達者之所修養也 凡夫之所難見 通達者之所須用也 氣所不及 神能及之 氣所不通 神能通之 限定不越乎其外 又如影之於形 光之於燭 常隨氣而發 不能離氣而獨存

3) 심덕心德

최한기의 인물평가에서 용모와 신기의 범주가 형질기에 속하여 인간의 드러난 기질을 평가하는 대상이라면, 심덕과 행사 범주는 운화기에 속하며 인간 내면의 마음상태(心相)을 살피는데 목적이 있다. 최한기는 심학의 심즉리설心卽理說, 즉 인간의 본성에 이미 세상의 이치가 모두 갖추어졌다는 주장을 비판한다. 마치 거울이 만물을 담지만 거울에 만물의 이치가 있는 것은 아니듯 마음에 얻은 도덕적, 지적 앎은 선천적인 것이 아니라 인간의 신기에 후천적으로 습염된 것이다. 심덕은 마음에 얻은 바의 천리天理·천칙天則을 말한다. 마음이 본성에 따를 때 천인운화를 얻게 되고 이로써 행동거지가 천칙에 부합하게 된다. "나의 마음이 천인운화를 얻어 익숙하게 단련하여 밖의 용모에 드러내기에 이르면, 내가 보고 듣고 말하고 동작함이 모두 하늘의 법칙에 부합하게 되어, 누가 이것을 보고 듣더라도 걸리는 바가 없이 모두 알맞게 조화될 것이다. 또 움직이고 머무름, 느리고 빠름과 같은 일상의 행동거지에서도 외모를 꾸미고 장식하지 않더라도 저절로 천형踐形에 이를 것이다."[39] 반면에 마음이 천인운화를 승순하기보다는 사욕과 악습에 습염되면 나쁜 심덕을 갖게 된다.

심덕이 인물평가에서 중요한 비중을 갖는 것은 그것이 행사의 근본이 되고 타인과의 교접운화의 관건이 되기 때문이다. 심덕은 행사를 통해 표출되고, 행사의 귀천과 선악은 마음에 자득自得한 덕이 타

39 「기학」(2–58): 心得天人運化 而至於鍊熟 發外之容貌 視聽言語威儀 皆合天則 無所碍於諸人瞻聆 皆中節於動靜遲速 不事修飾邊幅 而自臻踐形也

인을 얼마나 교화시키는가에 달린 것이다. "용모가 풍성하고 후하게 생긴 것이 덕이 아니고, 신기가 청명한 것도 덕이 아니니, 배양하고 축적하여 대중을 감화시키는 도를 얻은 것이라야 덕이라 할 수 있다."[40] 심덕은 타인에게 영향력을 행사하는 도덕적 권위이며 용모와 신기의 귀천과는 달리 도덕적 차원의 인물평가 범주이다.

4) 행사行事

행사는 사람의 교제와 사업을 일컫는다. 앞의 용모, 신기, 심덕이 사람 자체에 대한 개인적 평가범주라면 행사는 교류하는 타인과 실천하는 사업과 관련된 사회적 평가범주이다. 행사범주는 교제와 사업의 대상이 무엇인가가 관건이 된다. 사람의 용모나 심덕을 헤아리는 것을 인측人測이라 한다면 행사하는 일이나 대상을 헤아리는 것을 사측事測이라 할 수 있는데 이 둘을 아울러 평가하는 것이 중요하다. "다만 사람만 헤아리고 일은 헤아리지 않으면 완비하지 못하고, 일만 헤아리고 사람을 헤아리지 않으면 분명하지 못한 것이다. 이것은 곧 사람을 헤아리고 일을 헤아리는 것을 겸하여 장래의 이둔利鈍과 성패成敗를 보려는 것이고, 이왕의 행사를 미루어 그 사람을 헤아리는 것과는 다른 것이다."[41] 대개 일의 가짓수는 한정이 없고 사람은 각자의 장점이 있으니 모든 사람이 모든 일에 유능할 수 없는 것

---

40 『인정』「용인문 2」(以德用人): 容貌豐厚 非是德 神氣淸明 非是德 積累培養 得於人衆 感化之道 是爲德 豈是無關於人而獨得於身 以爲德 又豈是不有於身 而散在於衆 以爲德必也 得之於天地人物 存養於內 敷化於人物 卽是德

41 『인정』「측인문 4」(將來事測人測): 但測人而不測事 不備矣 但測事而不測人 不明矣 此乃測人兼測事 要觀將來利鈍成敗 與已往之推行事而測其人有異

이다. 사람의 행사를 헤아리는 것은 어떤 행동과 사업이 그 사람이 갖고 있는 장점과 맞는 것인지를 평가하는 것이다.

행사의 범주에서는 두 가지 상相을 함께 살펴야 하는데 곧 현사상見事相과 보사상保事相이 그것이다. 현사상이란 행사에 앞서 갖는 태도인데 이로써 행사의 성패와 이둔을 좌우한다. "지속遲速의 기회는 고요히 운화를 기다리고, 좌우의 협조는 굳게 인화人和를 결속하여, 겉으로는 아무 일도 하지 않는 것 같으면서 속으로는 착실히 해 나가되, 기수氣數를 짐작하여 유동성 있게 맞추어 가며 사용할 기구器具의 다과를 남거나 모자람이 없도록 함이 상등의 현사상이다."[42] 현사상은 행사에 앞서 주어진 기회, 협조, 기수, 기구를 통해 성패와 이둔을 헤아리는 것이다. 현사상은 행사에 드러날 결과를 헤아리는 근거가 된다.

한편 행사는 현사상과 함께 보사상을 함께 헤아려야 한다. 현사상이 창업創業의 때에 갖추어야 할 태도라면 보사상은 행사가 이루어진 후 성패의 결과에 대처하는 태도를 말한다. "성사한 다음에 잘 해가기가 쉽지 않은 것만이 아니라, 일을 실패한 다음에 잘 해가기가 더욱 어려운 것이어서, 자신이 실수하는 바가 없어야 뭇사람의 원망이 해소되고 깊이 경계하는 점이 있어야 전철前轍을 고쳐 새로워지는 법이므로, 상처(灰燼)를 수습하여 조그만 시기나 의구疑懼도 씻어내고 환란을 겪은 즉시 소멸된 성신誠信을 세워야 하는 것이다. 한 가지 일의 실패를 두 가지 일의 성공으로 이끌고, 오늘의 비운을 반드시 후

42 「인정」「측인문 4」(見事相保事相 : 遲速機會 靜待運化 左右協助 固結人和 外若無爲 內實做去 氣數斟酌 流轉而合 器具多寡 要無盈縮 是爲見事之上也

일의 태평이 되게 하는 것이 곧 상등의 보사상인 것이다."[43] 행사의 결과가 성공적이라면 수성守成을 잘해야겠지만 실패한 경우 즉시 성신을 보완하여 다시 전철을 밟지 않도록 해야 한다. 인물평가는 현사상과 보사상을 통해 행사한 앞뒤를 살펴보아야 행사의 헤아림이 완비될 뿐 아니라 헤아림에 틈이 없고 혹 앞 사람이 발견하지 못한 데를 발견하고 꼭 밝혀야 할 것도 빠트리지 않게 된다.

5) 처지處地

인도가 인물평가의 준적이라면 처지는 인물평가에서 고려해야 할 사회적 지위와 처해 있는 상황적 조건이라 할 수 있다. 사람은 처지에 따라 귀천과 존비가 달리 평가된다. "거처에는 존비가 있고 사업에는 귀천이 있다. 존위尊位를 떠나 비위卑位에 있게 되면 용모와 신기가 점점 비천하게 바뀌고 비위로부터 존위에 오르면 용모와 신기가 점점 존귀하게 된다. 귀업貴業을 버리고 천업賤業을 하거나 천업을 버리고 귀업을 하는 것도 또한 이와 같다."[44] 사람의 용모와 신기가 거처하는 바에 따라 변화하는 것은 그의 기가 거처하는 바에 물들기 때문이다. 지위적 조건과 처지에 따른 기회가 개인의 귀천과 존비에 영향을 미치는 중요한 요인이 된다.

인물평가에서 처지의 범주는 사람을 평가하는 상대적 준거가 된다.

---

43 『인정』「측인문 4」(見事相保事相): 後善處不易 敗事後善處尤難 無攸自失 衆怨消滅 有所深戒 改轍方新 收拾灰燼 煎滌纖芥之猜疑 纔經患難 特樹板蕩之誠信 一事敗 以爲再事之成 今日否 必致後日之泰 是爲保事之上也

44 『인정』「측인문 3」(處業隨異): 所處有尊卑 所業有貴賤 捨尊位居卑位 容貌神氣 漸移于卑 自卑位升尊位 容貌神氣 漸進於尊 捨貴業執賤業 捨賤業執貴業 亦猶於斯

인물평가는 어떤 처지를 준거집단으로 삼는가에 따라 평가는 달라지기 마련이다. 예컨대 "각국의 정교政教와 운화는 그 토의土宜와 속상俗尚을 말미암는 것이므로, 그 사람을 헤아리는 것도 약간씩 다른 점이 있다. 홍모국紅毛國에서야 붉은 털이 어찌 천격賤格이 될 것이며, 흑면국黑面國에서야 흑면이 어찌 추모醜貌가 되겠는가? 일신의 행사行事와 운화도 각각 그 직업과 습관에 따라 사람을 헤아리는 것이 자연 등분等分이 있게 마련이다. 사농士農의 측량은 공상工商의 측량과 다르고, 공상의 측량은 사농의 측량과 같지 않다. 이 뜻을 알아서 사람을 헤아린다면, 측인이 천하에 통달할 수 있다."[45] 처지는 인물평가의 상황정의를 통해 간주관적 이해의 폭을 넓히는데 기여한다. 인물평가에서 처지의 범주가 고려됨으로써 평가가 편협한 판단에서 벗어나 변통 가능성의 근거를 확보할 수 있게 된다.

6) 인도人道

인도는 인간행위의 표준이 되는 도리이다. 인도의 중요성은 오륜을 펴 시행하고 정치와 교화를 밝게 베풀어 사람 사이의 관계에 보탬이 되게 하는데 있다. 선악과 귀천은 인도에 이익이 되는가에 달려 있지 용모의 아름다움, 가업의 성패와 재산이 중요한 것이 아니다. 인도는 사람이 따르고 실현해야 할 천도라 할 수 있는데, 이로써 인기를 천기에 승순하여 선을 이루는 것이라 하겠다. 인도는 앞

---

45 『인정』「측인문 1」(天下測人同異): 各國政教運化 因土宜俗尚 測人微有不同 紅毛之國 紅毛何嘗爲賤格 黑面之國 黑面未必爲醜貌 一身之行事運化 因所業所習 測人自有等分 士農之測異於工商之測 工商之測 不同士農之測 知斯義而測人 測人可通達于天下矣

에서 본 용모, 신기, 심덕, 행사와 같은 선상의 다른 범주라기보다는 이 모든 범주에서 이루어지는 평가의 도덕적 기준이라 할 수 있다. 따라서 인물평가는 그것이 어떤 범주를 통하여 이루어지더라도 궁극적으로는 인도에 보탬이 될 때 긍정적으로 평가될 수 있다. "용모가 비록 귀하게 생겼으나 인도를 모르면 참으로 귀한 용모가 아니며, 품기가 비록 좋으나 인도를 행하지 않으면 참으로 좋은 품기가 아니며, 심법이 비록 선하나 인도에 통창하지 못하면 심법이 선하다고 하기에 부족하며, 행사가 비록 아름다우나 인도가 갖추어지지 못했으면 어떻게 아름다운 일이라 하겠는가?"[46] 이처럼 인도는 인모人貌, 인기人氣, 인심人心, 인사人事를 포괄하며 인물평가에서 귀천과 길흉은 인도의 포폄, 권징을 표준으로 삼아 결정될 뿐이다.

인도가 인물평가의 준적이 되는 것은 인도의 수명修明이 천도를 체득하는 것이 되고 천도를 따르는 것이 모든 인사의 성공을 가져오는 대법大法이 되기 때문이다. 예컨대, "인도란 하늘과 사람이 운화하는 기를 받들어 오륜의 떳떳한 일을 닦아 행하는 것이니, 하늘의 기를 어기고 재산이 모아질 수 있겠으며, 오륜을 무너뜨리고 재물을 부지할 수 있겠는가?"[47] 인도는 그의 사업을 성공으로 이끄는 수단이 될 뿐만 아니라 인의의 실천과 정교政教의 수명修明을 실현하는데 기여한다. 인도의 실천 없이 수신, 제가, 치국, 평천하의 인사人事가 성공적으로 실현될 수 없는 것이다.

---

46 『인정』「측인문 6」(相測以人道爲主): 容貌雖貴 不知人道 非眞貴之容貌 稟氣雖好 不行人道 非眞好之稟氣 心法雖善 人道未暢 不足爲心法之善 行事雖美 人道未備 何可謂美事

47 『인정』「측인문 6」(人道家產成敗): 興人道者 奉遵天人運化之氣 修行五倫經常之事也 違越天氣 而貲產其可聚乎 悖亂五倫 而貨財豈能留乎

5. 기학이 인물평가 범주에 갖는 의의

최한기는 『인정』 첫 머리에서 자신을 닦는 도리를 아는 사람은 사람을 헤아리는 도리를 알고, 남을 헤아리는 도리로 자신을 권면하고 경계하면 곧 자신을 닦는 도리가 된다고 하였다. 인물평가는 단순히 타인을 평가하는데 그치는 것이 아니라 타인을 올바로 판단함으로써 자신을 반성할 수 있는 계기를 갖는데 의의가 있다. 측인에 대한 논의 가운데는 수신의 실천적 의미가 내포되어 있는 것이다. 최한기의 인물평가에서 인도를 인물평가의 최종적인 기준으로 삼은 것도 이 때문이다. 인도에 따르는 것은 곧 천도를 실천하는 것이고 천도의 실천으로써 모든 일에 성공을 보장받을 수 있는 것이다.

최한기는 인도는 천인운화를 달성함으로써 실현할 수 있다고 보는데 이전의 성리학과 차이점은 인도가 승순하는 천도가 무형의 신神·리理가 아니고 기의 물리적 법칙, 즉 기화로 본다는 것이다. 인도를 기화에 종속시킴으로써 기존의 유가적 지인知人과 관상가의 상인相人과는 매우 다른 인물평가를 가능하게 하였다. 기화에 근거한 최한기 기학의 학문적 특성이 인물평가에 갖는 함의를 다음과 같이 요약할 수 있겠다.

첫째, 기학은 유형의 학문이며, 기학적 인물평가도 인간의 유형적 측면에 관심을 갖는다. 인물평가에서 '용모'가 1차적인 평가 요소로 중요시되는데, 용모는 단순히 미적 대상이 아니라 하늘의 신기를 담는 그릇이며 그것을 활용하는 도구이기 때문이다. 인물평가에서 유형적 측면에 대한 강조는 관상학의 이론을 적극 수용한 것이며, 타고난 신체와 유전적 조건을 중시하는 점에서 오늘날 사회생물학적 관점과 상통하는 측면도 있다.

둘째, 기학은 인간을 비롯한 만물은 실체적 존재인 기로 이루어졌고, 기의 운행법칙을 따른다고 본다. 따라서 기의 물리적 법칙(氣化)이 인간에게도 행위의 규범적 법칙(敎化)으로 작용한다고 보았다. 인물평가의 방법도 기화를 터득하여 천인운화를 얻은 덕량德量과 식량識量을 관찰함으로써 객관적인 측정이 가능하다고 보았다. 최한기가 「감평」에서 덕량과 식량을 수량화한 시도는 인물평가에 실증적 방법을 도입할 수 있는 근거가 되었다.

셋째, 기학은 실학으로서 인간에 유익함을 가져다주는 학문이다. 기학에서 선악은 인간에게 이로운 행위인가의 여부에 달려 있다. 기학적 인물평가에서도 행위가 인도에 따르는가를 중요시하여 관찰하는데 이것은 인도에 따름으로써 일이 성공적으로 수행되고 결국 전체의 공리를 가져다 줄 것이기 때문이다.

넷째, 기학은 일통의 철학에 근거한다. 일통의 철학은 기학을 인문, 사회, 자연과학을 포함하는 통합학문적 성격을 갖게 한다. 최한기는 기학적 인물평가에서도 생물학적 요인, 사회적 관계를 관찰하고 그것이 자연의 이치에 맞는 행위인지를 검증함으로써 통합적으로 평가해야 한다고 보았다.

마지막으로, 기학은 만인이 평등하게 공유하는 기의 법칙을 궁구하는 학문이다. 기학적 인물평가가 양반제도와 같이 인위적으로 제도화된 귀속적 신분보다는 누구나 선천적으로 부여받은 기와 기의 실천에 근거한다는 점에서 평등의 이념과 합리성을 엿볼 수 있다.

1. 머리말

2. 측인의 구성요소

3. 측인범주의 중요도와 인품의 서열

4. 인물평가 요인의 특징

Chapter 8

측인의 요인

PART 2

Chapter 8

8장

측인의 요인

1. 머리말

최한기(1803-1877)는 자연과학, 철학, 사회사상, 정치제도 등 다방면으로 1000여 권을 저술했다고 전해지고 있고 현재 80여권이 남아 있다. 그의 폭 넓은 관심 중에서 유학자로서 측인測人, 즉 인물평가에 대한 연구는 다소 이례적이었다. 당시 인물평가는 관상학이나 일부 길흉을 예언하는 점술 등이 담당했고 유가에서는 이단시되는 분야였다. 그러나 최한기는 인물평가를 기학에 정초시킴으로써 단순히 혹세무민하는 낭유학稂莠學이 아니라 교육과 인재선발, 그리고 관리 등용을 위한 합리적 지침으로 삼고자 하였다. 그는 인물평가를 자기 수행의 귀감으로 삼았고 사람을 교화하고 가르치기 위한 선행적 조건으로 보았다. 인재를 발굴하고 재능을 밝혀 적재적소에 임용하는 것도 모두 인물평가가 성패의 관건이 된다고 보았다. 그가 이상적인 정치로 내세우는 '인정人政'도 결국 올바른 인물평가에 기초하고 있다. 인정은 대정大政에 대응하는 개념으로 하늘의 바른 것을 본받아 인위人爲의 잘못을 바로 잡는 정치를 말하는데, 그 정치의 출발이 인물에 대한 올바른 평가에 있다고 보았다.

최한기의 인물평가 이론은 주로 『인정』의 「감평」과 「측인문」에 집약되어 있다. 「감평」은 36세 때 발표되었고 초기 저술에 속한다. 그리고 만년인 58세에 발표된 『인정』의 「측인문」에서 인물평가론이 보다 상세히 논의되고 있다. 초기에 저술된 「감평」이 만년의 『인정』「측인문」의 부록으로 첨부되었는데, 이로써 최한기가 일생 동안 인물평가에 지속적으로 관심을 갖고 있었음을 엿볼 수 있다. 「감평」에서는 인물평가의 범주와 척도를 제시하였고 실제 인물에 대해 평점을 낼 수 있는 조견표를 제시하였다. 「감평」의 평가기법은 매우 정교하며 현대 사회심리학에서 사용되는 기법과 비교해서도 크게 손색이 없어 보인다. 「측인문」에서는 기학을 토대로 평가를 이론적으로 설명하는데 기학의 기일원적 세계관과 추측의 방법 등이 인물평가의 이론적인 토대가 되었다.

최한기는 인물을 기적 존재로 파악하고 신체적 용모뿐만 아니라 내면의 본성, 마음까지도 모두 기적 실체로 보았다. 인물의 수신, 제가, 치국, 평천하 차원의 모든 행위도 모두 기의 운화로 파악하였다. 그의 기학적 인물평가는 인물을 형성하는 기의 청탁과 운동·변화하는 운화를 통해 이루어지며, 귀천과 길흉에 대한 판단은 궁극적으로 인기人氣가 대기大氣에 소통하며 순응하는 정도에 따라 평가된다. 최한기는 인물의 귀함과 천함, 현명함과 우둔함, 선함과 악함, 길함과 흉함 등을 모두 기의 운화로 환원하여 설명한다는 것이 가장 큰 특징이라 하겠다.

기는 구체적이고 감각으로 지각할 수 있는 형체로서 존재하기도 하고, 형체 이전의 본체로서 존재할 수도 있다. 형질기가 구체적인 형체를 갖춘 특정의 본질이 부여된 기라면, 운화기는 기의 본체이며 '한 덩어리의 활물'로서 가능태로 존재하는 기이다. 사람도 형질기와 운화기로 이루어지는데 형질기는 사람의 형체를 통해 파악되는 것이며, 운화기는 사람의 행사行事를 통해 인식할 수 있다.

인기는 타고난 것으로 본디 고정된 품격을 갖고 있지만 후천적인 경험, 생업, 교육 등의 실천을 통해 질적인 변화가 이루어지기도 한다. 인품은 타고난 기로써 전부 결정되는 것이 아니라 운화에 의해 치우친 것을 고치고 모자라는 것을 보완할 수 있다. "한 몸의 형체의 이미 타고난 자질은 가히 바꿀 수 없고, 그 구규九竅와 백해百骸, 오관伍官과 사지四肢 하나하나는 곧 마땅히 '스스로 이르는 운화(自臻之運化)'를 따라 완수되어야 하며 다만 보고 듣고 추측하는 것으로써 변통할 뿐이다."[1] 따라서 인품은 관찰되는 형질기와 운화기의 변화를 통해 완성되며, 인품에 대한 평가는 이 두 형태의 기를 상호적으로 검증함으로써 완성할 수 있다. 최한기는 인물평가는 결국 형질기를 관찰하고 운화기의 변화를 파악하는데 있다고 보았다.

최한기가 기존의 인물평가에 대해 갖는 주된 문제의식은 고착된 형질기에 의한 인물평가를 극복하는 것과 예측할 수 없는 운화기 활동에 평가의 근거를 마련하여 인물평가에 실용성을 부여하는 데 있었다. "상인相人한다 하지 않고 측인이라 한 것은 형모形貌 이외에도 측량하고 변통하는 의리가 있기 때문이고, 애인愛人한다 하지 않고 측

1 『기학』(1-79): 一身形體旣受稟質 不可換易 其九竅百骸 五官四肢之一 則固當順遂自臻之運化 而只將見聞推測 以爲變通而已

인이라 한 것은 은애 속에도 선악을 분별하는 방법이 있기 때문이고, 지인知人이라 하지 않고 측인이라 한 것은 그 내외의 운화를 기필하여 예측할 수 없기 때문이다."[2] 상인은 용모에만 집착해 있고, 애인은 감정에 치우치고, 지인은 운화의 필연성을 다만 억측했다. 형모에 고착된 인물평가는 상인의 병폐이고 감정에 치우친 인물평가는 애인의 병폐이고 운화기의 변화를 간과하는 주관적 인물평가는 지인의 병폐라 보았다. 상인은 지나치게 편협한 평가를 하게 되고, 애인은 감정적인 평가를 하고, 지인은 인물평가의 객관적 근거를 갖지 못한다. 최한기는 상인의 평가 지평을 용모에서 심덕, 행사, 인도, 처지로 확장하고, 지인에 기화라는 자연법칙적 토대를 마련하여 이 두 방법을 보완한 측인의 평가방법을 제안하였다.

이 장에서는 앞장에서 제시된 인물평가 범주를 구성하는 요인을 살펴보는 데 목적이 있다. 최한기의 인물평가에 대한 연구는 오늘날 서양 사회심리학적 대인지각 이론이 지배적인 상황에서 토착적 인물평가 이론을 재발견했다는 점에서 의의가 크다 하겠다. 인물에 대한 평가는 문화적 토대에 따라 상이한 과정과 잣대를 갖기 마련이다. 문화에 따라 귀·천, 선·악, 미·추에 대한 평가가 다른 것은 평가의 요인이 다르게 구성되기 때문이다. 현대 사회심리학계의 인물평가 연구는 주로 대인지각·인상형성 이론 혹은 인성·적성·심리 검사 등을 통하여 이루어지는데 모두 서구적 세계관과 인간관을 토대로 이루어질 뿐 한국의 전통문화와 가치관을 반영하지 못했다. 최한기의 인물평가 요인에 대한 연구는 한국 전통문화에 토대한 토착적 인물평가 이론정립과 한국형 인물평가 척도개발을 위한 선행적 연구로서 의의가

---

2 『인정』「측인문1, 총론」(測人大道): 不曰相人 而曰測人者。形貌之外 有測量變通之義 不曰愛人 而曰測人者 恩愛之中 有善惡分別之方 不曰知人 而曰測人者 以其內外運化 不可固必也

있다고 본다.

2. 측인의 구성요소

최한기의 측인은 앞 장에서 제시된 바와 같이 용모容貌, 신기神氣, 심덕心德, 행사行事, 인도人道와 처지處地 등 여섯 범주로 구성되어 있다. 여기서는 각 범주를 구성하는 평가의 요소들에 대해 살펴보고자 한다. 측인의 범주가 인물을 평가하는 변인이라면, 측인의 구성요소는 이들 범주를 파악하는데 지표가 될 만한 특성을 말한다. 측인의 범주가 설명대상이라면 구성요소는 관찰대상이라 할 수 있겠다. 이들 요소들은 주로 「측인문」을 통해 구성했지만 일부 『인정人政』, 『기측체의氣測體義』, 『기학氣學』 등에서 참고하였다.

1) 용모의 균형과 조화

용모의 귀천에 관한 최한기의 묘사는 대체로 『마의상서麻衣相書』, 『신상전편神相全編』, 『태청신감太淸神鑒』 등의 상서相書에 의존하는데, 그가 『인정』에서 인용한 삼정론三停論도 이들 상서에서 인용하였다. 삼정론은 얼굴과 몸의 형체에 대한 평가이다. "얼굴에는 삼정三停이 있다. 머리털에서 눈썹까지를 상정上停이라고 하는데, 여기가 길면서 풍부하며 모나면서 넓으면 귀하게 된다. 눈썹에서 콧마루까지를 중정中停이라고 하는데, 우뚝하면서 바르고 높으면서 고요하면 오래 살게 된다. 인중人中에서 아래턱까지를 하정下停이라고 하는데, 모나면서 풍만하고 단정하면서 두터우면 부하게 된다. ... 또 몸에도 삼정이 있는데, 반드시 위아래가 알맞게 살이 붙어서 온 몸에 걸림이 없고 기혈이 두루 통해서 교제에 알맞고 인물이 화합하여야 바야흐로 부귀하고 장수할 상이라 할 수 있다. 어찌 얼굴이나 몸의 삼정 가운데 한 가지가 좋고 나쁜 것으로 사람을 논할 수 있겠는가."[3] 『인정』에서 삼정론만 인용했지만 앞의 상서들에서는 그 외 다양한 용모평가 관련 이론이 있다.

『마의상서』, 『신상전편』, 『태청신감』에는 얼굴의 상相과 관련한 다양한 이론이 중복 기록되어 있다. 십이궁설十二宮說은 명궁命宮-두 눈썹사이의 인당印堂, 재백궁財帛宮-코, 형제궁-왼쪽과 오른쪽 눈썹, 전택궁田宅宮-좌우의 두 눈두덩, 남녀궁-좌우 두 눈 밑, 노복궁奴僕宮-턱의 좌우, 처첩궁妻妾宮-눈꼬리 옆, 질액궁疾厄宮-콧등, 천이궁遷移宮-두 눈썹의 끝, 관록궁官祿宮-이마의 중앙, 복덕궁福德宮-두 눈썹으로부터 옆 이마 상단의 중앙, 부모궁-눈썹 위, 옆 이마의 하단 등 12궁을 관찰했다. 그리고 오관설伍官說은 귀-채청관採聽官, 눈썹-보수관保壽官, 눈-감찰관監察官, 코-심판관審辨官, 입-출납관出納官 등 다섯 기관을 살폈다. 얼굴의 솟은 부분인 이마-형산衡山(남악南嶽), 코-숭산崇山(중악中嶽), 턱-항산恒山(북악北嶽), 좌관골-화산華山(서악西嶽), 우관골-태산泰山(동악東嶽)을 산악에 비유하기도 하고(오악론伍嶽論), 얼굴의 깊은 곳인 귀-

3 『인정』「측인문3」(面三停): 面有三停 自髮際至眉爲上停 長而豐隆 方而廣闊者 主貴 自眉至鼻準爲中停 隆而準峻而靜者主壽 自人中至頦爲下停 方而滿端而厚者主富 ... 又有身三停 必要上下適體 無碍於遍身 氣血周通 有適於交接 人物和合 方可論富貴壽夭 豈可以面身三停中一端之好不好 論定哉

강독江瀆, 눈-하독河瀆, 입-회독淮瀆, 콧구멍-제독濟瀆 등을 강에 비유하여(사독四瀆) 살피기도 하였다. 그 외 얼굴의 좌우보골左右輔骨(좌우 옆이마), 좌우관골左右觀骨(좌우 광대뼈), 좌우이골左右頤骨(좌우 턱뼈)을 창고에 비유하기도 하였고(육부론六府論), 천天(이마)·지地(턱)·인人(코) 삼재三才에 비유하기도 하였다.[4]

상서에서는 얼굴의 상과 더불어 신체의 상에 대한 이론도 다수 제시되고 있다. 최한기의 신체론은 거의 『신상전편』의 내용과 일치한다. 『신상전편』에 등(背), 허리(腰), 배(腹), 가슴(胸)과 유방(乳), 마음(心), 배꼽(臍), 음부(下部), 걸음걸이(行), 앉은 자세(坐), 누운 자세(臥), 음식먹는 자세(食) 등에 대한 관상 방법이 있다. 최한기도 『인정』에서 눈, 눈썹, 코, 귀, 입, 혀, 이, 입술 등의 얼굴(容)에 이어, 허리와 등, 배, 배꼽, 손, 손톱, 발, 목소리, 언어, 걸음, 앉음새, 자는 모습, 뼈와 살, 이마, 머리 등의 신체(貌) 각각의 귀천과 길흉에 대해 서술하였다. 용모에 대한 상학적相學的 평가는 천인합일의 통일체적인 관점에서 이루어지고 있음을 볼 수 있다. 용모의 전체 구성에 대한 총론과 9규 4지 등의 각론은 천지의 균형과 자연의 조화로운 운화를 모범으로 삼았다. 대체로 용모는 신체에 균형, 조화, 중용, 풍요 등의 천지자연의 가치와 미덕이 구현되었을 때 귀격貴格과 길격吉格으로 인정받고 있음을 볼 수 있다.

---

4 『마의상서』, 2001, 조성우 역, 명문당; 『신상전편 상』, 1998, 정민현 역, 삼원문화사; 『태청신감』, 1985, 失名, 중화서국 참고

2) 신기의 강 · 약과 청 · 탁

인물평가에서 신기가 신神과 기氣의 능력이라면 신기의 범주는 신과 기의 등급에 따라 평가가 이루어진다. 기는 얼굴에 가장 잘 나타나는데, 그 중에서 "기의 드러남은 두 눈이 가장 영험하여 잠깐 깜박이는 사이에 기미가 먼저 노출된다. 미간眉間이 그 다음으로 펴고 찡그릴 때에 근심과 즐거움이 뚜렷이 다르고, 두 뺨이 그 다음으로 분노와 화열和悅이 여기에 물들고, 입술과 혀가 그 다음으로 마르거나 윤기남이 드러나고, 이마와 턱이 그 다음으로 살찌고 파리함이 다르다. 전체를 말한다면 일신의 기는 항상 얼굴에 드러나는 것이니, 이는 얼굴의 칠규七竅가 내외의 기를 출납하기 때문이다."[5] 신기는 사람의 감각기관에만 존재하는 것이 아니라 사람의 모든 행위와 사고 속에 깃들어 주재하지 않는 것이 없다. 보는 것은 눈이 아니라 눈의 신기이며 듣는 것은 귀가 아니라 귀의 신기인 것이다. 신이 맑고도 和하고, 빛이 밝고 많으면 부귀의 상이요, 신이 어둡거나 유약하고 흐리거나 응결된 자는 단명하고 박복한 상이다. 『태청신감』에서 신의 모습을 다음과 같이 묘사하고 있다. "사람의 형상을 바라볼 때 혹 쇄연灑然하여 맑거나 혹 빼어나 투철하거나, 혹 교연皎然하여 밝거나 혹 응연凝然하여 옥빛 같아, 미목眉目이 종용聳動하여 정채精彩가 사람을 쏘는 듯한 것은, 모두 신이 안에서 발하여 겉으로 드러나는 데서 말미암는다. 그 신이 청화淸和하고 명철明徹한 것은 부귀의 상이요, 혼탁하고 유겁柔㥘한 것은 빈궁의 상이다. 실實하고 허虛하고 급한 것은

---

5 『인정』「측인문5」(面部發見): 氣之發見 兩眼最靈 瞬盱之間 幾微先露 眉間次之 舒蹙之際 憂樂頓殊 雙頰次之 怒和悅 畢潮于斯 唇舌次之 枯潤著焉 額頤次之 肥腯殊焉 以全體言之 一身之氣 常發現於面部 以其有七竅 出納內外之氣也

그 신이 조급하다. 또 이르기를 용연하게 움직이지 않아 보기에 위엄이 있는 것은 고古라 일컫고, 징연澄然하게 형철瑩澈하여 보기에 사랑스러운 것은 청淸이라 일컫고, 이연怡然하게 쇄락하여 한없이 보고파지는 것은 미媚라 일컫는다."[6] 이처럼 『태청신감』에서 신을 구성하는 요소로 고, 청, 미를 들었는데 대개 기의 덕성을 묘사한 것이다. 곽태는 관인팔법觀人八法을 통해서 위威·후厚·청淸·고古·고孤·박薄·악惡·속俗 등 여덟 가지 상으로 세분하여 제시하였다.[7]

한편 신과 더불어 신기를 구성하는 한 부분이 기인데, 기는 이러한 신을 발휘하는 근기根基이다. 기 범주를 구성하는 요소로 최한기는 4개의 모기母氣와 20개의 자기子氣를 열거했다. "품기의 강약과 청탁은 다만 그 대강일 따름이요, 그 가운데 각기 겸하고 있는 기가 있으니, 한기寒氣·온기溫氣·정기精氣·추기麤氣·부기浮氣·침기沈氣·용기勇氣·겁기㤼氣·혼기昏氣·명기明氣·독기毒氣·간기姦氣·수기秀氣·이기異氣·재기才氣·덕기德氣·객기客氣·정기定氣·애기隘氣·화기和氣 등이다. 마땅히 청淸·탁濁·강强·약弱 4자로 모母로 삼고, 한·온·정·추·부·침·용·겁·혼·명·독·간·수·이·재·덕·객·정·애·화 20자로 자子로 삼아, 반드시 자모子母가 서로 겸한 연후에야 미루어 통하는 도가 있게 된다. 가령 청淸하면서 한寒한 것과, 청淸하면서 온溫한 것과, 청淸하면서 추麤한 것 같은 류類와, 또 탁濁하면서 부浮하고, 탁濁하면서 침沈하고, 탁濁하면서 용勇하고, 탁濁하면서 겁㤼한 것 같은 류類와, 또 강强하면서 혼昏하고, 강强하면서도 명明하고, 강强하면서 독毒하고, 강强하면

6 『인정』「측인문5」(論神): 曰望人形 或灑然而淸 或翹然而透 或皎然而明 或凝然而瑩 眉目聳動精彩射人 皆由神發于內而見于表也 其神淸而和 明而澈者 富貴之象也 昏而濁柔而怯者 貧薄之相也 實而靜者其神和 詳而定者其神安 虛而急者其神躁 又曰聳然不動 視之有威 謂之古 澄然瑩澈 視之可愛謂之淸 怡然灑落 視之難捨謂之媚

7 최한기는 『인정』에서 관인팔법을 곽태郭泰의 설로 보고 있으나 이는 진박陳搏의 저서로 알려진 『마의상서』에도 실려있다.

서 간姦한 것 같은 류類와 또 약弱하면서 수秀하고, 약弱하면서 이異하고, 약弱하면서 재才하고, 약弱하면서 덕德한 것 같은 류類로 두루 승乘하면 거기에 합당하지 않는 것이 없게 된다. 즉 4개의 모母가 되는 글자로 20개의 자子가 되는 글자를 승乘하면 총 80조이다."[8] 한 사람의 기를 먼저 강·약, 청·탁의 4가지 기본 기로 분류하고 다음에 20개의 하위 기로 교차시키면 사람의 기상이 그중 하나에 해당한다. 최한기는 이렇게 80개로 유형화하여 사람의 신기를 평가할 수 있다고 하였다.

3) 심덕의 순 · 박과 성 · 위

덕德이란 마음에 얻은(得) 바를 말하는 것이니, 심덕은 곧 마음에 체득한 천도라 할 수 있다. 심덕을 구성하는 요인은 마음의 순박醇駁(순수함과 잡박함) 여부와 마음에서 얻은 지적, 도덕적 추측의 성위誠僞(성실함과 거짓)에 달렸다. 최한기는 마음의 순박은 타고나거나 본성에 내재한 것이 아니라 후천적으로 마음에 익숙하여 물든 것이라고 보았다. '선에 노력하기를 오래하면 선을 얻게 되고 악에 젖기를 오래하면 악을 얻게 되는데' 이로써 심덕의 순·박을 결정한다. 그리고 심덕의 성위는 추측(미룸과 헤아림)의 대도(방법)를 통해 마음에 얻은 바가 성실한가에 달렸다. "그 마음을 닦고 밝히려는 사람은, 안에서

---

8 『인정』「측인문5」(子母兼氣): 稟氣之强弱淸濁 特其大綱而已 其中各有所兼之氣 寒氣溫氣 精氣麤氣 浮氣沈氣 勇氣㥘氣 昏氣明氣 毒氣姦氣 秀氣異氣 才氣德氣 客氣定氣 隘氣和氣 當以淸濁强弱四字爲母 以寒溫精麤浮沈勇㥘昏明毒姦秀異才德客定隘和二十字爲子 必子母相兼 然後有推通之道 假如淸而寒者 或淸而溫者 淸而精淸而麤之類 又如濁而浮濁而沈 濁而勇濁而㥘之類 又如强而昏强而明 强而毒强而姦之類 又如弱而秀弱而異 弱而才弱而德之類 無不遍乘 各有攸當 以四母字 乘二十子字 總八十條

조장助長하지 말고 미루고 헤아리는 데에 힘쓰기를 마치 방의 창문을 넓히고 거울의 티끌을 닦듯이 하면, 이 마음의 밝은 덕德이 절로 드러나, 일분一分을 추측하면 마음이 일분 밝아지고 십분을 추측하면 마음이 십분 밝아진다."[9] 미룸은 본성에 따라 익히는 것을 말하고 헤아림은 미룬 것으로 바르게 재는 것을 말한다. 이렇게 볼 때 심덕이 어떠하냐 하는 것은 추측의 능력과 수준이 관건이 된다고 하겠다.

그러면 추측의 능력에 영향을 주는 요소는 무엇인가? "미룸을 배양하는 방도는, 박학博學·심문審問으로 듣고 보며, 성경誠敬으로 거두어들이며, 강습講習하여 깨달으며, 철저히 구명하여 익숙히 알아서, 그것을 누적하여 크게 성취하고, 확충하여 명철하게 되는 것이다. 헤아림을 배양하는 방도는, 타물他物과 나를 서로 참고하여 마땅하게 변통하여, 앞을 바라보고 뒤를 돌이켜보며, 형상을 보고 그림자를 살펴서, 가국家國의 규모와 천지의 범위를 가슴에 거두어 들이고 펴내되 모두 근거가 있게 하는 것이다."[10] 심덕은 이러한 박학·심문·성경·강습의 미룸과 물아상참物我相參·수의변통隨宜變通·첨전현후瞻前顯後·견형찰영見形察影의 헤아림이 서로 배양하여 추측에 성실함(誠)을 얻으면 마음은 순일함(醇)을 얻게 된다. "고금의 성현은 다 천리에 순응하여 순일한 데에 이르러서 성덕盛德과 대업大業을 이루었다. 순응하여 순일한 것은 곧 나에게 있는 천리요, 남이나 타물他物에 있는 천리를 말하는 것이 아니고, 내가 나기 전이나 뒤의 천리를 말하는 것도 아니다. 나에게 있는 천리는 곧 성性이니, 양성養性하는 데 존심

---

9 『기측체의』「추측록1」(修明其心): 要得修明其心者 不可自內助長 可於推測上用功 如室之修牕牖 鏡之洗塵垢 則此心之明德自顯 推測得其一分 心明一分 得其十分 心明十分

10 『기측체의』「추측록1」(養推養測): 養推之方 以博學審問爲聞見 以誠敬爲收斂 以講習爲提惺 以窮格爲溫繹 累而成大 恢擴而生明 養測之方 物我相參 隨宜變通 瞻前而顧後 見形而察影 家國規模 天地範圍 捲舒胸次 皆有根緣

存心하여 순일하게 빛나고 밝은 데에 이르게 되면, 그 공효功效가 남과 타물에 미칠 수 있고 그 행적이 자연 전현前賢에 부합한다."[11] 마음에 추측의 성실함과 본성의 순일함을 얻음으로써 그 공효가 타인에 미치고, 그리하여 성현의 귀함과 대업에 길함을 얻게 되는 것이다. 심덕의 범주는 결국 마음에 얻은 추측의 성위와 본성의 순박으로 구성된다고 하겠다.

4) 행사의 시 · 비와 인 · 불인

행사行事는 문학文學과 더불어 교육의 한 축을 이룬다. "행사란 윗사람을 섬기고 아랫사람을 부리고 산업을 경영하는 것이고, 문학은 운화를 구명하고 고금을 살펴서 인도를 드러내는 것이다. 행사에 문학이 없으면 질박하고 비루하며, 문학에 행사가 아니면 미사여구만 주어 모으게 되니, 행사와 문학을 나누어 딴 일로 만들어 버린다면 장차 어떻게 가르침을 이루겠는가?"[12] 문학이 사물의 이치와 인정人情의 도리를 탐구하는 것에 목적이 있다면, 행사는 이것을 인사와 산업에 적용하여 실천하는데 목적이 있다고 하겠다. 그래서 인물평가에서 행사의 범주를 구성하는 요인은 크게 인사에서 오륜의 실천에 따른 인仁·불인不仁과 산업에서 일의 실천에 따른 시是·비非를 들 수 있겠다. "대저 일신의 구규九竅·사지四肢는 여기 모인 작은 형체

---

11 『기측체의』「추측록1」(推測始終): 古今賢聖 皆以順天理而至於純一 爲盛德大業 順之而純一者 乃在我天理 非謂在人物之天理 亦非謂我生前後之天理也 在我之天理 卽性也 存心於養性以純 至於緝熙光明 則其效庶有及於人物 其蹟自符合于前修

12 『인정』「교인문1」(宗族立敎): 行事 所以事上御下 營濟產業也 文學 以究明運化 通察古今 標章人道也 行事無文學 則質濁鄙瑣 文學非行事 則掇拾華藻 行事文學 各分二路 將何以成其敎也

이고 부자·군신·부부·장유·붕우는 범위의 큰 형체이니, 작은 형체의 시청視聽·언동言動에 혹 미진한 것이 있거나 수명修明되지 않은 것이 있어도 병들어 버려진 사람이 되는데, 더구나 큰 형체 가운데에 한 가지라도 불인不仁한 것이 있으면 어찌 완비한 사람이 될 수 있겠는가? 반드시 큰 형체의 인·불인을 대귀大貴·대천大賤·대길大吉·대흉大凶으로 삼아야 할 것이며, 그래야 사람의 형체가 넓고 커서 삶의 도리가 완전히 갖추어질 것이다."[13] 상격의 귀천은 일신의 작은 형체의 귀천에 달려 있는 것이 아니라 큰 형체의 인·불인이 중요한 것이다.

한편 최한기는 행사의 범주를 구성하는 다른 요소인 일의 실천에 대해 세 가지 근본 요인과 그에 따른 행사의 시비판별에 대해 설명하고 있다.

> 본의를 들어서 시비를 행하는 것이니, 근본을 어기면 그르고 근본을 지키면 옳다. 기화氣化는 삶의 근본이고 선조先祖는 몸의 근본이고 임금과 스승은 가르침의 근본이니, 이 세 가지 근본에 따르면 옳은 것이고 세 가지 근본을 어기면 그른 것이다. 정政은 백성을 편안하게 하기 위한 것이고 백성을 소요하게 하기 위한 것이 아니며, 치治는 폐해를 없애기 위한 것이고 폐해를 기르기 위한 것이 아니며, 예禮는 화목으로 이끌기 위한 것이고 화목에 어그러지게 하기 위한 것이 아니며, 악樂은 화락하기 위한 것이고 음란하게 하기 위한 것이 아니며, 형刑·병兵은 포학을 없애기 위한 것이고 포학하기 위한 것이 아니며, 상喪·장葬은 애도

13 『인정』「측인문4」(五倫相法): 夫一身之九竅四肢 乃撮爾之小形體 父子君臣夫婦長幼朋友 乃範圍之大形體也 小形體之視聽言動 或有未盡 或不修明 猶爲病廢之人 況大形體之中有一不仁 豈可爲完備之人 測人者 豈但以小形體卞其貴賤 必以大形體之仁不仁 爲大貴大賤大吉大凶 於是人之形體廣大 而人道全備矣

> 를 다하기 위한 것이고 거짓을 꾸미기 위한 것이 아니며, 제사祭祀는 추원보본追遠報本을 위한 것이고 구복求福을 위한 것이 아니며, 사환仕宦은 모책謀策을 나누기 위한 것이고 자신의 영달을 위한 것이 아니며, 제산制產은 생업을 같이하기 위한 것이고 생업을 독차지하기 위한 것이 아니며, 독서는 사리에 통달하기 위한 것이고 남에게 뽐내고 애써 이기기 위한 것이 아니다. 온갖 일은 어느 것에나 다 근본이 있고, 시비는 오직 근본에 대한 순역順逆과 위합違合에 따라 정해지는 것이니, 그 근본을 버리고서 시비를 정하려 하면 끝내 귀일하기 어려울 것이다.[14]

최한기는 행사 범주를 구성하는 요소로 이른바 큰 형체인 오륜의 인·불과 더불어 기화氣化, 선조先祖, 군君·사師를 열거했다. 그리고 이에 토대한 정政·치治·예禮·악樂·형刑·병兵·상喪·장葬·제사祭祀·사환仕宦·제산制產·독서讀書의 시비를 제시하였다. 행사의 선악은 오륜의 인·불인과 행하는 일의 시비를 밝혀 평가할 수 있다.

---

14 『인정』「측인문4」(是非): 擧本義而測是非 違本則非 守本則是 氣化者 生之本也 先祖者 身之本也 君師者 敎之本也 承順乎三本是也 違越乎三本非也 政所以安民 非所以擾民也 治所以除害 所以養害也 所以導和 非所以乖和也 樂所以致和 非所以爲淫也 刑兵者 所以除暴 非所以爲暴也 喪葬者 所以盡哀 非所以爲僞也 祀者 所以追報 非所以求福也 仕宦者 所以分猷 非所以榮身也 制產者 所以共業 非所以獨業也 讀書者 所以通事達理 非所以誇耀務勝也 凡百事務 莫不有本 是非之定 惟本之順逆違合也 若捨其本而欲定是非 終難歸一

5) 인도의 재덕 · 인의와 윤강 · 경상

인도는 그것을 통해 사람이 교제하고 접촉하는데 이익을 가져다주는 데 의의가 있다. 그래서 인물평가에서 인도의 범주를 구성하는 요인은 인물교제에 보탬이 되는지 혹은 해악이 되는지에 달려 있다 하겠다. "사람을 헤아리는 방법은 인도에 보탬이 되는 것이 가장 귀중하니, 재덕才德과 인의仁義, 윤강倫綱과 경상經常이 마음 속에 쌓여 밖으로 드러나는 것이 이것이요, 인도에 해를 끼치는 것이 가장 천하니, 허탄 방사하고 남을 시기하고 잔인함을 마음 속에 품어 일을 해치는 것이 이것이다. 인도의 귀천을 가지고 사람을 헤아리는 것이 사람을 헤아리는 원법元法이며, 부귀·빈궁을 가지고 사람을 헤아리는 것은 사람을 헤아리는 말단의 일이다."[15] 최한기는 인도에 보탬이 되는 요인으로 재덕과 인의, 윤강과 경상을 들었는데, 재덕은 사람의 재능과 덕행이고 인의는 사람의 도덕적 본성이다. 그리고 윤강은 삼강과 오륜과 같은 사회적 규범을 말하고 경상은 항상하고 변함이 없는 우주의 질서라 할 수 있다. 이들 요인들 가운데 재덕과 인의가 개인이 갖추어야 할 인도의 도덕적 덕목이라면 윤강과 경상은 인간이 따라야 할 인도의 윤리적 덕목이라 하겠다. 결국 평가의 범주로서 인도를 구성하는 요소도 이들 네 가지 요인을 꼽을 수 있으며, 이들을 얼마나 갖추었느냐에 따라 인품이 정해진다고 할 수 있다.

인도는 내용이 나라마다 시기마다 다를 수 있다. 그것은 지역과 시기에 따라 인도의 운화가 다르기 때문이다. 그는 인도가 시·공에 따

15 『인정』「측인문6」(人道貴賤): 測人之方 以有補益於人道 爲最貴 才德仁義倫綱經常 積於中發於外是也 有戕害於人道爲極賤 虛無放肆忌克殘忍 作於心害於事是也 以人道貴賤測人 則測人之元法也 以富達貧窮測人則測人之末務也

라 치우지지 않게 하기 위해서는 인도의 운화를 천지의 운화, 통민의 운화, 일신의 운화와 일치시켜 천인운화를 이루어야 한다고 보았다. "사람을 헤아리는 방법은 대소를 참작하여 천지의 운화로 근본을 삼고, 통민統民의 운화로 처지를 삼고, 일신의 운화로 기용器用을 삼아야 한다. 소운화의 변동은 중운화의 주회에 견제되고, 중운화의 주회는 대운화의 알선에 제재된다. 이 세 가지 중 하나만 잃더라도 법이 되지 못하는데, 하물며 두 가지를 잃는 것이겠는가? 빈천의 상이나 보통의 상도 모두 이런 유와 같다."[16] 인도가 교제에 이익이 된다는 것은 곧 인도의 운화가 삼층의 운화로 일통을 이루었는가에 의해 판단할 수 있는 것이다. 인도는 사람의 일신에 쓰임이 있어야 하며 사회적 규범으로 적용해야 하며 궁극적으로 천도에 일치할 때 평가의 준칙이 될 수 있다. 결국 인도를 구성하는 요소는 재덕, 인의와 같은 개인적 덕목과 운강, 경상과 같은 사회적 규범이며 그것의 성취 정도는 일신운화가 통민운화와 더불어 천지운화와 일통을 이루었는가에 달려 있다.

6) 처지로서의 신분과 지위

인물평가에서 처지의 범주를 구성하는 요소는 평가에서 참작해야 할 그 사람이 향유하는 삶의 조건과 기회이다. 처지를 참작함으로써 평가의 상대적 정의를 실현할 수 있으며 편협한 평가에 변

---

16 『인정』「측인문6」(貌同貴異三等運化): 測人之術 大小參驗 以天地運化爲根基 以統民運化爲所遇 以一身運化爲器用 小運化之轉移 牽掣於中運化之輪周 中運化之輪周 裁御乎大運化之斡旋 三者之中 有一失焉 不可爲法 況有二失乎 貧賤之相 平常之相 皆類乎此

통의 여지를 마련할 수 있다. 인물평가에서 처지의 범주를 구성하는 요인은 사람이 차지하는 신분과 지위가 가장 큰 비중을 갖는다. 사람이 어떤 신분과 무슨 지위를 갖느냐에 따라 그가 갖는 삶의 조건과 기회는 달라지고 그에 따른 평가도 상대적인 가치를 갖는다. 최한기는 신분으로는 사士·농農·공工·상商·조예皂隷에 대해 언급했고, 지위로는 사장師長, 재상宰相, 술객術客, 도적盜賊 등을 예로 들었다.

선비는 장차 벼슬을 구하려는 사람이다. 선비는 천인운화의 기를 연구해서 후세 사람들의 총명을 열어주고, 우주 안에 올바른 도를 세워 만세 태평의 터를 닦는 일이 그의 사업이다. 보다 현실적으로는 먼저 시대가 숭상하는 정교政教의 치란治亂을 본 다음에 선비들의 지향이 선한가 악한가를 보고 평가해야 한다. 농민은 농사를 지어 춥고 배고픔을 면하고자 하는 자이다. 농민은 농사를 지어 적절히 용도를 배분하고 가사의 경제를 꾸려나가는 데서 우열을 가릴 수 있다. 공장工匠은 기명器皿을 만들어 재화를 유통하여 백성의 용도를 넉넉하게 하는 사람이다. 공장은 역예力藝에 통달하고 변통의 밝음은 수학에서 나와 능히 크게 쓰일 기용을 만들고, 혹 옛것을 이용해 더욱 편리하게 하는 방법을 연구해서 백성들에게 도움을 주는 것이 공장을 헤아리는 근거가 된다. 상인은 힘써 교역해서 배나 육로로 운수하여, 그 이익으로 생활의 밑천을 삼고 그가 낸 세금으로 나라 살림에 보태는 사람이다. 상인을 헤아리는 방법은 크거나 작거나를 막론하고 모두 우리의 살림에 보탬이 되고 또는 우리를 위해 봉사하느냐를 보는 것이다. 조예는 사역에 응하여 수고하는 사람인데, 역시 사람을 헤아려 선악·우열·시비·곡직을 대략 분별할 수 있다.

최한기는 처지의 구성요소로서 신분과 더불어 지위를 꼽았는데, 그 중 사장師長의 지위로서 갖는 사도師道에는 대체大體가 있고 소절小節이 있다고 한다. 천기가 운화하는 것을 본받아 천지를 사도로 삼는 것이 사도의 대체이고, 이치를 터득시키고 문자와 언어를 익히게 하는 것과 윤강전례를 해석하고 어려운 이치를 궁리하여 도를 전하는 것이 소절이다. 대체와 소절이 사장을 평가하는 기준이 된다. 재상에게는 만종의 녹봉이 부귀가 아니요, 백성들이 마음속으로 복종하는 것이 부귀이다. 작위가 높고 품계가 높은 것이 무슨 영화이겠는가? 공功과 업적이 뛰어나야 영화인 것이다. 재예와 문장도 숭상할 것이 못되는 것은 아니지만, 도덕과 정사가 참으로 세상을 제도할 수 있는 도구이다. 도적은 가난하여 하는 수 없어 절도나 강도짓을 하는 것만이 아니다. 부귀한 사람이 탐욕에 빠진 나머지 위세를 빙자하여 선량한 사람을 능멸하는 것이 더욱 나쁘다. 도적 중에는 세상을 속여 이름을 도둑질하는 자도 있다. 최한기는 이러한 신분과 지위의 조건을 매개로 하여 평가에 상대적인 가치를 부여함으로써 실제적인 평가가 이루어질 수 있다고 보았다.

3. 측인범주의 중요도와 인품의 서열

1) 측인범주의 중요도

최한기는 측인 범주로서 용모, 신기, 심덕, 행사, 처지 및 인도를 들었고 이들 범주들 사이에 비중과 서열의 차이를 두었다. 그는 35세 때 지은 「감평」에서 측인의 범주와 그들 사이의 비중에 따른 가중치를 제시했다. 「감평」에서는 범주로서 기품, 심덕, 체용, 문견 등 다섯 가지를 제시하고 이들 사이의 중요도에 따라 총 10.5점의 가중치를 분배했다.[17] 「감평」에서는 인물의 기품(4점)과 심덕(3점)을 매우 중요시하고 있음을 볼 수 있다. 기품이 기의 강약과 청탁이고 심덕이 학문과 조예의 성위와 순박이라고 볼 때, 「감평」에서는 사람의 개체적 속성을 강조하고 있음을 볼 수 있다.

한편 「측인문」에서도 인물의 귀천을 용모容貌, 등급等級(문달聞達), 견식見識, 행도行道 등의 범주를 제시하고 평가했는데 이들 범주 사이에도 중요도의 등급 차이를 인정했다. "용모의 귀천은 그 얼굴을 접한 사람에게 드러나 얼굴을 접하지 못한 사람에게 전해지지만, 전하는 말에만 의거하여 본다면 어찌 말로 하기 어려운 진정한 귀천을 알 수 있겠는가. 얼굴을 접하는 범위는 가깝고 멀지 않으니, 이는 곧 소귀·소천이다. 문달의 귀천은 각각 살고 있는 나라 안에 있는 것인데, 가장 현달한 자는 이름이 나라 안에 전해지지만 나머지 중·하 등급의 사람은 나라 지경 안에서도 혹 알기도 하고 알지 못하기도 하니, 이는 곧 차귀次貴·차천次賤이다. 견식의 귀천은 구명究明한 것의 성위誠僞·사정邪正과 대소 원근에 있으니, 이는 곧 중귀仲貴·중천仲賤이다. 행도의 귀천은 천인天人의 운화에 있으니, 널리 사해의 사람을 깨우쳐 억조창생들이 감복하는 것은 대귀大貴이고, 이것에 반대되고 이것을 해치는 것이 대천大賤이다."[18] 「감평」에서는 범주들 사이에 가중치를 두어 중요도를 정량화한 반면, 「측인문」에는 범주들 사이에 대

---

17 각 범주에 부여된 가중치에 대해선 7장 「기학과 측인범주」 장의 주 28 참조

18 『인정』「측인문1 총론」(貴賤四等): 容貌貴賤 現於接面之人 以傳於不接面之人 就傳言而相之 豈可得難言之眞的貴賤哉 接面所及 在近不在遠卽小貴小賤也 等級貴賤 各在於所居國之內 最顯者 名傳國中 其餘中下等級人 國境之內 或知或不知 卽次貴次賤也 見識貴賤 在於究明之誠僞邪正 大小遠近 中貴中賤也 行道貴賤 在於天人運化 普覺四海 爲億兆感服之行 大貴也 反於斯害於斯 大賤也

·중·차·소의 구분과 각 범주에서의 귀·천의 구분으로 나누어 정성적인 평가의 여지를 많이 부여했다고 볼 수 있다. 평가범주들 사이의 서열화의 특징을 다음과 같이 정리할 수 있겠다.

첫째, 인도를 강조한다. 인물평가에서 특히 후기 「측인문」에서는 인도의 범주를 강조했다. 인도는 용모나 행사의 존비와 길흉을 판단하는 준적이 된다. "인도에 어긋나면 용모·행사가 비록 취할 만한 것이 있더라도 마침내 폄貶(비방)이 되어 참으로 취할 만한 것이 못되고, 인도에 맞는다면 용모·행사가 비록 취할 만한 것이 없더라도 마땅히 포褒(칭찬)에 속하여 참으로 취할 만한 것이 된다."[19] 최한기는 사람의 귀천은 뭇사람들의 친애 혹은 미움에 있다고 했고, 길흉은 인도의 득실과 손익에 있다고 보았다.[20] 그는 귀천과 길흉은 결국 사람들의 상호관계의 성패에 달려 있음을 강조한다. 최한기의 인물평가가 갖는 문제의식은 사람들의 길흉을 예언하는 것보다 사회에 인도를 실현하기 위한 수단을 제시하는데 있다. 그는 "사람의 헤아리는 법은 인도에 보탬이 있는 것으로 제일의 의무로 삼는다."[21]고 하면서 인물평가를 단순히 길흉화복을 점치는 술수학에서 벗어나 인정人政을 펼치기 위한 진정한 유술儒術이 되어야 한다고 보았다.

둘째, 신기(기품)을 중시한다. 최한기는 인품평가 범주로서 「감평」에서 기품에 가중치를 가장 높게 주었고, 「측인문」에서도 신기의 중요성을 강조하고 있다. 기품 혹은 신기는 육안으로 쉽게 관찰할 수 없지만 용모의 모습, 혈색血色, 사색辭色, 냄새, 윤기, 크기, 체중 등을 미

---

19 『인정』「人政測人序」: 違於人道 則容貌行事 雖有可取 終歸于貶 非眞可取也 合於人道 則容貌行事 雖無可取 當屬于褒 是眞可取也

20 『인정』「측인문1 총론」(測有虛實): 測人之貴賤 亶在於衆庶之所愛惡 不在於爵位之尊卑 占人之吉凶 實在於人道之得失損益 不在於部位干支

21 『인정』「측인문6」(인도): 夫測人之道 以有補於爲人之道

루어 헤아릴 수 있다. 최한기가 신기를 가장 중요한 평가범주로 여기는 것은 사람의 신기는 하늘의 신기와 동일하며 항상 소통하기 때문에 인물을 기화의 우주적 법칙을 통해 평가할 수 있기 때문이다. 기학적 관점에서 볼 때 인물평가는 사람의 인신운화가 우주의 대기운화에 승순하는지가 관건이 된다. 따라서 신기를 강조하는 것은 인물평가의 정당성의 근거를 용모와 같은 신체적 특성이 아니라 인기운화가 천기운화에 일치하는 천인운화의 실현에서 찾고자 했기 때문이다.

셋째, 용모와 신기, 행사와 심덕의 관계는 관찰대상과 설명대상의 관계이다. 용모와 행사는 그 자체보다도 그것을 관찰함으로써 신기와 심덕을 설명할 수 있기 때문에 중요한 의미를 갖는다. 용모와 신기는 상호 검증하는 주체이자 대상이 된다. 용모를 통해 신기를 검증하고 신기를 통해 용모의 귀천을 확인하며, 행사를 통해 심덕을 검증하고 심덕을 통해 행사의 길흉을 확인함으로써 성공적으로 인물평가를 할 수 있다. 최한기는 이러한 상호 검증의 방법을 추측이라 했는데, 추推(미룸)는 관찰대상에 대한 감각적 경험을 말하고, 측測(헤아림)은 감각적 경험에 따른 합리적 추론을 말한다. 최한기는 용모와 행사의 지각은 중등인들도 가능하지만 신기와 심덕에 대한 인식은 상등인만이 가능하다고 보았다. 그래서 용모보다 신기, 행사보다 심덕을 인물평가에서 더욱 중요한 범주로 간주하고 있다. 그가 인물평가를 용모에 국한하는 관상학을 낭유학稂莠學이라 비판하고, 인도를 유형의 기화가 아니라 무형의 심·성에 의존하는 심학을 췌마학揣摩學으로 비판한 것도 이러한 맥락에 기인하였다.

2) 인품의 서열

최한기는 또한 인품에 등급을 매겼는데, 가장 완전한 인품을 소유한 사람을 이른바 사절四節을 갖춘 사람이라 보았다. 사절은 기품, 견문, 존양, 그리고 삼등의 운화를 성취한 것을 말한다. "타고난 기품氣稟이 비록 강명剛明하더라도 견문見聞이 통달하지 않으면 무엇으로 그 타고난 기품을 성취하며, 타고난 기품이 비록 견문을 통달했더라도 그것을 적절히 존양存養하지 않으면 무엇으로 그 견문을 성취하며, 견문이 비록 성취되었더라도 그 견문이 3등의 운화를 얻지 못하면 어떻게 교학을 완전히 갖출 수 있겠는가."[22] 최한기는 사람이 교학을 완전히 갖추기 위해서는 타고난 기품과 더불어 견문과 존양이 3등의 운화를 얻어야 한다고 하였다. 3등의 운화는 일신운화, 통민운화, 대기운화를 말하는데, 이것을 두루 갖춘 사람이 완전한 견문과 존양을 이룰 수 있고 타고난 기품을 성취할 수 있는 것이다.

최한기는 교학의 사절에 따라 인품을 다섯 유형으로 나눈다. "온 세상의 인품에는 이 같은 다섯 등급이 있는데, 질색窒塞이 가장 많아 부귀에 처하면 질색한 부귀가 되고 빈천에 처하면 질색한 빈천이 된다. 소기小器가 그 다음으로, 편벽된 소견을 가지고 간신히 제 몸을 보전하는 계책을 한다. 통달通達이 그 다음으로, 견식은 막힘이 없고 언론은 상명爽明함이 많으며, 사무事務에는 민중과 화협하고 저술에는 반드시 기화氣化를 개발한다. 대기大器의 사람은 드무니, 큰 일을 맡고 큰 업을 이루는 일은 감당할 수 있으나, 미천한 신분으로 떨어져 세세한 사무를 맡기에는 합당하지 않다. 불기不器의 사람은 더욱 얻

22 『인정』「교인문5」(四節進就): 稟氣縱得疆明 不有見聞之通達 何以成就 稟氣 縱得聞見通達 不有存養得宜 何以成就聞見 雖有成就聞見 無得運化三等 何以教學完備

기가 쉽지 않으니, 천견淺見·박식薄識으로는 헤아릴 수 없다."[23] 최하 등급인 질색은 일신의 운화마저 이루어지지 않아 선한 말을 받아드리지 않는 사람이고 최고 등급의 불기는 대기운화를 순승하여 '큰 말을 들어 크게 쓰고, 작은 말을 들어 작게 쓰는,' 그래서 자신의 기국器局에 매이지 않는 사람이다. 그리고 질색과 불기 사이에서 "대기大器는 운화의 범위를 가슴 속에 저장했다가 천하에 그것을 시행해야 진실로 쓸 만한 대기이니, 증험할 수 없는 허리虛理를 천하에 배포하여 공담선설空談禪說이나 하는 것은 대기가 아니다. 또 이른바 소기小器란 자신의 신기身氣에 습용習用은 하지만 다른 사람의 신기神氣를 통하여 백성을 포용하고 다스리지는 못하는 부분적인 국량局量만 이룬 것이 진짜 소기이며, 습용에도 능한 바가 없어 대부분 어리석은 행동이나 하는 것은 소기라고 부를 수도 없다."[24]

최한기가 분류한 인품의 등급은 결국 사람이 대기운화에 순승하는가 아니면 자신의 일신운화에 한정하는가에 따라 나누어진다. "그 상등을 말하면 물아物我를 떠나 도道를 통관하고, 그 중등을 말하면 물아를 참고하여 그 의義를 얻고, 그 하등을 말하면 나만 알고 물은 모른다."[25] 상등은 대기운화를 갖춘 사람이고, 중등은 통민운화를 갖춘 사람이며, 하등은 일신운화만 갖춘 사람이다. 최한기는 인품의 차이에 따라 선비를 상·중·하의 등급으로 나누기도 했다. "하사下士는

---

23 『인정』「측인문2 총론」(五等人品): 宇宙人品 有此五等 窒塞最多 居富貴 則爲窒塞之富貴 居貧賤 則爲窒塞之貧賤 小器次之 以偏穿所見 僅做資身之策 通達人次之 見識無碍滯 言論多爽明 事務 則要和協民衆 著述 則必開發氣化 大器人稀罕 任大事成大業 可堪 斯人入于微賤 細瑣事務 非所宜也 不器之人 尤不易焉 非淺見薄識所可測量

24 『인정』「용인문5」(大器小器): 人中大器 以運化範圍 藏諸胸中 施于宇內 眞可用之大器也 以無驗虛理 排布天地 空談禪說 非大器也 所謂小器 得於身氣習用 而不克通人之神氣 容衆御民 褊隘成局 眞小器也 無所得於習用 而率多冥行 不可謂小器也

25 『기측체의』「추측록5」(擧中照察): 語其上 則離物我而統其道 語其中 則參物我而得其義 語其下 則只有我而不知物

미룸을 저축하는 조리條理가 있어 허무한 것을 탐구하는 힘의 낭비가 없으며, 중사中士는 추측에 있어서 이것저것을 참고하여 타물他物과 나에 있어서 편벽되고 가린 것이 없으며, 상사上士는 실지로 증험하는 범위가 있어 말의 과장이 없다. 대개 편벽되고 가리며 허무한 것을 숭상하는 것은 학자의 큰 우환이므로, 미룸은 허무를 숭상하지 말아야 하고 헤아림은 편벽되고 가림이 없어야 한다."[26] 인품의 근거를 사도師道에 적용하면 사도의 등급도 이 삼등운화에 따라 경사經師, 인사人師, 기사氣師로 나누어진다. "경전을 가르치는 스승(경사)은 얻기 쉬워도 인사는 얻기 어렵고, 인사는 얻기 쉬워도 기사는 얻기 어렵다. 경사는 증거를 인용하여 해석하고 몽매한 것을 깨우치는 자요, 인사는 기국에 따라 진퇴시켜서 인도를 성취시키는 자이고, 기사는 인물의 운화를 구명하여 거기에 승순하게 하는 자이다."[27] 경사가 일신운화에 통달한 사람이라면, 인사는 통민운화에 통달하고 기사는 대기운화에 통달한 스승이라 하겠다. 최한기가 분류한 인물의 등급은 결국 천인운화를 실현하는 정도에 따라 결정된다.

---

26 『기측체의』「추측록1」(三等實功): 下士有貯推之條理 無探虛之枉力 中士有推測之參互 無物我之偏蔽 上士有實驗之範圍 無言論之勝大 偏蔽尙虛 學者之大患 然推不尙虛 測無偏蔽

27 『인정』「교인문5」(三等師): 經師易得 而人師難得 人師易得 而氣師難得 經師引證訓釋 發蒙啓愚 人師因器進退 成就人道 氣師人物運化 究明承順

4. 인물평가 요인의 특징

지금까지 최한기의 인물평가 요인을 용모, 신기, 심덕, 행사, 인도, 그리고 처지 등 여섯 개의 범주와 그에 따른 평가의 구성요소를 통해 살펴보았다. 최한기가 제기했던 이들 인물평가 요인은 상학의 상인과 유학의 지인, 도가의 내단학과 잡가의 능력주의 등을 비판적으로 종합한 측인의 요인이며 기본적으로 그의 기학적 세계관과 이론체계에 의해 중요성이 정당화된다. 평가의 범주 가운데 용모와 신기는 상학과 도가의 주된 관상 범주이며 심덕과 행사는 유학과 잡가가 강조하는 지인 범주이다. 최한기는 이들 상반된 평가범주를 기학의 유기론적唯氣論的 관점에서 종합했다. 용모와 신기의 관계, 심덕과 행사의 관계는 마치 실체와 그림자, 등불과 등잔의 관계처럼 동일한 실체의 다른 존재방식으로 보았다. 그리고 형질기로서의 용모와 신기, 운화기로서의 심덕과 행사의 관계도 마찬가지로 일기一氣의 다른 측면으로 인식하였다. 기학 안에서 이들 인물평가 범주와 구성요소는 일기의 연장선 상에 존재하는 다른 국면에 불과하다는 점에서 통일체적 관점을 갖는다.

한편 인물평가는 이들 범주와 구성요소를 기학의 추측의 방법, 즉 감각적 지각에 의한 미룸(推)과 그에 토대한 추론(測)의 상호적 검증을 통해 성공적으로 달성할 수 있다고 보았다. 용모를 미루어서 신기를 헤아리고, 행사를 미루어서 심덕을 헤아리며, 처지를 미루어서 인도를 헤아림으로써 성공적인 평가를 할 수 있다는 것이다. 여기서 추의 방법은 상인의 방법에 해당하며, 측의 방법은 지인의 방법에 해당한다면 측인의 방법은 곧 상인과 지인의 방법을 통합함으로써 완성될 수 있는 것이다. 최한기의 인물평가는 기학의 기일원론적 세계관과 추측의 방법론에 근거를 둔 대인평가 이론이라 할 수 있겠다.

최한기의 인물평가 요인은 현대 사회심리학의 대인지각 요인에 대한 연구에 시사하는 점이 많다. 대인지각이 그 사회의 문화적 가치판단에 의존하는 바가 크다고 본다면 한국의 전통문화에 근거한 최한기의 인물평가 요인은 한국적 현실과 정합성을 갖는 요인이라 하겠다. 이에 반해 현대 사회심리학에서 개발한 대인지각 척도는 한국사회의 문화적 특수성이 반영되어 있지 않았다는 점에서 한계를 가질 수밖에 없었다. 최한기의 인물평가 요인에 대한 연구는 향후 한국형 인물평가 척도를 개발하기 위한 이론적 토대로서의 의의가 있을 것으로 본다. 최한기 인물평가 요인의 특징을 다음과 같이 요약할 수 있겠다.

첫째, 최한기의 측인적 인물평가 요인은 상학의 상인적 요인과 유학의 지인적 요인을 종합하였다. 용모와 신기의 범주가 상인과 도가의 요인에 속하고, 심덕과 행사, 인도가 지인과 잡가의 요인에 속한다고 볼 수 있다. 인물평가 요인에서는 유가 성향의 지배층과 관상가 친화적 일반 민중의 신분적 통합과 지식인의 교양과 민간의 속설 간의 사상적 통합을 이루었다.

둘째, 최한기의 인물평가 요인에는 도덕성에 대한 평가가 강조되고 있다. 그는 인도를 평가의 최고의 준칙으로 삼고 있으며 용모와 신기, 심덕과 행사의 귀천도 도덕성이 관건이 된다. 그는 인물평가의 목적을 단순히 길흉을 점쳐 이익을 추구하는 것이 아니라 인정人政을 이루어 일통의 사회를 실현하는 데 두었다.

셋째, 최한기는 타고난 기품의 요인을 강조한다. 그는 자신이 정립한 기학에 입각하여 인물평가 이론을 전개하였으며, 인간을 기적 존재로 전제함에 따라 자연히 기품에 따른 평가를 강조했다. 기품이 선천적인 요인이라고 해서 최한기가 운명 결정론에 빠졌다고는 볼 수 없다. 기품이 중요한 요인이기는 하나 여러 요인 가운데 하나이고, 또한 기품 자체도 후천적으로 변통의 소지가 있기 때문이다.

넷째, 인물평가 요인 사이에 추·측 간의 상호 검증 방법을 도입했다. 용모와 신기, 행사와 심덕, 인도와 처지는 표층과 심층으로 짝을 이루면서 상호 검증의 대상이 된다. 용모를 미루어(추) 신기를 헤아리고(측), 또 신기를 용모에서 검증하는 상호적 과정을 통해 평가의 정확성을 높이려 하였다.

다섯째, 최한기가 제시한 인물평가 요인은 감성적이기보다는 이지적인 성격의 평가 요인이라 할 수 있다. 그는 인물평가가 평가자가 느끼는 호오好惡의 감정에 의존하는 것이라기보다는 객관적인 평가척도에 따라야 한다고 보았다. 「감평」에서 보듯이 최한기는 객관적 평가척도로 다섯 개의 평가범주와 각 범주의 네 개의 척도의 조합으로 이루어지는 1024개의 인물유형을 제시하였다. 이에 대해서는 다음 장의 측인방법에서 자세히 살펴보겠다.

1. 머리말

2. 측인 주체의 자격

3. 측인의 인식구조와 원리

4. 측인의 지표와 기법

5. 측인이 인물평가 방법에 갖는 의의

Chapter 9

측인의 방법

PART 2

Chapter 9

9장

측인의 방법

1. 머리말

최한기의 측인 방법을 오늘날에 와서 다시 주목하는 이유는 현대 한국사회에서 점차 인물에 대한 통합적인 평가의 필요성이 증가하기 때문이다. 인간에 대한 서비스 비중이 증가하는 후기 산업사회로 진입하고 탈현대적 문화가 확산될수록 사람에 대한 평가도 한 분야의 전문적 지식보다는 전인격적 도덕성이 중요시되고, 차갑고 합리적인 이성보다는 공감하고 소통하는 감성이 점차 중요시되고 있다. 그리고 개성을 중시하는 탈현대문화는 용모와 신기와 같은 육체적인 요소를 중시하는데, 이것은 관상학적 관심과 상통하는 바가 많다.

최한기의 측인 방법에 대한 연구는 현대의 후기 산업적 사회구조와 탈현대적 문화에서 요청되는 인물을 평가하는데 적합한 척도개발을 위한 선행적 연구로서도 의의가 있을 것으로 본다. 지금까지 현대 사회심리학적 인물평가 척도는 사람의 전문적인 능력이나 인격의 일부를 대상으로 측정하거나 일탈적이거나 병리적인 인격을 진단하기 위한 목적으로 만들어졌다. 최한기의 측인론은 전근대 이론이지만 전인격적인 평가를 지향하고 있다는 점에서 근대를 넘어서 탈근대성을 띠고 있다.

이 장에서는 최한기의 측인 방법을 측인자의 자격, 측인의 인식구조와 원리, 측인의 지표와 기법 등을 통해 살펴보고자 한다. 측인자의 자격은 측인자가 갖추어야 할 자질을 통해 살펴보고, 측인의 인식구조와 원리는 형모, 교접운화, 천인운화의 중층적 3등 운화와 추·측의 인식원리를 통해 이해하고자 한다. 그리고 3등 운화의 차원에서 다양한 측인의 지표를 파악하고 측인의 기법에 대해서는 '가중치를 통한 가산법'과 '비교를 통한 추론법'으로 정리하여 설명하고자 한다.

2. 측인 주체의 자격

최한기는 측인자의 자질이 측인의 중요한 요인이 된다는 점을 지적한다. "가슴속에 우내宇內의 사무를 간직한 자는 천식淺識의 사람이 측량할 수 없고, 견해가 만세 전후를 통달한 자는 근견의 사람이 측량할 수 없다."[1] 그리고 "사람의 소견이 크면 다른 사람의 대기大器를 헤아릴 수 있으나, 소견이 작으면 다른 사람의 소기小器를 헤아릴 뿐 대기를 헤아리지 못한다."[2] 측인자의 식량識量이나 소견의 크기에 따라 측인의 범위가 한정된다는 것이다. 측인의 자질은 추측지리를 통해 사람에 대한 유행지리를 얻는 것에 달려 있다. 최한기는 무형의 주관적인 추측지리가 유형의 객관적인 유행지리로 전환되는 과정을 다음과 같이 설명한다.

> 심기心氣는 본래가 운화하는 존재로 대기운화 가운데서 나누어 얻은 것이니, 그 기미가 서로 감응하는 것이 마치 자식과 어머니의 관계와 같다. 그러나 유형의 리(천지유행지리를 가리킴)를 밖에서 완전히 익힘에 안으로부터 감응하면, 저절로 둘을 합하여 받아들이게 되어 심중에서 형체를 이룬다(成形于中). 또 밖에 있는 유형의 리와 비교, 증험함으로써 그 미진한 형체를 다 드러낼 것이다. 이와 같이 축적해 나가면 심중의 리(추측지리를 말함)가 유형이 될 뿐만 아니라, 견고함에 이를 것이고 또 광명을 내게 될 것이니 이것이 곧 운화기運化氣의 리理인 것이다.[3]

여기서 최한기는 운화기의 리를 인식하는 과정으로, 첫 단계는 '유형의 리를 밖에서 완전히 익히는' 단계이고, 두 번째 단계는 그것에

1 『인정』「측인문1, 총론」(大知難測): 胸藏宇內事務者 非淺識人所可測 見達萬歲前後者 非近見人之所可測

2 『인정』「측인문2, 총론」(大見小見): 人之所見大 則可測人之大器 所見小 則可測人之小器 不可測人之大器

3 『기학』(2-72); 心氣本是運化之物 分得于大氣運化之中 其幾微之相應相感如子母 然以有形之理 慣熟於外 自內感應 自有翕受 成形于中 又較驗于在外有形之理 以盡其未盡之形 如是積蓄心中之理 非但有形 至於堅固 又生光明 乃是運化氣之理也

안으로부터 감응하며 '심중에 형체가 드러나는' 단계이며, 세 번째 단계는 밖에 있는 '유형의 리와 비교·증험'함으로써 미진한 형체를 극진히 하는 단계를 언급하고 있다. 측인의 방법도 사물에 대한 인식 방법과 같은 과정을 통하여 이루어진다. 측인에서도 첫 번째 단계로 사람의 외모나 행위에 대한 객관적인 지각이 필요하며, 두 번째 단계로 그것을 토대로 심중에 인상형성이 이루어지며, 세 번째 단계로 실물에 비교·증험하며 심중의 인상을 수정함으로써 측인이 완성된다.

측인자가 각 단계에서 어떤 조건과 자격을 갖추었는가에 따라 측인은 다르게 이루어질 수 있다. 측인의 첫 단계, '밖에서 유행지리를 익히는' 단계는 측인의 경험을 쌓아 측인의 이치를 밝히는 단계라 할 수 있다. 최한기는 최선의 측인조건을 갖춘 사람에 대해 다음과 같이 말한다.

> 신기가 통창하고 경험이 넓은 사람, 애증을 마음에 두지 않고 경우에 따라 변통하는 사람, 옛 법을 손익하고 견해가 운화에 통달한 사람, 능력을 과시하기를 부끄럽게 여기고 말이 경상經常한 사람, 총명이 겸인兼人하고 충서忠恕에 모두 밝은 사람, 그 행사를 중시하고 용태容態를 곁들여 참작하는 사람, 그 대체의 범위를 듣고 사소하게 따지기를 좋아하지 않는 사람, 이들이 모두 사람을 헤아릴 수 있다. 그러나 이것을 모두 겸한 사람이 드무니, 이것이 사람을 헤아리기 어려운 까닭이다.[4]

측인자는 이와 같은 조건을 갖추어야 할 뿐만 아니라 많은 견문과

---

4 『인정』「측인문1」(可測人): 神氣通暢 經驗廣博也 不留愛憎 隨遇變通也 損益古法 見達運化也 羞恥誇能 語發經常也 耳目兼人 忠恕并明也 行事是先 容態傍參也 擧其範圍 不喜詳細也 皆可測人 而兼之者鮮 此所以測人之難

경험을 쌓아 추측지리를 얻어야 한다. 최한기는 타고난 자질이나 귀신 같은 무형의 실체를 측인능력으로 인정하지 않으며, 좋은 측인 자질은 순전히 후천적인 학습과 경험을 축적한 결과일 뿐이라고 본다.

두 번째 단계인 '심중에 형체를 형성하는' 단계는 첫 번째 단계에서 얻은 측인의 형질통을 통해 측인의 추측통을 형성하는 단계라 할 수 있다. 추측통을 얻기 위해서는 측인을 위한 확고한 준적이 요구된다. 측인의 준적은 인기가 대기의 기화氣化에 승순하는 천인운화이다. 측인의 준적에 대해 최한기는 다음과 같이 말한다.

> 용모의 미추나 산업의 빈부를 논할 것 없이, 진실로 신기가 두루 통하게 된다면 천지와 인물의 운화하는 기를 얻어 준적을 수립할 수 있다. 예와 이제의 언행을 취사하는 데는 준적으로 단안斷案을 삼고 인물을 교접하여 진퇴하는 데도 준적으로 궤철軌轍을 삼는다면, 흔들어도 움직이지 않고 유혹하여도 빼앗기지 아니한다. … 준적의 이름은 비록 같지만 연구하여 마음에 얻은 것을 준적으로 삼는 자도 있고 익숙한 사물을 준적으로 삼는 자도 있고 천인의 운화를 준적으로 삼는 자도 있는데, 그 대소, 주편을 논하면 오직 천인운화의 준적만이 크고도 두루 통한다. … 사람의 어질고 몽매하고 지혜롭고 어리석음을 막론하고 누구나 능히 측인할 수 있고 또 능히 남이 측인한 것의 우열을 논평할 수 있지만, 이를 바로잡는 방법은 그 사람이 세운 준적을 따라 옳고 그름을 정해야 한다.[5]

---

5 『인정』「측인문1」(準的有無): 是以無論容貌妍醜 產業貧富 苟能神氣周通 見得天地人物運化之氣 樹立準的 古今言行取捨 以準的爲斷案 人物交接進退 以準的爲軌轍 搖之不動 誘之不奪 … 蓋準的之名雖同 有以研究心得爲準的者 有習慣事物爲準的者 有以天人運化爲準的者 論其大小周偏 惟天人運化之準的 大而周通. … (誤測人) 無論賢蒙知愚 皆能測人 又能評論人之測人優劣 則就質之方 當從其人所立準的 以定從違

측인자는 감각적 경험과 신기의 습염을 통해 측인의 추측지리를 얻는다. 그리고 추측지리를 실물과 상호 비교·증험하고, 그 경험이 누적됨으로써 추측지리가 유행지리와 일치하는 천인운화의 준적이 마음에 형체를 이룰 때 완성된 측인자격을 갖추게 된다.

> 경험이 누적되지 않은 사람은 사람을 헤아릴 수 없다. 경험이 누적된 사람이 사람을 헤아릴 수 있으나, 그 누적된 경험의 허실에 따라 헤아리는 것이 같지 않다. 누적된 것이 천근한 습속에 있는 자는 인도의 향배를 보지 못하고, 누적된 것이 귀신과 방술에 있는 자는 인도의 경상을 모르며, 누적된 것이 헛된 문식文飾에 있는 자는 인도의 성실誠實을 보지 못하고, 누적된 것이 화복을 취하고 피하는 데 있는 자는 인도에 천명이 있음을 모른다. 참으로 누적된 경험이 천인의 활동하는 운화의 기에 있다면, 고금의 인도에 있어 대체를 통달하여 생전이니 사후니 하는 한계가 없고, 피차의 행사를 비교하여 우열을 가리되 인물 취사에 차별을 두지 않으므로, 사람을 헤아리는 대경大經·대법大法이 완비하게 된다.[6]

최한기는 측인의 리가 완전한 형태로 선험적으로 존재하지 않기 때문에, 다만 경험적으로 인물의 운화를 정밀히 관찰하여 그것을 누적하여 충분히 익숙해진 후, 이것으로써 저것을 비교하고 저것을 미루어 이것을 헤아리면, 자연히 운화에 통달하여 잘못 형성된 인상이 제

---

6 『인정』「측인문6」(積累測人道): 人無積累經驗 不可以測人矣 有積累經驗者 方可測人 而從其積累之虛實 測有不同 積累在於淺近俗習者 不窺人道之向背 積累在於鬼神方術者 不識人道之經常 積累在於虛文飜光者 不見人道之成實 積累在於禍福趍避者 不知人道之有命 苟能積累經驗在於天人活動運化之氣 古今人道 通達大體 無有限於生死前後 彼此行事 比較優劣 無所間於人物取捨 測人之大經大法

거되고 진정한 인상을 형성하게 된다고 본다. 이렇게 측인에 적용된 인식방식은 실증주의적 방법의 성격이 강하다. "이 점은 기존의 성리학 중, 특히 심학처럼 양지良知를 중시하여 아예 외물을 무시하거나, 아니면 주리론처럼 본구선천지本具先天知를 중시하여 외물을 경시하려는 입장과는 다른 것으로서, 주객과 내외를 동시에 아우르면서 객관적인 진리를 가장 합리적으로 인식하려는 방법으로 제시되었다는데서 주목된다고 하겠다."[7] 최한기는 측인 경험이 풍부할수록 외부에서 받아들인 정보와 비교·증험하면서 확고한 인상을 형성할 가능성이 높아진다고 보았다. 결국 최한기는 측인자의 자격은 인물에 대한 풍부한 경험과 증험을 통해 형질통을 쌓고, 형질통의 축적을 통해 인물에 대한 추측통을 형성하여 심중에 측인의 천인운화를 준적으로 정립하는 것이 관건이 된다고 보았다.

3. 측인의 인식구조와 원리

최한기의 측인에는 기학의 세계관과 인식원리가 반영되어 있다. 측인과 관련하여 볼 때 기학의 일기一氣·삼등三等의 기학적 세계관과 추측의 인식원리에 주목할 필요가 있다. 최한기는 세계의 본원을 일기로 보고 그것의 작용을 일신운화, 통민운화, 대기운화의 3

7 앞의 책, 손병욱, 370쪽

등 운화로 파악하고 있다.

> 대기운화에는 지월일성地月日星의 회전에 따라 연월일시의 상도常度가 있고, 통민운화에는 예율禮律과 강기綱紀가 있어 치란과 성쇠의 변천이 있고, 일신운화에는 소장少壯과 쇠노衰老가 있어 이둔利鈍과 성패成敗가 몇 배씩 늘거나 준다. 작은 것에서 중간에 이르고 큰 것에 이르는 것에는 위로 거슬러 올라가는 맥락이 있고, 큰 것에서 중간에 이르고 작은 것에 이르는 것에도 순서대로 펼쳐지는 조리가 있다.[8]

삼등운화에 작동하는 맥락과 조리는 비록 대기, 통민, 일신에 따라 내용이 다르지만 모두 우주 일기의 본원에서 유출되었다. 그래서 운화의 법칙은 하나로 일통되며 수준의 차이일 뿐이지 본질상의 차이는 없다. "이들은 모두 하나의 생명체의 본성인 일기운화가 발용된 것으로서, 모든 생명체의 본원이자 천지자연의 본성인 대기운화가 인기운화인 통민운화와 일신운화에 들어와 있는 것이다. 따라서 대기운화에 해당하는 지월일성의 회전이 통민운화에 적용되면 예율과 강기가 되고, 일신운화에 적용되면 소장쇠로가 된다는 것이다."[9] 일기적 기관氣觀은 사물에 대한 일통적 인식의 근거가 된다. 천인운화를 준적으로 삼는 기학적 인식은 이러한 일통적 세계관에 근거한 인식이다.

최한기의 측인론도 기학의 일기 삼등의 세계관과 그에 토대한 추측

---

8 『인정』「교인문5」(四性三等): 大氣運化 隨地月日星之轉 而年月日時 有常度 統民運化 有禮律綱紀 而殆亂盛衰 有遷移, 一身運化 有少壯衰老 而利鈍成敗 有乘除 自小至中至大 有泝考之脉絡 自大至中至小有順布之條理.

9 손병욱, 2000,「혜강 최한기 기학의 철학적 구조」,『최한기의 철학과 사상』, 최영진 외 지음, 철학과현실사, 138쪽

의 인식론에 토대하고 있다. 그는 측인의 인식구조도 형질과 색태, 교접운화, 천인운화의 3등의 구조로 계층화하여 파악해야 한다고 보았다. 형질과 색태는 일신운화, 교접운화는 통민운화, 천인운화는 대기운화에 상응한다고 할 수 있겠다.

> 상인의 술術은 천단淺短·편협하여 평생 천착하는 것이 다만 형질과 색태뿐이나, 측인의 도리는 주편·통달하여 안팎을 참험參驗하는 것이 오직 교접운화에 있다. 사람의 상相을 보아서 헤아리고 사람을 헤아려서 상을 보며 서로 발명하면 이보다 더할 것이 없다. 측인함에 있어 헤아리기 어려운 것은 천인운화의 기를 알아보는 데 있으니, 기는 사람의 형체에 운화할 뿐만 아니라, 곁에 있는 척尺·장丈의 기에서 우주의 충만한 것에 이르기까지 운화의 기가 아닌 것이 없다.[10]

최한기는 관상가의 상인은 오직 형질과 색태를 상 보는데 머물 뿐이고, 교접운화를 헤아리고 마침내 천인운화의 준적에 비추어 인물을 헤아릴 때 기학적 측인이 이루어진다고 보았다. 측인은 자신의 주관적인 판단이나 관상의 편협한 기법에 의존하지 않고 이들 삼등의 운화를 통해 상호 증험할 때 측인의 유행지리를 얻을 수 있다는 것이다.

> 나의 추측은 항상 내 지식의 천심과 경험의 다소에 관계되니, 상인하는 방법에 상세하기를 힘쓰면 도리어 혼란하게 될 수 있다.

---

10 『인정』「측인문2」(三等測人): 相人之術 淺短偏狹 平生穿鑿 只在形質色態 測人之道 周遍通達 內外參驗 惟在交接運化 相人而測之 測人而相之 交將互發 無以尙矣 測人所難 測在於見得 天人運化之氣 蓋氣非獨運化於人身形體 自在傍尺丈之氣 至於宇內充滿 無非運化之氣

그러므로 모름지기 천지의 운화와 통민의 운화, 남과 나의 운화에 참고하여 그 경상經常을 가지고 권權을 행해야 한다.[11]

최한기는 형질과 색태와 같은 일신운화와 행사와 같은 통민운화를 부정하는 것은 아니지만 그것만으로는 완전하지 못하며 천인운화를 측인의 준적으로 할 때 통달한 측인이 된다고 보았다. "측인하는 방법은 천인운화의 기로써 귀천·선악·연추姸醜·길흉을 판별할 것이니, 이것이 측인하는 데 있어서 통달한 재주와 학식이다."[12] 그리고 천인운화를 준적으로 하여 헤아릴 때 가장 실효가 있는 헤아림이 된다. "측인하여 실효가 없는 것은 천인운화의 기에서 얻은 것이 없기 때문이다."[13] 사람이 천인운화를 얻지 못하면 천도에서 벗어나는 것이며 그러면 어떤 실효도 얻을 수 없게 된다는 것이다.

한편 최한기의 측인은 일통의 세계관과 더불어 추측의 원리를 토대로 하고 있다. 추측은 경험과 사유의 통일을 지향하는 인식방법이다. 최한기는 감각적 경험을 통해 인식하는 것을 형질지통形質之通이라 했다. "하늘이 물건을 냄에 있어서 제 각기 형질을 갖추었는데, 빛은 눈에 통하고 소리는 귀에 통하며 맛과 냄새는 입과 코에 통하니, 이것이 다름 아닌 형질지통이다."[14] 형질지통은 모든 인식의 출발점이며 신기에 습염되어 기억으로 저장된다.

---

11 『인정』「측인문5」(氣有隨變): 我之推測 常係於自己之知識淺深 經驗多寡 則相人之方 務盡詳細 反涉淆亂 須參于天地運化 統民運化 人我運化 擧其經常 及於奇權

12 『인정』「측인문5」(通才達學): 測人之術 以天人運化之氣 辨別貴賤善惡姸醜吉凶 是爲測人之通才達學

13 『인정』「측인문2」(無實效): 測人而無實效者 以其無得於天人運化之氣也

14 『기측체의』「신기통1」(形質推測異通): 色從目通 聲從耳通 臭味從口鼻通 是神氣 俟於耳目口鼻而有所通也, 目通諸色 耳通諸聲 口鼻通諸臭味 是聲色臭味 從外而來通於神氣也 皆形質之通

형질지통과 더불어 인식의 많은 부분은 이와 같은 경험을 토대로 한 추론에 의해 이루어지는데 이를 추측지통이라 한다. 추측은 간단히 말하면 경험한 것을 근거로 경험하지 못한 것을 추리하는 인식방법이다. 경험이 감각적 지각에 한정된 인식에 머문다면 추측은 경험을 바탕으로 현상의 법칙과 본질에 대한 인식의 깊이를 확충하는 방법이라 하겠다. 측인에 있어서도 마찬가지로 추측의 방법을 통해 대인지각을 확장해 간다. 경험과 추론을 종합하는 추측의 원리는 측인에도 마찬가지로 적용된다.

> 측인하는 사람은 전일前日에 여러 번 남에게 증험하여 신기 속에 간직한 바가 있으니, 이것이 이른바 미룸(推)이다. 사람을 상본 것이 많으면 얻어진 미룸도 많을 것이므로 사람을 대하여 전에 미룬 것을 가져 헤아리다가 만약 미룸이 마땅하면 헤아림도 마땅하겠지만 미룸이 부당하면 헤아림도 크게 잘못될 것이니, 이런 경우에는 반드시 미룸을 고쳐 헤아려야 하고, 그래도 미흡하다면 미룸을 바꾸어 헤아려야 마땅하게 된다. 어찌 사람을 미루어 사람을 헤아리는 것뿐이랴. 물건을 미루어 사람을 헤아리고 일을 미루어 사람을 헤아리는 등 헤아림에는 무한한 변통이 있을 수 있다. 만약 미룸을 고치고 헤아림을 바꾸는 법을 알지 못하면 어찌 교주고슬膠柱鼓瑟과 각주구검刻舟求劍의 비방을 면할 수 있겠는가.[15]

15 『인정』「측인문1」(改推換測): 測人者 必有前日累證驗於人 藏在神氣中 卽所謂推也 相人多 則所得之推亦多 及其對人 因推而測之 若所推當 則所測亦當 若所推不當 則所測至於千里謬 必改推而測之 又未洽 則換推而測之 庶得其宜 奚但推人測人 又有推物測人推事測人 自有無限變通之測 如不識改推換測之法 膠柱鼓瑟 刻舟求釰 烏得免譏

측인에 있어 추측의 원리는 여러 형태의 추측방법을 통하여 실현된다. 예컨대 최한기는 사람의 형기와 운화 사이의 추측방법을 다음과 같이 언급했다.

> 생각건대 용모와 신기는 사람의 형기이고 행사와 인도는 사람의 운화이니, 어찌 나누어 둘로 만들어 전혀 관련이 없게 할 수 있겠는가. 반드시 서로 발명되는 보탬이 있어야 한다. ... 그 용모와 신기를 가지고 그 사람의 행사와 인도를 증험하고 행사와 인도를 가지고 그 사람의 용모와 신기를 비교한다면, 이것이 곧 형기와 도리가 서로 근원이 되고 경전經典과 상서相書가 서로 발명되는 것이다.[16]

용모와 신기의 형기와 행사와 인도의 운화가 서로 미루고 헤아려 측인에 통달할 수 있음을 말한 것이다. 그는 "형모와 신기는 본디 정하여진 품격이 있으니 이것이 경經이고, 운화에 따라 고쳐지는 것이 있으니 이것이 위緯이다."[17] 그래서 경을 알고 위를 알아 서로 증험해야 한다. 마찬가지로 최한기는 마음과 형모의 추측을 통하여 측인해야 한다고 했다. "사람의 마음과 형모는 서로 맞지 않는 것이 많으니, 형모는 정해진 것이 있고 심정心情은 변동하는 것이다. 정함이 있는 형모에서 정함이 없는 마음을 헤아리려고 하면 반드시 어긋남이 많으니, 형모를 가지고 사람을 믿어서는 안 된다. 그러나 마음의 변

---

16 『인정』 「인정 측인서」: 竊想容貌神氣 爲人之形器 行事人道 爲人之運化 豈可分而二之 了不相關哉 必有相發之益 ... 於是以容貌神氣 參驗于行事人道 以行事人道 比較於容貌神氣 是乃形器道理之互爲根源 經傳相書之并取發明

17 『인정』 「측인문1」(內外推驗): 然形貌神氣 有元定之品格 是則經也 形貌神氣 有隨運化而變改 是則緯也

함에 따라 형모도 그 색태가 변하고 형모의 색태가 변함에 따라 마음도 향하는 바가 있는 것이니, 정함이 있는 것을 가져 정함이 없는 것을 헤아리고, 정함이 없는 것을 가져 정함이 있는 것을 헤아리면, 상인의 술術이 그 대강을 얻을 것이다."[18]라고 했다. 마찬가지로 그가 지은 문사文事를 미루어 기상氣象과 식량識量을 추론할 수 있고 바둑이나 장기를 두는 것을 미루어 사람을 헤아릴 수 있는 것은 그가 숭상하는 바가 무엇인가를 미루어 측인할 수 있기 때문이다.

4. 측인의 지표와 기법

최한기는 측인에 있어 일통적 인식과 추측의 원리를 실현하기 위해 여러 지표와 기법을 적용하고 있다. 아래에서는 그가 측인의 인식구조로 삼은 3등의 운화, 즉 형모, 접인운화(행사), 그리고 천인운화 차원에서 제시된 측인의 지표를 『인정』「측인문」의 내용을 중심으로 요약해 보고자 한다.

첫째, 형모에 대한 지표는 주로 관상가의 상인의 대상이었는데 사람의 얼굴, 자세, 체형과 더불어 몸의 흉터, 점, 주름 등의 특징을 지

18 『인정』「측인문 1」(有定無定); 人之心與貌 不相副者多矣 形貌有定者也 心情變移者也 擧其有定之貌 欲測無定之心 必多睽謬 不可以貌信人也 心隨變而貌亦變態 貌變態而心有趍向 以有定測無定 以無定測有定 相人之術 庶得其槩

표로 삼는다. 사람의 형모는 기계器械로서 천인의 신기가 상호 소통하는 창문이자 신기를 담는 그릇이다. 형모를 통해서 형질기의 청탁, 수박, 통색을 파악할 수 있고, 사람에 대한 형질통을 얻을 수 있다는 점에서 측인의 출발점이 된다 하겠다.

〈형모의 지표〉

형모 지표	형모 지표의 내용
눈	정신이 모이는 곳. 길고 수려하고 분명해야 함.
눈썹	얼굴의 의표儀表가 되고 눈의 영화英華가 되어 주로 현우賢愚를 분별하게 된다.
코	얼굴의 표적이요, 폐기肺氣의 통로이다.
귀	신장腎臟에 통하며 두텁고 단단하며 우뚝하고 길면 오래 살 상相이다.
입 · 혀 · 입술 · 이	입은 말하는 문이며, 입술은 입의 성곽城郭이다.
허리와 등	허리와 등은 한 몸의 용의容儀와 모든 형상의 본체本體이다.
배	둥글면서 크면 지혜롭고 영귀하다.
배꼽	힘줄과 맥이 모이는 곳이요, 오장 육부를 거느리는 관문이다.
손	섬세하고 길면 성질이 인자하여 남에게 베풀기를 좋아한다.
손톱	뾰족하면서 길면 총명하고 굳으면서 두터우면 오래 산다.
발	펀펀하면서 두텁고 바르면서 길고 기름지면 부귀의 상이다.

형모 지표	형모 지표의 내용
목소리	소리는 기에서 나오고 기는 오장 · 육부와 혀 · 목구멍을 따라 나온다.
언어	언어는 신기神氣로 추측하여 얻어지며 사물의 이치와 형세를 형용한다.
걸음	선악은 걸음걸이 사이에 자연스럽게 나타난다.
앉음새	신색神色이 나태하지 않아 사려思慮가 고요하여 원기元氣를 존향하는 것이 귀상貴相이다.
누운 자세	자세가 사지를 단정히 모으고 평온한 자는 수와 복을 누린다.
뼈와 살	살은 단단하면서 충실해야 하고 뼈는 곧으면서 우뚝해야 한다.
이마	이마는 천정天庭이라 한다. 정신이 모두 이마에 모인다.
머리	머리는 한 몸의 높은 곳이요 온 뼈의 어른이다.
음식	음식은 오장 육부에 양분을 대주고 한 몸을 지탱시킨다.

둘째, 행사의 지표는 주로 유가의 지인의 대상이 되었는데, 사람의 언행과 행동거지, 사업 등과 관련되어 있다. 행사는 규범(준적, 인도, 오륜 등), 대인관계(교접, 사인事人, 지조, 시여施與, 절교 등), 일처리(현사상과 보사상, 일의 성패 등), 능력(서책, 재용, 가능성 등)과 관련되어 있다. 사람의 형모를 통해 형기를 파악한다면 행사를 통해서는 운화를 밝히게 된다. 형기와 운화는 측인에 있어 경經과 위緯가 되고, 체體와 용用이 되는 관계이다.

〈행사의 지표〉

행사 지표	행사 지표의 내용
준적의 유무	어떤 일을 당하여 중도中道에 맞게 하는 사람은 스스로 표준을 세운 바가 있다.
인도에 따름	인도의 운화를 수명修明하여 원근이 감복하는 부귀를 이루는 것이다
기화의 변화	변하지 않는 기氣를 미루어서 추후에 변하는 바의 기를 헤아린다.
서책과 저술	서책의 취사取捨와 저술의 우열優劣로 선악 · 현우 · 귀천 · 길흉을 분별하기가 가장 쉽다.
재용財用	청렴하고 탐냄의 다소에 따라 사람됨의 한계가 정해진다.
기대하는 바	기대가 있는지, 어디에 있는지를 보아서 살펴야 한다.
현見/보사상保事相	현사상은 행사에서 드러난 상, 보사상은 성공과 실패에 따른 사후적 태도이다.
교접交接	접하는 일이 선한지 악한지, 접하는 사람이 착한지 악한지를 살펴야 한다.
근기根基와 경력經歷	지나간 행사를 증험하고 기품과 성행을 헤아려 장래를 짐작하다.
보시報施	마땅히 갚아야 하는 것과 마땅히 베풀어야 하는 것을 살펴 헤아릴 수 있다.
욕망의 형태	욕망이 있는지, 어떤 욕망이 있는지를 살펴 사람을 헤아린다.
정사政事와 치략治略	개결介潔하기만 하고 정사의 역량이 없는 사람은 세상을 헤쳐 나갈 그릇이 아니다.
가능성	대개 이룰 수 있는 가능성은 품기稟氣가 독실하여 진취할 힘이 있다.

행사 지표	행사 지표의 내용
섬김의 대상	재물, 일, 도리 가운데 무엇으로 섬기는가를 보아 그 사람됨을 볼 수 있다.
속임을 당함	속임은 그가 바라는 바에 의해 당한다.
조화	화和만이 귀중한 줄 알고 운화로 준칙을 삼지 않으면 화를 이루지 못한다.
지조	환난과 액회厄會를 당하여 사려가 혼란할 때에도 상도常道를 잃지 않는다
성패의 대소	욕망을 이루고 사람을 잃기보다는 일에 실패하고 사람을 얻는 것이 낫다.
근심/즐거움	형상이 없는 근심과 즐거움이 행사의 허실虛實 · 성위誠僞가 된다.
안색	뜻을 얻으면 안색이 부드러워지고 뜻을 잃으면 안색이 슬퍼지는 것이다.
의義의 시여施與	베품에 운화와 시세時勢의 다과多寡와 당부當否를 분별하고서야 의리를 헤아릴 수 있다.
오륜의 상법相法	일신의 구규九竅 · 사지四肢는 작은 형체이고 부자 · 부부 · 장유 · 붕우는 큰 형체이다.
절교 방법	절교하는 데에는 이유에 따라 유익한 것도 있고 무익한 것도 있다.

셋째, 천인운화는 측인의 가장 심층적인 지표로서 천기와 소통하는 인기의 능력과 관련된다. 천인운화 지표는 인기운화가 천기운화에 일치하는 정도를 파악하기 위한 지표이다. 이 차원에서의 측인은 주로 기화와 운화, 내기와 외기, 학문과 감정의 헤아림을 통해 천인운화를 살피고자 한다.

〈천인운화의 지표〉

천인운화 지표	천인운화 지표의 내용
접인운화	교접하는 사람의 신기운화와 더불어 순역順逆하는데 따라 성패가 있게 된다.
풍기風氣와 습속習俗	시골과 서울, 해육海陸과 산야山野의 풍기가 달라 사람의 기 역시 다르다.
기의 화和함	인물의 화응和應은 기의 조화調和에 있고 운화의 교감도 기의 조화에 있다.
내기內氣	외식外飾을 않거나 무심한 곳에서 혹 대화하는 가운데 우연히 노출되기도 한다.
학문의 허실	학문의 성위誠僞와 식견의 사정邪正은 나타나지 않는 곳이 없다.
기화의 도덕	지식의 천심淺深과 국량局量의 대소와 견문의 광협廣狹은 모두 기화의 도덕에 따른다.
개과천선	개과천선하면 오히려 그렇지 않았던 사람보다 더 바른 생활을 할 수 있다.
운화의 도수	상常을 주인으로 삼고 변變을 객으로 삼아 상이 변에게 요탈되지 않아야 한다
운화의 전후	운화로 인하여 앞날의 일을 짐작하면 자연 선후의 준적과 변동의 계제가 생긴다.
버림받음	버림을 받은 자라도 천인의 기를 궁구하여 어긋남이 없으면 원망하지 않는다.
유화柔和한 기氣	유화한 기는 덕과 재주의 바탕이 되며, 남과의 관계에 있어서도 선함이 많다.
덕기德基와 명성名聲	소년을 보고 훗날의 성취를 아는 것은 기개와 도량을 엿보았기 때문이다.
인의仁義의 신기	인의가 신기에 화합하여 행사에 드러나면 비록 범부라도 그의 비범함을 안다.
노怒	노기가 얼굴에 나타나는 색깔을 보고 사람을 헤아린다.
용勇	용이란 기가 발하여 솟아오르는 것이니 모든 일이 모두 용기로 이루어진다.
객기客氣와 분울憤鬱	객기는 형체에 연유하여 기혈이 막혀 화순和順함을 얻지 못한 것이다.

측인은 이상과 같은 삼등의 여러 지표를 통해 얻어진 정보를 통하여 통합적으로 이루어진다. 측인법에서 개인의 정보를 통합하는 방식은 크게 '가중치를 통한 가산법'과 '비교를 통한 추론법'으로 나누어 설명할 수 있겠다. 가중치를 통한 가산법은 「감평」에서 상세히 다루고 있다. "인품을 비교하는 데 분수分數(평점)가 없을 수 없다. 지난 무술년에 내가 지은 「감평」에서 기품·심덕·체용·문견·처지 등 다섯 가지를 10분으로 배정하되, 기품을 4분, 심덕을 3분, 체용을 2분, 문견을 1분, 처지를 반분半分으로 하여 합쳐서 10분반이 되게 했다. 그리고 또 분수의 가감을 두고 법에 의해 조별條別하여 10분인, 8-9분인에서 1분인, 반분인에 이르기까지 논할 수 있게 했다."[19] 이와 같이 최한기는 「감평」에서 우선 측인을 5개의 요인으로 범주화하였다. 이 5요인은 사람마다 모두 갖추고 있기 때문에 오구伍具라고 했고, 그것이 발로한 것을 오발伍發이라 하였다. 기품이 발로한 것이 재국才局이며, 심덕은 응변應辯, 체용은 풍도風度, 문견은 경륜經綸, 처지는 조시措施로 발로된다. 오발은 오구로써 우열을 가릴 수 없을 때 그 발현된 것을 살펴 오구의 우열을 가리는 보조적 요인이라 하겠다.

최한기는 이들 5가지 범주마다 4개의 변인을 설정하고 그것의 평점(分數)을 합산하여 인물의 우열을 평가하였다. 각 요인 범주는 인품에서 차지하는 중요성에 따라 +-의 가중치를 각기 부여하여 합이 최대 10.5가 되는 인물평가 척도를 만들었다. "대개 모든 것이 다 완비된 자를 10분인으로 삼는다. 기품·심덕·체용·문견·처지의 경중을 헤아려 10분으로 나누었는데, 기품이 제일 중요하므로 4분(강强과 청

---

19 『인정』「인정 범례」: 比儗人品 不可無分數 而越在戊戌 余所著鑑評 以氣稟心德體容聞見處地五具 排定十分 氣稟爲四分 心德爲三分 體容爲二分 聞見爲一分 處地爲半分 合爲十分半 而又有分數之消長 依法條別 可論十分人 八九分人 至一分人半分人

淸은 장長(+) 4분, 약弱과 탁濁은 소消(-) 4분)을, 심덕이 다음으로 중함으로 3분(성誠과 순純은 장長 3분, 위僞와 박駁은 소消 3분)을, 체용이 그 다음이므로 2분(후厚와 미美는 장 2분, 박駁과 추醜는 소 2분)을, 문견이 그 다음이므로 1분(주周와 아雅는 장 1분, 비比와 속俗은 소 1분)을, 처지가 그 다음이므로 반분半分(귀貴와 부富는 장 반분, 천賤과 빈貧은 소 반분)을 차지한다."[20] 사람을 평가했을 때 이들 범주의 변인들의 평점을 모두 가감하면 인품의 평점이 나오며 이것을 통해 우열을 평가할 수 있다는 것이다. 아래 표는 이를 정리한 것이다.[21]

기품		심덕		체용		문견		처지	
강	장4분	성	장3분	후	장2분	주	장1분	귀	장반분
약	소4분	위	소3분	박	소2분	비	소1분	천	소반분
청	장4분	순	장3분	미	장2분	아	장1분	부	장반분
탁	소4분	박	소3분	추	소2분	속	소1분	빈	소반분

최한기는 측인에서 이들 4개의 범주와 4개의 변인을 통해 소(-) 10.5점에서 장(+) 10.5 평점 사이에서 우열을 나누고 이로써 모두 1024가지 유형을 도출할 수 있었다.

한편 최한기는 인물을 평가하는데 '가산법'과 더불어 '비교에 의한 추론'의 방법을 많이 활용하고 있다. 이른바 4율의 원리가 대표적이라 하겠다.

---

20 최한기, 1985, 「측인문7」(감평), 『인정』, 민족문화추진회, 230쪽

21 위의 책, 230쪽

> 수학의 4율의 비례는 알고 있는 3율을 가지고 알지 못하는 4율을 아는 것이다. 예를 들어 쌀 2섬이 1률이 되고, 값 6량 6전이 2율이 되고, 사 들이려는 8섬이 3율이 되어 이미 그 수를 알고 있다면, 알지 못하는 것이 4율이다. 2율과 3율을 서로 곱하면 52량 8전이니, 이를 다시 1률로 나누면 26량 4전이 되는데, 이것이 곧 알려고 하는 4율이 되는 것이다. 이처럼 간단하고 쉬운 셈은 비록 손가락과 입으로 계산하여도 알 수 있지만, 그 정미精微하고 깊어서 측량하기 어렵고 궁구해도 알기 어려운 것도 4율을 가지고 잘 전환하여 찾는다면, 크게는 해와 별의 위치 및 도수와 작게는 일용 사물의 모든 알기 어려운 수를 알 수 있다.
>
> 그러나 이는 일정한 수이고 방향이 있는 수이지만, 일정함이 없고 방향이 없는 수는 다만 4율의 원리를 갖고 구할 뿐 4율의 수를 가지고 구할 수가 없다. 오직 이 측인하는데 있어서는 천지 운화의 기를 1율로 하고, 사람의 몸의 운화의 기를 2율로 하고, 사물과 교접하는 운화의 기를 3율로 하여, 이를 곱하고 나누면 자연 종말의 성패·선악이 있게 마련이다. 4율의 원리란 저 일을 당하면 저 일에 맞게 행하고 이 일을 당하면 이 일에 맞게 행하는 류類이니, 이는 추측하는 이치에 불과한 것이다.[22]

측인에 있어 4율의 원리는 다양한 형태의 비교를 통해 인물평가에 적용된다. 비교에 의한 추론법으로 가장 일반적인 형태는 나와 상대

---

22 『인정』「측인문 1」(四率測人): 數學四率比例 以所知之三率 知所不知之四率 如米二石爲一率價六兩六戔爲二率 欲買八石爲三率 已知其數 而所不知者四率也 以二率三率相乘 爲五十二兩八戔 以一率除之 得二十六兩四錢 卽求知之四率也 如此簡易數 雖指計口算 可得知也 至於微奧難測 窮究不得者 以四率求之轉換 則大而日星躔度 小而日用事物 皆知其所難知之數 然是乃有定之數 有方向之數也 至於無定數無方向數 只可以四率理求之 不可以四率數求之 惟此測人 以天地運化氣爲一率 人身運化氣爲二率 事物交接運化氣爲三率 乘之除之 自有終末成敗善惡 四率之理 如當彼事而行如彼 則當此事而行如此之類 是不過推測理也

간에 신기의 소통을 통한 감정이입적 측인이다. "남의 행사를 평론하는 것을 돌이켜 내 몸에 구하여 내 행사를 평론하고, 내 몸의 신기가 운화하는 것을 남의 몸에 미루어 남의 운화를 헤아린다면, 남과 내가 통하고 물건과 내가 하나가 될 수 있다. .. 따라서 나를 미루어 남을 헤아리고 남을 미루어 나를 헤아리기를 무한히 단련한다면, 생소한 것이 익숙해지고 막힌 것이 서로 통하게 되어, 형체의 통하지 않는 것이 통하여지고 용모의 같지 않은 것이 같아질 수 있다."[23] 추측법은 일종의 심리적 실험법이라 볼 수 있다.

그리고 이러한 주관적인 비교가 보다 객관성을 확보하기 위하여 다양한 측인 요인들 간의 비교를 통한 검증 절차가 요구된다. 예컨대, 사람의 신기, 용모, 접인운화를 상호 비교를 통해 정보를 조정함으로써 일관된 측인을 추구할 수 있다고 보았다. "측인의 방법에는 본디 일정한 규칙이 없으므로, 그 일정함이 없는 속에서 2-3분의 정할 수 있는 것을 취하여 범위로 삼아야 한다. 그 첫째로 측량할 것은 신기로 미루어 방법이 없는 속에서 방법을 찾는 것이고, 둘째로 측량할 것은 형모의 귀천으로 현재 눈앞에서 준거가 될 수 있는 것이고, 셋째는 인물교접의 운화로 수시로 변동하는 것이다. 이 세 가지를 합쳐 어긋남이 없게 할 것이니, 마치 말을 타고 달리면서 달아나는 토끼를 쏘아 맞히는 것과 같아 쏘아서 맞히는 술術을 익숙하게 익히고 동작의 완급을 참작하여 기회를 기다렸다가 처리해야 한다."[24] 다

---

23 『인정』「측인문 2」(形貌可通): 以評論人之行事 反求諸己 評論己之行事 以運化己之神氣 推之於人 料度人之運化 是可以通人己同物我 ... 又從以推己測人 推人測己 無限鍛鍊 生疏者研熟 阻隔者透澈 形體之不通可以通 容貌之不同可以同

24 『인정』「측인문 1」(無一定規): 測人之方 元無一定規則 不可不從其無定中 取其二三分可定者 以爲範圍 其一 測之者神氣推達 能於無方中有方也 其二 所測者形貌貴賤 有方今可準也 其三 人物交接運化 有隨時變移也 合三者而無違 如乘馳馬而射中走兔 當習熟射中之術 參酌緩急之運 以待臨機裁處也

시 말하면, 먼저 나의 신기에 습염된 지각 경험을 통해 일종의 가설을 설정하고, 다음으로 감각기관을 매개로 하여 용모에서 판단하고, 나아가 수시로 변동하는 인물교접(행사)을 통해 검증함으로써 올바른 측인을 할 수 있다는 것이다.

또한 최한기는 사람이 일을 할 때와 하지 않을 때를 나누어, 일을 할 때(有事時)는 심술을 헤아리고, 일을 하지 않을 때(無事時)는 기질을 헤아려 심술과 기질을 비교함으로써 기화의 흐름을 읽을 수 있다고 했다. "무사할 때에 사람을 헤아리는 것은 기질의 후박, 청탁, 강약, 혼명에 있고, 처사할 때에 사람을 헤아리는 것은 심술心術의 사정邪正, 습염習染의 천심淺深, 염탐廉貪의 취사取捨, 용겁勇憫의 유무有無에 있으니, 무사할 때에 헤아린 것을 가지고 처사할 때에 헤아리는 것을 투철하게 하고, 처사할 때에 헤아린 것을 가지고 무사할 때에 헤아리는 것을 어김없게 해야 한다."[25] 최한기는 측인이 사람의 기질에만 달려 있는 것이 아니라 실제로 당면하고 있는 대세大勢의 운화에 달려 있기 때문에 측인의 선무先務는 기화의 시세時勢를 추측하여 살피는 것을 근거로 삼아야 한다는 점을 강조하고 있다. 그의 인물평가 영역과 차원을 요약하면 다음과 같이 정리할 수 있겠다.

25 『인정』 「측인문 1」(無事有事): 無事時測人 在於氣質之厚薄淸濁 强弱昏明 處事時測人 在於心術邪正 習染淺深 廉貪取捨 勇㥘有無 以無事時所測 透澈於處事時所測 處事時所測 無違於無事時所測 非獨在其人氣質 其實在於所値之大勢運化 測人 先務以推察氣化之時勢爲根據

평가요인		평가척도		평가변인	가중치	평가영역	이론적 근거
오구 五具 (체)	오발 五發 (용)	오구	오발				
기품 氣稟	재국 才局	강强 · 약弱, 청淸 · 탁濁	고高 · 저低, 명明 · 암暗	형색形色, 기미機微, 언행言行	4	용모 (인도)	상인相人 양인養人
심덕 心德	응변 應變	성誠 · 위僞, 순純 · 박駁	서기恕己 · 수인隨人, 시종始終 · 한격捍格	학문學問, 조예造詣	3	행사 (인도)	지인知人 중인重人
체용 體容	풍도 風度	순厚 · 박薄, 추醜 · 미美	락樂 · 위慰, 화和 · 촉觸	기품氣稟 (형색, 기미, 언행), 心德(학문, 조예)	2	용모 행사 (인도)	상인 양인 지인
문견 聞見	경륜 經綸	주周 · 비比, 아雅 · 속俗	통通 · 편編, 거본擧本 · 추말趨末	분별, 취사 능력	1	행사 (인도)	중인 지인
처지 處地	조시 措施	귀貴 · 천賤, 빈貧 · 부富	일逸 · 노勞, 근勤 · 태怠	귀천, 빈부 때의 모습	0.5	용모 (인도)	상인 양인

최한기의 측인의 방법은 측인의 범주와 마찬가지로 크게 보면 용모와 신기를 통한 상인과 행사와 인도를 통한 지인의 방법을 토대로 하고 있다. "상인의 뜻을 넓힌 것이 바로 측인이고, 지인의 도를 확충한 것이 바로 측인이다."[26] 측인의 방법은 외모를 통해 길흉화복을 예측하는데 한정된 상인의 의미를 넓히고, 도덕적 관념에 의존하는 주관적 지인에 경험적 방법을 확충한 것이다. 그리하여 "용모와 신기를

26 『인정』「측인문 1」(恢擴識量): 恢斥相人之義 卽測人也 擴充知人之道 卽測人也

가지고 그 사람의 행사와 인도를 증험하고 행사와 인도를 가지고 그 사람의 용모와 신기를 비교한다면, 이것이 곧 형기形器와 도리道理가 서로 근원이 되고 경전經典과 상서相書가 서로 발명되는 것이다."[27] 지금까지 살펴 본 측인 방법의 특징을 다음과 같이 요약할 수 있겠다.

첫째, 최한기는 측인의 범주를 제시하여 인물평가를 위한 개념적 척도로 사용하였다. 특히 유가의 지인 방법에는 객관적 평가범주가 없고 평가가 평가자의 주관적이고 직관적인 판단에 의존하여 이루어져 왔다. 최한기가 제시한 6개의 범주는 인물을 평가하는 데 유용한 객관적인 척도로 활용할 수 있을 뿐만 아니라 특히 인물들을 서로 비교하여 평가하는 데 매우 유용한 개념적 척도가 된다.

둘째, 최한기의 인물평가는 전인격적 차원에서 이루어졌다. 앞에서 최한기가 「감평」에서 측인범주를 '오구伍具'(사람마다 다 갖추고 있는 인물의 5가지 기본 요소)라 언급한 것에서 볼 수 있듯이 전인격을 대상으로 평가하고 있다. 그는 인물을 신체영역(용모와 신기)과 마음영역(심덕과 문견), 지적 영역(문견)과 도덕적 영역(심덕), 행위영역(행사)과 상황영역(처지), 선천적으로 타고난 영역(용모, 신기, 처지)과 후천적으로 학습된 영역(심덕, 행사, 문견)을 망라한 종합적 평가를 구상했다. 서구 사회심리학에서 이루어지는 대부분의 인물평가가 성격, 지능, 능력, 도덕성, 잠재력 등 개인의 특성에 대한 평가로 전문화되어 있는 것과는 대비가 된다.

셋째, 최한기의 인물평가 방식은 유형의 범주를 미루어 무형의 범

27 「인정」「人政測人序」: 於是以容貌神氣 參驗于行事人道 以行事人道 比較於容貌神氣 是乃形器道理之互爲根源 經傳相書之并取發明

주를 추론하는 추측[28]의 방식에 따라 이루어졌다. 형모와 행사가 유형의 범주라면, 신기와 심덕은 무형의 범주에 해당한다. 용모를 통해서 신기를 추론하고, 행사를 통해서 심덕을 추론하는 것은 유형을 미루어 무형을 추론하는 추측의 방법이다. 최한기가 유가이면서 관상가들의 용모를 통한 상인을 중시한 것은 이러한 추측의 방법을 인물평가에도 적용했기 때문이다. "상을 보는 법(相法)은 헤아리는 법(測法) 속에 들어있다. 상 보는 법은 오로지 형모에서 사람을 논하는 것이다. 헤아리는 법은 안팎의 운화를 아울러 살펴서 인도에 어긋나고 맞는 것을 준칙으로 삼아 원위源委를 비교하고 본말을 증험하는 것이다. 형모는 그 중간에서 내외의 장벽과 호유戶牖가 되어 출납을 맡고 있으니, 안을 살피는 데는 신기의 운화가 있고 밖으로 증험하는 데는 인물과의 교접이 있어, 내상법內相法과 외상법外相法이 여기에서 모두 갖추어진다. 이것이 형모의 원위이고 본말인 것이다."[29] 최한기가 인물평가에 있어 용모와 행사를 통한 형질지통을 중시하는 것은 결국 이것들이 신기와 심덕의 추측지통에 이르는 통로(戶牖)로 보았기 때문이다.

넷째, 최한기는 인물평가 범주에 각기 두 쌍의 긍정(長)·부정(消)의 척도를 사용하여 평가한다. 그는 「감평」에서 기품에 대해 강약과 청탁의 두 척도를 통해 측정했다. 마찬가지로, 심덕에 대해서는 성위誠

28 추측의 방법은 최한기의 『추측록』에서 자세히 논의되었는데, 그가 주창한 '기학'의 방법론에 해당한다고 볼 수 있다. 추측은 유형의 존재를 미루어(推) 무형의 이치를 헤아리는(測) 방법이다. 최한기는 『추측록』에서 推氣測理, 推情測性, 推動測靜, 推己測人, 推物測事로 설명하였다. 여기서 氣, 情, 動, 己, 物은 경험할 수 있는 대상이고, 理, 性, 靜, 人, 事는 이를 통해 다만 추론할 수 있는 이치이다. 전자를 形質之通이라 하고 후자를 推測之通이라 하여 상호 검증·보완되어야 할 지식으로 보았다.

29 『인정』「측인문 1」(相在測中): 相法 在測法之中 相法 專在形貌上論人 測法 兼察內外運化 準的人道違合 是有源委之較驗 本末之互證 形貌居中 爲內外之墻壁戶牖 而接注出納 探於內而有神氣運化 驗於外而有人物交接 內相法外相法 於焉具備 卽是形貌之源委也 本末也

僞와 순박純駁의 척도, 체용에 대해서는 후박厚薄과 미추美醜의 척도, 문견에 대해서는 주비周比와 아속雅俗의 척도, 처지에 대해서는 귀천과 부빈의 척도를 제시하였다. 이후 「측인문」에서는 척도에 대해 다시 언급하지는 않았지만 여전히 인물평가의 준거로 삼고 있음을 볼 수 있었다. "귀한 상은 적고 천한 상은 많다. 중등의 상이 더욱 많은데, 모두 귀천이 서로 섞여 있는 상이다. 이 세 등급의 상은 각기 타고난 기의 명암明暗과 통색通塞이 다르고 또 익힌 업의 생숙生熟과 천심淺深이 다르고 또 교접과 운화에 있어 원근遠近과 주편周偏이 다르니, 이것이 어찌 형모와 신색에 모두 드러나는 것이겠는가? 모름지기 그들의 행사行事와 언론言論으로 참작해야 거의 투철하게 알 수 있다."[30] 귀천의 상은 기의 명암과 통색, 생업의 생숙과 심천, 교접의 원근과 주편의 척도로 평가해야 한다고 보았는데, 이는 「감평」의 척도를 적절히 변통한 것이라 하겠다.

마지막으로, 최한기는 이와 같은 과정을 통해 얻은 정보를 처리하는 방식이 직관에 의존하는 형태(게슈탈트)적 방식이 아니라 각 범주의 가치를 산술적으로 합산하는 방식을 취하고 있다. 이러한 가산모델 혹은 가중치 평균모델은 오늘날 서구 사회심리학의 대인지각 연구에서도 활용되는 일반적인 방법이기도 하다.[31] 이러한 정보처리 방식은 「측인문」에서는 더 이상 논의되지 않았지만 각 범주에 대한 질적인 중요성의 차이는 여러 곳에서 언급되고 있다.

---

30 『인정』「측인문 3」(貴賤中優劣): 貴像少賤像多 中等之像尤夥 皆貴賤相雜之像也 三等之像各有稟氣之明暗通塞 又有肄業之生熟淺深 又有交接運化之遠近周偏 是豈形貌神色所能畢露哉 須參以行事言論 庶可透澈

31 홍성열, 2008, 『사회심리학』, 시그마프레스, 230쪽; 한덕웅 외, 2005, 『사회심리학』, 학지사, 131쪽 참조

5. 측인이 인물평가 방법에 갖는 의의

타인의 인물됨을 평가하는 것은 모든 사회적 관계의 출발점이다. 인물의 무엇을 어떻게 헤아리는가에 따라 인간관계의 형식과 성격이 결정되기 때문이다. 그리고 타인에 대한 평가는 개인적인 취향이나 가치와 함께 사회적 요구와 문화적 규범이 반영되고 있음을 볼 수 있다. 오늘날 전문성보다 통합적 인격이 요구되는 탈현대적 사회로 진입할수록 전인격적 인물평가에 대한 필요성도 증가하고 있다. 최한기의 측인론은 토착적 인물평가 이론이라는 점과 더불어 오늘날 이러한 통합적, 전인격적 인물평가에 대한 사회적 요구가 그의 측인론에 주목하게 하는 또 하나의 이유가 되기도 했다.

최한기의 측인 방법은 비슷한 시기에 출현한 서양의 고전적 실증주의 방법론의 이념과 매우 유사하다. 그는 실학을 토대로 기존의 인물평가 방식, 즉 유가의 지인과 관상가의 상인을 비판적으로 수용하면서 이들의 인물평가 범주를 모두 통합한 다차원적 측인 방법을 제시하였다. 지금까지 최한기의 측인 방법을 측인자의 자격, 측인의 인식구조와 원리, 측인의 지표와 기법을 통하여 살펴보았다. 측인 방법이 갖는 의의를 다음과 같이 정리해 볼 수 있겠다.

첫째, 최한기의 측인 이념은 서양의 실증주의에 비견되는 실학에서 찾아볼 수 있었고, 실학으로써 측인의 실용성과 실증성을 강조하였다. 측인의 실용성은 인도에 보탬이 되기 때문이고 실증성은 천인운화의 자연법칙을 준칙으로 삼기 때문이다. 측인의 이념 속에는 인도주의와 과학주의가 내재하고 있음을 볼 수 있다. 측인의 이념은 곧 측인의 소당연지칙과 소이연지고의 통일이며, 이 점이 최한기 측인학이 전인격적 평가를 지향하는 세계관적 토대이기도 하였다.

둘째, 최한기는 측인자의 자격에 주목하였다. 현대 사회심리학의 대인평가 방법에서는 측인의 주체 곧 측인자 자신은 고려의 대상으로 삼지 않는다. 측인은 측인자의 일방적인 평가에 의해 이루어질 뿐, 측인 대상과 측인 주체간의 상호적 교감은 오히려 객관성을 해치는 것으로 보아 경계한다. 최한기는 측인자의 소견의 크기만큼 측인의 수준이 결정된다고 보고 측인자의 자격을 중요시하였다. 이것은 측인이 주체의 일방적인 지각적 인지에 머무는 것이 아니라 인지 주체와 객체간의 신기의 교감을 통해 이루어지기 때문이다. 측인자의 자격을 강조함으로써 측인이 단순한 대인지각 행위가 아니라 수행의 수단으로서의 의미를 함축하고 있다.

셋째, 측인은 3등 운화의 인식구조와 추측의 인식원리를 갖는데, 이는 측인 방법이 중층적이고 종합적으로 이루어지고 있음을 보여준다. 최한기는 측인하는 차원이 형모를 출발점으로 하여 접인운화(행사), 천인운화로 확장해 가고, 측인 방법은 미룸(推)과 헤아림(測)의 변증법적 과정을 거쳐 통달하게 된다고 했다. 이들 3등의 운화는 오늘날의 학문으로 형모는 인문과학, 접인운화는 사회과학, 천인운화는 자연과학에 배속한다면 측인론의 종합 학문적 성격을 엿볼 수 있다. 또한 측인방법론에 있어서도 추(미룸)과 측(헤아림)의 변증법적 종합을 통해 귀납과 연역의 방법론적 통합을 이루었음을 볼 수 있다.

넷째, 최한기는 인물평가 요인의 개념적 추상성을 극복하기 위하여 오구伍具에 상응하는 오발伍發이란 경험 가능한 개념을 제시하였다. 오발은 평가의 요인을 객관적으로 측정할 수 있는 조작적 개념의 성격을 갖는다. 인물평가에서 오구와 오발은 분석대상과 설명대상의 관계로서 오발을 '미루어(推)' 오구를 '헤아리(測)'는 기학적 추측의 방법론에 입각한 개념이다. 오발에 의해 오구의 추상적 특성을 경험 가능한 평가 특성으로 조작할 수 있는 근거가 마련되었다.

다섯째, 최한기는 평가의 요인마다 가중치를 부과하여 인물평가에서 차지하는 비중을 다르게 두었다. 평가에서 가중치는 사회심리학에서와는 달리 지각자의 주관적 동기나 임의적 기준에 따라 부여하는 것이 아니라 그 사람의 인물됨을 이루는 요소의 중요성에 따라 가중치를 부여한 것이다. 가중치가 지각자의 호오도에 따라 주관적으로 부과되는 것이 아니라 인격형성에서 차지하는 비중에 비례하여 주어짐으로써 최한기의 평가점수는 곧 인격점수의 성격을 갖는다.

제3부

측인의 이론적 실천

PART 3

Chapter 10

측인론과 퇴계의 「인물논평(論人物)」

Chapter 10

10장

측인론과 퇴계의 「인물논평(論人物)」

1. 머리말

이 장에서는 지금까지 살펴본 최한기의 측인법을 퇴계의 「인물논평」[1]에 적용해 퇴계의 인물관을 분석해 보고자 한다. 퇴계는 「인물논평」에서 모두 36명에 대해 평가했다. 그중 중국 인물이 황간黃榦, 채침蔡沈, 형서邢恕, 허형許衡, 진덕수眞德秀, 사호四皓, 악비岳飛, 왕차옹王次翁, 호방형胡邦衡 등 9명이고, 고려조 인물이 정몽주鄭夢周, 이

1 「인물논평」은 『퇴계전서』(성균관대학교 대동문화연구원, 1958, 영인본) 의 부록에 실린 「퇴계선생언행통록 退溪先生言行通錄 권5卷五」 (유편類編)의 「논인물論人物」에 해당한다. 「논인물」을 「인물논평」으로 번역한 것은 한국고전번역원의 번역에 따랐다.

색李穡, 우탁禹倬 등 3명, 조선조 인물이 태조太祖, 김굉필金宏弼, 김종직金宗直, 조광조趙光祖, 이언적李彦迪, 정여창丁汝昌, 윤상尹祥, 서경덕徐敬德, 이순李純, 조원기趙元紀, 조광림趙廣臨, 주세붕周世鵬, 조식曺植, 홍응길洪應吉, 김인후金麟厚, 정정이鄭靜而, 김사순金士純(誠一), 김지산金芝山, 유이견柳而見(成龍), 이굉중李宏仲, 노사신盧士信, 김취문金就文, 아무개 2명 등 24명이었다.

지금까지 인물평가에 대한 몇 편의 선행적 연구가 있었지만 이론적인 근거가 없는 자의적인 기준에 따라 분석하는 경우가 많았다.[2] 최한기는 기학을 토대로 『인정』의 「감평」과 「측인문」에서 인물평가 범주와 방법을 제시하였다. 아래에서는 최한기의 측인론의 인물평가 범주와 측인 방법에 따라 퇴계의 「인물논평」에 포함된 평가내용과 평가어, 그리고 대상인물에 대한 평가결과를 분석하고자 한다. 그리고 퇴계의 인물논평이 어느 정도 타당성을 갖는지 알아보기 위해 퇴계 생존기간(1501-1570) 동안 『조선왕조실록』의 논평 대상 인물들에 대한 기록을 검토하고자 한다. 『실록』과의 비교를 통해 세간의 여론과 퇴계의 평가를 비교할 수 있을 것이고, 이를 통해 퇴계의 인물평가의 특징을 보다 선명하게 드러낼 수 있을 것으로 본다.

2 인물평가에 관한 논문 가운데, 이연순은 「『미암일기』에 나타난 인물평가 방식」(『동양고전연구』 제 38집(2010))에서 미암 유희춘의 인물평가를 '덕과 도량', '선의와 효성', '학문과 재주' 등 3가지를 기준으로 분석했고, 전세영은 「율곡의 인물평가 연구」(『21세기 정치학회보』 제17집(2007))에서 '의사 소통력', '행정능력', '정치적 태도와 성향', '학식', '윤리성', '신체조건', '여망(타인의 평가')', '포용력', '생활태도', '성품', '총명성 등 11가지 기준으로 분석했다. 신하령의 「『경연일기經筵日記』를 통해 본 율곡栗谷의 당대 인물평–「졸기卒記」」(『율곡사상연구』 제 18집(2009))에는 평가기준이 제시되어 있지 않다.

2. 퇴계의 「인물논평」 분석

퇴계의 「인물논평」에서 그가 평가한 평가내용 분석, 평가에 적용된 평가어 분석, 그리고 평가인물에 대한 긍정 혹은 부정적 평가를 분석하고자 한다. 평가내용에 대한 분석은 최한기의 6개 평가범주에 따라 퇴계의 인물평가가 실제 무엇에 대해 어떤 내용으로 이루어졌는지를 살펴볼 것이다. 인물평가의 특징은 평가방식과 평가내용에서 잘 드러날 것이다. 평가어 분석은 각 범주에 해당하는 평가어의 양적 빈도를 통해 이루어질 것이다. 평가어 분석을 통해 퇴계는 무엇을 또 어떤 측면을 강조하여 평가하였는지를 살펴보고자 한다. 마지막으로 평가결과 분석을 통해 퇴계가 평가대상 인물들에 대해 긍정, 부정 혹은 양면 평가한 내용들을 살펴볼 것이다. 그리고 퇴계의 평가와 당시에 『조선왕조실록』에 기록된 내용을 비교함으로써 퇴계의 인물평가의 특징을 밝혀보고자 한다.

1) 평가 내용

퇴계는 사람의 용모를 걸음걸이를 통해 평가한 적이 있다. 그는 중종中宗을 알현하는 조광조를 보고 "그 걸음걸이가 마치 날개를 편 듯하고 위의威儀가 본받을 만하였다. 한 번 보자 그 사람됨을 알 수 있었다"[3]라고 했다. 퇴계가 용모를 통해 그 '사람됨'을 평가한 것은 조광조가 유일한 사례였다. 이것은 퇴계가 사람의 용모를 중시하는 상인보다는 유가의 지인에 거의 의존하여 인물논평을 하고 있음을 보여준다.

신기에 대한 논평은 '타고난 재질과 바탕', '정신과 기운상태'를 통해 이루어지고 있음을 볼 수 있다. 퇴계는 타고난 재질과 선천적인 바탕이 아름다운 것을 높게 평가하였고 5차례나 언급할 만큼 매우 중요한 인물논평의 지표로 사용하였다. 그는 타고난 재질이 아름다운 사람으로 조광조, 정정이, 김지산을 들었고, 특히 이언적과 비교하여 "내가 정암의 행장을 지을 때 그 타고난 자질의 높은 곳에 대해서는 지극히 말하였으나, 그 학력을 말한 곳은 비교적 적었다. 회재의 행장을 지을 때에는, 그 학력의 깊은 곳에 대해서는 지극히 말하였으나, 그 타고난 자질을 말한 곳은 비교적 소홀했다"[4]고 하여 조광조의 타고난 자질이 매우 아름다움을 강조했다. 타고난 재주가 높은 사람으로 유이현을 거명했는데, 이굉중과 비교하여 "유이현은 타고난 재주가 매우 높고, 이굉중은 착실하나 재주가 좀 모자란다"[5]고 논평하였다.

퇴계는 또한 신기로서 인물의 정신과 기운상태를 논평하였는데, 서경덕에 대해 지나친 자부심과 너무 풍치는 성격을 갖고 있다고 평가했다. 서경덕이 『귀신생사론鬼神生死論』을 짓고, "성리서性理書 끝에 붙여, 원근의 화華·이夷들로 하여금 동방에 학자가 났다는 것을 알게 하라"[6]고 말한 것을 못마땅하게 생각하였다. 그리고 태조가 '길게 읍

---

3 『퇴계집』「言行錄 5」(論人物) 金誠一 錄
4 『퇴계집』「言行錄 5」(論人物) 禹性傳 錄
5 『퇴계집』「言行錄 5」(論人物) 鄭士誠 錄
6 『퇴계집』「言行錄 5」(論人物) 金誠一 錄

만 하고 절하지 않은' 이색을 포용하는 마음을 긍정적으로 평가했고, 대왕대비를 일개 과부로 폄하한 조식의 지나치게 곧은 성품을 무례한 언행이라 비판했다.

한편 퇴계는 심덕에 대해서는 주로 학문의 조예, 학문의 실천, 그리고 이를 통해 체득한 성품을 통해서 논평하였다. 퇴계는 특히 주희의 리학理學에 대한 학문적 조예를 매우 중시하였다. 주희의 도를 전승한 황간과 채침을 높게 평가했고, 동방의 리학은 정몽주를 조종으로 삼고, 김굉필, 조광조를 우두머리로 삼는다고 하며 이들을 높게 평가했다. 그리고 동시대인으로는 이언적을 학문의 조예가 가장 깊은 인물로 평가했다. 퇴계는 이언적에 대해 두 곳에서 평가했는데, "요즘 『회재집』을 보았는데, 그 학문의 바름과 그 터득함의 깊이가 거의 근세의 제일이라 할 수 있었다"[7]라고 했고, 다른 곳에서도 "그의 문장을 보면, 모두 가슴 속으로부터 흘러나오는 것이어서, 이치가 밝고 의리가 발라 바로 그대로 하늘이 만든 것이니, 조예가 깊지 않고서야 능히 이럴 수 있겠는가"[8]라고 극찬하였다. 반면 퇴계는 김종직이 학문의 조예가 깊지 않다고 논평하였다. 한 곳에서는 "점필은 결국 문장하는 선비일 뿐이다"[9]라고 하고, 다른 곳에서도 "김점필은 학문하는 사람이 아니며, 그가 종신토록 했던 일은 다만 화려한 사장詞章에 있었으니, 그 문집을 보면 알 수 있다"[10]라고 했다.

한편, 학문적 실천에 대한 평가에서는 비판하는 대목이 비교적 많다. 퇴계는 이색이 부처에게 아첨하여 이단에 빠졌음을 지적하였다. 조광조는 '타고난 자질은 아름다우나 학문에는 충실치 못하여 시행

---

7 『퇴계집』「言行錄 5」(論人物) 禹性傳 錄
8 『퇴계집』「言行錄 5」(論人物) 金誠一 錄
9 『퇴계집』「言行錄 5」(論人物) 禹性傳 錄
10 『퇴계집』「言行錄 5」(論人物) 金誠一 錄

한 것에 지나침이 많기 때문에, 마침내 일에 실패하고 말았다'고 지적하면서 실패의 원인을 학문이 충실치 못하고 덕기德器를 이루지 못한 것에서 찾았다. 조식을 평가하여 "남명은 비록 리학理學으로 자부하고 있지만, 그는 다만 일개의 기이한 선비일 뿐이다. 그의 의론이나 식견은 항상 신기한 것을 숭상해서 세상을 놀라게 하는 주장에 힘쓰니, 이 어찌 참으로 도리를 아는 사람이라 하겠는가"[11]라고 비판했다. 퇴계는 이색, 조광조, 조식을 통해서 이단에 빠지거나, 리학의 정통에서 벗어나거나, 학문을 통해 아직 덕기를 이루지 못한 것을 모두 학문적 실천을 이루지 못한 예로 보았다.

반면 학문적 실천에 있어 "독실히 믿고 힘써 행하는 선비"[12]로 홍응길을 꼽았고, 김사순에 대해서는 "행실이 높고 학문이 정밀하여 내 눈에는 아직 그에게 견줄 만한 사람을 보지 못하였다. 네가 만일 그와 종유從遊하면 필시 유익할 것이다"[13]라고 하여 학문적 조예와 실천 양면에서 높게 평가하였다. 그는 태조의 성품을 포용력이 있다고 평가했고, 형서를 간사한 사람으로 생각했다. 조광조의 숙부인 조원기와 종형인 조광림이 모두 가학家學으로 인해 착함(善)을 체득했다고 논평했다.

행사범주에 대한 퇴계의 논평은 크게 사직 보전, 절개, 출처, 입사(벼슬), 일상의 몸가짐에 대한 평가를 통하여 이루어지고 있음을 볼 수 있다. 퇴계는 사직 보전을 위해서 허형이 원나라 치하에서 출사한 일이나 정몽주가 신돈의 통치에 종사한 일이 의리를 잃었다고 볼 수 없다는 의견을 개진하면서 사직 보전을 행사의 중요한 내용으로 거론

11 『퇴계집』「言行錄 5」(論人物) 鄭惟一 錄

12 『퇴계집』「言行錄 5」(論人物) 鄭惟一 錄

13 『퇴계집』「言行錄 5」(論人物) 鄭士誠 錄

했다. 또한 행사에 대한 평가내용으로 선비의 절개를 중시하였다. 이색이 태조에게 '흰옷으로서 길게 읍揖만 하고 절하지 않았던' 일, 조식이 처사로서 상소 때 '대왕대비도 깊은 궁궐의 한 과부에 지나지 않는다'라고 하며 선비의 절개를 보인 일에 대해 평가했다. 퇴계는 이색과는 달리 조식이 보인 절개에 대해서 그다지 높게 평가하지 않았으며 오히려 편벽된 성격에 기인하는 것으로 치부하는 듯하였다. 그리고 홍응길의 꼿꼿한 절개를 크게 칭찬했지만, 주세붕에 대해서는 이중적인 평가를 내렸다. 퇴계는 절개를 기준으로 5명이나 평가하여 행사의 내용에서 큰 비중을 두고 있음을 볼 수 있다. 퇴계는 행사의 내용으로 출처의 문제도 언급하였다. 허형, 진덕수, 오징, 정몽주, 길재의 출사에 대한 세간의 비판에 대해 논평했고, 주세붕의 출처에 대해서 비판함으로써 행사에서 출사를 중요시하고 있음을 볼 수 있다. 그 외 퇴계는 노사신이 송사訟事에서 관용을 베푼 것을 높게 평가했다.

한편 퇴계는 문견에 대한 평가내용을 주로 식견과 경륜에서 찾고 있다. 문견의 범주가 심덕의 범주와 개념상 구분되는 점은 문견이 지성知性과 식량識量을 헤아리는 것이라면 심덕은 덕성德性과 덕량德量을 헤아리는 것에 있다. 선조 때 중국의 조사詔使들이 동방에도 공자의 심학과 기자의 주산疇數를 아는 사람이 있는가라고 물었을 때 퇴계는 고려의 우탁, 정몽주와 조선의 김굉필, 정여창, 조광조, 윤상, 이언적, 서경덕 등을 적어 보였다. 그러면서 시詩와 서書를 통해 예의와 풍속, 언어와 문장을 익혔고, 사서와 오경대전, 성리대전 등의 서적을 통해 공孔·맹孟·정程·주朱를 외우고 익혔다고 했다. 그리고 이순이 수학數學에 통달하였다고 말했다. 모두 박학다식과 높은 식견을 평가한 것이다. 식견이 뛰어난 사람으로 정정이를 꼽았는데, 그를 "식견이 뛰어났지만, 그 근본 학문에 있어서는 차근차근히 생각하지 못한다"[14]라고 평가했다. 퇴계가 문견의 측면에서 가장 높게 평가한 사람은 김인후이다. 퇴계는 그가 식견이 매우 정밀하고, 의리를 논하는데 쉽고도 분명하다고 칭찬하였다.

퇴계는 문견의 내용으로 식견과 더불어 경륜을 들었는데, 이를 통해 조광조를 다음과 같이 논평했다. "요순 때의 임금과 백성같이 되게 하는 것이 아무리 군자의 뜻이라 하더라도, 때를 헤아리지 못하고 역량을 헤아리지 못한다면, 어떻게 그런 일을 할 수 있겠는가. 기묘년의 실정失政도 여기에 문제가 있었던 것이다."[15] 조광조가 뜻은 높았지만 아직 충분히 경륜을 쌓지 못해 실패를 면치 못했다고 본 것이다.

마지막으로 퇴계는 처지의 범주에서는 중국의 경우 송나라 신하로서 원나라 치하에서 오랑캐를 섬긴 일과 고려 말 신돈의 정권에서 출사한 일과 고려의 신하로서 조선에서 출사한 일이 평가대상이 되었지만 이에 대해 적극적인 논평을 하지 않았다. 퇴계는 정치적 입장과는 별도로 서원에 배향하는 문제에서 처지의 기준을 밝혔다. 후학들이 천곡서원川谷書院에서 정자程子와 주자朱子를 제사하면서 김굉필을 배향하고자 할 때, 공자를 모시는 사당에는 오직 안자顔子, 증자曾子, 자사子思, 맹자孟子만 배향하지 공문십철孔門十哲의 서열에 든 사람도 다만 종사한다고 일컬을 뿐이라고 하면서 '배향配享'이 아니라 '종사從祀'하는 것이 마땅하다고 지적하였다. 퇴계의 평가범주에 따른 인물평가 내용을 요약하면 다음과 같다.

---

14 『퇴계집』「言行錄 5」(論人物) 金誠一 錄

15 『퇴계집』「言行錄 5」(論人物) 金誠一 錄

평가범주	평가내용
용모	외모, 행동거지
신기	재질, 재주, 정신 · 기운
심덕	학문의 조예, 행실의 돈독함, 마음가짐
행사	사직보전, 절개, 출처, 입사(벼슬), 몸가짐
문견	식견과 경륜
처지	신분(직업), 상황

2) 평가어 빈도

인물에 대한 평가는 사용된 평가어의 사용 빈도를 통해 어느 정도 평가의 성향과 비중을 파악할 수 있을 것으로 본다. 이제부터 최한기의 평가범주와 평가척도를 토대로 「인물논평」의 평가어를 양적으로 분석하고자 한다. 최한기는 용모의 범주를 모습과 자세, 행동거지 등을 통해 관찰했고 그것의 후박厚薄과 미추美醜를 척도로 삼아 평가했다. 퇴계는 용모에 대한 평가는 거의 하지 않았고, 단지 우아한 자태와 위엄 있는 거동 등 2건을 평가어로 사용했을 뿐이다.[16] 최한기도 「감평」에서는 아예 용모를 인물평가의 범주에 포함시키지 않았다. 그러나 이후 「측인문」에서는 용모 평가에 대해 상

16 이점은 율곡의 『경연일기』에 대한 분석에서도 마찬가지로 나타나고 있다. 전세영이 『경연일기』 분석을 통한 율곡의 인물평가 연구에서 86명의 등장 인물을 평가했다. 평가 기준을 의사소통력, 행정능력, 정치적 태도와 성향, 학식, 윤리성, 신체조건, 여망(타인의 평가), 포용력, 생활태도, 성품, 총명성 등 11가지를 삼았고 이 기준에 따라 평가한 결과 총 210건의 평가요소 가운데 신체적 조건은 단지 2건이 있었다. 가장 많은 평가요소는 정치적 태도와 성향이 66건, 성품이 50건 등으로 나타났다.

당한 지면을 할애하여 설명하였고, 『마의상서』, 『신상전편』, 『태청신감』 등 관상서에서 상법을 인용하고 소개하기까지 했다. 「측인문」에서 용모는 신기가 소통하는 기계器械(그릇과 도구)로서 중요한 인물평가 범주가 되며 이는 최한기가 관상학을 상당부분 수용한 결과라 하겠다.

퇴계의 「인물논평」에서는 용모에 비해 신기에 대한 평가어 빈도가 높게 나타난다. 최한기는 신기를 사람의 정신과 기운으로 파악하고 인물평가에서 매우 중요시한 범주이다. 신기 범주는 「감평」에서는 '기품' 범주에 포함되었는데 「측인문」에서는 별도로 다루지는 않았다. 그러나 '용모', '행사'와 더불어 평가의 기본 범주로 몇 차례나 언급되었으며 인물평가에서 천인운화와 함께 신기의 중요성을 강조했다. 최한기는 신기의 척도로서 기의 강약과 청탁을 말했다. 이에 대해 퇴계는 신기에 대한 평가어로 '아름다운 자질', '높은 재주', '선한 마음' 등에 관한 평가어를 총 88회 가운데 14회를 사용하였다. 퇴계에게 있어 재질의 아름다움이 신기의 강약에 따른다면 재주의 높음은 신기의 청탁에 기인한다고 볼 수 있다. 최한기는 「감평」에서 기품의 가중치를 10.5 만점에서 4점을 배당할 만큼 인물평가에서 가장 큰 비중을 둔 범주이다. 그에 비하면 퇴계는 비중을 낮게 두고 있음을 볼 수 있다.

신기는 용모와 더불어 관상학이 주로 의존하는 인물평가 범주이다. 관상학에서 '삼정법三停法' 혹은 '팔상법八相法'은 용모와 신기를 평가하는 방법이다. 퇴계는 유학자로서 이러한 인간의 신체적인 면, 외모적인 면, 선천적인 기질보다 심성적인 면, 내면적인 면, 후천적인 교육을 중시했기 때문에 비중을 낮게 둔 것으로 볼 수 있다.

한편, 퇴계의 인물논평에서 사용된 평가어 가운데 압도적인 다수를 차지하는 것이 심덕에 해당하는 평가어이다. 최한기에 있어 심덕은

「감평」에서는 기품 다음으로 비중 있는 범주이며 3점의 가중치를 갖는다. 「측인문」에서는 따로 절을 두어 설명하지는 않았지만 여러 곳에서 심덕의 중요성을 강조하고 있다. 최한기에게서 심덕은 주로 학문적 조예와 학문적 실천을 내용으로 한다. 그리고 학문과 실천의 성위誠僞와 순박純駁을 평가의 척도로 삼았다. 퇴계도 총 평가어 88회 중 37회를 언급하여 용모와 신기를 합친 것의 두 배 이상 많이 사용하였다.

심덕에 관련된 평가어를 학문의 조예와 실천에 따라 분석해 보면, 학문의 조예에 관련된 평가어는 '도를 전함', '하늘의 이치를 밝힘', '학문의 이치에 밝음', '학문이 정밀함' 등이 있고, 학문의 실천과 관련된 평가어로는 '학문의 실천에 돈독함', '덕기를 이룸', '행실이 독실함' 등이 있었는데 그 빈도수로는 학문의 조예가 실천에 비해 다소 높았다. 심덕의 평가척도인 성위와 순박의 잣대로 평가어를 보면 학문의 성실함(誠)을 주로 평가하였고 작위성(僞)을 드물게 평가하였다. 그리고 학문적 실천의 순수함(純)을 주로 평가하였고 잡박함(駁)에 대해 적게 평가했다. 심덕의 범주에서 대부분의 긍정적인 평가어 가운데, '문장에만 힘씀', '근본 학문에 차근하지 못함', '화려한 사장詞章' 등이 학문의 작위성에 해당하고, '부처에 아첨함', '신기한 것을 숭상함', '리를 기로 앎' 등이 실천의 부정적인 평가어에 속하였다. 최한기가 심덕에 비해 기품에 더 큰 비중을 둔 반면 퇴계는 심덕에 두 배 이상 많은 평가어를 사용하고 있다는 사실에서 최한기와 퇴계의 인물평가의 강조점이 대비된다. 퇴계는 인물의 무형의 성性·리理를 통해 평가하는 반면 최한기는 유형인 형체와 신기를 중요한 평가 요소로 간주하고 있음을 알 수 있다.

한편, 행사는 퇴계의 평가어 가운데 두 번째로 빈도수가 높은 범주이다. 심덕이 수기修己에 속한다면 행사는 곧 치인治人과 연관된 범주라 하겠다. 최한기는 「감평」에서는 따로 행사의 범주를 두지 않았지만 「측인문」에서는 용모와 더불어 인물평가의 가장 중요한 범주로 간주하고 있다. 최한기는 사람의 행사는 주로 치인治人, 사업, 교제 등을 통해 내용을 파악하였고, 그것의 시비·귀천·선악·이둔·성패 등을 척도로 하여 평가하였다. 퇴계도 「인물논평」에서 20회에 걸쳐 언급하였다.

퇴계의 행사 범주에서 절개에 관한 평가어가 가장 많았고, 그 외에는 일상의 몸가짐(행실), 우국충정, 출처 등에 대한 평가어가 많은 부분을 차지했다. 최한기의 평가척도를 통해 볼 때 퇴계는 행사의 평가에서 주로 시비의 척도와 선악의 척도를 많이 활용하고 있음을 볼 수 있다. 예컨대, '읍만 하고 절하지 않는 절개'는 시비의 평가어라면, '맑은 절개', '꿋꿋한 절개'는 선악의 평가어라고 할 수 있다.

문견의 범주는 최한기의 「감평」에 있지만 「측인문」에서는 따로 존재하지 않는다. 최한기의 인물평가에서 문견은 지식과 지혜, 재주와 경륜의 측면을 포함한다. 심덕과 비교할 때 문견은 덕성보다 지성적인 면, 심성보다 재능적인 면을 강조한다. 인물평가에서 문견의 가중치는 1점으로 상당히 비중이 낮다. 퇴계에 있어서도 11회로서 낮게 나타났다. 문견의 평가어로는 '배움', '식견' 등 학력에 관계되는 내용과 '때의 헤아림', '역량의 헤아림' 등 경륜과 관계된 내용, 그리고 수학數學, 주산疇數 등 지식에 관련된 내용이 포함되어 있다. 최한기는 문견을 평가하는 척도로 주周·비比, 아雅·속俗의 기준을 제시했는데, 주비가 마음의 분별력, 식별력의 측정과 연관된 척도라면, 아속은 마음에 내재하는 편견과 선입견의 유무와 관련된 척도라 할 수 있다.

마지막으로 처지는 「감평」에 있을 뿐만 아니라 「측인문」에도 '지위'라는 범주로 다루고 있다. 「감평」에서 처지의 가중치는 가장 낮은 0.5에 불과하며 퇴계의 평가어에서도 4회에 불과하다. 최한기는 처지가 인물평가에서 그리 중요하지 않은 이유를 다음과 같이 언급했다. "옛날에는 사람을 논할 때 처지를 따지지 않았다. 이는 호걸스러운 선비는 처지에 매이지 않기 때문이고 또 처지란 항상 바뀌기 때문에 그런 것이다."[17] 처지의 내용은 크게 신분(직업)과 처한 상황이며, 그것의 척도는 귀천, 부귀, 난이難易 등이다. 이 범주에 대한 퇴계의 평가어도 오랑캐 치하, 권력 찬탈자 치하에서의 출처 문제, 자격의 시비 문제에 관한 것이었다. 지금까지 논의된 평가어의 빈도를 요약하면 다음과 같다.

범주	평가사례	빈도
용모	걸음걸이가 우아함, 위의威儀가 본받을 만함	2
신기	타고난 자질과 역량을 헤아리지 못함, 타고난 자질이 높음, 지나친 자부심, 풍치는 병통, 꿋꿋하고 고상함, 외물에 흔들리지 않음, 타고난 바탕과 성질이 매우 높음, 바탕이 아름다움, 타고난 재주가 높음, 재주가 모자람, 타고난 자질이 아름다움, 선함, 마음이 착함	14
심덕	도를 전함(황간, 채침), 간사한 생각, 하늘의 이치를 밝힘, 백성의 도리를 바르게 함, 의리를 밝히는데 도움, 자기 공부에 힘씀, 어진 이들을 함부로 논함, 문장에만 힘씀, 이학을 조종으로 삼음(정몽주, 김굉필, 조광조), 학문의 바름, 터득함이 깊음, 공자의 심학, 도학에 조예(우좨주, 정포은, 한훤, 정여창), 학문의 이치에 밝음, 의리가 바름, 학문에 조예가 깊음, 신기한 것을 숭상함, 덕을 이룸, 공부를 쌓음, 근본학문에 차근차근하지 못함, 학문이 정밀함, 학문의 실천에 돈독함, 학문에 충실치 못함, 학문에 충실함, 덕기를 이룸, 화려한 사장, 학문의 실천에 돈독함 확고함(고루함), 예리함(건방짐), 학문에 충실하지 못함, 덕기를 이룸, 깨끗한 수양, 부처에 아첨, 공경스럽고 두려움, 리기理氣에 밝음, 신기를 리理로 앎, 도에 묻고 배우는 공부	37

17 『인정』「측인문 7」(論處地): 古者論人 不言處地 以其豪傑之士 不必拘於此 而又有遷徙之無常也

범주	평가사례	빈도
행사	태자보좌, 사직을 중히 여김, 이름을 잃음, 절개를 잃음, 읍만 하고 절하지 않는 절개, 우국충정(정몽주), 출처(주세붕), 불공한 말, 맑은 절개, 꼿꼿한 절개, 송사에 너그러움, 벼슬하고 싶지 않음, 뜻이 곧음, 말이 순하지 못한 병통, 벼슬을 탐하지 않음, 몸가짐(행실), 한두 가지 좋은 일만 함(이기적), 행실이 높음, 행실이 독실함, 착실함	20
문견	유식함, 수학에 밝음, 묻고 배우는 공부에 지극하지 못함, 때를 헤아리지 못함, 학력이 깊음, 식견이 정밀함, 의를 논하는데 쉽고 분명함, 식견이 뛰어남, 기자의 주수에 밝음, 때의 헤아림, 역량의 헤아림	11
처지	오랑캐 치하, 신돈의 치하, 동궁의 빈사, 문묘에 배향될 자격	4

3) 인물 별 평가

(1) 긍정평가

앞에서 살펴 본 최한기의 인물평가 범주와 인물평가 방법을 토대로 퇴계가 인물들을 구체적으로 어떻게 평가하고 있는지를 살펴보기로 한다. 인물평가는 긍정평가, 부정평가, 그리고 양면평가로 구분하여 분석할 것이다. 그리고 이들 인물들이 『조선왕조실록』에서는 어떻게 평가되고 있는지를 퇴계와 비교함으로써 퇴계와 세간의 평가가 어떤 차이가 있는지 살펴볼 것이다. 만약 차이가 있다면 그것은 퇴계의 인물평가 특징을 이해하는 단서가 될 수 있을 것이다.[18]

---

18 평가인물은 퇴계의 「인물논평」에 등장하는 한국인에 한정하고, 평가기간도 퇴계 생존기간(1501–1570) 동안 『조선왕조실록』에 기록된 것만을 대상으로 한다.

퇴계는 「인물논평」에서 우선 고려조의 정몽주를 긍정적으로 평가하였다. 정몽주를 4번 언급하였는데 우국충정으로 비록 '신돈의 치하이지만 사직에 봉사'하였다는 사실을 긍정적으로 평가하였고, 중국 사신에게 동방의 '성리학자'로 소개하고, 김굉필과 조광조와 더불어 '이학의 조종'으로 평가하였다. 정몽주에 대한 퇴계의 평가에서 신돈의 치하에서 사직에 봉사한 것이 '처지'에 대한 평가라면, 성리학자로서 이학의 조종이라는 평가는 '심덕'에 대한 평가라 할 수 있겠다. 퇴계가 생존한 연간에 『조선왕조실록』에서 이루어진 평가는 대체로 퇴계의 평가와 일치한다. 중종 5년에 이자李耔가 정몽주와 길재의 사당을 건립할 것을 청원한 것을 계기로 정몽주의 업적에 대한 논의가 조정에서 활발하게 이루어졌다.[19] 이때 그에 대한 가장 많은 평가어는 '동방 이학의 종주', '문학의 종장宗匠', '이학의 시조' 등으로 심덕을 높이 평가했고, 또한 '절의지사節義之士', '충신' 등의 평가어가 많아 그의 '행사'에 대한 평가도 높게 이루진 사실을 볼 수 있었다. 따라서 정몽주에 대한 퇴계의 평가와 세간의 평가가 거의 일치한다고 볼 수 있다.

「인물논평」에서 고려조 인물로 정몽주와 함께 우탁이 2번 언급되었다. 그는 뛰어난 성리학자로서 긍정적으로 평가되었는데, 『실록』에서 기대승이 중종에게 아뢴 평가와 같다. 기대승이 아뢰기를, "우리나라의 학문을 보면, 기자箕子 때의 일은 서적이 없어 상고하기 어렵고, 삼국 시대에는 천성天性이 수미粹美했으나 아직 학문의 공은 없었으며, 고려 시대엔 학문을 하긴 했지만 단지 사장詞章을 위주로 하였습니다. 고려 말에 이르러 우탁·정몽주 이후로 처음 성리性理에 관한 학문을 알게 되었는데 급기야 우리 세종조에 이르러서 예악과 문물이

19 『중종실록』 중종 5년 2월 1일

찬연히 일신一新되었습니다"[20]라고 하였다. 퇴계도 「인물논평」에서 우탁과 정몽주를 나란히 언급하며 그의 심덕을 높게 평가했다.

퇴계가 긍정적 평가를 가장 많이 한 인물은 이언적이다. 퇴계는 이언적을 '학문의 바름과 그 터득함의 깊이가 거의 근세의 제일'로 평가하였다. 퇴계는 4번이나 이언적을 언급하였는데 모두 이학에 정통한 선비로 묘사하여 그의 심덕을 특히 높게 평가하였다. 그러나 『실록』에 기록된 이언적의 행적에는 심덕보다는 행사에 관한 내용이 많으며 평가도 다소 상반된다. 중종 26년에는 '동료를 모략한 죄', '사림이라 하나 리利를 보면 변하는 자' 등으로 고소되어 파직되기도 했다. 그러나 중종 34년에는 '그 언사가 매우 절실하고 곧으니 임금에게 충성하고 나라를 사랑하는 마음이 진서산眞西山과 무엇이 다르겠는가.'라고 중종이 칭찬하고, 삼공이 의논하여 '이언적은 본디 청렴결백하고 정직한 사람입니다'라고 임금께 아뢰기도 하였다. 그는 또한 여러 번 부모에 효도하기 위해 사임을 청하기도 하였다. 이렇게 볼 때 세간에서는 이언적을 심덕보다 행사를 중심으로 평가한 반면, 퇴계는 행사보다 심덕에 치중하여 평가했음을 알 수 있다.

퇴계는 조광조의 숙부인 조원기와 종형인 조광림을 선한 사람으로 평가하였다. 그는 조원기를 심성이 착한 사람으로 언급하였는데 그 점은 『실록』의 기록에서도 엿볼 수 있다. 중중은 전교를 내려 조원기를 청백리로 표창하여 형조판서로 임명하고자 했다.[21] 조원기는 심성은 착했지만, 행정적 능력은 세간에서 크게 인정받지 못한 듯하다. 헌부憲府가 임금께 아뢰기를 "형조 판서 조원기는 청렴 중후하고 또 덕망이 있는 훌륭한 사람입니다. 이제 그를 발탁하여 기용하므로

20 『선조실록』 선조 2년 7월

21 『중종실록』 중종 13년 3월 11일

아랫사람들이 모두 기뻐하나, 형조는 사무가 번잡한 곳인데 원기는 그 번잡한 일을 다스릴 재주가 없습니다"[22]라고 하였다. 조원기는 심덕은 높이 평가되나 경륜이 부족하여 문견의 차원에서는 자리에 합당하지 않은 것으로 평가되고 있다. 조광조의 종형인 조광림에 대한 『실록』의 기록은 보이지 않는다.

퇴계는 또한 김인후를 "만년에 식견이 매우 정밀하고, 의리를 논하는데 쉽고도 분명"[23]하여 크게 칭찬하였다. 김인후는 만년에 와서야 성리학에 높은 식견을 갖게 된 것으로 보인다. 『실록』에도 "만년에 성리학에 뜻을 두고, 영달에는 관심이 없었다"[24]는 기록이 있고, 중년까지는 매우 호방한 생활을 한 대목을 여러 곳에서 볼 수 있다. 헌부가 아뢰기를, "도사都事는 비록 자신이 결정하는 일은 없다고 하더라도 각 읍의 수령을 규검糾檢하니, 임무가 가벼운 것이 아닙니다. 전라도 도사 김인후金麟厚는 비록 시종侍從으로 있었던 사람이기는 합니다만, 술이 심하고 소활한 사람이어서 번잡한 도의 도사는 될 수가 없으니, 체임시키소서"[25] 하니, 아뢴 대로 하라고 답하였다. 그 외 여러 곳에서 그가 시詩·주酒를 즐기며 세속의 영달에 초연했다는 기록이 보인다.[26] 세간의 평가가 김인후의 신기를 중시했다면 퇴계는 심덕에 비중을 두고 있었음을 볼 수 있다.

한편 퇴계는 송사訟事에 너그러운 노사신을 긍정적으로 평가했다. 『실록』에서도 노사신이 연산군 치세에 김종직의 제자들을 사면해 줄

---

22 「중종실록」 중종 13년 3월 12일. 영사 정광필도 같은 이유로 공조工曹판서의 업무를 감당할 수 없다고 반대했다. (「중종실록」 중종 13년 4월 23일)

23 「퇴계집」「言行錄 5」(論人物) 鄭惟一 錄

24 「명종실록」 명종 8년 11월 22일

25 「명종실록」 명종 2년 윤 9월 17일

26 「명종실록」 명종 8년 8월 8일

것을 청하는 의견을 혼자 제기하여 받아들여진 적이 있었고[27], "노사신은 성품과 행실이 지극히 순박하고 근신하며 기도氣度도 트인 사람이었다"[28]라는 평도 있었다. 『실록』에서도 퇴계처럼 노사신의 학문에 대한 평가는 보이지 않고 성품에 대한 평가가 많다.

퇴계는 김취문을 긍정적으로 평가했는데, 아들 준에게 준 편지에서 "올 때에 청송을 지나오게 되느냐? 청송 부사(김취문)는 보통 사람이 아니어서, 내가 공경하고 두려워하는 사람이니, 너는 모름지기 조심해서 찾아뵈어라. 지나는 곳마다 모두 삼가야 하겠지만 이 부府는 더욱 조심하라"[29]고 당부했다. 『실록』에서도 김취문이 청렴하고 검소하다는 평가와 학행이 뛰어나다는 평가를 볼 수 있다. 특히 외직에 근무하면서 백성을 잘 다스렸다는 기록이 많아 세간에서는 그의 행사를 높이 평가하고 있음을 알 수 있다.[30] 이외 퇴계가 긍정적인 평가를 한 윤상, 이순, 조광림, 김사순(김성일), 김지산, 유이현(유성룡) 등에 대한 기록은 퇴계의 생존시기 동안에는 『실록』에 기사가 거의 보이지 않는다.

(2) 부정평가

퇴계가 부정적으로 평가한 사람으로는 김종직과 조식이 대표적이며, 그외 이름을 밝히지 않은 아무개 2명이 있다. 퇴계는 김종직에 대해 "그는 문장을 잘하는 선비일 뿐이다"[31]라고 폄하했고, 다른 곳에서

27 『중종실록』 중종 2년 2월 26일

28 『중종실록』 중종 11년 6월 16일

29 『퇴계집』「言行錄 5」(論人物) 家書

30 그의 학행에 대한 기록은 명종 7년 3월 9일과 21년 10월 24일, 선정善政에 대한 기록은 명종 20년 9월 12일, 청렴함에 대한 기록은 명종 21년 4월 6일의 기록에서 볼 수 있다.

31 『퇴계집』「言行錄 5」(論人物) 禹性傳錄

도 "김점필은 학문하는 사람이 아니며, 그가 종신토록 했던 일은 다만 화려한 사장詞章에 있었으니, 그 문집을 보면 알 수 있다"[32]라고 했다. 두 번 언급했는데 모두 같은 내용으로 부정적인 평가를 했고, 그의 심덕에 대한 평가였다.

퇴계의 평가와는 달리 『실록』에서는 그가 시문詩文과 사장詞章 뿐만 아니라 학문과 수신을 겸비한 학자로 기록되어 있다. 사경司經 기준奇遵이 중종에게 아뢰기를, "치란治亂이 모두 학술에 달린 것인데, 지금 성상께서 도학에 마음을 두어 부지런히 다스리기를 바라시니 참으로 우리 백성의 복입니다. 전조前朝 때 정몽주의 리학은 우리 동방의 종주宗主이며, 아조 김종직도 또한 그런 사람인데, 이 두 사람의 풍도를 들은 사람은 지금도 사모합니다. 근자에 유숭조柳崇祖의 학문은 장구章句만 아는 학문이요 몸을 다스리는 학문이 아니니, 임금께서 반드시 도학으로 나라를 다스린다면, 아랫사람들이 바람에 풀 쓸리는 듯하여 관습과 풍속이 반드시 저절로 고쳐질 것입니다"[33]라고 한 바가 있다. 또한 지경연사 홍섬洪暹이 명종에게 아뢰기를, "세종조는 자세히 알지 못하겠으나 성종조의 점필제佔畢齊 김종직 같은 사람은 성리학에 조예가 깊어 문장만 아름다웠을 뿐이 아닙니다. 그의 문집은 인출되었으나 지방의 목판은 희미하고 또 전하는 집이 드무니 인출하여 중외에 배포해야 합니다"[34]라고 하였다. 기대승도 선조에게 "우리 왕조에 들어와서 정몽주의 학문을 전수하여 익힌 사람은 김종직으로, 학문은 연원이 있고 행실 또한 방정했으며 후진을 가르치는 데 정성을 쏟았습니다"[35]라고 하였다. 모두 퇴계와는 달리 김종직의 학

32 「퇴계집」「言行錄 5」(論人物) 金誠一 錄

33 「중종실록」 중종 12년 2월 14일

34 「명종실록」 명종 14년 10월 19일

35 「선조실록」 선조 즉위년 10월 23일

문적 실천과 더불어 학문적 조예를 높이 평가하였다.

퇴계가 김종직과 함께 부정적으로 평가한 사람은 남명 조식이다. 퇴계는 남명의 학문과 불손한 행위를 비판했다. "남명은 비록 이학으로써 자부하고 있지만, 그는 다만 일개의 기이한 선비일 뿐이다. 그의 의론이나 식견은 항상 신기한 것을 숭상해서 세상을 놀라게 하는 주장에 힘쓰니, 이 어찌 참으로 도리를 아는 사람이라 하겠는가"[36]라고 했다. 그리고 대왕대비를 일개 과부에 비유한 상소를 보고, "대개 소장疏章은 원래 곧은 말을 피하지 않는 것을 귀히 여긴다. 그러나 모름지기 자세하고 부드러워야 하며 뜻은 곧으나 말은 순해야 하고, 너무 과격하여 공순하지 못한 병통이 없어야 할 것이다"[37]라고 하였다. 심덕과 행사 양면에서 모두 비판한 것이다.

『실록』에서는 퇴계와는 달리 정언 이헌국李憲國은 조식의 불공한 상소에 대해 죄를 물어서는 안된다고 하였고, 성균관 유생 500여명도 "신들이 삼가 조식의 상소를 보건대, 강직하고도 절실한 의론議論으로 정녕 나라를 걱정한 성심에서 나온 것이요, 시폐時弊에 적중한 말이었습니다"[38]라고 옹호하고 나섰다. 『실록』에서 조식에 대한 기록은 대부분 그의 굳은 지조와 절개를 칭송하고 있다. 다음과 같은 『실록』의 기록에서 그에 대한 세간의 평가를 읽을 수 있다. "조식은 사람됨이 맑고 절개가 굳어 예법禮法으로 몸을 단속하고 영욕榮辱·이달利達로써 마음을 움직이지 않으며 조행操行이 뛰어나서 세상에 이름이 났다."[39] 이외 『실록』에서 조식의 청절淸節, 염결廉潔하고 방정한 언

---

36 『퇴계집』「言行錄 5」(論人物) 鄭惟一 錄

37 『퇴계집』「言行錄 5」(論人物) 鄭惟一 錄

38 『명종실록』 명종 11년 3월 7일

39 『명종실록』 명종 8년 윤 3월 18일

행과 추상같은 지기志氣에 대한 평가를 많이 찾아볼 수 있다.[40] 조식에 대한 세간의 평가는 주로 심덕보다는 신기에 초점이 있고, 퇴계는 주로 그의 심덕을 두고 부정적인 평가를 했다고 할 수 있겠다.

(3) 양면 평가

퇴계는 이색에 대해 '부처에 아첨하는 요망한 영웅'이라 한 기준奇遵의 논평을 묵인하였지만, '이색이 태조를 만나볼 때, 길게 읍揖만 하고 절하지 않은 절개'를 진실로 장하다고 평가하였다. 말하자면, 심덕은 부정적으로 신기는 긍정적으로 평가하여 양면적으로 평가한 셈이다. 이색이 불교에 경도되어 있었다는 비판은 『실록』에서도 보인다. 한형윤韓亨允이 중종에게 "이색은 일대一代의 문사文士로서 우리나라 리학의 원조遠祖였고 또한 중국에 들어가서도 자신이 배운 바를 폈었지만, 그가 지은 글에 '부처는 대성인大聖人이다.' 하였으니, 불교에 미혹되어 신봉한 뜻을 또한 상상할 수 있습니다"[41]라고 아뢰고 있어 당시 이색에 대한 세간의 인식을 엿볼 수 있다.

이에 대해 기대승은 그의 처지를 들어 이색을 옹호한다. "상(중종)이 이르기를, '전조의 이색은 선인善人이었는가?' 하니, 기대승이 나아가 아뢰기를, '이색에 대한 인물 평가는 매우 많으나 대체로 범연하지는 않습니다. 이색은 소년 시절 중국에 들어가 제과制科에 뽑혀 원元나라에서 벼슬했습니다. 박학하고 재질이 뛰어난 인물로서, 그의 학문은 문장文章을 위주로 하였으나 예문禮文과 유자儒者의 학문에도 견해가 훌륭하여 교회教誨하는 일에 무척이나 공력을 들였습니다. ... 그런데 고려는 불교를 숭상했고 이 사람의 문장이 무척 뛰어났기 때문에

---

40 『명종실록』 명종 14년 12월 1일, 명종 15년 7월 3일, 명종 21년 7월 19일 등 참조

41 『중종실록』 중종 18년 7월 18일

사우寺宇에 대한 기문記文이나 불경의 서문 같은 것은 모두 이 사람의 손에서 나왔습니다. 이 때문에 연소한 유자儒者들이 그가 불교를 숭상했다고 하여 헐뜯기도 합니다. 그러나 이 사람이 비록 학문하는 가운데에 거론되는 인물은 아니라 하더라도 기개와 절조가 무척 고결하였으니 실로 동방 학문의 원류源流라 하겠습니다.'" 세간에서도 이색이 절개가 높아 그의 신기를 특히 높이 평가했고, 불교와 교류한 사실 때문에 학문적 실천에 의혹이 제기되기도 했지만 퇴계는 묵인했고 기대승은 변호하는 입장을 취했다.

한편 퇴계는 김굉필에 대해서도 양면적인 평가를 하였다. 그는 김굉필이 학문을 실천하는 데는 돈독했다고는 하나, 도에 있어서 묻고 배우는 공부에는 지극하지 못했다고 소극적인 평가를 했다. 결국 수행적 실천에는 지극했지만 학문적 조예는 깊지 못했다는 것이다. 『실록』에도 김굉필이 학문적 조예가 크게 깊지는 못하다는 기록을 다수 볼 수 있다. 예조에서 김굉필의 제사를 사당에서 지내기로 결정한 사항에 대해 정부政府가 의견을 제시했다. "김굉필·정여창은 학문이 넉넉하지는 않으나 어질기는 합니다. 신 등은 나이가 조금 아래이기는 하나 한때 이 두 사람을 보았는데, 이웃 아이들을 모아서 가르쳤거니와, 이른바 도道를 강론하였다는 곳은 본 적이 없으니, 관에서 치제致祭하지 말고 제수祭需만을 주어서 그 집에서 제사하게 하면 마땅하겠습니다. 성명成命이 이미 내렸더라도 신 등의 생각이 이러하므로 아룁니다"[43]라고 하였다. 『실록』의 다른 곳에서도 "(김굉필은) 김종직을 스승으로 섬겨 성리학에 정밀하였고 또한 실천하는 공부가 많았었다. 금상今上 기묘년에 일찍이 정몽주와 동시에 문묘에 배향하려고 했었

---

42 『선조실록』 선조 2년 윤 6월 7일

43 『중종실록』 중종 12년 9월 24

는데, 대신 정광필鄭光弼이 '비록 실천하여 자신을 닦은 착실한 공부가 있기는 하지만, 사문斯文에 도움을 준 공로가 없다'고 하여 실현하지 못했었다"[44]라고 기록했다. 『실록』의 기록들을 통해서 볼 때 퇴계의 평가가 세간의 평가와 별로 다르지 않음을 볼 수 있다. 김굉필은 학문적 심덕보다 수행적 행사가 높이 평가되고 있었다.

퇴계는 조광조에 대해서도 양면적인 평가를 내렸다. 그는 "조정암은 타고난 자질이 비록 아름다웠으나, 학문에 충실하지 못하여 시행한 것이 지나침이 있었기 때문에, 마침내 일에 패하고 말았다. 만일 학문에 충실하고 덕기德器가 이루어진 뒤에 세상에 나가서 세상일을 담당하였더라면, 그 이룬 바를 쉽게 헤아릴 수 없었을 것이다"[45]라고 논평했다. 퇴계는 조광조의 타고난 자질을 높게 평가한 반면 덕기를 이루지 못한 것을 아쉬워했다. 이는 타고난 신기에 비해 심덕이 부족하다는 평가이다.

『실록』에서도 퇴계의 견해처럼 조광조가 자질이 뛰어나나 아직 학문이 성숙하지 못해 일찍 정치에 나아가는 것을 경계한 의견이 조정에서 여러 번 개진되었다. 헌납 이언호가 조광조를 천거하지 않는 이유를 다음과 같이 말했다. "신 등이 성균관에서 천거한 유생을 보니, 민세정閔世貞·박찬朴璨 같은 이는 효행이 있고 나이가 거의 40이 되었으니 그래도 서용敍用할 만합니다만, 조광조는 조행操行이 있으나 나이 30이 못되어, 한창 학업에 큰 뜻을 두고 있습니다. 지금 만일 그의 뜻을 갑자기 빼앗아 미관에 서용한다면, 반드시 그 학업을 폐지하게 되고, 저 또한 나와 벼슬하는 것을 즐겨하지 않을 것이니, 국가에서 인재를 배양하는 도리에 결함이 되겠습니다. 갑자기 서용하지 말

44 『중종실록』 중종 39년 5월 29일

45 『퇴계집』「言行錄 5」(論人物) 金誠一 錄

고, 평생의 뜻을 펴게 해서 입신성명立身成名한 후에 쓰더라도 늦지 않습니다."[46] 같은 내용을 7일 후 검토관 공서린이 임금에게 다시 한 번 상주하였다.[47]

조광조의 자질과 덕기에 대한 이중적인 평가와 함께 학문적 실천과 조예에 대해서도 양면적인 평가가 이루어졌다. "생원 김식金湜·조광조 등이 김굉필의 학문을 전수傳受하여, 함부로 말하지 않고 관대冠帶를 벗지 않으며, 종일토록 단정하게 앉아서 빈객을 대하는 것처럼 하였는데, 그것을 본받는 자가 있어서 말이 자못 궤이詭異하였다. 성균관이 '그들이 스스로 사성십철四聖十哲이라 일컫는다.'고 하여 예문관·승문원·교서관과 통모通謀하여 그들을 죄에 몰아넣으려고 하다가 이루지 못하였다."[48] 이 일은 조광조 등이 김굉필을 추종하여 품행에 전념하여 학문의 의리는 깊이 천착하지 않은 행위에 대한 징계를 기도한 사건이었다. 말하자면 조광조는 문견과 신기가 뛰어난 것에 비해 심덕이 이에 따르지 못했고 그것이 그의 정치적 좌절의 원인으로 작용했다고 보는 것이다.

한편 퇴계는 서경덕의 학문에 대해서 다음과 같이 평가했다. "그의 의론을 보면 기氣를 논한 것은 지극히 정밀해 마지않으나, 리理에 대해서는 그다지 정밀하지 못하였다. 그래서 기를 주장하는 데 너무 치우치기도 하고, 혹은 기를 이로 알기도 하였다. 우리 동방에는 이보다 앞서 책을 지어 이렇게까지 한 사람이 없었으니, 리와 기를 밝힘에 있어서는 이 사람이 처음이다. 다만 그가 말할 때에 자부함이 너무 지나친 것을 보면, 아마 그가 터득한 경지가 깊지 못한 것 같다."[49]

---

46 『중종실록』 중종 6년 4월 11일

47 『중종실록』 중종 6년 4월 18일

48 『중종실록』 중종 5년 10월 10일

49 『퇴계집』「言行錄 5」(論人物) 金誠一 錄

퇴계는 서경덕이 기를 정밀하게 논했다는 점을 긍정적으로 평가한 반면, 그의 학문이 기에 너무 치우쳤다는 점에 대해서는 부정적으로 판단했다. 그리고 리기론에 대해 처음 저술했다는 점을 긍정적으로 평가한 반면 자부심이 지나치다는 점은 부정적으로 평가했다.

『실록』에서는 퇴계가 지적한 주기론적主氣論的 편향이나 부정적 평가는 찾아볼 수 없다. 사관史官의 평가에 따르면, "서경덕은 송도松都 사람으로 사마시司馬試에 합격하였다. 일찍이 오관산伍冠山 화담花潭에 띳집을 짓고 궁약窮約하게 살면서, 학문의 연원을 탐구하여 그 조예가 매우 깊었으니, 진실로 유자儒者의 고도高蹈요 성대盛代의 일민逸民이었다. 전날 중종 때 관직을 주어 불렀으나 나오지 않았다가 금상今上 때 이르러 죽었다. 세상에서 고일高逸한 선비를 말할 때 으레 성수침과 더불어 병칭하고 있지만 서경덕의 학문은 사실 일세一世가 우러러보는 바였다."[50] 퇴계와 세간의 평가가 다른 것은 학문적 입장이 달랐기 때문일 것이다. 사관은 그의 학문적 조예를 평가하였다면, 퇴계는 주리主理의 학파적 관점에서 평가하고 있음을 보여준다.[51]

마지막으로, 퇴계는 주세붕에 대해서도 양면적인 평가를 내린다. "주신재周愼齋는 문장에 능하고, 효제孝悌에 독실하며, 어진 이를 좋아하고 선비를 즐기며, 평생을 맑은 절개로써 스스로 믿어서, 비록 귀한 자리에 있다고 해도 맑고 검소하기가 한사寒士와 같았다. 그가 경연에 있을 때에는 일을 따라 넌지시 깨우쳐 주고 비평해 준 것이 많은

---

50 『명종실록』 명종 22년 1월 3일

51 서화담에 대한 학파적 관점은 퇴계와 율곡이 대비되는 평가를 내리고 있는 점에서 잘 드러난다. 율곡은 퇴계와 달리 화담에 대하여 긍정적 일면을 보이기도 했다. 즉 리기불상리理氣不相離의 원칙을 잃지 않고 기氣의 능동성을 심층적으로 파악하는 사유의 세계를 주목하고 있었던 것이다. 오직 기발氣發의 원론을 따라 퇴계의 리발론理發論을 비판하던 율곡에게는 화담을 전면적으로 부인할 이유가 없었기 때문이다. (조남욱, 2009, 「인물평을 통해 본 퇴계와 율곡의 동이점」, 『윤리연구』 제72호, 17-18쪽

도움이 되었다. 그러나 강직하지 못하여 여러 번 권세 가진 자들에게 농간을 당하여 언제나 절개를 잃었다는 비방을 면하지 못하였다. 만년에는 병이 많았으나 물러나지 아니하므로 선생이 물러나기를 권하였으나, 좇지 않아서 고을 여론이 매우 애석히 여겼다"[52]하였다. 퇴계는 주세붕이 문장에 능하고 검소하며 맑은 절개를 가졌다는 점에서 긍정적으로 평가하지만 성품이 강직하지 못하고 출처가 분명치 못하다는 점에서 부정적으로 평가했다.

『실록』에서 사관들의 기록도 퇴계의 평가와 상당히 가깝다. "사신史臣은 논하다. 주세붕이 폐사陛辭하던 날 자전慈殿이 사사로이 합문閤門 밖으로 불러 정업원淨業院을 지을 재목을 구해 보내라고 명했는데, 즉시 대거 벌목하여 보내었다. 그의 행동과 처사가 대개 이와 같았으므로 사람들이 비난하였다."[53], "세상에는 그가 옛것을 숭상하고 선을 좋아함을 칭찬하였는데 중년에 이기李芑에게 몸을 굽혔고, 이행李荇의 악함을 알고서도 묘비墓碑를 지어 극도로 칭송을 했다. 또 경연 석상에서 봉성군鳳城君 이완李岏의 사건에 한漢나라 회남왕淮南王의 죽음을 끌어대어 증거를 삼으니 식자들이 그르게 여겼다."[54] "사신은 논한다. 주세붕은 아첨을 잘하고 비루하여 처음에는 남곤南袞과 심정沈貞에게 빌붙어 청반淸班에 올랐고, 나중에는 이기李芑의 추천을 받아 외군外郡에서 들어와 시종侍從이 되었는데 논의를 이기의 마음에 들도록 하기에 힘썼다."[55] 이들 기록들은 모두 퇴계가 주세붕을 평가한 시각과 거의 일치한다. 그가 지방관으로 재직하면서 서원을 세워 교육에 힘쓰고 백성을 잘 다스린 공은 세간에서 인정받았지만 지조와 절개가 굳

---

52 『퇴계집』「言行錄 5」(『論人物』) 鄭惟一 錄

53 『명종실록』 명종 4년 7월 13일

54 『명종실록』 명종 5년 7월 28일

55 『명종실록』 명종 7년 11월 23일

지 못한 점에 대해서는 대체로 부정적인 평가가 있었다. 말하자면, 행사에 비해 신기가 부족한 점이 있다는 평가이다. 퇴계 생존 시 『실록』에는 홍응길, 정정이, 이굉중(이덕홍)에 대한 기록은 없다. 이상 인물들에 대한 평가를 정리하면 다음과 같다.

평가결과	평가인물	빈도
긍정평가	황간, 채침, 허형, 진덕수, 사호, 악비, 호방형, 정몽주, 이언적, 우탁, 윤상, 이순, 조원기, 조광림, 김인후, 김사순(김성일), 김지산, 유이현(유성룡), 노사신, 김취문, 태조	21
부정평가	형서, 왕차옹, 이색, 김종직, 조식, 아무개(2)	7
양면평가	이색, 김굉필, 조광조, 서경덕, 주세붕, 홍응길, 정정이, 이굉중(이덕홍)	8

3. 퇴계의 인물관과 인품

지금까지 최한기 측인법의 인물평가 범주와 방법을 통해 퇴계의 「인물논평」을 분석하였다. 이를 위해 우선 최한기의 「감평」과 「측인문」을 통해 용모, 신기, 심덕, 행사, 문견, 처지 등 6개의 인물평가 범주를 추출하여 평가의 기준으로 삼았다. 최한기가 「감평」과 「측인문」에서 제시한 평가범주, 평가척도, 평가방법 등은 비록 퇴계 자신이 이를 엄밀히 적용하지는 않았지만 그의「인물논평」을 분석하는 개념적 척도로서 충분한 유용성이 있었다고 볼 수 있다.

인물평가에는 대인평가를 통해서 평가자 자신의 성격, 가치, 의도 등이 반영되어 나타나기 마련이다. 그래서 퇴계의「인물논평」분석을 통해서 그의 인품의 일단을 엿볼 수 있었다. 아래에서 퇴계의「인물논평」이 갖는 대인 평가의 특징과 인물평가에서 드러난 퇴계의 인물관과 인품을 살펴보고자 한다.

첫째, 퇴계는 대인평가에서 학문과 덕행 등 심덕을 가장 중요한 평가범주로 삼고 있음을 볼 수 있다. 퇴계가 인물에 대해 언급한 총 88회 평가어 가운데 37회가 심덕에 대해 언급하여 빈도수가 가장 높았다.

심덕을 중요시한 퇴계의 인물평가는 우선 최한기의 인물평가와 대비된다. 최한기는「감평」에서 용모와 신기에 해당하는 기품을 10.5점 만점에서 4점을 배당하여 3점을 부여한 심덕보다 높은 비중을 두었다. 이에 퇴계는 용모에 대해서는 언급이 매우 적었고(2회) 신기에 대해서도 14회 언급하였을 뿐이다. 언급된 평가어 횟수만이 아니라 실제 긍정적으로 언급된 인물들의 평가내용을 보더라도 학문과 덕행을 매우 중요시하고 있음을 알 수 있었다. 최한기와 비교해 볼 때, 퇴계는 용모와 신기를 통한 관상학적 상인보다 심덕과 행사를 통한 지인의 방법을 우선시하고 있음을 볼 수 있었다.

퇴계가 심덕을 가장 중요시한 것은 율곡이 행사를 우선시한 것과도 대비된다. 전세영이 분석한 율곡의 인물평가를 보면 11개의 평가기준 가운데, '행정능력', '정치적 태도와 성향', '생활태도' 등이 행사의 범주에 속한다고 본다면, 이것이 차지하는 평가내용(평가어)이 전체에서 50%를 상회하고 있다.[56] 심덕과 행사에 대해 퇴계와 율곡의 평가는 역전되어 나타난 것이다. 최한기에 비해 퇴계와 율곡 모두 상인보다는 지인의 방법을 우선시하지만, 지인 방법에서 율곡이 학문적 실천을 강조했다면 퇴계는 학문적 성취를 중시한 것을 볼 수 있다.

둘째, 「인물논평」에서 나타나는 퇴계의 인품은 인물의 긍정적인 면을 주로 평가한 성향에서 엿볼 수 있다. 그가 「인물논평」에서 평가한 36명 가운데 긍정평가가 21명, 부정평가가 7명, 양면평가가 8명이었다. 퇴계의 인물논평이 『실록』에서 본 여론과 거의 일치하고 있다는 점에서 그의 원만한 인품을 짐작할 수 있었다.

퇴계는 김종직과 조식에 대해 다소 부정적인 논평을 한 것은 단지 지나침을 경계한 것이었다. 김종직은 문장文章과 사장詞章에 치우쳤고 조식은 언행이 지나치게 강직했다는 비판일 뿐 문장이나 강직한 언행 자체를 부정하는 것은 아니었다. 그는 중국의 형서邢恕를 간사한 사람이라고 언급한 외에 한 번도 직접적으로, 그리고 직설적으로 타인의 인품을 나쁘게 평가하지 않았다. "선생이 말하기를 '아무개는 확고하고, 아무개는 예리하다.' 하기에, 내가 말하기를 '이들은 모두 소자가 공경하는 분들이지만, 그 확고함은 고루함에 가깝고, 그 예리함은 건방진 데 가깝습니다.'하니, 선생은 웃으면서 대답하지 않았다."[57] 이 대화에서도 퇴계는 이름을 밝히지 않았고 직접적인 평가도 자제하는 모습을 보였다.

퇴계는 인물을 평가하는 태도에 있어서도 율곡과 상당히 대비되는 면을 볼 수 있다. 앞서 전세영의 연구에서 율곡은 총 86명의 평가자

---

56 총 210회의 평가내용 가운데 108회가 행정능력, 정치적 태도와 성향, 생활태도에 관한 것이었다.

57 『퇴계집』「言行錄 5」(論人物) 鄭士誠 錄

가운데 긍정평가를 22명, 부정평가를 41명, 혼합평가를 19명, 그리고 4명을 무원칙 평가하였다. 율곡이 평가자 가운데 26%를 긍정평가를 한 것에 비해 퇴계는 56%를 긍정평가하여 배가 넘었다. 반면 부정평가는 율곡이 48%인 반면, 퇴계는 22%로 반에 못 미쳤다. 조광조, 서경덕, 이언적에 대한 인물평을 통해 퇴계와 율곡의 동이점을 분석한 조남욱도 "퇴계가 단점은 가급적 적게 말하면서 장점을 더욱 드러내는 온건주의적 입장이었다면 율곡은 단점 지적에도 예외를 두지 않는 강건주의의 입장이었다"고 밝히고 있다.[58] 남의 장단점을 지적하는 것에서도 퇴계와 율곡의 성품의 차이를 어느 정도 엿볼 수 있다.

---

58 조남욱, 앞의 논문, 22쪽

Chapter 11

측인론에 따른 한 · 중 대학생 인물관 비교

PART 3

Chapter 11

11장

측인론에 따른 한·중 대학생 인물관 비교

1. 머리말

인물평가는 인간이 사회생활을 영위하기 위한 필수 조건이다. 인물평가를 통해 교제가 시작되고, 교제를 통해 형성된 인상에 따라 상호작용의 폭과 깊이가 결정된다. 인물평가의 수준과 관점에 따라 대인관계의 성격과 내용도 달라질 수밖에 없다. 인물평가 기준이 사회마다 다른 것은 그것이 고유한 역사와 문화의 산물이기 때문이다. 한 심리학적 연구에 의하면 현대 서구인들은 대인지각의 가장 중요한 요인으로 '도덕성(morality)'과 '능력(competence)'을 꼽고 있다고 한다.[1] 이 두 요인이 현대 한국사회에서도 중요한 범주가 되겠지만 문화의 차이에 따른 도덕성과 능력의 내용은 다를 수 있다. 이를테면 개인주의가 팽배한 서구사회의 도덕성에는 솔직성, 자립심, 자기주장이 강조되겠지만, 집단주의 문화가 많이 남아있는 한국사회에서는 겸손, 협력심, 원만성 등이 더 중요시될 수 있다. 대인평가는 동·서양이 다를 뿐만 아니라 전통 사회와 현대 사회 간에도 차이가 있다. 대인관계도 대인평가의 범주와 특성이 다르고 평가의 내용과 방식에 차이가 나는 만큼 다르기 마련이다.

한국사회에서 대인평가는 전통적으로 '인물人物'에 대한 평가로 인식해 왔다. '인물'은 사전적 의미로 '생김새와 됨됨이로 본 사람'이다. '인물' 개념에는 사람의 지적, 도덕적 특성에 따른 인성뿐만 아니라 외모와 품행에 대한 평가도 포함되어 있다. 그것은 전통적으로 인물을 평가하는 표준으로 언급되어 온 신身(용모와 풍체)·언言(말씨)·서書(문필)·판判(판단력)에 대한 평가를 포괄한다. '인물'은 '인재人才'와 유사한 개념이나 다른 뉘앙스를 갖는다. '인재'는 사전적 의미로 '어떤 일을 할 수 있는 학식이나 능력을 갖춘 사람'을 말한다. 인물이 사람의 전인격을 포괄하는 개념이라면 인재는 사람의 지적 수준이나 특성을 더 강조한 개념이다. 따라서 인물평가는 포괄적인 인격[2]의 차원에서 이루어지는 평가라 하겠다. 이에 비해 현대 사회심리학에서는 대인지각(personal perception)을 중요시한다. 대인지각은 인물보다 인재, 통합적 전인격보다 인격의 일부로서 개인적 특성에 더욱 관심을 가진다.

---

1 한규석, 2004. 「한국사회에서의 사람 판단의 준거: 된 사람과 난 사람의 평가를 중심으로」『한국심리학회지: 사회 및 성격』 Vol.18(1), 24쪽

2 '인격'의 사전적 의미는 '사람으로서의 됨됨이, 사람의 품격品格, 자격資格, 개인의 지知, 정情, 의意 및 육체적 측면을 총괄하는 전체적 통일체'이다. 인격은 인성, 재능, 용모 등의 평가가 종합된 개념이다.

현대사회에서 최한기의 측인론이 갖는 가장 큰 의의는 통합적 인격평가를 강조하는 데 있다고 볼 수 있다.

최한기의 측인법測人法은 인물과 인격을 대상으로 하는 전인격적, 통합적 인물평가라 할 수 있다. 서구 심리학에서는 대인지각이 매우 분석적이고 실증적으로 이루어지는데, 이를 위해 성격검사, 적성검사, 심리(지능, 감성, 도덕성 등)검사 방법을 많이 활용하고 있다. 이들 전문적 검사의 목적은 한 개인의 전인격을 평가하기보다는 인간관계나 업무활동에 활용하여 능률을 극대화하기 위한 수단적 성격이 강하다. 측인법은 사람의 신체와 정신, 선천적 조건과 후천적 학습, 능력과 도덕성 등을 종합적으로 평가하고자 한다. 측인법은 사람의 용모(생김새)에 의한 평가를 중시한 관상학의 상인법相人法과 인격(됨됨이)을 강조하는 유교의 지인법知人法, 그리고 사람의 기질과 재능을 중시한 잡가의 재능주의 등을 종합하였다. 측인법에는 도교적 우주관과 유교적 인간관이 반영되어 있고, 민간에서 유행하던 관상학적 방법이 적용되고 있다는 점에서 한국인의 전통적 대인평가 이념과 방법이 망라되어 있다고 볼 수 있다.

이 장에서는 앞에서 논의해 온 최한기의 6개 측인범주(용모, 신기, 덕성, 행사, 견문, 처지)를 통해 한국과 중국대학생들의 대인 태도와 성향을 비교해 보고, 이를 통해 측인법의 현대적 가치와 함의를 밝혀보고자 한다. 한·중 교류가 갈수록 증가하는 시점에서 양국 대학생간의 대인평가 성향과 태도를 비교 분석하는 것은 상호이해를 위해 의미 있는 일이다. 측인범주의 분석은 크게 4가지 측면에서 이루어질 것이다. 첫째, 인물평가에 있어 6개 측인범주 간의 중요도의 차이를 분석하고자 한다. 이를 통해 현대 대학생들이 인물평가할 때 가장 중요하게 생각하는 요인이 무엇인가에 대해 알아볼 수 있을 것이다. 둘째, 6개의 측인범주를 구성하는 내용이 무엇인지를 현대적 진술과 의미로서 알아보고자 한다. 각 범주를 구성하는 내용들과 그들 사이의 중요도를 분석함으로써 측인범주의 현대적 의미를 보다 명확히 이해할 수 있을 것이다. 셋째, 한국 대학생과 중국 대학생의 측인범주와 범주내용을 비교 분석하고자 한다. 두 나라 대학생들 사이에 문화적인 차이에 따른 대인평가 성향의 차이를 발견할 수 있을 것이다. 넷째, 인구학적 특성에 따른 측인범주의 중요도 인식의 차이를 분석하고자 한다. 이를 통해 인물평가가 평가자의 인구학적 특성에 따라 어떠한 차이가 발생하는지 알 수 있을 것이다. 아래에서는 실증적 분석에 앞서 최한기 측인론의 인물평가 범주를 요약하고자 한다.

2. 인물평가의 범주

최한기는 측인의 범주를 1839년 36세 때 저술한 「감평鑑枰」에서 처음으로 제시하였다. 「감평」에서 기품, 심덕, 체용, 견문, 처지 등 5범주를 제시했고, 이것이 외부로 발현된 것을 재주와 국량(才局), 응변, 풍도, 경륜, 조시라 했다. 최한기는 「감평」에서 측인의 범주를 제시한 후 58세 때 발표된 『인정人政』「측인문測人門」에서 이들 범주를 다소 수정하였다. 여기에서는 용모容貌, 행사行事, 오륜伍倫, 천인운화天人運化, 지위地位, 인도人道 등 6범주를 제시하였다. 「감평」에서는 기품을 가장 중요한 범주로 본 반면 「측인문」에서는 행사를 측인의 중심에 두었다.

최한기는 "'면상面相이 배상背相만 못하고 배상이 심상心相만 못하다.' 하였으나 내가 생각하건대, 심상은 오히려 미진한 데가 있으므로 '심상이 행사의 상(행상行相)만 못하다.'고 하겠다."[3]라고 했다. 그는 상인은 행사의 사전 단서이고 지인은 행사의 사후 표준이 되지만 그것은 행사의 실현(行相)을 통해 비로소 검증될 수 있다고 보았다. 기품이 선천적으로 타고난 측인범주라면 행사는 후천적으로 성취하는 범주이다.

「감평」과 「측인문」에 제시된 범주들을 바탕으로 인물평가 범주를 간추려 보기로 하겠다. 이 범주들은 최한기의 측인론에 근거하여 일부는 현대적 용어로 수정하였다. 인물평가 범주를 용모, 신기, 덕성, 행사, 견문, 처지 등 6가지로 정리했는데, 이중에는 「감평」에 없는 '신기'가 포함되었고, 「측인문」에 있던 '오륜', '천인운화', '인도'가 누락되었다. 신기 범주는 「감평」에서는 기품에 해당된다고 볼 수 있고 「측인문」에서는 별도의 항목으로 다루어지지 않았지만 측인론 전반에 걸쳐 매우 중요시했기 때문에 추가하였다. 오륜의 범주를 뺀 것은 그것이 행사의 내용과 상당 부분 겹치기 때문이며 또 천인운화도 신기 및 심덕과 중복되는 면이 있다고 보았기 때문에 제외했다. 인도의 경우, 최한기가 가장 중요시하였지만 모든 범주를 평가하는데 전제적 조건이 되기 때문에 변수적 범주로 따로 간주하지 않았다.

첫째, 용모는 얼굴의 모양과 몸의 자세를 말하는데, 사람의 형질기가 신체화된 범주이다. 용모는 관상학에서 중시하는 범주인데, 관상서인 『마의상서』, 『신상전편』, 『태청신감』 등에서는 용모를 중심으로 인물평가가 이루어졌다. 최한기는 관상학에 비판적이었지만 「감평」에

---

3 『인정』 「측인문 4」(行事相) : 古人云 面相不如背相 背相不如心相耳 竊想心相尙有未盡 故曰心相不如行事之相

없던 용모를 「측인론」에서 포함한 것은 민간에서 유행하던 인물평가 방법을 측인법에 수용하려는 의도가 있었기 때문일 것이다. 용모의 귀천에 대한 평가는 인간이 하나의 소우주라는 인식 위에서 이루어진다. 용모는 천지의 형상에 유비되어 평가되고 그래서 천지의 형상과 닮고 천지자연의 조화와 균형이 드러날 때 귀한 용모가 되는 것이다. 용모를 이루는 9규竅와 4지肢는 천기天氣가 신기身氣에 소통하는 통로이다. 용모는 아름다움보다는 천기를 담는 그릇으로서 평가된다. 그래서 용모는 대개 얼굴과 신체의 균형, 조화, 중용, 풍요 등 천지자연의 가치와 미덕이 구현되었을 때 귀격貴格과 길격吉格으로 평가된다.

둘째, 신기는 정신과 기운을 말한다. 용모가 형기形氣라면 신기는 형기의 신묘한 덕성과 능력이라 할 수 있다. 최한기는 신기의 신묘한 능력은 기의 밝음(明)과 힘(力)에서 나온다고 보았다. 신과 기의 관계는 그림자와 형체, 불빛과 초의 관계와 같아서 서로 분리되지 않는다. 정신은 기운을 따라 생기고 기를 떠나서 홀로 생기는 것이 아니다. 그런데 용모는 육안으로 지각되지만 신기는 명안明眼으로만 인식할 수 있다. 신기는 감각을 통해 지각할 수 없으며 감응을 통해 지각할 수 있을 뿐이다. 신기는 하늘과 토질 등 천지의 기운과 부모의 정혈, 그리고 후천적인 습염을 통해 형성되는데, 이 가운데 하늘과 습염이 신기의 밝음에 영향을 주고, 토질과 정혈은 기의 힘을 결정하는 요인이 된다고 할 수 있다. 최한기는 신기의 강, 약, 청, 탁을 모母 변수로 하고 한寒, 온溫, 정精, 추麤, 부浮, 침沈, 용勇, 겁㤼, 혼昏, 명明, 독毒, 간姦, 수殊, 이異, 재才, 덕德, 객客, 애隘, 화和 등 20개를 자子 변수로 하여 조합한 80개의 신기 유형을 제시하고 이를 측정척도로 제시했다.

셋째, 심덕은 마음에 얻은 바의 천리·천칙을 말한다. "선에 노력하기를 오래하면 선을 얻게 되고 악에 젖기를 오래하면 악을 얻게 되니,

선과 악이 비록 다르지만 다 같이 심덕이라 할 수 있다."[4] 앞의 용모와 신기의 범주가 형질기에 속하여 인간의 드러난 모습과 기질을 평가하는 대상이라면, 심덕은 행사와 더불어 운화기에 속하며 인간의 마음상태(심상心相)을 살피는 데 목적이 있다. 심덕을 구성하는 요인으로서 중요한 요인은 마음의 성실함(성誠)이다. 마음의 성실함은 추측推測의 능력에 달렸다. 추(미룸)는 본성에 따라 익힘을 말하고 측(헤아림)은 미룬 것으로써 바르게 재는 것을 말한다. 심덕의 성위는 이 추측의 능력이 관건이 된다. 그러면 추측의 능력을 배양하는 방도는 무엇인가? 최한기는 "미룸을 배양하는 방도는, 박학博學·심문審問으로 듣고 보며, 성경誠敬으로 거두어들이며, 강습講習하여 깨달으며, 철저히 구명하여 익숙히 알아서, 그것을 누적하여 크게 성취하고, 확충하여 명철하게 되는 것이다. 헤아림을 배양하는 방도는, 타물他物과 나를 서로 참고하여 마땅하게 변통하여, 앞을 바라보고 뒤를 돌이켜보며, 형상을 보고 그림자를 살펴서, 국가家國의 규모와 천지의 범위를 가슴에 거두어들이고 펴내되 모두 근거가 있게 하는 것이다."[5] 심덕은 이러한 박학博學·심문審問·성경誠敬·강습講習의 미룸과 물아상참物我相參·수의변통隨宜變通·첨전현후瞻前顯後·견형찰영見形察影의 헤아림이 서로 배양하여 추측에 성실함(誠)을 얻으면 마음은 순일함(醇)을 얻게 되는데, 이것을 심덕을 평가하는 지표로 삼는다고 하였다.

넷째, 행사는 사람의 교제와 사업을 일컫는다. 앞의 용모, 신기, 심덕이 사람 자체에 대한 평가범주라면 행사는 타인과의 교제와 수행

4 「인정」「감평」(論心德) : 心德者。心之所得也。忸於善者。久而得其爲善。忸於惡者。久而得其爲惡。善惡雖殊。俱可謂之心德爾

5 「기측체의」「추측록1」(養推養測) : 養推之方。以博學審問爲聞見。以誠敬爲收斂。以講習爲提惺。以窮格爲溫繹。積累而成大。恢擴而生明。養測之方。物我相參。隨宜變通。瞻前而顧後。見形而察影。家國規模。天地範圍。捲舒胸次。皆有根緣。

하는 사업과 관련된 범주다. 행사범주는 교제와 사업의 대상이 무엇인가가 관건이 된다. 교제하는 사람의 용모나 심덕을 헤아리는 것을 인측人測이라 하고 일이나 대상을 헤아리는 것을 사측事測이라 한다. "다만 사람만 헤아리고 일은 헤아리지 않으면 완비하지 못하고, 일만 헤아리고 사람을 헤아리지 않으면 분명하지 못한 것이다. 이것은 곧 사람을 헤아리고 일을 헤아리는 것을 겸하여 장래의 이둔利鈍과 성패成敗를 보려는 것이고, 이왕의 행사를 미루어 그 사람을 헤아리는 것과는 다른 것이다."[6] 최한기는 행사를 평가할 때 현사상見事相과 보사상保事相을 통해 일의 전후 상황을 참작해야 한다고 했다. 현사상이란 행사에 앞서 갖는 태도인데 이것은 행사의 성패와 이둔을 좌우한다. 현사상의 평가는 일에 앞서 주어진 지속遲速의 기회, 협조에 의한 인화人和, 천지의 기수氣數, 접근 가능한 기구器具 등을 통해 성패와 이둔을 헤아리는 것이다. 반면 보사상은 행사 이후의 결과에 대처하는 태도를 말한다. 인물평가는 그 사람의 교제와 사업, 그리고 일의 전후 태도와 대처 방식을 통해 행사를 평가해야 한다는 것이다.

다섯 째, 견문은 마음으로 분별하고 취하고 버릴 줄 아는 판단력이다. 당나라 때 인물등용 기준이라 알려진 신·언·서·판 가운데 판에 해당하는 범주라 하겠다. 판단력은 통달한 재주와 학식에 의해서 얻어질 수 있다. 통달한 재주와 학식은 천인운화의 기를 터득하는데 달려 있다. "통달한 재주와 학식은 천인운화의 기에서 얻은 것이 있어 이루어지는 것이다. 만물과 만사가 모두 천인운화의 기에 말미암아 기멸起滅하는데, 그것에 순하면 선이 되고 그것에 거스르면 악이 되며

6 『인정』「측인문4」(將來事測人測) : 但測人而不測事 不備矣 但測事而不測人 不明矣 此乃測人兼測事 要觀將來利鈍成敗 與已往之推行事而測其人有異

추향趨向하면 귀함이 되고 배위背違하면 천함이 된다."[7] 천인운화란 인기운화가 천기운화에 순응하여 따르는 것을 말한다. "운화를 인하여 앞날의 일을 짐작하면 자연 선후의 준적準的과 변동의 계제가 생긴다. … 기에 앞서서는 앞날의 기가 장차 이를 것을 짐작하고, 기의 뒤에 해서는 지나간 기의 자취를 살필 것이니, 이렇게 하면 인사의 변천이 다단多端하지만 맥락과 조리를 찾을 수 있다."[8] 견문은 단순한 지식 축적이 아니라 사리에 밝은가가 관건이며 이는 천인운화를 이루었는가에 달린 것이다.

마지막으로, 처지는 사람의 사회적 지위와 처해 있는 상황적 조건이라 할 수 있다. 처지는 인물평가의 준거가 된다. 인물평가는 어떤 처지를 준거로 삼는가에 따라 평가는 달라지기 마련이다. 예컨대 "각국의 정교政敎와 운화는 그 토의土宜와 속상俗尙을 말미암는 것이므로, 그 사람을 헤아리는 것도 약간씩 다른 점이 있다. 홍모국紅毛國에서야 붉은 털이 어찌 천격賤格이 될 것이며, 흑면국黑面國에서야 흑면이 어찌 추모醜貌가 되겠는가? 일신의 행사行事와 운화도 각각 그 직업과 습관에 따라 사람을 헤아리는 것이 자연 등분等分이 있게 마련이다. 사농士農의 측량은 공상工商의 측량과 다르고, 공상의 측량은 사농의 측량과 같지 않다. 이 뜻을 알아서 사람을 헤아린다면, 측인이 천하에 통달할 수 있다."[9] 최한기는 이러한 신분과 지위의 조건을 매개로 하여 평가의 상대적 가치를 부여함으로써 보다 실질적인 평

7 『인정』「측인문5」(通才達學) : 通才達學 爲其有得於天人運化氣也 萬物萬事 皆由天人運化氣而起滅 順之爲善 逆之爲惡 趍向爲貴 背違爲賤

8 『인정』「측인문5」(因氣斟酌) : 因運化而斟酌來頭 … 先於氣。而有斡氣之將臻 後於氣 而有往氣之過迹 人事變易 雖云多端 脉絡條理 元有可循

9 『인정』「측인문1」(天下測人同異) : 各國政敎運化 因土宜俗尙 測人微有不同 紅毛之國 紅毛何嘗爲賤格 黑面之國 黑面未必爲醜貌 一身之行事運化 因所業所習 測人自有等分 士農之測 異於工商之測 工商之測 不同士農之測 知斯義而測人 測人可通達于天下矣

가가 이루어질 수 있다고 보았다.

3. 연구방법 및 절차

1) 척도의 구성

앞에서 본 바와 같이 척도구성을 위해 『인정』「측인문」과 「감평」을 중심으로 6개의 범주를 추출하였는데, 이 중에서 '신기' 범주는 '정신력'으로 고쳤다. 이상의 6개 범주에 대해 선행연구[10]를 토대로 인물의 특성을 가장 적절하게 묘사하는 형용사 진술문항을 구성하였다. 범주에 따른 진술문항은 한국학 및 교육학을 전공한 전문학자들에게 내용타당도를 검증받는 절차를 거쳤다. 범주별로 최종 선정된 진술문항은 용모 범주에서 9개 문항, 정신력 범주에서 10개 문항, 덕성 범주에서 15개 문항, 행사 범주에서 13개 문항, 견문 범주에서 12개 문항, 처지 범주에서 11개 문항, 총 70문항으로 구성되었다. 문항에 대한 응답은 5점 리커트 척도로 측정하였으며 전혀 중요하지 않다 1점, 별로 중요하지 않다 2점, 그저 그렇다 3점, 중요한 편이다

---

10 이수원 · 김정권 · 조긍호. 1974, 「인물평가형용사의 적절성, 호오도, 양면가 측정」, 『한국심리학회지: 일반』 Vol.2(1), 41–46쪽.
조긍호. 1986, 「대인평가차원의 분화: 발달적 조망」, 『사회심리학 연구』 3-1, 169–198쪽.

4점, 매우 중요하다 5점을 부여하였다. 점수가 최소한 3점 이상, 그리고 5점에 가까울수록 중요한 것으로 인식한다고 할 수 있다. 6개 범주를 구성하는 구성문항들의 신뢰도 분석 결과, 신뢰도계수(cronbach α)가 용모 영역은 .80, 정신은 .89, 덕성은 .81, 행사는 .84, 견문은 .85, 처지는 .95로 나타났다.

2) 조사대상 및 방법

조사 대상은 한국과 중국의 대학생이다. 다단계 유의 표집법으로 한국은 D시의 대학생 318명에게 계열, 학년을 고려하여 수업시간에 설문지를 배부하고 질문의 의미와 내용을 충분히 설명하고 응답하도록 한 뒤 바로 회수하였다. 중국의 대학생 응답자에게는 한국에 유학생으로 온 중국학생이 한국의 도시규모 순위와 유사한 중국의 지방 대도시의 대학생 289명에게 중국어로 번역한 설문지를 가지고 같은 방법으로 질문 문항의 의미를 설명하고 조사를 실시하였다. 회수된 질문지 가운데 불성실한 응답을 제외하고 한국 대학생 질문지 277부, 중국 대학생 질문지 289부가 최종 분석에 사용되었다.[11]

---

11 이 연구에 사용된 원자료(raw data)는 탕소의 석사학위 논문(「최한기의 인물평가 척도를 통한 한 · 중 대인지각 비교」, 계명대학교 대학원, 2013) 작성을 위해 수집된 것이다. 이 자료를 활용하여 본 논문의 연구목적에 맞게 재분석하였음을 밝혀둔다.

3) 분석방법

수집한 질문지의 통계분석은 SPSS WIN 20 프로그램을 이용하여 분석하였다. 조사대상자의 특성과 배경변인을 알아보기 위해 빈도분석을 실시하였으며 각 범주별로 구성타당도 및 신뢰도를 검증하기 위해 탐색적 요인분석과 신뢰도분석을 실시하였다. 인물평가척도 범주 및 각 범주 영역별 항목의 중요도 평가에 있어 한·중 대학생의 중요도 인식 차이를 알아보기 위해서는 평균차 검증을, 사회인구학적 변인에 따른 차이검증은 분산분석을 실시하였고 사후검증은 Scheffe test를 이용하였다.

4) 조사대상자의 특성

조사대상자의 특성을 살펴보면〈표 1〉 한국 대학생은 277명 가운데 남학생이 94명(33.9%), 여학생이 183명(66.1%)이고 중국 대학생은 남학생이 137명(47.4%), 여학생이 152명(52.6%)으로서 전반적으로 여학생 응답자가 많다. 특히 한국은 여학생 응답자가 중국보다 더욱 많다. 계열별로 보면 한국은 인문사회계가 164명(59.2%), 자연공학계가 113명(40.8%), 중국은 인문사회계가 175명(60.6%), 자연공학계가 113명(39.4%)으로 나타나 양국 모두 인문사회계의 빈도가 약간 높다.

학년별로 보면 한국 대학생은 1학년이 44명(16.6%), 2학년은 98명(35.4%), 3학년 88명(31.8%), 4학년 45명(16.2%)이다. 중국 대학생은 1학년이 24명(8.3%), 2학년이 49명(17.0%), 3학년이 84명(29.1%), 4학년이 132명(45.7%)으로 중국의 경우 고학년이 상대적으로 많이 표집되었다.

〈표 1〉 조사대상자의 특성

빈도(백분율)

		한국(n=277)	중국(n=289)
성	남자	94(33.9)	137(47.4)
	여자	183(66.1)	152(52.6)
계열	인문/사회	164(59.2)	175(60.6)
	자연/공학	113(40.8)	114(39.4)
학년	1학년	44(16.6)	24(8.3)
	2학년	98(35.4)	49(17.0)
	3학년	88(31.8)	84(29.1)
	4학년	45(16.2)	132(45.7)
가구 월소득	100만원 이하		49(23.3)
	101～200만원		104(49.5)
	201～300만원	40(23.1)	24(11.4)
	301～400만원	51(29.5)	33(15.7)
	401～500만원	41(23.7)	
	501만원 이상	41(23.7)	

가정의 월소득은 양국의 소득차를 고려하여 위안화를 한화로 환산한 후 한국은 300만원 이하, 301~400만원, 401만원~500만원, 501만원 이상으로 분류하고 중국은 100만원 이하, 101~200만원, 201만원~300만원, 301만원 이상으로 분류하였다. 한국은 301만원~400만원 이하가 가장 많아 29.5%이지만 각 범주가 비슷하게 분포되어 있었고 중국은 101만원~200만원 이하가 49.5%로 가장 많았다.

4. 연구결과

1) 인물평가 범주 중요도의 국가 간 비교

인물평가 척도의 6개 범주 가운데 양국의 대학생들이 가장 중요시하는 영역이 무엇인가를 먼저 살펴보았다. 그리고 중요시하는 영역이 한국 대학생과 중국 대학생 간에 어떻게 다른가를 알아보기 위해 평균차 검증을 실시하였다〈표 2〉.

〈표 2〉 인물평가 범주 중요도의 한 · 중 비교

평균(편차)

범주	한국(n=277)	중국(n=289)	t 값
용모	3.69(0.73)	3.54(0.87)	2.11*
정신력	4.08(0,82)	4.23(0.65)	-2.50*
덕성	4.37(0.62)	4.58(0.60)	-4.09***
행사	4.07(0.69)	4.34(0.70)	-4.61***
견문	3.60(0.74)	3.81(0.86)	-3.12**
처지	3.27(0.87)	3.36(0.96)	-1.20
전체	3.84(0.42)	3.98(0.44)	-3.67***

*: p〈.05, **: p〈.01, ***: p〈.001

한국의 대학생이 인물평가에서 중요하다고 생각하는 영역의 순위를 평균점수로 살펴보면 덕성(4.37), 정신력(4.07), 행사(4.06), 용모(3.68), 견문(3.59) 처지(3.26)의 순서로 나타났다. 중국의 경우는 덕성(4.58), 행사(4.33), 정신력(4.23), 견문(3.80), 용모(3.54). 처지(3.36)의 순으로 나타났다. 최한기는 「감평」에서 인물평가 범주에 대해 가중치를 부여했는데, 기품에 4점, 심덕에 3점, 체용에 2점, 문견에 1점, 그리고 처지에 0.5점을 부여했다. 범주가 직접적으로 일치하지 않아 추정할 수 밖에 없지만 최한기의 범주 별 가중치와 오늘날 대학생들의 중요도 인식 사이에 큰 차이가 없는 것으로 나타났다.

한국과 중국의 대학생들은 대체로 인물평가에서 덕성, 정신력, 행사를 중요하게 여기는 것으로 보인다. 그럼에도 처지를 제외한 각 영역에서 중요하게 여기는 정도에 있어서는 한국과 중국 대학생 간에 유의한 차이가 나타났는데 덕성, 행사, 정신력, 견문에서 중국 대학생들이 중요시하는 정도가 더 높았다. 그러나 용모에 있어서는 한국의 대학생들이 중요시하는 정도가 높게 나타났다. 근래 한국 사회에서 용모에 대한 관심이 많고 용모가 경쟁력으로 작용하는 경향과 무관하지 않은 것으로 보인다. 처지가 한국과 중국에서 모두 인물평가의 중요도가 높지 않게 나타난 것은 과거와 달리 현대사회에서는 신분사회적 요인을 인물평가의 중요 요인으로 인정하지 않으려는 경향때문인 것으로 볼 수 있다.

2) 인물평가 범주 영역별 구성문항의 국가 간 비교

다음으로는 인물평가 6개 척도의 범주 구성문항에 대한 중요도 인식을 살펴보고자 한다. 이를 통해 한국과 중국 대학생 간에는 인물평가 척도 범주의 구성항목에 어떠한 차이가 있는가를 파악할 수 있을 것이다.

(1) 용모

최한기의 인물평가척도에서 용모란 단순한 미추의 문제가 아니라 용모를 통해 외면으로 드러나는 사람 됨됨이의 품격을 의미한다. 용모 범주를 구성하는 문항은 9개로서 한·중 대학생의 중요도 인식의 차이를 항목별로 알아보았다〈표 3〉.

〈표 3〉 용모 범주 구성항목의 한 · 중 대학생 간 중요도 인식 비교

평균(편차)

문항	한국	중국	t 값
예의바름	4.44(0.60)	3.73(0.93)	10.87***
밝은 인상	4.09(0.69)	3.63(0.83)	7.18***
좋은 인상	4.01(0.74)	3.96(0.81)	0.75
단정한 용모	3.94(0.67)	3.85(0.75)	1.58
온화한 인상	3.72(0.77)	3.74(0.71)	-0.35
침착한 행동거지	3.65(0.74)	3.96(0.80)	-4.82***
당당한 자세	3.65(0.78)	3.28(0.81)	5.45***
수려한 용모	3.37(0.79)	3.15(0.80)	3.29**
기품	3.28(0.80)	3.30(0.83)	-0.29
전체 평균	3.80(0.47)	3.62(0.49)	4.26***

**: p〈.01, ***: p〈.001

한국 대학생은 용모에서 예의바른 모습을 가장 중요하게 생각하고 있으며 다음으로 밝은 인상, 좋은 인상, 단정한 용모, 온화한 인상, 침착한 행동거지, 당당한 자세, 수려한 용모, 기품의 순으로 중요하다고 응답하였다. 수려한 용모가 비교적 낮게 나타난 것은 역시 용모의 단순한 미추는 인물 됨됨이와 상대적으로 관련이 덜하다는 인식의 반영으로 보인다. 기품이 가장 낮게 나타난 것은 이 용어가 오늘날 젊은이들 사이에서 일상적으로 쓰이지 않는 용어이므로 이해도

가 낮기 때문인 것으로 생각된다.

중국의 경우에는 중요시하는 순위가 다소 달라서 침착한 행동거지와 좋은 인상이 가장 중요도가 높고 다음으로 단정한 용모, 온화한 인상, 예의바름, 밝은 인상, 기품, 당당한 자세, 수려한 용모의 순으로 나타났다. 특히 한국과 중국의 대학생 간에 차이가 유의하게 나타난 항목은 예의바른 몸가짐, 밝은 인상, 침착한 행동거지, 당당한 자세, 수려한 용모 등이었다. 한국의 대학생이 예의바른 몸가짐, 밝은 인상, 당당한 자세, 수려한 용모를 중국 대학생들보다 더 중요시하고 중국 대학생들은 침착한 행동거지를 보다 중요하게 생각하는 것으로 나타났다.

(2) 정신력

최한기의 인물평가 척도에서 신기는 현대사회에서 통용되지 않아 일반인이 이해하기에는 어려운 개념이므로 이를 현대적 의미에 가장 가까운 정신력으로 정의하였다. 그리고 신기에 대해 최한기가 구체적으로 예시한 특성들을 현대적 용어로 바꾸어 제시하였다. 정신력 범주를 구성하는 문항은 10개 문항으로서 한·중 대학생의 중요도 인식 차이를 살펴보면 〈표 4〉와 같다.

한국의 대학생들은 정신력 가운데 끈기를 가장 중요하다고 응답했으며 다음으로 정서안정, 용기, 진취성, 강한 정신력, 통찰력, 직관력, 뛰어난 자질, 강직함, 총명함의 순으로 답했다. 정신력에 있어 능력의 차원보다는 성품의 차원을 보다 중요시함을 알 수 있다.

중국 대학생들은 진취성을 가장 중시했으며 끈기, 정서안정, 용기, 통찰력, 강한 정신력, 직관력, 강직함, 총명함, 뛰어난 자질의 순으로 응답해 비교적 유사한 경향을 나타냈다. 양국의 대학생 간에 유의한 차이가 있는 항목은 진취성, 통찰력, 뛰어난 자질, 강직함이었다. 한국 대학생이 뛰어난 자질을 조금 더 중요시한 반면, 중국학생들은 진취성, 통찰력, 강직함을 더 강조하였다.

〈표 4〉 정신력 범주 구성항목의 한 · 중 대학생 간 중요도 인식 비교

평균(편차)

문항	한국	중국	t 값
끈기	3,91(0.86)	3.94(0.90)	-0.33
정서안정	3.89(0.86)	3.90(0.93)	-0.11
용기	3.87(0.82)	3.82(0.87)	0.70
진취성	3.61(0.81)	3.98(0.92)	-4.98***
강한 정신력	3.58(0.88)	3.54(0.88)	0.56
통찰력	3.55(0.81)	3.72(0.87)	-2.47*
직관력	3.41(0.84)	3.53(0.98)	-1.58
뛰어난 자질	3.39(0.78)	3.20(1.04)	2.37*
강직함	3.36(0.86)	3.53(0.87)	-2.26*
총명	3.35(0.76)	3.31(0.81)	0.59
전체평균	3.59(0.61)	3.65(0.63)	-1.04

*: p〈.05, **: p〈.01, ***: p〈.001

(3) 덕성

한국과 중국의 대학생 모두 인물평가에서 가장 중요한 범주라고 지적한 덕성의 범주를 구성하는 문항은 15문항으로서 한·중 대학생 간의 차이는 다음과 같다〈표 5〉.

한국 대학생들은 덕성에 있어 신뢰성이 가장 중요하다고 했고 다음으로는 진실성, 성실성, 올바른 가치관, 이해심, 포용력, 겸손, 의리, 분별력, 정의로움, 절제력, 합리성의 순으로 응답했다. 헌신성, 인자함, 순수성은 중요도를 낮게 평가하였다. 중국 대학생들은 성실성, 올바른 가치관, 분별력, 이해심, 헌신성. 포용력, 절제력, 합리성, 겸손, 정의

로움, 진실성, 의리의 순으로 중요도를 평가했고 인자함, 신뢰성, 순수함의 중요도는 낮았다.

〈표 5〉 덕성 범주 구성항목의 한 · 중대학생 간 중요도 인식 비교

평균(편차)

문항	한국	중국	t 값
신뢰성	4.46(0.62)	3.44(1.05)	14.03***
진실성	4.29(0.73)	3.67(0.99)	8.40***
성실성	4.23(0.72)	4.24(0.81)	-0.06
올바른 가치관	4.17(0.75)	4.22(0.77)	-0.82
이해심	4.14(0.75)	4.05(0.78)	1.38
포용력	3.99(0.77)	4.02(0.84)	-0.47
겸손	3.98(0.80)	3.81(0.78)	2.55*
의리	3.97(0.76)	3.55(0.95)	5.91***
분별력	3.91(0,68)	4.16(0.67)	-4.28***
정의감	3.70(0.80)	3.70(0.74)	0.02
절제력	3.69(0.77)	4.01(0.84)	-4.63***
합리성	3.64(0.74)	3.98(0.77)	-5.30***
헌신성	3.36((0.84)	4.03(0.99)	-8.76***
인자	3.36(0.86)	3.47(0.91)	-1.47
순수성	3.33(0.91)	3.09(1.01)	3.00*
전체평균	3.88(0.45)	3.83(0.44)	1.43

*: p<.05, **: p<.01, ***: p<.001

한국과 중국 대학생 간에 유의한 차이를 나타낸 것은 신뢰성, 진실성, 겸손, 의리, 분별력, 절제성, 합리성, 헌신성, 순수성이었다. 신뢰성, 진실성, 겸손, 의리, 순수성은 한국 대학생들이 더 중요하게 여겼으며 분별력, 절제력, 합리성, 헌신성은 중국 대학생들이 보다 더 중요시했다.

(4) 행사

행사 범주는 12개 항목으로 구성되었다. 행사란 사람의 교제와 사업을 말하는데 주로 일을 처리하는 방식과 태도에 관한 것이다. 한국과 중국의 대학생 간에 행사 중요도의 전체 점수에서는 유의한 차이가 없으나 중요도 순위 및 항목별로는 차이를 보이고 있다〈표 6〉.

〈표 6〉 행사 범주 구성항목의 한 · 중 대학생 간 중요도 인식 비교

평균(편차)

문항	한국	중국	t 값
타인의견 존중	4.31(0.64)	4.10(0.78)	3.56***
책임감 있음	4.30(0.66)	4.20(0.64)	1.89
일처리 융통성	4.13(0.76)	3.98(0.84)	2.19*
언행일치	4.07(0.75)	4.18(0.85)	-1.70
대인관계 원만	3.99(0.74)	3.45(0.78)	8.53***
일처리 공정	3.95(0.75)	3.89(0.75)	0.84
일처리 신중	3.86(0.72)	3.53(0.78)	5.09***
일처리 잘함	3.85(0.74)	4.04(0.71)	-3.12**
규범준수	3.80(0.83)	3.47(0.94)	4.39***
공사구분 명확	3.72(0,90)	3.80(0.90)	-0.98
신망 있음	3.57(0.82)	4.16(0.99)	-7.66***
봉사심 있음	3.47(0.88)	3.38(1.09)	1.02
순리 따름	3.34(0.85)	3.45(0.77)	-1.62
전체평균	3.87(0.48)	3.82(0.47)	1.39

*: p〈.05, **: p〈.01, ***: p〈.001

한국의 대학생들은 행사에 있어 타인의 의견을 존중하고 책임감이 있는 것을 가장 중요하게 생각했고 다음으로는 일처리의 융통성, 언행일치, 대인관계 원만, 일처리 공정, 일처리 신중, 일처리 잘함, 규범준수, 공사구분 명확함, 신망 있음 순으로 중요하다고 했다. 봉사심,

순리 따름은 상대적으로 중요시하는 정도가 낮게 나타났다. 중국의 대학생들은 책임감을 가장 중요하게 평가했고 비슷한 정도로 언행일치, 신망, 타인의 의견존중, 일처리 잘 하는 것을 상대적으로 높이 평가했다. 다음으로 일처리의 융통성, 일처리 공정, 공사구분 명확, 일처리 신중의 순으로 평가했다. 규범 준수, 순리에 따름, 대인관계 원만, 봉사심의 중요도는 상대적으로 낮게 평가했다.

한국과 중국의 대학생에게 특히 유의한 차이가 있는 항목은 타인의견 존중, 대인관계 원만, 일처리 신중, 규범준수, 신망 있음, 일처리 잘함 등이었는데, 한국 대학생들이 타인의견을 존중하고 대인관계가 원만하여 일처리가 신중하고 규범을 준수하는 것을 중국학생들보다 더 중요하게 평가했고 일처리를 잘하고 신망이 있는 것은 중국 대학생들이 더 강조하였다. 한국의 대학생들은 일을 함에 있어서 보다 개인적인 차원에서 타인의 의견을 존중하고 배려하고 규범을 준수하면서 일처리를 신중하게 하는 것을 중요하게 여기는 관계지향적인 특성을 보여주고 있으며 중국의 대학생들은 일처리를 잘하고 신망이 있는 보다 과업지향적인 특성을 나타내고 있는 것으로 보인다.

(5) 견문

견문은 12개 항목으로 구성되었다. 한국과 중국 대학생의 견문 전체 평균점수는 유의한 차이가 없으나 역시 중요도 순위 및 항목들에 있어서는 차이가 있었다〈표 7〉.

한국의 대학생들이 견문의 범주에서 가장 중요시하는 항목은 부분보다 전체를 볼 수 있는 것, 개방적인 태도, 편견이 없음, 사리판단을 잘 함, 소신이 있음, 지혜로움, 안목이 넓음, 경험이 풍부함, 깊이 있는 앎, 배우기 좋아함의 순으로 나타났고 문화적 소양이나 학식이 풍부함은 중요도가 상대적으로 낮았다. 중국의 대학생들은 오히려 문화적 소양을 가장 중요시했고 다음으로 깊이 있는 앎, 사리판단, 풍부한 경험, 소신이 있음, 부분보다 전체 조망, 안목이 넓음, 편견이 없음, 개방적 태도, 배우기 좋아함의 순으로 답했고 지혜로움, 학식이 풍부함은 상대적으로 낮게 평가했다.

〈표 7〉 견문 범주 구성항목의 한 · 중 대학생 간 중요도 인식 비교

평균(편차)

문항	한국	중국	t값
부분보다 전체조망	4.01(0.76)	3.79(0.88)	3.22**
개방적 태도	3.92(0.77)	3.71(0.90)	2.95**
편견 없음	3.91(0.77)	3.72(0.81)	2.76**
사리판단 잘함	3.90(0.72)	3.85(0.70)	0.80
소신 있음	3.86(0.73)	3.80(0.90)	0.82
지혜로움	3.85(0.80)	3.51(0.74)	5.26***
안목 넓음	3.75(0.72)	3.73(0.83)	0.27
경험 풍부	3.71(0.78)	3.84(0.96)	-1.76
깊이 있는 앎	3.64(0.87)	3.92(0.76)	-4.10***
배우기 좋아함	3.56(0.86)	3.56(0.92)	-0.06
문화적 소양	3.36(0.85)	4.02(0.87)	-9.19***
학식 풍부	3.13(0.79)	3.37(0.95)	-3.23**
전체평균	3.72(0.48)	3.74(0.53)	-0.48

*: $p<.05$, **: $p<.01$, ***: $p<.001$

양국의 대학생 간에 크게 차이를 보이는 항목은 문화적 소양이었으며, 지혜로움, 깊이 있는 앎, 학식이 풍부함, 부분보다 전체 조망, 개방적 태도, 편견 없음에서도 유의한 차이를 보였다. 중국의 대학생들은 문화적 소양, 깊이 있는 앎, 학식이 풍부한 것을 더 중요하게 여겼고 한국의 대학생들은 지혜로움, 부분보다 전체 조망, 개방적이고 편견이 없는 것을 더 중요하다고 평가하였다. 이는 양국의 사회문화

적 차이를 반영하는 것으로 생각된다.

(6) 처지

처지는 개인의 성장과 활동에 영향을 미치는 지원체계이자 제약조건으로 작용하는 환경적 요인이다. 인물평가척도를 구상한 최한기가 살았던 당시의 절대적인 신분사회 조건과 현대 사회의 환경조건은 현격한 차이가 있지만 오늘날 이에 대한 중요도 인식이 어떠한가를 알아보는 것은 의미가 있다. 처지 범주의 항목은 11개 항목으로 구성하였다〈표 8〉.

〈표 8〉 처지 범주 구성항목의 한·중 대학생 간 중요도 인식 비교

평균(편차)

문항	한국	중국	t값
사회적 평판 높음	3.16(0.88)	3.41(1.01)	-3.13**
경제력 있음	3.16(0.88)	3.43(0.94)	-3.54***
사회적 영향력	3.03(0.91)	3.28(0.97)	-3.18**
사회적 관계 좋음	2.89(1.02)	3.83(1.09)	-10.59***
가족의 경제력	2.82(0.92)	3.06(0.90)	-3.12**
가족의 사회적 영향력	2.69(0.92)	3.02(1.05)	-3.98***
높은 학력	2.68(0.96)	2.80(0.87)	-1.66
가족의 사회적 지위	2.65(0.89)	3.03(1.06)	-4.70***
출신학교, 배경	2.63(0.96)	2.73(0.86)	-1.38
특정 종교 신자	2.32(1.10)	2.31(1.02)	0.15
특정 지역 출신	2.29(0.95)	2.46(0.90)	-2.29*
전체평균	2.76(0.71)	3.03(0.71)	-4.67***

*: $p<.05$, **: $p<.01$, ***: $p<.001$

전반적으로 처지 범주의 중요도 점수는 예상한 바와 같이 낮게 나타났다. 그러나 전체 점수에 있어서는 양국 간에 유의한 차이가 나타나 한국의 대학생보다는 중국의 대학생들이 처지를 중요시하는 정도가 다소 높았다. 처지 범주 가운데 한국의 대학생들은 사회적 평판이 높거나 경제력이 있는 것, 사회적 영향력이 있는 것 등을 다소 높이 평가한 반면, 특정 종교, 특정 지역 출신에 대해서는 매우 낮게 평가하였다. 중국의 대학생들은 사회적 관계가 좋은 것, 경제력이 있는 것, 사회적 평판이 높은 것 등을 좀 더 중요시하였으며 특정지역 출신, 특정 종교 배경 등에 대해서는 한국의 대학생들과 마찬가지로 낮게 평가하였다.

한국과 중국 대학생 간에 특히 차이를 보이는 항목은 사회적 관계가 좋은 것, 가족의 사회적 지위, 가족의 사회적 영향력, 경제력 있음 등으로 중국 대학생들이 이들을 더 중요하다고 평가하였다. 양국 모두 이러한 요인들이 인물됨에 영향을 어느 정도 미치고 있지만 한국 대학생보다는 중국 대학생들이 이러한 배경요인이 더 중요하다고 인식하고 있음을 알 수 있다.

3) 한 · 중 대학생의 사회인구학적 변인에 따른 인물평가 범주의 중요도

앞에서 인물평가요인의 중요도 인식에 대한 한국과 중국 대학생 간의 차이를 살펴보았다. 인물평가 요인의 중요도는 응답자들의 사회인구학적 특성에 따라 차이를 보일 수 있다. 여기서는 한국과 중국 대학생 응답자들의 성, 계열, 학년, 가족의 월소득에 따라 중요도 인식의 차이를 살펴보고자 한다.

(1) 한국대학생의 사회인구학적 특성에 따른 인물평가 범주의 중요도 인식 차이

한국대학생의 인물평가 6가지 범주의 중요도에 대한 인식이 사회인구학적 변인, 즉 성, 계열, 학년, 월소득에 따라 각각 어떠한 차이가 있는가를 알아보기 위해 일원변량분석 및 사후검증을 실시하였으며 그 결과는 다음과 같다〈표 9〉.

〈표 9〉 한국대학생의 사회인구학적 특성에 따른 인물평가 범주의 중요도 인식

평균(편차)

변인		용모	정신	덕성	행사	견문	처지
성	남	3.86(0.49)	3.73(0.57)	3.92(0.47)	3.90(0.49)	3.75(0.45)	2.71(0.76)
	여	3.76(0.46)	3.52(0.62)	3.86(0.44)	3.86(0.48)	3.70(0.50)	2.78(0.69)
	F 값	3.07	6.93**	0.93	0.29	0.92	0.48
계열	인문사회	3.77(0.44)	3.73(0.57)	3.85(0.41)	3.86(0.38)	3.70(0.45)	2.72(0.70)
	이공자연	3.83(0.51)	3.52(0.62)	3.92(0.50)	3.90(0.51)	3.73(0.53)	2.81(0.74)
	F 값	0.81	0.02	1.71	0.55	0.55	1.10
학년	1학년	3.79(0.48)	3.51(0.54)	3.91(0.45)	3.84(0.49)	3.61(0.44)	2.69(0.71)
	2학년	3.78(0.51)	3.57(0.59)	3.88(0.48)	3.88(0.48)	3.72(0.47)	2.77(0.77)
	3학년	3.82(0.45)	3.68(0.61)	3.92(0.36)	3.92(0.48)	3.77(0.51)	2.77(0.71)
	4학년	3.79(0.40)	3.56(0.72)	3.79(0.53)	3.81(0.49)	3.69(0.48)	2.75(0.61)
	F 값	0.08	0.96	0.91	0.57	1.19	1.19
월소득	~300만원	3.72(0.52)	3.39(0.65)	3.78(0.36)	3.63(0.37)	3.55(0.37)	2.63(0.68)
	301~400만	3.85(0.46)	3.68(0.61)	3.95(0.50)	3.96(0.47)	3.80(0.49)	2.69(0.63)
	401~500만	3.74(0.46)	3.57(0.69)	3.85(0.40)	3.88(0.61)	3.65(0.58)	2.74(0.90)
	501만원~	3.81(0.49)	3.73(0.54)	3.87(0.46)	3.92(0.48)	3.73(0.50)	2.83(0.63)
	F 값	0.66	2.40	0.96	4.02**	2.10	0.58

**: $p < .01$

〈표 9〉에서 알 수 있듯이 한국의 대학생은 용모 범주 영역의 중요

도 인식에 있어 성, 계열, 학년, 월소득에 따라 유의한 차이를 보이지 않았다. 정신력 범주에 있어서는 성에 따라서만 유의한 차이를 나타냈다. 즉 남학생이 여학생보다 정신력을 더 중요하게 여기는 것으로 나타났다. 덕성 영역에서도 응답자의 사회인구학적 특성에 따른 차이는 보이지 않았다. 행사의 영역에서는 월소득에 따른 차이가 나타났다. 평균차의 사후검증 결과 월소득 301만~400만 사이의 집단이 나머지 세 집단보다 행사의 중요성을 더 높게 평가했다. 견문과 처지 영역에서는 사회인구학적 변인에 따른 차이가 나타나지 않았다. 이와 같이 전반적으로 응답자의 사회인구학적 변인에 따른 차이가 나타나지 않은 것은 중요도 인식의 편차가 크지 않아 척도로서 보편적으로 적용할 수 있음을 말해준다고 하겠다.

(2) 중국대학생의 사회인구학적 특성에 따른 인물평가 범주의 중요도 인식 차이

중국대학생의 인물평가 범주별 중요도에 대한 인식이 사회인구학적 변인에 따라 어떠한 차이가 있는가를 알아보기 위한 분석 결과는 다음과 같다〈표 10〉.

중국의 대학생 집단은 사회인구학적 특성에 따라 한국의 대학생보다 각 범주별 중요도 인식에 있어서 유의한 차이를 나타냈다. 성별에 따라 유의한 차이를 보인 영역은 용모와 행사 범주이었는데 여학생이 남학생보다 용모와 행사를 중요시하는 것으로 나타났다. 학생들의 소속계열은 처지에 있어서만 유의한 차이를 보였다. 이공·자연계 학생들이 인문·사회계 학생들에 비해 처지를 다소 더 중요하다고 보고 있다. 학년은 모든 영역에서 유의한 차이를 나타냈는데 사후검증 결과 용모는 1학년과 2학년의 저학년일수록 중요시하였으나 특이하게도 3학년의 중요도 평균이 4학년보다 낮게 나타났다. 이러한 경향은 정신력 영역에서도 동일한 것으로 나타났다. 덕성의 범주는 1학년, 2학년, 4학년에 비해 3학년만 현저하게 낮은 반응을 보였다, 행사, 견문, 처지의 범주 역시 동일하게 3학년만 낮은 반응을 나타냈다, 이와 같이 일관적으로 나타난 3학년 집단의 낮은 중요도 평가는 이들의 특이성을 시사해주고 있지만 그 원인에 대해 해명하기가 어렵다.

〈표 10〉 중국대학생의 사회인구학적 특성에 따른 인물평가 범주의 중요도 인식

평균(편차)

변인		용모	정신	덕성	행사	견문	처지
성	남	3.53(0.49)	3.69(0.61)	3.84(0.43)	3.76(0.38)	3.72(0.54)	2.99(0.75)
	여	3.71(0.48)	3.61(0.64)	3.82(0.44)	3.87(0.53)	3.75(0.52)	3.07(0.66)
	F 값	9.30**	1.06	0.17	4.44*	0.24	0.81
계열	인문사회	3.58(0.37)	3.66(0.60)	3.83(0.41)	3.77(0.41)	3.71(0.49)	2.90(0.66)
	이공자연	3.69(0.64)	3.62(0.68)	3.83(0.49)	3.88(0.51)	3.78(0.59)	3.23(0.74)
	F 값	3.38	0.36	0.01	3.81	1.34	15.84***
학년	1학년	3.95(0.66)	4.06(0.70)	3.92(0.56)	4.01(0.45)	3.97(0.43)	3.51(0.60)
	2학년	3.83(0.52)	3.81(0.50)	3.93(0.42)	3.87(0.39)	3.79(0.39)	3.18(0.68)
	3학년	3.37(0.39)	3.49(0.62)	3.58(0.40)	3.60(0.42)	3.57(0.59)	2.79(0.61)
	4학년	3.65(0.43)	3.61(0.63)	3.93(0.38)	3.90(0.48)	3.78(0.53)	3.05(0.73)
	F 값	16.37***	6.66***	14.88***	10.07***	5.00**	8.46***
월소득	~300만원	3.74(0.71)	3.61(0.92)	4.04(0.42)	3.75(0.58)	3.58(0.70)	3.01(0.83)
	301~400만	3.61(0.47)	3.71(0.48)	3.70(0.52)	3.81(0.46)	3.85(0.57)	3.35(0.60)
	401~500만	3.58(0.42)	3.60(0.63)	3.93(0.31)	3.67(0.32)	3.72(0.35)	2.88(0.67)
	501만원~	3.66(0.45)	3.61(0.61)	3.81(0.42)	3.93(0.47)	3.60(0.55)	2.60(0.62)
	F 값	0.79	0.46	6.38***	1.66	3.04*	12.13***

*: p<.05, **: p<.01, ***: p<.001

월소득은 덕성, 견문, 처지 범주에서 유의한 차이를 보였는데 덕성의 중요도는 다른 세 집단에 비해 소득이 100만원 이하인 집단에서

가장 중요시하는 것으로 나타났다. 견문은 소득이 100만원 이하인 집단과 101만원~200만원 사이인 집단 간에 유의한 차이를 보여 소득이 가장 낮은 집단이 중요도 인식이 낮았고 후자의 중요도 인식이 가장 높았다. 처지의 중요도는 소득이 높은 집단에서 낮게 나타났는데 소득이 아주 낮은 집단보다 두 번째 집단에서 처지를 더욱 중요하다고 답한 것은 주목할 만하다. 소득이 하위에서 두 번째 집단이 견문과 처지를 어느 소득 집단보다 가장 중요시하고 있다는 것은 이들이 사회적 성취 및 상승에 대한 욕구가 높은 반면 현실의 환경적 조건의 제약에 보다 민감하기 때문인 것으로 생각된다.

5. 맺는 말

한·중 대학생의 인물관을 연구하기 위해 우리는 최한기 측인론에서 측인의 범주들과 범주를 구성하는 내용들을 추출하고 이 내용들을 측정하기 위해 현대적 의미의 용어로 바꾼 척도 질문지를 구성하고 조사를 실시하였다. 이 탐색적 연구를 통해 양국 대학생들의 인물관을 비교하고 최한기 측인론의 현대적 가치를 발견하려는 것이 본 연구의 일차적 목표였다. 그리고 현대 한국과 중국사회에서 고등교육을 받은 사람들이 동양의 유교문화에 기초한 인물상에 어느 정도 동의하고 있는지 한국과 중국의 대학생들을 대상으로 조사해봄으로써 최한기 측인론의 적실성 및 활용가능성에 대해 알아보고자 하였다.

이 연구에서 나타난 결과는 인물 평가에서 양국의 대학생 모두 중요시하는 범주는 덕성, 정신력, 행사이며 견문, 용모, 처지는 상대적으로 덜 중요하게 여긴다는 것이다. 특히 처지는 양국의 대학생 모두 중요하게 생각하지 않는 것으로 나타났다. 현실적으로는 많은 영향을 미치고 있다 할지라도 바람직한 인물의 요인으로는 동의하고 싶지 않은 것이 오늘날 대학생들의 일반적인 정서일 것이다. 한편 상대적으로 중요도가 낮은 범주 가운데 용모를 한국의 대학생들이 견문보다 약간 더 중요시하고 있는 것은 용모의 중요도 순위가 낮은 중국과 비교하여 한국 사회의 최근 분위기를 반영한다고 하겠다.

각 범주별로 중요도가 높거나 낮은 항목은 국가에 따라 다소 차이가 있으나 비교적 유사하게 나타났다. 용모 범주에서는 예의바름, 밝은 인상, 좋은 인상, 단정한 용모의 중요도가 높았고 수려한 용모, 기품, 당당한 자세의 중요도는 낮았다. 정신력에서는 끈기, 안정된 정서, 용기, 진취성의 중요도가 높고 총명함, 뛰어난 자질, 강직함, 직관력의 중요도는 낮았다. 덕성범주에서는 신뢰성, 진실성, 성실성, 바른 가치관, 이해심의 중요도가 높은 반면 헌신성, 인자함, 순수성의 중요도는 낮게 나타났다. 그러나 중국 대학생들은 헌신성을 중요시하였다. 행사 범주에서는 타인의견 존중, 책임감, 일처리 융통성, 언행일치를 중요시했고 봉사심, 순리 따르기는 중요시 정도가 낮았다, 견문 범주에서는 전체조망능력, 개방성, 편견 없음, 사리판단을 중시했고 문화적 소양이나 학식이 풍부한 것은 가장 덜 중요시하였다. 그러나 중국 대학생들은 문화적 소양에 대한 중시정도가 높게 나타났다. 처지 범주의 중요도는 낮게 나타났으나 사회적 평판이 높고 경제력이 있으며 사회적 영향력이 있는 것 등을 상대적으로 중시하고 학력, 출신학교, 배경, 가족의 사회적 지위, 특정 종교, 지역 출신은 중요시하지 않는 것으로 나타났다.

이러한 결과를 놓고 볼 때 결론적으로 한국과 중국의 대학생들은 인물을 평가하는데 있어 타고난 고정된 요인이나 개인의 재능, 자질보다는 길러질 수 있는 도덕성과 도덕적 행위의 측면을 더욱 더 중요하게 생각하는 것으로 볼 수 있다. 즉 '난사람'보다 '된사람'을 선호한다는 것이다. 이는 어느 정도 예상할 수 있었던 결과이며 인물평가에 대한 전통적인 의식이 젊은 세대에게도 여전히 이어지고 있음을 말해주는 것이다. 또한 응답자의 인구학적 특성에 따라 중요도 인식에서 큰 편차가 없었다는 사실은 이 인물평가척도가 유교문화권에서 보편적으로 적용가능함을 시사하는 것이기도 하다. 이 연구는 탐색적인 시도로서 이러한 사실들을 확인했다는데 의의가 있다. 그러나 연구 대상이 특정 지역, 또 대학생에 국한되었다는 점에서 결과를 일반화하기에는 한계가 있으며 최종 척도의 구성을 위해서는 대학생 외에 일반 성인들을 대상으로 지역을 확대하여 연구할 필요성이 있다. 앞으로 최한기의 인물평가이론에 기초한 한국적 인물평가척도를 개발한다면 학교에서의 인성교육 및 인재선발을 위한 기초자료로 유용하게 활용할 수 있을 것으로 본다.

Chapter 12

측인범주에 따른 대학생의 타인평가와 자기평가

PART 3

Chapter 12

12장

측인범주에 따른 대학생의 타인평가와 자기평가

1. 머리말

이 연구는 앞 장의 한·중 대학생의 인물관 연구에 이어 최한기가 측인론에서 제시하고 있는 인물평가론의 현대적 활용을 위해 본격적인 타인평가 및 자기평가 척도를 개발하기 위한 조사연구이다. 앞선 연구는 유교문화를 공유하고 있는 한·중 대학생의 인물관 비교를 통해 전통적 인물관에 대학생들이 어느 정도 동의하고 있는가를 살펴본 탐색적 연구로서 인물의 특성을 묘사하는 다양한 형용사들을 측인의 범주에 의거하여 제시하고 문항의 적합성을 살펴보았다. 이 연구는 활용성에 중점을 두고 구체적인 진술문을 통해 타인평가와 자기평가를 조사하여 측인의 범주요인을 규명하고 확인하여 보다

더 압축적인 척도를 개발하고자 하였다

지금까지 이론적 고찰에서 살펴본 바와 같이 최한기의 일통적 기학과 소통적 측인론은 확고한 기학적 세계관에 근거하여 전인격적 평가범주를 제시해 주고 있다. 최한기의 기학에 따르면 인간은 인신운화적 존재로서 통민운화와 대기운화를 승순함으로써 자신의 정체성을 확보할 수 있다. 최한기의 3층운화론에 따르면 인간은 자기 완결적이고 폐쇄적인 개체가 아니고 우주적, 사회적 존재임을 강조한다. 기학적 이론구조에서 인간은 자연의 법칙과 사회적 규범과 소통함으로써 인신운화를 실현할 수 있는 열려 있는 존재이다. 그리고 측인론에서 측인범주로 제시된 용모, 신기, 덕성, 행사, 견문, 처지 등은 인간의 전인격을 포괄한다. 측인론의 다양한 범주들은 신체와 정신, 지적 능력과 도덕성, 앎(지식)과 실천(행위), 선천적 재질과 후천적 자질을 천인운화의 실현이라는 대동적 근거를 통해 통합한다. 이렇게 볼 때 최한기의 기학과 측인론은 현대인의 소통적이고 통합적인 타인평가와 자기평가를 가늠하는 척도로서 의의가 크다 하겠다.

측인론에서 측인은 추기측인推己測人, 즉 자신을 미루어 남을 헤아린다는 뜻을 담고 있다. 추기가 자기에 대한 평가라면 측인은 타인에 대한 평가에 해당한다. 또한 자기평가가 주체적 자아에 대한 평가라면 타인평가는 사회적 자아에 대한 평가라 할 수 있다. 타인평가가 사회적 자아에 대한 평가라 할 수 있는 것은 자신의 이상적인 자아상이 타인 평가에 투사되기 때문이다. 측인은 타인을 평가의 대상으로 삼지만 자신의 자아상이 평가의 출발점이 된다는 점에서 추기와 분리되지 않는다. 타인평가와 자기평가는 밀접한 상호관련성을 가지고 개인 안에서 상호작용하면서 그의 자아개념과 자아존중감에 영향을 미친다. 바람직한 인물상을 기준으로 하여 자아상을 평가하고 또한 자아상에 대한 긍정 여부가 타인평가에 영향을 준다고 볼 수 있기 때문이다.

이 장에서는 최한기의 측인론에서 추출한 범주와 진술문들로 구성한 척도를 통해 대학생들의 타인평가의 기준을 알아보고 이들이 중요시하는 특성들이 각 범주 요인과 부합하는지, 그 범주요인을 구성하는 문항들이 적합한 것인지를 살펴보고자 한다. 그리고 대학생들이 스스로를 어떻게 평가하고 있는지를 동일한 문항의 척도를 가지고 조사하여 자기평가와 타인평가의 차이를 분석함으로써 그 의미를 파악하고자 한다. 궁극적으로는 준거변인으로서 자아존중감 변인을 도입하여 타인평가 및 자아평가와 자아존중감의 관계를 규명함으로써 척도의 타당성과 활용가능성에 대해서 알아보고자 한다.

2. 연구방법 및 절차

1) 척도의 구성

본 연구의 척도는 세 가지 종류로 구성되었다. 먼저 대학생의 인물평가관을 알아보는 타인평가 척도, 자신을 평가하도록 한 자기평가 척도, 그리고 준거 변인으로서 도입한 자존감 척도를 사용하였다. 타인평가란 다른 사람을 평가할 때 중요시하는 기준을 묻는 것이며 자기평가란 자신의 특성을 어떻게 지각하고 있는가를 묻는 것이다. 타인평가와 자기평가의 두 척도는 본 연구자가 제작하였고 자존감척도는 로젠버그(Rosenberg)가 개발하고 전병제(1974)가 번역한 10개 문항의 자존감척도를 이용하였다.

타인평가 척도구성을 위해서는 이론적 배경에서 살펴본 바와 같이 『인정』「측인문」과 「감평」을 중심으로 용모, 신기, 덕성, 행사, 견문, 처지의 6개 범주를 추출하였다.[1] 이상의 6개 범주에 대해 인정에 묘사된 내용을 기초로 하고 선행연구[2]를 검토하여 각 범주별로 인물의 특성을 가장 적절하게 묘사하는 진술문항을 구성하였다. 범주에 따른 진술문항은 한국학 및 교육학, 사회학을 전공한 전문학자들에게 내용타당도를 검증받는 절차를 거쳤다.

최종 선정된 진술문항은 각 범주별로 6개 문항 씩 총 36문항으로 구성되었다. 타인평가 문항에 대한 응답은 5점 리커트 척도로 측정하였으며 '전혀 중요하지 않다' 1점, '별로 중요하지 않다' 2점, '그저 그렇다' 3점, '중요한 편이다' 4점, '매우 중요하다' 5점을 부여하였다. 점수가 최소한 3점 이상, 그리고 5점에 가까울수록 중요하다고 인식하는 것이다.

자기평가 척도는 타인평가 문항을 가지고 나의 특성을 묘사하는 문항으로 바꾸어 만들었으며 5점 리커트 척도로 측정하였다. 응답은

---

1 측인의 범주와 요인에 대해서는 이 책 7장(기학과 측인범주)와 8장(측인의 요인)에서 자세히 다루었다.

2 이수원 · 김정권 · 조긍호. 1974.「인물평가형용사의 적절성, 호오도, 양면가 측정」,『한국심리학회지: 일반』, Vol.2(1), 41-46쪽

조긍호. 1986.「대인평가차원의 분화: 발달적 조망」,『사회심리학 연구』, 3-1, 169-198쪽.

김명순 · 김성희. 2012.「대학생용 유교적 인성척도 개발」,『교육학연구』, 제 50권 제 1호, 28-53쪽

심경섭 외 5인. 2012.「유교가치관 척도 개발연구」,『한국심리학회지: 일반』, 31(2), 465-491쪽

유가효 · 이영찬. 2015.「최한기 측인론에 따른 인물평가 척도 구성을 위한 예비적 연구」,『사회사상과 문화』, 18(1), 151-185쪽

'전혀 그렇지 않다' 1점, '그렇지 않은 편이다' 2점, '그저 그렇다' 3점, '그런 편이다' 4점, '매우 그렇다' 5점을 주었다. 적어도 3점 이상이 되어야 자기평가가 긍정적이라고 할 수 있다. 자아존중감 척도는 4점 리커트 척도이며 '거의 그렇지 않다' 1점, '가끔 그렇다' 2점, '자주 그렇다' 3점, '거의 언제나 그렇다' 4점으로 되어 있다.

2) 조사대상 및 조사방법

조사 대상은 D시의 K대학 대학생 300명으로 2차에 걸쳐 조사를 실시하였다. 1차 조사는 타인평가와 자아존중감에 관한 질문내용을 가지고 계열, 학년을 고려하여 수업시간에 설문지를 배부하고 질문의 의미와 내용을 충분히 설명하고 응답하도록 한 뒤 바로 회수하는 방식과 이메일을 통해 설문지를 전송하고 받는 방식을 병행하였다. 2차 조사는 자기평가에 관한 질문내용으로 같은 방법으로 시행했으며 1차 설문의 내용이 주는 영향을 최소화하기 위해 1차 조사 후 약 한 달의 간격을 두고 2차 조사를 실시하였다. 회수된 질문지 가운데 불성실한 응답을 제외하고 1, 2차 설문에 모두 응답한 261명의 자료가 최종 분석에 사용되었다.

3) 분석방법

수집한 질문지의 통계분석은 SPSS WIN 20 프로그램을 이용하여 분석하였다. 먼저 조사대상자의 특성과 배경변인을 알아보기 위해 빈도분석을 실시하였다. 다음으로 타인평가와 자기평가, 자존감의 구성타당도 및 신뢰도를 검증하기 위해 요인분석과 신뢰도분석을 실시하였다. 타인평가의 요인분석 및 문항분석을 통해 요인부하치가 낮거나 중요도가 낮은 문항을 제외하고 자기평가 척도의 요인분석과 신뢰도분석을 실시하였다. 척도 요인을 설정하고 이 요인변인들에 대해 사회 인구학적 변인에 따른 차이를 검증하고자 t-test와 일원변량분석을 실시했다. 또한 척도의 준거타당도를 알아보기 위해 타인평가 척도와 자기평가 척도의 자아존중감에 대한 상관관계 분석을 실시하였다.

4) 조사대상자의 특성

이 연구의 조사대상자인 대학생의 사회인구학적 특성을 살펴보면 다음과 같다 〈표1〉. 남학생이 107명(41.0%), 여학생이 154명(59.0%)이며 학년별로는 1학년이 54명, 2, 3, 4학년이 각각 69명이 조사되었다. 주관적인 경제수준은 중류층이 46.3%, 다음으로 중하층이 29.2%로 나타났다. 본 연구의 대상자들은 스스로 중상 이상이라고 생각하는 사람보다는 중하 이하라고 생각하는 사람이 더 많음을 알 수 있다. 부모의 교육수준은 고졸이 43.8%로 가장 많고 그 다음이 대졸(34.5%)인 것으로 나타났다.

〈표1〉 조사대상자의 특성

특성	구분	인원수	백분율
성별	남	107	41.0
	녀	154	59.0
학년	1학년	54	20.7
	2학년	69	26.4
	3학년	69	26.4
	4학년	69	26.4
경제수준	하	13	5.1
	중하	75	29.2
	중	119	46.3
	중상	44	17.1
	상	6	2.3
부모교육수준	중졸이하	12	4.7
	고졸	113	43.8
	전문대졸	33	12.8
	대졸	89	34.5
	대학원졸	11	4.3

3. 연구결과

1) 대학생의 타인평가관

(1) 타인평가의 범주 요인분석

최한기의 측인 범주에 따라 문항을 구성하고 요인분석을 한 결과 8개 요인이 추출되었다. 즉 측인론에서 이론적으로 뽑아낸 범주는 용모, 신기, 덕성, 행사, 견문, 처지의 6개 범주이었으나 용모범주가 '관상의 중요성'과 '신체 매력'의 2개 요인으로 나뉘어졌고 신기범주는 '재질'과 '정신력'의 두 요인으로 나뉘어져 8개 요인이 추출되었으므로 고유값 순위에 따라 행사, 견문, 처지, 덕성, 관상, 신체적 매력, 정신력, 재질로 명명하였다〈표2〉.

요인별 신뢰도를 살펴보면 행사 요인이 .80, 견문 요인이 .79, 처지 요인이 .70, 덕성 요인이 .73, 관상 요인이 .79, 신체적 매력 요인이 .59, 정신력 요인이 .61, 재질 요인이 .57로 나타났다. 신체적 매력 요인, 정신력 요인, 재질 요인의 신뢰도가 .70 이하로 비교적 낮게 나타난 것은 요인에 포함된 문항수가 적기 때문이다. 이를 자기평가와 비교하기 위해 측인의 이론적 범주와 주성분 요인분석의 통계치 결과를 고려하여 관상과 신체 매력 요인을 합하여 용모 요인으로 보고 재질과 정신력 요인을 합하여 신기요인으로 보면 각각의 신뢰도는 .78과 .58이다.

대학생의 타인평가 요인별로 구성문항의 평균점수를 살펴보면 행사 요인에서 가장 높은 비중을 두는 항목은 책임감(4.45점)이었고 견문 요인에서는 지식이 많은 것(3.66점)을 중요시했다. 처지 요인에서는 가정교육(4.27점)을, 덕성 요인에서는 예의바름(4.38점)과 공감(4.36점)을, 신체 매력 요인에서는 외모호감도(4.13점)를 중시했고, 정신력 요인에서는 의지력(4.28점)과 용기(4.27점)를 높이 평가하는 것을 알 수 있다. 한편 중요도를 3점 이하로 낮게 평가한 문항은 가족의 전통이나 가풍이 있는 것(2.51점), 성격과 재능의 관련성(2.81점), 재능과 관상의 관련성(2.23점), 운명과 관상의 관련성(2.46점)이었다. 따라서 이와 같이 중요도가 낮은 문항은 자기평가 척도의 구성에서는 제외할 필요성이 있다고 생각된다.

〈표2〉 타인평가 척도의 각 요인별 문항내용과 신뢰도

문항내용	문항평균	문항-요인상관
요인 1 : 행사		
17. 옳고 그른 것을 잘 판단하는 지혜가 있어야 한다	4.29	.65
18. 신의를 지키는 것이 중요하다	4.23	.71
19. 일처리는 소신을 갖고 해야 한다	4.17	.72
20. 일을 맡으면 책임을 다해야 한다	**4.45**	**.68**
22. 일을 감당할 수 있는 능력을 갖추어야 한다	4.06	.49
23. 공적인 일과 사적인 것을 잘 구분하여 처리해야 한다	4.16	.49
요인1 평균: 4.23	신뢰도 : Cronbach's α=.80	
요인 2 : 견문		

25. 새로운 것을 알고자 하는 지적인 호기심을 가져야 한다	3.60	.67
26. 사람은 배우기를 좋아해야 한다	3.60	.66
28. 문화예술적 감성을 갖추어야 한다	3.61	.78
29. 풍부한 교양을 갖추어야 한다	3.58	.78
30. 사람은 아는 것이 많아야 한다	**3.66**	**.45**
요인2 평균: 3.61	신뢰도 : Cronbach's α=.79	
요인 3: 처지		
32. 사람답게 사는 데는 교육수준이 높아야 한다	3.17	.53
33. 주변에 도움을 받을 수 있는 지인이나 친척들이 많아야 한다	3.00	.55
34. 가족의 전통이나 가풍이 있는 것이 중요하다	2.51	.75
35. 가족에 대한 평판이 좋아야 한다	3.03	.76
36. 가정교육을 잘 받아야 한다	**4.27**	**.40**
요인3 평균: 3.20	신뢰도 : Cronbach's α=.70	
요인 4 : 덕성		
11. 타인과 공감하는 능력을 가져야 한다	**4.36**	**.60**
13. 사람은 본성이 착해야 한다	3.64	.54
14. 다른 사람을 배려하는 마음을 가져야 한다	4.16	.70
15. 불의한 일을 보거나 부당한 일이 있으면 바로잡으려는 마음이 있어야 한다	3.72	.50
16. 다른 사람을 대할 때 예의를 다해야 한다	**4.38**	**.57**
17. 대인관계를 원만하게 해야 한다	4.18	.61
요인4 평균: 4.07	신뢰도 : Cronbach's α=.73	
요인 5 : 용모-관상		
1. 관상이 좋아야 한다	3.24	.63
2. 사람의 성격은 관상과 상관이 있다	2.81	.80
3. 사람의 재능은 관상과 상관이 있다	2.23	.82
4. 사람의 운명은 관상과 상관이 있다	2.46	.81

1. 관상이 좋아야 한다	3.24	.63
2. 사람의 성격은 관상과 상관이 있다	2.81	.80
3. 사람의 재능은 관상과 상관이 있다	2.23	.82
4. 사람의 운명은 관상과 상관이 있다	2.46	.81
요인5 평균: 2.69	신뢰도 : Cronbach's α=.79	
요인6 : 용모-신체 매력		
5. 호감을 주는 외모가 대인관계에서 중요하다	**4.13**	**.60**
6. 외모가 잘 생겨야(예뻐야) 한다	3.36	.57
요인6 평균: 3.75	신뢰도 : Cronbach's α=.59	
요인 7 : 신기-정신력		
8. 마음먹은 것을 끝까지 해내는 의지력이 있어야 한다	**4.28**	**.58**
9. 사람은 용기가 있어야 한다	**4.27**	.65
요인 7 평균: 4.28	신뢰도 : Cronbach's α=.61	
요인 8 : 신기-재질		
7. 사람에게는 타고난 기질이 중요하다	3.61	.74
10. 타고난 재능이 중요하다	3.67	.74
12. 사람이나 사물, 사건의 본질을 통찰하는 능력이 있어야 한다	3.79	.43
요인 8 평균: 3.69	신뢰도 : Cronbach's α=.57	

(2) 타인평가 요인 중요도와 요인별 문항 평균

대학생의 타인평가 요인에 있어 중요하게 생각하는 요인의 순위를 살펴보면 〈표3〉 신기 범주의 정신력 요인을 가장 높이 평가하였고 다음으로 행사, 덕성, 신체 매력, 재질, 견문, 처지, 관상의 순으로 평가하였다. 정신력, 행사, 덕성요인은 모두 4점 이상으로 중요하게 생각하고 있었고 신체매력, 재질, 견문은 평균점이 3점 중반대로서 보다 중요도가 떨어지며 처지요인의 중요도도 낮은 편이다. 관상요인은 3점 이하로서 그다지 중요하게 여기지 않는 것으로 나타났다. 오늘날의 대학생들은 관상에 대한 인지도 및 이해도가 낮을 뿐만 아니라 용모를 보는 기준이 과거와 달라 관상보다는 호감을 주는 외모와 미적인 매력을 더 중요하게 여기는 것으로 생각된다.

〈표3〉 타인평가 요인별 평균

요인	정신력	행사	덕성	신체 매력	재질	견문	처지	관상
평균	4.28	4.23	4.07	3.75	3.69	3.61	3.20	2.69
표준편차	0.54	0.46	0.47	0.72	0.71	0.61	0.59	0.79

(3) 사회인구학적 변인에 따른 타인평가 요인

대학생의 타인평가 요인별 중요도가 성별, 학년, 경제수준, 부모교육수준에 따라 차이가 있는가를 살펴보았다. 대학생의 타인평가 요인별 중요도는 성별로는 차이가 없었고 학년별로는 재질과 행사에서만 차이를 나타냈다. 4학년이 다른 학년에 비해 타인평가에서 재질을 중요시하고 있었다. 경제수준별로는 관상, 덕성, 견문, 처지에서 유의한 차이를 보였는데 중상층 이상이 하층에 비해 관상을 중요시했다. 덕성과 견문, 처지 역시 상층이 하층보다 중요시하는 것으로 나타났다. 부모교육수준에 따라서는 관상에서만 유의한 차이를 나타냈으며 부모가 대졸인 집단이 다른 집단에 비해 관상을 중요시하는 정도가 높았다 〈표4〉.

〈표4〉 타인평가 요인의 사회인구학적 변인에 따른 차이

범주	관상	신체 매력	재질	정신력	덕성	행사	견문	처지
성별								
남	2.71	3.82	3.74	4.34	4.05	4.27	3.64	3.25
여	2.66	3.69	3.65	4.23	4.09	4.20	3.58	3.15
t	0.46	1.36	1.11	1.67	0.70	1.16	0.67	1.38
p	.65	.18	.27	.10	.49	.25	.50	.17
학년								
1	2.69	3.70	3.65	4.33	4.14	4.18	3.62	3.20
2	2.62	3.78	3.57	4.25	4.13	4.32	3.66	3.09
3	2.80	3.71	3.65	4.22	3.96	4.09	3.54	3.23
4	2.63	3.78	3.89	4.30	4.08	4.29	3.61	3.26
f	0.81	0.24	3.71	0.51	1.89	3.64	0.43	1.14
p	.49	.87	.012*	.62	.13	.013*	.73	.33
경제수준								
상	2.96	4.08	4.22	4.33	4.31	4.56	4.30	4.00
중상	3.07	3.82	3.74	4.28	4.09	4.28	3.58	3.13
중	2.66	3.65	3.64	4.27	4.08	4.21	3.65	3.26
중하	2.54	3.80	3.69	4.29	4.11	4.23	3.50	3.06
하	2.25	3.81	3.69	4.12	3.71	4.03	3.66	3.18
f	4.69	1.08	1.44	0.31	2.51	1.59	2.73	4.34
p	.001**	.37	.22	.87	.043*	.18	.030*	.002**
부모교육수준								
중졸이하	2.44	3.58	3.56	4.25	4.13	4.14	3.45	3.28
고졸	2.65	3.79	3.71	4.32	4.10	4.24	3.64	3.18
전문대졸	2.54	3.58	3.68	4.20	3.97	4.06	3.50	3.05
대졸	2.87	3.75	3.65	4.26	4.09	4.27	3.63	3.27
대학원졸	2.27	3.86	3.88	4.14	3.95	4.24	3.71	3.16
f	2.72	.80	.56	.60	.71	1.43	.65	.87
p	.030*	.524	.694	.663	.587	.225	.630	.481

*p〈.05, **p〈.01

2) 대학생의 자기평가

(1) 자기평가 척도 요인분석

1차 설문조사에서 수집한 자료의 요인분석을 통해 타인평가의 중요도가 낮은 문항(평균이 3점 이하인 문항)과 어느 요인에도 적재되지 않고 요인부하치가 낮은 문항을 제외하고 2차 설문조사를 통해 수집한 자기평가 척도 자료를 요인분석한 결과 자기평가 척도는 6요인으로 추출되었다. 타인평가 척도와는 요인구성 문항에서 다소 차이를 보였으나 요인구성은 측인론의 범주와 더 부합하는 것으로 생각된다. 이 요인들은 측인의 범주 명칭인 용모, 신기, 덕성, 행사, 견문, 처지로 명명하였다. 요인 및 구성문항과 평균점수, 신뢰도는 다음과 같다〈표5〉.

요인별 신뢰도를 살펴보면 행사 요인이 .80, 견문 요인이 .75, 용모 요인이 .75, 처지 요인이 .75, 신기 요인이 .74, 덕성 요인이 .66이었다. 덕성 요인이 다소 낮게 나타났으나 대체로 양호한 것으로 나타났다.

자기평가의 요인별로 구성문항의 평균점수를 살펴보면 행사 요인에서 자기평가가 가장 높은 항목은 신의 중시(4.04점)와 책임감(4.04점)이었고 신기 요인에서는 정의감(3.52점), 용모 요인에서는 좋은 관상(3.34점), 견문 요인에서는 배움 좋아함(3.52점), 처지 요인에서는 가정교육(4.05점), 덕성 요인에서는 예의바름(4.22점)이었다. 타인평가에서 중요하다고 생각하는 특성을 자기평가에서도 높이 평가하고 있으나 전반적으로는 타인평가 점수보다는 자기평가의 점수가 낮음을 알 수 있다. 특히 자기평가가 3점 이하로 낮은 항목은 자신의 재능(2.89점), 풍부한 교양(2.96점), 아는 것이 많음(2.90점) 등으로 이들이 평범한 대학생임을 고려할 때 충분히 있을 수 있는 결과이다.

〈표5〉 자기평가 척도의 각 요인별 문항내용과 신뢰도

문항내용	문항평균	문항-요인상관
요인 1 : 행사		
17. 나는 옳고 그름을 잘 판단하는 지혜가 있다	3.67	.55
18. 나는 신의를 지키는 것을 중요하게 여긴다	4.04	.54
19. 나는 일처리를 소신을 갖고 한다	3.85	.73
20. 나는 일을 맡으면 책임을 다한다	4.04	.76
22. 나는 일을 감당할 수 있는 능력을 갖추었다	3.64	.61
23. 나는 공적인 일과 사적인 것을 잘 구분하여 처리한다	3.58	.44
요인 1 신뢰도 : Cronbach's α=.804		
요인 2: 신기		
7. 나는 타고난 기질이 좋다	3.15	.70
8. 나는 마음먹은 것은 끝까지 해내는 의지력이 있다	3.30	.44
9. 나는 용기가 있다	3.43	.68
10. 나는 타고난 재능이 많다	2.89	.71
15. 나는 불의한 일을 보거나 부당한 일이 있으면 바로잡으려고 한다	3.52	.53
요인 2 신뢰도 : Cronbach's α=.736		
요인 3 : 용모		
1. 나는 관상이 좋다는 말을 듣는다	3.34	.71
5. 내 외모는 다른 사람들에게 호감을 준다	3.22	.82
6. 나는 잘 생겼다(예쁘다)라는 말을 듣는다	3.06	.79
요인 3 신뢰도 : Cronbach's α=.749		
요인 4: 견문		

25. 나는 새로운 것을 알고자 하는 지적인 호기심이 많다	3.50	.73
26. 나는 배우는 것을 좋아한다	**3.52**	.74
28. 나는 풍부한 문화예술적 감성을 갖추었다	3.21	.66
29. 나는 풍부한 교양을 갖추었다	2.96	.75
30. 나는 아는 것이 많다	2.90	.61
요인 4 신뢰도 : Cronbach's α=.754		
요인 5: 처지		
31. 우리 가족은 어느 정도 경제력을 갖추었다	3.23	.73
32. 우리 가족의 교육수준은 대체로 높다	3.22	.69
33. 내 주변에 도움을 줄 수 있는 지인이나 친척들이 많다	3.17	.71
35. 우리 가족에 대해 주변의 평판이 좋다	3.70	.73
36. 나는 가정교육을 잘 받았다	**4.05**	.60
요인 5 신뢰도 : Cronbach's α=.745		
요인 6 : 덕성		
11. 나는 다른 사람에게 공감하는 능력이 좋다	3.88	.43
13. 나의 본성은 착하다	3.75	.80
14. 나는 다른 사람을 배려하는 마음을 갖고 있다	3.93	.76
16. 나는 다른 사람을 대할 때 예의를 다한다	**4.22**	.48
17. 나는 대인관계가 원만하다	3.83	.52
요인 6 신뢰도 : Cronbach's α=.663		

(2) 대학생의 타인평가와 자기평가의 비교

가. 평가 범주별 비교

대학생의 타인평가의 중요도 순위는 행사, 덕성, 신기, 견문, 용모, 처지의 순서로 나타난 것에 비해 자기평가의 순위는 덕성, 행사, 처지, 신기, 견문, 용모의 순으로 나타났다. 즉 타인을 평가할 때는 행사를 더 중시하고 자신을 평가할 때는 덕성을 더 긍정적으로 평가하는 것을 알 수 있다. 타인평가에서는 겉으로 드러나는 면과 일을 같이 할 때의 특성을 중요시하는 반면 자기평가에서는 내면적인 특성을 더 평가하는 것으로 보인다.

대체로 타인평가에서 중요시하는 것에 비해 자신에 대한 평가는 다소 낮아서 스스로 기대치에 못 미치는 것으로 보고 있는 것으로 나타났다. 즉, 행사, 덕성, 신기, 견문, 용모 요인에 있어 중요하다고 생각하는 정도보다는 자신을 낮게 평가했다. 그러나 처지 요인에 있어서는 중요시하는 것보다는 자신을 조금 더 긍정적으로 보고 있었다.

타인평가 중요도와 자기평가가 특히 큰 차이를 보이는 요인은 신기 요인, 행사 요인, 견문 요인이었다. 이러한 차이는 조사 대상 대학생들이 자신의 재질과 정신력, 일처리 능력, 견문이 부족하다고 인식하고 있음을 보여주며 이것은 이들의 자아존중감에 영향을 미칠 것으로 생각된다〈표6〉.

〈표6〉 타인평가와 자기평가의 요인별 평균 비교

요인	행사	덕성	신기	견문	용모	처지
타인평가	4.23	4.07	3.99[3]	3.61	3.21[4]	3.20
자기평가	3.80	3.92	3.28	3.24	3.19	3.34

나. 대학생의 타인평가 요인과 자기평가 요인의 상관관계

대학생의 타인평가 요인과 자기평가 요인의 상관관계를 살펴보면

3 정신력과 재질을 합산한 평균점수임(신뢰도 Cronbach's α=.584)

4 관상과 신체적 매력을 합산한 평균점수임(신뢰도 Cronbach's α=.738)

관상 중시는 자신의 용모 및 처지 평가와 유의한 정적 관계가 있으며 신체매력 중시는 자신의 용모평가와 유의한 정적 관계가 있고 정신력 중시는 자기평가의 6개 요인 모두와 유의한 정적 상관이 있었다. 덕성 중시는 신기, 덕성, 행사, 처지의 자기평가와 정적 상관이, 행사, 견문 중시는 용모를 제외한 자기평가 5개 요인 모두와 정적인 상관을 보였다. 처지 중시는 견문과 처지의 자기평가와 정적 상관이 있었다. 특히 그 중에서도 보다 높은 상관을 보인 것은 타인평가요인에 상응하는 자기평가요인이었다. 즉, 타인평가에 있어서 관상과 신체적 매력을 중시하는 사람일수록 자신의 용모에 대해 긍정적 평가를 하고 정신력을 중시하는 사람은 자신의 신기에 대해 긍정적 평가를, 덕성을 중시하는 사람은 자신의 덕성을 보다 긍정적으로 평가하고 행사를 중시하는 사람은 자신의 행사를, 견문을 중시하는 사람은 자신의 견문을, 처지를 중시하는 사람은 자신의 처지에 대해 긍정적 평가를 하는 경향이 나타났다〈표7〉.

〈표7〉 타인평가 요인과 자기평가 요인의 상관관계 분석

	용모	신기	덕성	행사	견문	처지
관상	**.214****	.118	.059	.031	.086	.140*
신체 매력	**.193****	.068	.109	.086	.057	.014
재질	.038	.124	.109	.118	.092	.032
정신력	.196**	**.287****	.228**	.245**	.188**	.159*
덕성	.065	.148*	**.331****	.268**	.051	.157*
행사	.042	.263**	.193**	**.395****	.177**	.268**
견문	.063	.219**	.150*	.204**	**.481****	.213**
처지	.067	.102	.037	.061	.161**	**.237****

*p〈.05, **p〈.01

다. 사회인구학적 변인에 따른 대학생의 자기평가

대학생의 자기평가가 사회인구학적 변인에 따라 차이가 있는가를 살펴본 결과 성별은 신기 요인에서만 차이를 나타냈고 다른 요인들에서는 차이를 보이지 않았다. 남학생이 여학생보다 스스로의 신기를 높이 평가했다. 학년은 요인 중 용모에 대한 평가에서만 유의한 차이를 나타냈다. 즉 2,3학년이 1학년에 비해 용모에 대해 긍정적인 평가를 보였다. 경제수준은 용모와 덕성에서는 차이를 보이지 않았지만 신기, 행사, 견문, 처지의 여러 요인에서 차이를 나타냈다. 경제수준이 낮은 경우보다 높은 경우에 자신의 신기와 행사, 견문, 처지를 높이 평가했다. 부모의 교육수준은 처지 요인에서만 차이를 가져왔는데 교육수준이 낮을수록 자신의 처지에 대한 평가가 낮았다. 덕성 요인은 어떠한 사회인구학적 변인에 의해서도 차이를 보이지 않았다〈표8〉.

〈표8〉 사회인구학적 변인에 따른 대학생의 자기평가 차이

범주		용모	신기	덕성	행사	견문	처지
성별							
	남	3.13	3.39	3.91	3.83	3.28	3.33
	여	3.23	3.20	3.93	3.78	3.21	3.35
	t	−1.14	2.65	−0.35	0.82	0.92	−0.18
	p	.26	.01**	.72	.41	.36	.86
학년							
	1	3.0	3.26	3.97	3.74	3.18	3.33
	2	3.30	3.34	3.93	3.89	3.33	3.34
	3	3.30	3.25	3.87	3.73	3.16	3.43
	4	3.14	3.27	3.92	3.82	3.27	3.27
	f	2.84	0.36	0.49	1.49	1.10	0.92
	p	.04*	79	.69	.22	.35	.43

경제수준						
상	3.44	3.72	4.23	4.17	3.87	4.11
중상	3.42	3.53	3.95	3.92	3.23	3.67
중	3.17	3.22	3.92	3.77	3.19	3.43
중하	3.10	3.22	3.88	3.81	3.23	3.09
하	2.97	3.03	3.92	3.48	3.08	2.65
f	2.08	4.44	.87	3.03	2.60	20.77
p	.08	.00**	.49	.02*	.04*	.00**
부모교육수준						
중졸이하	3.08	3.04	3.93	3.60	3.00	2.67
고졸	3.26	3.33	3.92	3.83	3.30	3.28
전문대졸	2.96	3.16	3.95	3.80	3.12	3.32
대졸	3.20	3.29	3.91	3.79	3.24	3.52
대학원졸	3.22	3.41	4.00	3.75	3.24	3.33
f	1.42	1.19	.11	.69	1.13	8.29
p	.08	.32	.98	.60	.34	.00**

*p<.05 **p<.01

3) 대학생의 타인평가 및 자기평가와 자아존중감 간의 관계

(1) 타인평가 요인과 자아존중감 간의 관계

타인평가 요인 중요도와 자아존중감의 상관관계를 살펴보면 타인평가 요인 가운데 자아존중감과 정적인 상관을 보인 요인은 정신력, 덕성, 행사, 견문이었다. 정신력, 덕성, 행사, 견문을 중시하는 사람일수록 자아존중감이 높은 것으로 나타났다. 상관계수는 비교적 비슷한 수준이었으나 타인평가에서 정신력과 행사를 중시할수록 덕성과 견문을 중요시하는 경우보다 자아존중감이 높은 것을 알 수 있다〈표9〉.

〈표9〉 타인평가 요인과 자아존중감 간의 상관관계 분석

	관상	신체매력	재질	정신력	덕성	행사	견문	처지
관상								
신체매력	.257**							
재질	.146*	.379**						
정신력	-.061	.176**	.233**					
덕성	.017	.058	.216**	.358**				
행사	-.026	.134*	.246**	.461**	.532**			
견문	.125*	.116	.193**	.262**	.191**	.363**		
처지	.238**	.235**	.187**	.077	.118	.166**	.383**	
자아존중감	.044	-.016	.012	.271**	.229**	.276**	.217**	-.053

(2) 자기평가와 자아존중감 간의 관계

자기평가 요인과 자아존중감 간의 상관관계를 살펴보면 자기평가 요인 모두와 자아존중감은 매우 유의한 상관을 나타내고 있다. 즉 자신의 용모, 신기, 덕성, 행사, 견문, 처지에 대해 높이 평가할수록 자아존중감이 높다고 할 수 있다. 특히 자아존중감과 높은 상관을 보이는 요인은 신기로서 신기에 대한 자기평가가 높을수록 자아존중감이 높다. 다음으로는 행사요인으로 행사에 대한 자기평가가 높을수록 자아존중감이 높음을 알 수 있다. 다음은 견문과 덕성이 비슷한 수준이며 용모가 그 다음으로 자아존중감과 상관이 높다. 6 요인 가운데는 처지에 대한 자기평가가 자아존중감에 기여하는 정도가 가장 낮음을 알 수 있다. 이것은 앞의 타인평가에서 드러난 것과 유사성이 있는 결과이다.

그러나 앞에서 요인별 자기평가점수의 결과와 놓고 볼 때는 자신의 덕성에 대한 평가점수(3.92)가 가장 높고 그 다음이 행사(3.80)이고 신기는 비교적 낮았음(3.28)을 볼 때 자신의 능력 및 성취와 관련되는 특성이 자아존중감에 더 기여하는 것으로 보인다. 이는 현대사회가 성취지향적인 특성을 가지고 있기 때문으로 생각된다〈표10〉.

〈표10〉 자기평가와 자아존중감 간의 상관관계 분석

	용모	신기	덕성	행사	견문	처지
용모						
신기	.301**					
덕성	.189**	.431**				
행사	.175**	.509**	.434**			
견문	.291**	.461**	.209**	.349**		
처지	.284**	.319**	.280**	.293**	.293**	
자아존중감	.310**	.537**	.337**	.436**	.341**	.274**

(3) 타인평가, 자기평가, 자아존중감의 관계

마지막으로 타인평가총점, 자기평가총점, 자아존중감 총점수 간의 상관관계를 살펴보았다〈표11〉. 타인평가는 자기평가와 매우 유의한 상관이 있으며 자아존중감과는 유의하지만 상대적으로 낮은 상관을 나타냈다.

한편 자기평가는 자아존중감과 매우 높은 상관이 있는 것으로 나타났다. 본 연구에서 자기평가척도의 준거타당도를 알아보기 위해 자아존중감 척도를 준거변인으로 사용하였는데 이는 최한기의 측인론에 기반한 자기평가척도가 한국적 인물관에 기초한 자아개념 및 자아존중감을 알아볼 수 있는 충분히 의미 있는 척도가 될 수 있음을 시사한다.

〈표11〉 타인평가 총점, 자기평가총점, 자아존중감의 상관관계 분석

	타인평가총점	자기평가총점	자아존중감
타인평가총점			
자기평가총점	.400**		
자아존중감	.196**	.561**	

4. 맺는 말

이 연구는 최한기의 측인 범주에 따라 개인의 행동과 태도에 관한 진술문항을 구성하여 대학생을 대상으로 1차 조사에서 타인평가의 기준을 알아보고 이를 자기평가척도로 바꾸어 1개월의 간격을 두고 2차 조사를 실시하였다. 또한 자기평가척도의 준거타당도를 알아보기 위해 기존의 자존감척도를 1차 조사의 설문에 포함시켜 조사하였다. 자료의 분석에 있어서는 요인분석을 통해 척도의 구인타당도와 신뢰도를 알아보고 평균차 검증 및 일원변량분석, 상관관계분석을 실시하였다.

이 연구의 자료 분석에서 나타난 결과는 다음과 같다. 먼저 타인평가의 요인분석에서는 측인의 6개 범주가 8개 요인으로 분류되었다.

덕성, 행사, 견문, 처지는 각각 상응하는 하나의 요인으로 수렴되었으나 신기는 두 요인으로 나뉘어 '타고난 재질'과 '정신력'으로 명명하였고 용모 역시 두 요인으로서 '관상'과 '신체적 매력'으로 명명하였다. 8개 요인 가운데 평균점이 높은 요인의 순서를 보면 '정신력', '행사', '덕성', '신체매력', '재질', '견문', '처지', '관상'이었다. 특히 '관상'은 3점이 못되는 것으로 나타나 중요시하지 않음을 알 수 있었다.

자기평가척도의 요인분석에서는 타인평가 자료 분석 결과 드러난 평균점이 낮은 문항들과 요인부하치가 분산된 문항들을 제외한 결과 6개 요인으로 분류되었다. 이 6개 요인은 측인의 범주와 상응하였다. 이와 같이 타인평가요인과 자기평가요인 간에 차이를 보인 것은 신기 범주가 복합적인 개념으로서 선천적 자질의 요소와 정신력의 요소를 포함하고 있어 개념적으로 구분되는 내용이기 때문인 것으로 추론된다. 타인평가는 관념적인 수준에서 응답하기 때문에 별개의 요인으로 추출된 것으로 보이며 자기평가의 경우는 개념상으로는 다르나 한 개인 안에서는 복합적으로 연결되어 존재할 수 있는 특성이므로 한 요인으로 묶인 것으로 보인다. 한편 용모요인의 경우는 관상에 대한 신뢰를 묻는 문항과 신체적 호감도에 관한 문항이 같이 포함되어서 두 요인으로 나뉘어졌으므로 '관상에 대한 태도' 문항들의 평균점이 3점 이하로 낮게 나타난 것을 감안하여 자기평가 요인분석에서는 이들 문항들을 제외시키고 한 요인으로 분석하였다.

결과분석에서 타인평가에서 높은 점수를 보인 요인은 행사, 덕성, 신기, 견문, 용모, 처지의 순으로 나타났고 자기평가에서 높은 점수를 보인 요인은 덕성, 행사, 처지, 신기, 견문, 용모의 순이었다. 타인평가에서는 행사를 보다 중요시하고 자기평가는 자신의 덕성을 좀 더 긍정적으로 평가하였다. 또한 타인평가에서는 처지를 중요시하지 않음에 비해 자신의 처지는 보다 긍정적으로 보고 있었다. 그러나 전반적으로 이 연구의 조사대상자들은 자신에 대한 평가를 타인평가의 기준보다 다소 낮게 평가하는 경향이 있음을 보여준다.

대학생들의 타인평가와 자기평가 간에는 유의한 상관관계가 있었으며 또한 자기평가는 자아존중감과 상당히 높은 상관관계를 보였다. 그 중에서도 특히 자신의 신기 요인 즉, 재질과 정신력을 다른 요인보다 높이 평가할수록 자아존중감이 높은 것으로 나타났다. 다음으로는 자신의 행사 요인과 자아존중감의 상관성이 높았다. 반면 유의하지만 가장 낮은 상관을 보인 것은 처지 요인이었으며 다음은 용모였다. 상황적, 외적 요인보다 자질 및 정신력, 일처리와 적응능력 등이 자아존중감에 더 기여한다는 것은 매우 의미 있는 결과이다. 이는 현대사회가 성취지향적인 특성을 가지고 있기 때문에 개인의 자질과 능력 등 성취와 관련되는 특성이 자아존중감에 더 기여한다는 것을 말해준다.

결론적으로 이 연구는 최한기의 측인론에 의거한 타인평가 및 자기평가척도가 한국적 인물관과 그에 기초한 자아개념 및 자아존중감을 측정할 수 있는 의미 있는 척도가 될 수 있음을 보여준다. 또한 오늘날 강조되고 있는 자기계발과 인성함양교육에 이 척도가 활용될 수 있음을 시사한다.

1. 측인론의 현대사회심리학적 함의

2. 요약 및 의의

Chapter 13

결론 장

PART 3

Chapter 13

13장

결론 장

1. 측인론의 현대사회심리학적 함의

한국사회가 탈산업사회화로 인해 서비스 산업의 비중이 증가하고, 인적, 사회적 자본이 중요한 생산수단으로 등장할수록 사람에 대한 올바른 지각과 판단의 필요성은 더욱 증가하고 있다. 타인에 대한 지각과 평가 그리고 이를 통해 예견되는 운명의 예측은 사회적 상호작용을 위해 인류가 집단생활을 영위하기 시작하면서부터 어떠한 형태로든 존재해 왔다. 그래서 일찍부터 동·서양을 막론하고 사람의 현재적 성격을 분석하고 앞으로의 운명을 예언하는 이론이 제도적 혹은 비제도적 학문으로서 발달해 왔다. 예컨대, 서양 관상학의 경우 역사적으로 메소포타미아 지방에서는 '예언적 관상학'이 주류를 이루었다면, 그리스-로마 사회에서는 개인의 성격분석에 치중한 '분석적 관상학'이 주류를 이루었다.[1] 아리스토텔레스는 사람과 동물의 외형적 유사성을 통해 한 사람의 내적 자질을 판단한 분석적 관상학의 선구자였다.[2] 동양사회에서도 고대로부터 역학, 명리학, 성명학, 관상학, 점복 등 다양한 인물평가 방식과 사상이 있었다. 명리학, 성명학 등이 분석적이라면, 역학, 점복 등은 예언적 인물평가 방식이라 하겠다. 이들 인물평가 이론은 일상의 삶에서뿐만 아니라 학문과 수행의 방편으로도 활용되어 왔다. 그런데 근대사회로 접어들면서 전통적 인물평가 이론들은 비과학적, 미신적 지식으로 치부되어 제도권 학문에서 도외시되어 왔다. 대신 제도권에서는 현대 사회심리학에서 이성과 합리성에 근거하여 대인지각, 인상형성 이론 등 과학적 인물평가 이론으로 계승되어 명맥을 이어오고 있다.

사회심리학적 인상형성 이론은 크게 개인의 특성들에 의한 '게슈탈트적 인상형성 이론'과 '상관관계적 인상형성 이론'으로 나눌 수 있다. 게슈탈트적 이론에 따르면 대인 인상형성은 개인의 특성이 가산되거나 종합되어 '전반적인 인상(overall impression)'을 형성한다. 개별적 특성을 통해 전반적인 인상이 형성될 수 있는 것은 개인의 특성들 간에는 관계성이 존재하고 이로써 특성들이 일정하게 조직화되기 때문이다. 다시 말하면, 지각자는 각자 자신의 '암묵적 성격 이론(implicit personality theory)'을 갖고 이를 통해 '중개 인상형성(intervening impression formation)'이 이루어지기 때문이다. Asch 등이 주장하는 게

---

1 김덕호, 2002, 서평, 「설혜심의 『서양의 관상학: 그 긴 그림자』」, 『영국연구』, Vol. 8 129쪽.

2 아리스토텔레스가 저술한 『관상학』은 다음 여섯 가지 내용으로 구성되어 있다. 1. 성격을 드러내는 신체의 부위, 2. 성상(또는 덕성)을 나타내는 신체의 외양, 3. 남성과 여성의 신체적 차이, 4. 남녀의 외모와 태도의 비교, 5. 다양한 동물의 외모와 행동(특히 사자와 표범), 6. 외양(얼굴 모양, 신체 각 부문, 목소리, 빛깔)을 통해 추론할 수 있는 성격 등이다. 이들 내용들은 모두 성격분석과 관련되어 있다. (설혜심, 2002, 『서양의 관상학: 그 긴 그림자』, 한길사, 52쪽 주 12).

슈탈트적 관점은 사람의 특성 가운데 중심특성이 존재하고, 이 중심특성이 전반적인 인상형성에 영향을 준다고 보는 관점이다. 반면 Bruner와 Tagiuri가 주장하는 상관관계적 관점에서는 포함된 특성이 무엇인지에 상관없이 어떤 특성은 특별히 다른 어떤 특성과 높은 상관을 갖는 것이 있는데 이미 우리들의 머리 속에 그런 관계가 존재한다는 것이다.[3]

또한 대인지각을 연구하는 사회심리학자들은 인상형성에서 다양한 특성정보가 종합되어 처리되는 과정에 대해 가산의 원리, 평균의 원리, 가중치평균의 원리 등 다양한 방법론을 제시하고 있다. 가산원리를 주장하는 학자는 개인의 호의적이든 부정적이든 모든 특성정보를 가산하여 얻은 점수로 전반적인 인상형성이 이루어진다고 본다. 평균원리를 주장하는 학자는 모든 특성정보를 가산한 점수를 특성의 수로 나눈 평균 점수로써 전반적 인상형성이 이루어진다고 본다. 가산원리에 따르면 호의적인 정보가 많으면 많을수록 전반적 인상이 호감을 갖게 되지만 평균원리에 의하면 인상은 호의적인 특성을 위주로 보여줄 때 호감을 얻게 된다.

가산원리와 평균원리의 공통적 문제점 중 하나는 모든 인상형성에 작용하는 특성을 동일하게 취급한다는 것이다. 실제로 인상형성을 할 때 우리는 특히 중요한 몇 몇 특성에 더 중점을 두는 경향이 있다. 예를 들어, 내 자신이 본래 지적 능력을 중시하는 사람이면 다른 특성들보다 지적 능력을 더 중요하게 볼 것이고, 아마추어 야구클럽에서 선수를 뽑는다면 신체적 능력을 더 중요시하게 된다. 우리가 전체 인상을 형성할 때 각 특성에 부여하는 중요성이 달라진다는 점에 착안하여 일부 학자들은 가중치평균원리를 주장하고 있다. 이와 같은

3 홍성열, 2008, 『사회심리학』, 시그마프레스, 218쪽 참조.

대인지각 이론과 방법론에 비추어 최한기의 측인론이 갖는 사회심리학적 함의를 몇 가지로 요약해 보고자 한다.

첫째, 사회심리학적 대인지각 방법이 대체로 '암묵적 성격이론'이나 '중개인상형성'과 같은 자신의 주관적인 심적 기제에 의존하는 반면, 최한기의 인물평가 방법은 객관적인 다섯 가지 평가요인(伍具)과 조작 가능한 보조 요인(伍發)을 통해 보다 객관적이고 종합적인 평가가 이루어질 수 있다. 이점은 대인지각의 기능을 개인의 주관적 인상형성의 차원에 머물지 않고 인물평가에 대한 객관적인 척도로 활용할 수 있는 여지를 제공한다.

둘째, 최한기는 평가의 주체로 심학의 마음이 아니라 신기란 기적 존재를 상정하였다. 신기에 의한 평가는 마음의 기능에 한정되지 않고 몸도 신기로서 의식할 수 있는 능력을 갖고 있다는 것을 인정한 것이다. 이로써 대인지각의 개념을 마음의 지각에서 '몸의 지각'으로 확장시킬 수 있었다. 최한기가 인물평가가 평가 주·객체 상호간의 신기의 감통을 통해 이루어질 수 있음을 강조하는 것도 이 때문이다.

셋째, 최한기는 인물평가를 용모나 행위에 한정하지 않고 심층의 형질기와 운화기를 헤아려야 한다고 함으로써 평가의 심층적 토대를 밝혔다. 그가 형질기의 청·탁·강·약과 운화기의 활·동·운·화를 인식의 대상으로 삼은 것은 평가에 선천적인 요인을 중시한다는 점에서 의의가 있다. 사회심리학에서 인물평가가 이른바 '대인지각'이나 '인상형성' 등 개체적 차원에서 이루어지는 것에 비하면 형질기와 운화기에 근거한 평가는 심층적이면서 동시에 우주론적 근거를 갖는 평가방식이라 할 수 있다.

넷째, 사회심리학적 연구에 의하면 우리가 타인에 대해서 여러 가지 특징들을 보게 되지만, 이는 결국 하나의 질문에 귀결된다고 보는데,

곧 그 사람이 좋으냐 혹은 싫으냐는 것이다.[4] 이것은 대인지각적 판단의 최종적 기준이 호오도好惡度라는 주장이다. 최한기는 인물평가에서 인도가 최종적 준적이 되어야 한다고 보았다. 인도는 천명이자 결국 천인운화를 실현하는 대동사회의 규범이다. 인물의 귀천, 선악, 연추, 길흉이 인도에 순응하는가의 여부와 정도에 달렸다고 봄으로써 인물평가의 규범성을 매우 강조하고 있다.

다섯째, 사회심리학의 대인지각이 성격분석적 지각이라면, 이에 비해 최한기의 인물평가는 미래예측적 평가란 성격이 강하다. 인물평가 요인에서 기품이 차지하는 비중이 절반에 가깝다. 기품은 후천적으로 다소 변화될 수 있는 소지는 있지만 거의 선천적으로 주어지는 것이다. 따라서 최한기의 인물평가는 사람들의 후천적인 성격을 분석하기보다는 기품에 기초하여 인물의 특성을 파악한다. 그의 인품평가가 사회심리학의 성격분석에 비하면 사람들의 안정적이고 변하지 않는 특성에 더욱 의존함으로써 미래에 대한 예측의 비중을 높혔다.

여섯째, 사회심리학의 대인지각이 현실적응과 통제의 기능을 갖는다면[5], 최한기의 인물평가는 도덕 수행적 기능을 중시한다. 그는 자신의 몸을 닦는 수신과 남을 헤아리는 측인이 분리되지 않는다고 보았다. "자수自修하는 도리를 아는 자는 측인하는 도리를 알 수 있고, 또 능히 측인하는 도리로 자수하는 도리를 권면하고 경계할 수 있다면, 측인이 곧 자수하는 도리가 되고 자수하는 것도 측인 가운데 있게 된다."[6] 측인과 자수自修가 분리될 수 없다는 사상은 유교적인 지

---

4 한덕웅 외, 2005, 『사회심리학』, 학지사, 131쪽.

5 Heider는 사람들이 만나는 상대방의 성격, 기호, 습관 등에 대해서 판단을 내리는 것은 환경을 예측하고 통제하려는 욕구를 지녔기 때문이라 보았다. (위의 책, 123쪽).

6 『인정』「측인문1」(총론): 知自修之道者 可知測人之道 又能測人之道 勸戒我自修之道 則測人卽是自修之道 自修亦在測人之中

식관을 계승하고 있음을 보여준다. 유교가 추구하는 궁극적 지식은 천도의 체득에 있고, 천도의 체득은 자신의 완전한 본성의 자각에 달려 있기 때문이다. 측인은 자신의 본성을 자각하는 자수의 가장 좋은 방편이 될 수 있다. 그는 인물평가를 통해 수기·치인, 수신·제가·치국·평천하하여 대동사회를 건설하는데 기여할 인물을 헤아리고자 했다. 그에게 있어 인물평가는 곧 수기의 일이며 결국 천인일통의 평천하의 사회를 건설하는 일과 상통한다.

2. 요약 및 의의

아래에서는 지금까지 각 장에서 논의된 내용을 간략히 요약하고 그것이 갖는 의의 내지 함의를 살펴보고자 한다.

제 1장 '서장'은 도입부로서 측인의 의미, 측인론 등장의 사회적 배경, 측인론의 학문적 지향점, 측인론의 이론적 근거인 기학의 구조, 측인과 여타 인물평가 방법(지인, 상인 등)의 특성, 그리고 측인개념에 내포된 현대 사회심리학의 대인지각적 함의 등을 개괄하였다.

제 2장 '기학과 한국학의 정체성'에서는 최한기 기학이 한국학의 정립에 어떤 의미와 가치를 갖는지를 살펴보았다. 최한기의 측인론은 기학을 토대로 정립되었고 자생적 한국학 이론이라는 점에서 의의가 크다. 지구화와 다문화주의가 확산될수록 세계는 하나의 큰 질서의 흐름으로 통합되고 한국사회도 불가피하게 그 일부로 편입되어가

고 있다. 근대 이후 한국학은 고유한 역사와 문화에 토대한 국학으로서의 정체성은 약화되고 세계질서에 종속된 지역학으로서의 정체성이 강화되어 왔다. 그러나 최근에는 지구화와 다문화주의의 확산이 전통문화와 가치에 대한 재발견과 회복의 욕구를 자극하여 한국학에 대한 관심이 증가하고 있다. 최한기의 기학은 한국학에서 국학의 르네상스를 위해 충분히 주목할 만한 가치가 있었다. 그는 기학의 정립을 통해 한국학의 이론적 정체성과 학문적 가치성, 그리고 방법론적 보편성을 확보함으로써 자립적 국학으로서의 정체성을 확립하는 데 기여한 바가 컸다. 최한기 기학이 현대 한국학에 갖는 함의를 다음과 같이 간추려 볼 수 있겠다.

첫째, 최한기가 기학을 창립할 때 가졌던 문제의식은 현대 한국학의 이론적 정체성 확립에 시사하는 점이 많다. 최한기가 시도한 동·서 사상의 비판적 종합은 현대 한국학의 이론과 방법론 구성에서도 모범이 될 수 있을 것이다.

둘째, 최한기의 기학은 한국학의 토착적 이론 창조의 필요성을 제시한다. 그의 토착적 한국학 이론 정립은 한국학이 지향해야 할 최종적 목표이자 한국학의 학문적 독립성 확보의 관건이 된다.

셋째, 최한기의 기학은 한국학이 통합적 학문으로 자리매김할 필요성을 제시한다. 최한기의 기학에는 오늘날의 인문학과 사회과학, 그리고 자연과학이 통합되어 있다.

넷째, 최한기의 기학에는 대동의 사상이 다분히 내포되어 있다. 그는 기의 운화법칙이 동서고금에 대동하다는 것을 논증하면서 세계에 존재하는 사소한 차이와 차별을 기학적으로 해명했다.

제 3장에서는 '기학적 인식론'에 대해 살펴보았다. 측인, 곧 사람을 헤아리는 것도 하나의 기학적 인식행위라 볼 때 기학적 인식론은 기학적 측인론의 토대가 된다. 최한기는 동서의 학문과 사상을 소통시

킬 필요성을 절감하였으며 이를 위한 이론적 토대로서 기학을 정립하였다. 기학은 서양의 과학적 성과를 담아내고 동시에 유교적 윤리를 지지했으며 천하에 일통하는 철학체계를 마련했다. 이 장에서는 기학적 인식의 일반적인 특징을 살펴보았고, 인식주체인 신기에 대해 설명하였다. 이어서 기학적 인식대상으로서 활동운화와 3층운화를 분석하고, 인식목표가 일통철학의 정립과 대동사회의 실현에 있음을 설명하였다. 마지막으로, 인식방법으로서 경험추측과 준적의 확립에 대해 살펴보았다. 그의 기학적 인식론에 내포된 소통의 내용을 정리하면 다음과 같다.

첫째, 과학적 지식과 윤리적 가치 간의 소통이다.

최한기는 과학과 윤리의 체계를 기의 활동운화를 통하여 정립하였다. 과학의 대상인 자연과 윤리의 대상인 인간은 모두 일통적 기의 일부이고 이 기는 각기 다른 물리를 갖지만 모두 천리를 공유한다. 개물個物로서 인간이 갖는 인기는 천기를 승순하는 것으로써 가치를 부여받고, 선악이 판가름 난다. 기학적 세계관에서는 과학적 지식과 윤리적 가치가 일통을 이룬다.

둘째, 학문적 범주 간의 소통이다.

최한기의 일통철학은 학문적 범주들을 소통시켰다. 그는 기의 운화를 일신운화, 통민운화, 대기운화 등 3층으로 구분하였는데, 3층운화는 현대과학에서 각각 인문과학, 사회과학, 자연과학에 거의 해당한다. 이들 3층운화는 일기一氣이기 때문에 기학체계 안에서 모든 학문은 하나로 소통한다.

셋째, 객관적 진리와 주관적 지식 간의 소통이다.

기학은 객관적 인식과 주관적 인식을 종합하였다. 경험추측을 통해 객관적 인식이 증대하면 습염지리가 기질의 변화를 초래한다. 기질의 변화는 내가 가진 추측지리를 대기의 유행지리와 소통하게 하여 객관적인 진리가 주관적인 지식으로 마음속에 형체화되는 것이다.

제 4장에서는 '기학적 인간관'에 대해 살펴보았다. 최한기의 측인론은 그의 기학적 인간관을 이론적 토대로 삼고 있다. 최한기 기학은 근대적 인간관을 내포하고 있다. 기학에는 근대적 인간에 대한 각성, 주체적 인간상의 확립, 지적·과학적 인간의 탄생, 사회적 존재로의 성장, 역사적으로 성장하는 존재로서의 인간관을 발견할 수 있었다. 기학적 인간관을 통하여 최한기의 기학이 한국의 전근대와 근대를 잇는 가교로서의 역할을 담당할 수 있는 인간학적 토대를 해명할 수 있다. 최한기의 기학적 인간관의 특징을 다음과 같이 요약할 수 있다.

첫째, 기학적 인간관은 인간을 신기적 존재로 파악함으로써 인간에 대한 실증적 접근을 가능하게 하였다.

둘째, 기학적 인간관이 이성의 각성을 강조함으로써 인간 정신의 자유로운 활동과 무한한 진보의 가능성을 제시했다.

셋째, 기학적 인간관은 인간의 주체성을 강조함으로써 성리학의 전체주의적 세계관에서 벗어나 개인주의적 인간을 탄생시킬 수 있는 이념적 토대를 제공했다.

넷째, 기학적 인간관은 사물에 대한 인식이 대기운화라는 자연법칙에 의존하는 과학주의적 관점을 가졌다. 자연의 물리적 법칙을 인간 사회의 규범적 원리로 간주하였다.

다섯 째, 기학적 인간관은 인간의 도덕성을 선천적 본성이 아니라 구체적인 사회적 관계에서 구하고 있다는 점에서 인간을 사회적 존재로 인식하였다.

여섯 째, 기학적 인간관은 인간 정신이 지속적으로 성장한다는 신념을 갖고 있어 낙관적인 세계관을 가졌다.

제 5장에서는 '기학적 인간이해'에 대해 살펴보았다. 최한기의 측

인론은 그의 기학적 인간이해와 밀접하게 연관되어 있다. 현대사회의 많은 사회문제는 그 근원을 천착해 들어가면 인간의 몸과 마음, 본성과 규범의 대립적 이원화에 뿌리를 두고 있음을 발견할 수 있다. 몸과 마음의 분리는 욕망과 이성의 분열을 초래하고 본성과 규범의 부조화는 개인과 사회 간의 부적응을 초래하였다. 최한기의 일기 일통적 철학에 근거한 기학적 인간이해는 이러한 현대적 인간의 분열적 인간상을 극복하는 데 많은 시사점을 제시한다. 기학적 인간이해가 갖는 의의를 다음과 같이 요약할 수 있겠다.

첫째, 최한기는 인간에 대해 윤리보다 물리를 중시하는 자연주의적 접근을 시도했다는 데 의의가 있다. 최한기는 성리학적 성·리를 모두 신기로 인식함으로써 인간에 대한 탈윤리적인 접근을 가능하게 했다.

둘째, 최한기는 기학의 일통적 철학을 통해 인간적 요소들 간의 대립적 이원성을 극복했다. 몸과 마음, 본성과 인도는 모두 신기운화적 산물이며 이들 간의 대립적 이원성은 존재하지 않는다.

셋째, 최한기의 인간이해는 몸의 존재성을 부각시킨 데 큰 의의가 있다. 최한기는 몸을 마음과 본성이 깃들어 존재할 수 있는 공간으로 보았다. 마음과 본성은 몸을 억압함으로써 발현되는 것이 아니라 몸을 통해서 비로소 실현될 수 있다고 보았다.

마지막으로, 최한기의 인간이해는 인물평가의 새로운 관점을 제시해 주었다는 점에서 의의가 크다. 기학적 인간관은 바람직한 정치사회(대동사회)를 실현하기 위해 인간이 갖추어야 할 자질을 밝히고 있다.

제 6장에서는 '측인론의 개념과 의의'에 대해 살펴보았다. 현대사회에서 이른바 인적, 사회적 자본의 비중이 증가할수록 타인에 대한 지각과 평가는 일상 생활세계의 삶에서뿐만 아니라 모든 수준의 사회적 관계에서 갈수록 중요시된다. 최한기의 측인론은 한국적 문화풍

토가 가장 잘 반영된 인물평가 이론이라 할 수 있다. 최한기의 측인론의 특징을 다음과 같이 요약할 수 있겠다.

첫째, 최한기는 측인의 주체로 심학의 마음이 아니라 신기를 상정하였다. 이를 통해 최한기는 인식의 주체로서 마음과 객체로서 몸의 경계를 허물고 마음과 몸을 일통시키는 인식론을 제시할 수 있었다. 신기에 의한 측인은 마음의 기능에 한정되지 않고 몸도 신기를 통해 의식할 수 있는 능력을 갖고 있다는 것을 인정하는 셈이다.

둘째, 최한기는 측인을 용모나 행위에 한정하지 않고 심층의 형질기와 운화기를 헤아려야 한다고 함으로써 측인의 심층적 토대를 밝혔다. 사회심리학에서 인물평가가 이른바 '대인지각'이나 '인상형성' 등 개체적 차원에서 이루어지는 것에 반해 형질기와 운화기에 근거한 평가는 심층적이면서 동시에 우주론적 근거를 갖는 평가라 할 수 있다.

셋째, 최한기는 인물평가에서 인도가 최종적 준적이 되어야 한다고 보았다. 인도는 천명이자 천인운화를 실현하는 대동사회의 규범이다. 그는 측인을 통해 수기치인修己治人하고 대동사회를 건설하는 데 기여할 자질을 갖춘 인물을 헤아리고자 했다. 그에게 있어 측인은 곧 수기의 일이며 결국 천인일통의 평천하 사회를 건설하는 일이었다.

제 7장에서는 '측인의 범주'에 대해 살펴보았다. 최한기는 당시 유학자로서는 다소 이례적으로 매우 실용적이면서도 종합적인 인물평가 방법을 구상하였다. 이 장에서는 최한기 측인의 기학적 토대를 설명하고 그것에 따른 구체적인 인물평가 범주를 구성해보고자 하였다.

최한기의 측인론에서 인물의 어떤 요소를 평가의 범주로 삼을 것인가 하는 것은 기본적으로 기학의 학문적 특성과 기학적 인간학과 밀접하게 연관되어 있다. 기학의 세계관은 기존의 성리학적 세계관과는 확연히 다르며 서구의 과학적 세계관을 다분히 수용하고 있다. 이 장에서는 우선 기학의 학문적 특성을 유형의 학문, 실학적 이념, 일통의 철학, 그리고 대동의 사상으로 정리했다. 그리고 기학의 학문적 특성에 토대하여 인물평가의 범주와 밀접히 연결되어 있는 기학적 인간존재를 사람의 형체, 심성, 인품, 행위의 선악을 중심으로 파악해 보았다. 끝으로 기학의 학문적 특성과 기학적 인간학을 토대로 인물평가의 범주를 추출하고 이를 용모, 신기, 심덕, 행사, 인도, 처지 등 6가지로 정리하여 제시하였다

제 8장에서는 '측인의 요인'에 대해 살펴보았다. 앞장에서 우리는 최한기의 측인 범주로 용모, 신기, 심덕, 행사, 처지 및 인도 등을 제시하였다. 이 장에서는 각 범주를 구성하는 평가요인으로 용모의 균형과 조화, 신기의 강약과 청탁, 심덕의 순박과 성위, 행사의 시비와 인·불인, 인도의 도덕과 윤리에 대해 살펴보았다. 최한기 인물평가 요인의 특징을 요약하면 다음과 같다.

첫째, 최한기의 인물평가 요인은 크게 상학의 상인적 요인과 유학의 지인적 요인을 종합한 것이다. 용모와 신기의 범주는 상인의 요인에 속하고, 심덕과 행사, 인도는 지인의 요인에 속한다고 볼 수 있다.

둘째, 최한기는 인물평가 요인으로 도덕성을 강조하고 있다. 그는 인도를 평가의 최고의 준칙으로 삼았으며 용모와 신기, 심덕과 행사의 귀천은 도덕성이 관건이 된다.

셋째, 최한기는 인물평가에서 타고난 기품의 요인을 강조한다. 이는 인물평가에서 인간을 기적 존재로 전제함에 따른 자연스런 귀결이다.

넷째, 인물평가 요인 사이에 추측을 통한 상호 검증 방법을 도입했다. 용모와 신기, 행사와 심덕, 인도와 처지는 표층과 심층으로 짝을 이루면서 상호 검증의 대상이 된다.

다섯째, 최한기가 제시한 인물평가 요인은 감성적이기보다는 이지적 평가 요인이라 할 수 있다. 인물평가는 평가자가 느끼는 호오의 감정보다 객관적인 평가요인에 의존한다.

제 9장에서는 '측인의 방법'에 대해 살펴보았다. 최한기의 측인 방법은 인물에 대한 천인운화를 밝히는 것에 목적이 있으며, 이것은 인물에 대한 실학적 접근을 통해서 달성할 수 있다고 보았다. 그가 말하는 천인운화는 인간과 자연의 보편적인 물리적 법칙이며, 실학적 접근은 신·리 등 무형의 존재가 아니라 경험과 추론, 검증을 통해 지식을 추구하는 것이다. 이 장에서는 최한기의 측인 방법을 측인자의 자격, 측인의 인식구조와 원리, 측인의 지표와 기법을 통하여 살펴보았다. 최한기의 측인 방법의 의의를 다음과 같이 요약할 수 있겠다.

첫째, 최한기는 측인의 실용성과 실증성을 강조하였다. 측인의 실용성은 인도에 보탬이 될 때 얻어지며, 실증성은 자연법칙을 준칙으로 삼을 때 보장된다. 따라서 측인의 이념에는 인도주의와 과학주의가 내재하고 있음을 볼 수 있다.

둘째, 최한기는 측인자의 자격에 주목하였다. 현대 사회심리학의 대인평가 방법에서는 측인자에 대해 거의 주목하지 않는다. 측인은 측인자의 일방적인 평가에 의해 이루어질 뿐, 측인 대상과 측인 주체 간의 상호적 교감과정에 대해서는 관심이 없었다. 최한기는 측인이 측인 주체와 객체 간의 신기의 교감을 통해 이루어진다고 본다.

셋째, 측인은 3등 운화의 인식구조와 추측의 인식원리를 갖는데, 이는 측인이 중층적이고 종합적으로 이루어져야 함을 보여준다. 최한기는 측인하는 차원이 형모를 출발점으로 하여 접인운화(행사), 천인운화로 확장해 가고, 측인 방법은 미룸(추)과 헤아림(측)의 변증법적 과정을 거쳐 통달하게 된다고 했다.

마지막으로, 최한기의 측인 방법에는 다양한 지표와 근대적인 기법이 내포되어 있다. 측인 지표는 매우 포괄적, 종합적이고, 측인 기법은 현대 사회심리학의 대인지각 정보처리 기법에 비해 그 정밀함이 뒤떨어지지 않음을 볼 수 있다.

제 10장에서는 '측인론과 퇴계의 『인물논평』'에 대해 살펴보았다. 최한기의 『인정』에 실린 「감평」과 「측인문」을 통해 용모, 신기, 심덕, 행사, 문견, 처지 등 6개의 인물평가 범주와 측인의 인물평가 방법을 토대로 퇴계가 논평한 36명에 대한 인물평가를 분석했다. 최한기가 「감평」과 「측인문」에서 제시한 평가범주, 평가척도, 평가방법 등은 비록 퇴계 자신이 이를 엄밀히 적용하지는 않았지만 그의 「인물논평」을 분석하는 개념적 도구로서는 충분한 의의가 있음을 볼 수 있었다.

한편 인물평가는 대인평가를 통해서 평가자 자신의 성격, 가치, 의도 등이 반영되어 나타난다. 그래서 퇴계의 대인적 「인물논평」 분석을 통해서 그의 인물관과 인품의 일단을 살펴볼 수 있었다. 퇴계의 인물평가의 특징과 퇴계의 인품을 다음과 같이 요약할 수 있다.

첫째, 퇴계는 대인평가에서 학문과 덕행 등 심덕을 가장 중요한 평가범주로 삼고 있음을 볼 수 있다. 퇴계가 인물에 대해 언급한 총 88회 평가어 가운데 37회가 심덕에 대해 언급하여 빈도수가 가장 높았다. 최한기와 비교해 볼 때, 퇴계는 인간의 용모와 신기를 통한 관상학적 상인보다 심덕과 행사를 통한 지인의 방법을 우선시하고 있음을 볼 수 있다. 율곡과 비교해 볼 때, 퇴계는 학문적 실천보다는 학문적 성취를 중시하였음을 엿볼 수 있다.

둘째, 「인물논평」에서 나타나는 퇴계의 인품은 그가 인물의 긍정적인 면을 주로 평가하는 경향에서 찾아볼 수 있다. 그가 「인물논평」에서 평가한 36명 가운데 긍정평가가 20명, 부정평가가 8명, 양면평가가 8명이었다. 그리고 퇴계의 인물평가가 실록의 여론과 거의 일치하고 있다는 점에서 그의 원만한 인품을 짐작할 수 있었다. 이점은 율곡의 인물에 대한 부정적 평가가 긍정적 평가보다 많은 것과 대조가 된다.

제 11장에서는 측인론을 통해 '한·중 대학생들의 인물관'을 조사해 보았다. 이 연구의 목적은 측인법을 토대로 한·중 대학생들의 인물관을 비교하고 이를 통해 측인법의 현대적 가치를 재발견하는 데 있었다. 이를 위해 먼저 최한기가 기술한 인물 평가범주들과 그 범주를 구성하는 항목들을 추출하고 그것을 현대적인 의미의 진술문으로 변환하여 질문지를 구성하였다. 연구 결과 양국의 대학생간에 다소 중요도 순위의 차이는 있으나 대체로 인물평가에서 중요시하는 범주가 덕성, 정신력, 행사이며 견문, 용모, 처지는 상대적으로 덜 중요하게 여긴 것으로 나타났다. 특히 처지는 양국의 대학생 모두 중요하게 생각하지 않는 것으로 나타났다, 처지가 환경적 조건으로서 개인의 성취에 현실적으로 많은 영향을 미치고 있다 할지라도 바람직한 인물상의 평가요인으로는 동의하지 않는 것이다.

또한 연구 결과는 한국과 중국의 대학생들은 인물 평가에 있어 타고난 고정된 요인이나 개인의 재능, 자질보다는 길러질 수 있는 도덕성과 도덕적 행위의 측면을 더욱 더 중요하게 생각함을 보여준다. 즉 '난사람'보다 '된사람'을 선호한다는 것이다. 이는 인물평가에 대한 전통적인 인식이 젊은 세대에게도 여전히 유효함을 말해준다. 이러한 중요도 인식이 응답자의 인구학적 특성에 따라 큰 편차가 없었다는 사실은 이 척도가 현대적으로 적용 가능성이 있음을 시사한다.

제12장에서는 측인범주에 따른 '대학생의 타인평가와 자기평가'에 대해 조사했다. 이 장에서는 최한기의 측인론에서 추출한 범주와 진술문들로 구성한 척도를 통해 대학생들의 타인평가의 기준과 자기평가를 살펴보고 그 차이를 분석하였다. 그리고 준거변인으로서 자아존중감 변인을 도입하여 타인평가 및 자기평가와 자아존중감의 관계

를 규명함으로써 척도의 타당성과 활용가능성에 대해서 알아보았다.

분석 결과 타인평가에서 높은 점수를 보인 요인은 행사, 덕성, 신기, 견문, 용모, 처지의 순으로 나타났고 자기평가에서는 덕성, 행사, 처지, 신기, 견문, 용모의 순이었다. 타인평가에서는 행사를 보다 중요시하고 자기평가는 자신의 덕성을 좀 더 긍정적으로 평가하였다. 또한 타인평가에서는 처지를 중요시하지 않음에 비해 자신의 처지는 보다 긍정적으로 보고 있었다.

이들의 타인평가와 자기평가 간에는 유의한 상관관계가 있었으며 또한 자기평가는 자아존중감과 상당히 높은 상관관계를 보였다. 그 중에서도 특히 자신의 신기 요인 즉, 재질과 정신력을 다른 요인보다 높이 평가할수록 자아존중감이 높은 것으로 나타났다. 반면 유의하지만 가장 낮은 상관을 보인 것은 처지 요인이었으며 다음은 용모였다. 상황적, 외적 요인보다 자질 및 정신력, 일처리와 적응능력 등이 자아존중감에 더 기여한다는 것은 매우 의미 있는 결과이다. 이는 성취지향적인 현대사회에서 개인의 자질과 능력 등 성취와 관련되는 특성이 자아존중감에 더 기여한다는 것을 의미한다.

결론적으로 이 연구는 최한기의 측인론에 의거한 타인평가 및 자기평가척도가 한국적 인물관과 그에 기초한 자아개념 및 자아존중감을 측정할 수 있는 의미 있는 척도가 될 수 있음을 보여준다. 또한 오늘날 강조되고 있는 자기계발과 인성함양교육에 이 척도가 활용될 수 있음을 시사한다.

마지막 13장, 이 책의 결론 장에서는 '측인론의 사회심리학적 함의'와 이 연구의 '요약 및 의의'를 정리하였다.

참고 문헌

Reference

참고 문헌

『論語』

『孟子』

『大學』

『中庸』

『書經』

『禮記』

『주자어류』

『주자대전』

『氣測體義』(神氣通, 推測錄)

『氣學』

『明南樓隨錄』

『人政』

『퇴계집』

『중종실록』

『명종실록』

『선조실록』

E. M. 번즈·R. 러너·S. 미첨 씀. 1996. 박상익 역. 『서양문명의 역사 III』, 소나무

L. 골드만. 1983. 문학과사회연구소 번역. 『계몽주의의 철학』, 청하

강선구. 2010. 「인상학 얼굴 유형과 성격특징에 관한 연구」, 『동방론집』, 3(2).

강선희·김효동·이경원. 2008. 「동양 관상학을 적용한 성격별 얼굴 설계 시스템에 관한 연구」, 『디자인학 연구』, 21권

권호영. 1999. 『최한기의 학문과 사상 연구』, 집문당

금장태. 2000. 「정약용과 최한기의 인간이해」, 『최한기 철학과 사상』, 철학과 현실사

김경일. 2003. 「한국학의 기원과 계보」, 『사회와 역사』 64집

김덕호. 2002. 서평 「설혜심의 『서양의 관상학: 그 긴 그림자』」, 『영국연구』, Vol. 8

김동옥. 2003. 「관상학과 오행(伍行)사상에 근거한 디즈니메이션 여성 캐릭터의 성격분석」, 『디지털 디자인학연구』, 5권

김명순·김성희. 2012. 「대학생용 유교적 인성척도 개발」, 『교육학 연구』, 第50권 1호

김문용. 2009. 「서양 의학의 수용과 신체관의 변화-최한기의 『신기천험』을 중심으로-」, 『동양고전연구』, Vol. 37

김시천. 2009. 「동양학은 어떤 인간을 말하였나?」, 『오늘의 동양사상』, No. 20

김연희. 2008. 「유소『人物志』의 도가적 성향 탐구」, 『도교문화연구』, 제28집

김영식. 2005. 『주희의 자연철학』, 예문서원

김용헌 편저. 2005. 『혜강 최한기』, 예문서원

김철운. 2004. 「유소 『인물지』에 나타난 인물품평」, 『양명학』, 제11호

김철운. 2008.「인물론-그 철학과 역사」,『오늘의 동양사상』, 제18집
류수영·이경묵. 2009.「군자적 리더쉽의 개념 및 측정도구 개발 연구」『한국심리학회지: 일반』, 28(1)
박이문. 2006.「학문으로서 한국학의 개념과 방법론 및 지표」,『한국학논집』, 제40집
박홍식. 1998.「실학의 근대적 인간 모색론」,『실학과 근대성』, 홍원식 외 지음, 예문서원,
박희병. 2005.「통합인문학으로서의 한국학」,『21세기 한국학, 어떻게 할 것인가』, 푸른역사
三浦國雄(미우라 쿠니오). 2000.『不老不死という欲望＿中国人の夢と実践(불로불사라는 욕망-중국인의 꿈과 실천』, 人文書院
서욱수. 2005.『최한기의 세계인식』, 소강
설혜심. 2002.『서양의 관상학: 그 긴 그림자』, 한길사
손병욱. 2000.「혜강 최한기 기학의 철학적 구조」,『최한기의 철학과 사상』, 최영진 외 지음, 철학과현실사
손병욱. 2004.「학문 방법론을 통해서 본 기학의 구조와 성격」,『혜강 최한기』, 권오영 외 지음, 청계
손병욱. 2005.「혜강 최한기 철학의 기학적 해명」,『혜강 최한기』, 권오영 외 지음, 예문서원
송은화·최유미. 2004,「성격에 따른 한국인 여성(20대) 캐릭터의 얼굴 모델 연구(관상학을 이용하여)」,『디자인학 연구』, 통권 제57호
신하령. 2009.「『經筵日記』를 통해 본 栗谷의 당대 인물평 -「卒記」」,『율곡사상연구』, 제18집
실명 저. 1985.『태청신감』, 중화서국 편, 중화서국
심경섭 외 5인. 2012.「유교가치관 척도 개발 연구」,『한국심리학회지: 일반』, 31(2)

안동림 역주. 1997.『장자』, 현암사

오귀스트 콩트 지음. 2001. 김점식 옮김,『실증주의 서설』, 한길사

요코야마 코이치 지음. 1996. 장순용 옮김,『유식이란 무엇인가』, 세계사

유가효·이영찬. 2015.「최한기 측인론에 따른 인물평가 척도구성을 위한 예비적 연구」『사회사상과 문화』, 18(1)

劉昭 지음. 1999. 이승환 옮김,『인물지』, 홍익출판사

유초하. 1989.「동양의 철학적 전통에 나타난 몸과 마음의 존재론적 위치」,『태동고전연구』, Vol. 5

윤사순. 1985.「해제」,『기측체의』, 민족문화추진회

윤택림. 2003.「한국학 연구방법의 모색: 문화기술지적 방법(ethnographic method)을 중심으로」,『정신문화연구』, 통권 90호(봄)

이경성. 2002.「한국사람들은 사람들의 얼굴인상을 어떠한 차원들로 지각하는가?」『한국심리학회지: 사회 및 성격』, 16(2)

이광래. 1992.『프랑스철학사』, 문예출판사

이상주. 2001.「인문·사회과학의 위기와 한국학의 전망」,『정신문화연구』, 통권 84호(가을)

이수원·김정권·조긍호. 1974.「인물평가형용사의 적절성, 호오도, 양면가 측정」,『한국심리학회지: 일반』, 2(1)

이승환. 2001.「조선의 과폐와 최한기의 측인학 -『인정』「측인학」을 중심으로-」,『한국사상사학』, 제16집

이연순. 2010.「미암일기에 나타난 인물평가 방식」,『동양고전연구』 제38집

이영찬. 2001.『유교사회학』, 예문서원

이영찬. 2008.『유교사회학과 사회이론』, 예문서원

이영찬. 2010.「최한기 기학의 소통적 인식론」,『한국학논집』, 제40집

이영찬. 2011.「유교의 지식론」,『동양사회사상』, 제23집
이영찬. 2011.「최한기의 측인학 연구」,『철학연구』, 제120집
이영찬. 2012.「최한기의 인물감평 요인에 관한 연구」,『한국학논집』, 제49집
이영찬. 2012.「최한기의 인물감평과 사회심리학의 대인지각 비교」,『한국학논집』, 제47집
이영찬. 2013.「최한기의 기학적 인간학과 인물감평 범주」,『동양사회사상』, 제27집
이우성. 2005.「증보 명남루총서 해제」,『혜강 최한기』, 예문서원
이재봉. 2013.「도교내단의 인간이해」,『인문과학논집』, Vol. 26
이종란. 1997.「최한기의 인간관」,『한국사상사학』, 제8집
이종란. 2005.「최한기 인식이론의 성격」,『혜강 최한기』, 권오영 외 지음, 예문서원
이종란. 2008.『운화와 윤리』, 문사철
이창일. 2013.『사상의학, 몸의 철학 마음의 철학』, 책세상
임부연. 2007.『실학에 길을 묻다. 정약용&최한기』, 김영사
임현진·정일준. 2012.「사회학에서의 한국학 연구동향: 한국학의 세계화 전략 모색」,『한국학연구』, 43집
전상인. 2005.「한국학과 사회과학의 대화」,『21세기 한국학, 어떻게 할 것인가』, 푸른역사
전세영. 2007.「율곡의 인물평가 연구」,『21세기 정치학회보』, 제17집
정병훈. 1994. 경상대학교 인문학연구소 편,「인문학과 패러다임」,『현대의 새로운 패러다임과 인문학』, 백의
정종호. 1993.「이른바 '초자연현상' 연구의 학문적 위상정립 가능성에 대한 진단: 대학내 학과 및 교과 과정개설을 위한 시도, 그리고 그 장애요인에 대한 정치사회학적 분석」,『한국정치학회보』,

제26집, 3호
조긍호. 1986.「대인지각 연구의 전개」,『행동과학연구』, 8
조긍호. 1986.「대인평가차원의 분화: 발달적 조망」,『사회심리학 연구』, 3-1
조남욱. 2009.「인물평을 통해 본 퇴계와 율곡의 동이점」,『윤리연구』, 제72호
조동일. 1997.『우리학문의 길』, 지식산업사
조동일. 1997.『인문학문의 사명』, 서울대학교출판부
조동일. 2002.「한국학 연구의 새 방향」,『한국학논집』, 제29집
조명래. 2002.「사회과학의 등장배경으로서 계몽주의의 재조명」,『공간과사회』, 통권 제18호
진박. 1998. 정민현 역,『신상전편』상·하, 삼원출판사
진박. 2001. 조성우 역,『마의상서』, 명문당
최영진 외. 2000.『최한기의 철학과 사상』, 철학과현실사
한규석. 2004.「한국사회에서의 사람 판단의 준거: 된 사람과 난 사람의 평가를 중심으로」,『한국심리학회지:사회 및 성격』, Vol. 18, No.1
한덕웅 외. 2005.『사회심리학』, 학지사
한영우. 2005.「민족, 민주, 산업화의 우상과 그 극복」,『21세기 한국학, 어떻게 할 것인가』, 푸른역사
홍성열. 2008.『사회심리학』, 시그마프레스
홍수현, 김재호. 2006.「음양오행사상의 관상학에 기반한 애니메이션 캐릭터 얼굴 설계 시스템 연구」,『멀티미디어학회 논문지』, 제9권 제7호
홍원식 외 지음. 1998.『실학사상과 근대성』, 예문서원

찾아보기

INDEX

찾아보기

ㄱ

ㅈ

ㅎ